Josef Steiner

Markt&Technik
Buch- und Software-
Verlag GmbH & Co.

SCHNELL-
ÜBERSICHT

MS-DOS 6.2
MS-DOS 6.2
MS-DOS 6.2
MS-DOS 6.2
MS-DOS 6.2
MS-DOS 6.2
MS-DOS 6.2
MS-DOS 6.2
MS-DOS 6.2
MS-DOS 6.2
MS-DOS 6.2

Die Deutsche Bibliothek – CIP-Einheitsaufnahme

Steiner, Josef:
MS-DOS 6.2 / Josef Steiner ; Hrsg. von
Josef Steiner und Robert Valentin. – Haar bei München :
Markt und Technik, Buch- und Software-Verl., 1993
    (Schnell-Übersicht : PC)
    ISBN 3-87791-572-8

Die Informationen in diesem Produkt werden ohne Rücksicht auf einen eventuellen
Patentschutz veröffentlicht. Warennamen werden ohne Gewährleistung der freien
Verwendbarkeit benutzt. Bei der Zusammenstellung von Texten und Abbildungen wurde
mit größter Sorgfalt vorgegangen. Trotzdem können Fehler nicht vollständig ausgeschlossen werden. Verlag, Herausgeber und Autoren können für fehlerhafte Angaben
und deren Folgen weder eine juristische Verantwortung noch irgendeine Haftung
übernehmen. Für Verbesserungsvorschläge und Hinweise auf Fehler sind Verlag und
Herausgeber dankbar.

MS-DOS ist ein eingetragenes Warenzeichen der Microsoft Corp., USA
IBM® ist ein eingetragenes Warenzeichen der International Business Machines Corp., USA

15   14   13   12   11   10   9   8   7   6

96   95   94

ISBN 3-87791-572-8

© 1993 by Markt&Technik Buch- und Software-Verlag GmbH & Co.,
Hans-Pinsel-Straße 9b, D-85540 Haar bei München/Germany
Alle Rechte vorbehalten
Einbandgestaltung: Grafikdesign Heinz H. Rauner, München
Druck: Freiburger Graphische Betriebe, Freiburg
Dieses Produkt wurde mit Desktop-Publishing-Programmen erstellt
und auf chlorfrei gebleichtem Papier gedruckt
Printed in Germany

Was finden Sie in dieser Schnell-Übersicht?

Tips zur Schnell-Übersicht

▦ Lesen Sie das Kapitel »Arbeiten mit der
Schnell-Übersicht DOS 6.2«
Sie finden hier eine ausführliche Anleitung zum effektiven Einsatz
der Schnell-Übersicht.

▦ Lassen Sie die Schnell-Übersicht offen aufliegen
Das handliche Buch findet immer einen freien Platz.

▦ Klappen Sie das Inhaltsverzeichnis aus
Sie finden hier schnell das richtige Kapitel.

▦ Suchen Sie ein Kapitel nach den Registermarken
Die Nummern auf den Marken ermöglichen ein schnelles Auffinden.

▦ Nutzen Sie die Verweise für weitere Informationen
In jedem Kapitel sind umfangreiche Verweise, mit deren Hilfe
weitere Beschreibungen gefunden werden können.

Tastenübersicht

Da auf dem Markt verschiedene Tastaturen verfügbar sind, gibt es auch unterschiedliche Tastenbezeichnungen. Wir haben uns für die Bezeichnungen der deutschen Multifunktionstastatur entschieden.

Hier eine Vergleichstabelle der verschiedenen Tastenbezeichnungen:

MF deutsch	MF englisch	AT deutsch	PC englisch	Bezeichnung Funktion
Bild↓	PgDn	Bild↓	PgDn	Bildschirm nach unten
Bild↑	PgUp	Bild↑	PgUp	Bildschirm nach oben
Druck	PrtSc	⇧ + Druck	PrtSc	Drucken
Einfg	Ins	Einfg	Ins	Einfügen
Ende	End	Ende	End	Ende-Position
Entf	Del	Lösch	Del	Entfernen
Esc	Esc	Eing Lösch	Esc	Eingabe löschen
Num ⇓	NumLock	Num ⇓	NumLock	Zahlenarretierung
Pos1	Home	Pos1	Home	Position1
Rollen ⇓	ScrolLock	Rollen ⇓	ScrolLock	Feststelltaste
Strg	Ctrl	Strg	Ctrl	Steuerung
Untbr	Break	Abbr	Break	Unterbrechen
⏎	Return	⏎	Return	Eingabetaste
→|	Tab	→|	Tab	Tabulatorsprung
←	Backspace	←	Backspace	Rücktaste
⇧	Shift	⇧	Shift	Hochstelltaste
⇓	CapsLock	Groß ⇓	CapsLock	Feststelltaste

Folgendes ist bei der Tastendarstellung noch zu beachten:

Ende ↓   Hier wird zuerst die Taste Ende betätigt und anschließend die Taste ↓. Es müssen nicht beide Tasten gleichzeitig betätigt werden.

Alt + 4   Hier müssen beide Tasten gleichzeitig betätigt werden.

Inhaltsverzeichnis

Vorwort

Mit zunehmender Leistungsfähigkeit von Personalcomputern und Software wird es für einen Anwender immer schwieriger, die Übersicht über alle Funktionen der eingesetzten Software zu behalten. In den meisten Fällen wird nur ein Teil der angebotenen Möglichkeiten genutzt, mit denen er sich zwangsläufig im Laufe der Zeit zurechtfindet. In einführenden Schulungen können nur die wichtigsten Funktionen gelehrt und verstanden werden. So bleibt sowohl für neue Anwender als auch für solche, die schon einige Erfahrungen mit der eingesetzten Software haben, ein Informationsdefizit. Beide möchten bisher unbekannte oder wenig genutzte Funktionen schnell und unkompliziert nachschlagen. Für diese Anwendergruppen haben wir die Reihe »Schnell-Übersicht« entwickelt. Sie besteht aus Nachschlagewerken zu Standardprogrammen, die in kompakter und übersichtlicher Form schnelle Antworten auf die Fragen geben, die bei der täglichen Arbeit mit dem jeweiligen Programm auftreten.

■ Die Beschreibungen sind problemorientiert aufgebaut, und miteinander verwandte Themen sind in räumlicher Nähe zu finden.

■ Alle Informationen werden so vermittelt, wie sie bei der praktischen Arbeit benötigt werden.

■ Eine Übersicht auf der Titelseite gibt einen schnellen Überblick darüber, welche Themenkreise wo zu finden sind.

■ Ein ausklappbares Inhaltsverzeichnis erleichtert das Auffinden der Lösungen zu einem bestimmten Problem.

■ Ein einheitlicher Aufbau der Kapitel erleichtert die schnelle Erkennung und Umsetzung der benötigten Informationen.

■ Zahlreiche Querverweise erschließen den Zugriff auf weiterführende Informationen.

■ Das handliche Format vermeidet Platzprobleme am Arbeitsplatz.

■ Alle Schnell-Übersichten sind nach einem einheitlichen Prinzip gegliedert.

Damit schließt sich die Lücke zwischen umfangreichen und unhandlichen Programmhandbüchern und knappen Übersichtskarten. Die Schnell-Übersicht bietet ein Maximum an übersichtlich gegliederter Information auf wenig Raum. Die praktischen Erfahrungen des Autorenteams garantieren den praxisgerechten Aufbau jedes Buches.

Wir wünschen Ihnen viel Erfolg mit der Schnell-Übersicht PC-/MS-DOS 6.2.

Das Autorenteam

Arbeiten mit der Schnell-Übersicht DOS 6.2

Beachten Sie die folgenden Tips zum Arbeiten mit der Schnell-Übersicht. Damit können Sie diesen handlichen Helfer effektiv einsetzen und Informationen schnell finden.

Tips

Stellen Sie Ihre Schnell-Übersicht in unmittelbare Nähe Ihrer Tastatur

So können Sie jederzeit bei Auftreten eines Problems schnell zum richtigen Buch greifen und nachschlagen.

Klappen Sie das Inhaltsverzeichnis aus

In diesem kompakten ausklappbaren Inhaltsverzeichnis finden Sie schnell das richtige Kapitel zu jedem Problem.

Lassen Sie die Schnell-Übersicht offen an Ihrem Arbeitsplatz liegen

Das handliche Buch findet immer einen freien Platz. Jetzt haben Sie bei Auftreten eines weiteren Problems Ihre Schnell-Übersicht sofort griffbereit und müssen nur noch das richtige Kapitel aufschlagen.

So schlagen Sie ein Problem nach

Suchen Sie im ausklappbaren Inhaltsverzeichnis nach Ihrem Problem

Suchen Sie hier nach dem entsprechenden Kapitel, in dem Ihr Problem beschrieben sein könnte. In der Auflistung der Unterthemen finden Sie schnell das richtige Kapitel mit Kapitel- und Seitennummer.

Schlagen Sie das gewünschte Kapitel auf

Die Registermarken mit Kapitelnummern ermöglichen Ihnen ein schnelles Auffinden.

So schlagen Sie einen Befehl nach

Suchen Sie im ausklappbaren Inhaltsverzeichnis nach dem Befehl

Auf der Rückseite dieses Ausklappers finden Sie eine alphabetisch sortierte Befehlsliste, in der Sie schnell den gewünschten Befehl finden können.

So schlagen Sie einen Begriff nach

Suchen Sie im Stichwortverzeichnis nach dem Begriff

Das Stichwortverzeichnis finden Sie am Ende des Buches.

Typischer Aufbau eines Kapitels

Kapitelbeschreibung
Nach der Überschrift folgt eine kurze Beschreibung des Kapitels.

Beschreibung eines Befehls
Eine Befehlsbeschreibung beginnt immer mit einer Überschrift, in der der entsprechende Befehl rechts aufgeführt ist.

Darunter finden Sie eine kurze Beschreibung dieses Befehls. Dann folgt die Syntaxdarstellung und die Beschreibung der einzelnen Parameter, sofern welche vorhanden sind (Details zur Syntaxdarstellung siehe übernächste Seite).

Beschreibung
Folgt einem Befehl, wenn es notwendig ist, diesen besser verständlich zu machen.

Anmerkungen
In den darauffolgenden Anmerkungen sind Tips und Spezialitäten zu dem Befehl gesammelt. Falls es sich für Sie um einen neuen Befehl oder eine neue Programmfunktion handelt, sollten Sie diese Anmerkungen durchlesen, andernfalls können Sie sie kurz überfliegen. Sie finden hier immer Tips, die Ihnen die weitere Arbeit mit dem Programm erleichtern.

Verweise
Bei jeder Erwähnung eines Punktes, zu dem Sie nähere Erläuterungen in einem anderen Kapitel nachschlagen können, finden Sie einen entsprechenden Verweis mit der Kapitelnummer. Am Ende jedes Kapitels sind meistens die Verweise noch einmal mit den Überschriften gesammelt aufgeführt.

Um den umfangreichen und vielfältigen Möglichkeiten von PC-/MS-DOS 6.2 zu genügen, weichen einige Kapitel in Details von diesem typischen Aufbau ab. Wir haben aber versucht, immer eine gute Übersicht zu bewahren.

Wenn Sie all diese Tips beachten, wird das handliche Buch ein nützlicher Helfer bei Ihrer Arbeit mit PC-/MS-DOS 6.2 werden.

Schreibweisen

In dieser Schnell-Übersicht werden die folgenden Schreibweisen zur Unterscheidung von Textelementen verwendet.

Fettdruck
>   Für Befehle, Optionen, Schalter und Textteile, die genau wie angegeben geschrieben werden müssen.

Kursiv
>   Für Parameter und vom Benutzer einzugebenden Text.

`Schreibmaschinenschrift`
>   Für Beispielsbefehlszeilen, Programmcodes und Beispiele.

`umrandete` `Schrift`
>   Für Tasten und Tastenfolgen.

Syntaxdarstellung

Alle Syntaxdarstellungen sind in einer bestimmten Form aufgebaut, die Ihnen die Anwendung der Befehle verständlich machen soll.

Zeichen in der Syntaxdarstellung

FORMAT *laufwerk:* [/1] [/4] [/8] [/N:*xx*] [/T:*yy*] [/V] [/S]

BEFEHL: Befehle und Schlüsselwörter sind hervorgehoben
Befehle wie zum Beispiel **FORMAT**, **CREATE** erscheinen in fetter Schrift. Diese Wörter müssen genau in der Form eingegeben werden.

parameter: **Zur Angabe der aktuellen Werte bei der Befehlseingabe**
Die Parameter werden bei der Anwendung immer durch die aktuellen Werte ersetzt.

[ ]: Eckige Klammern geben optionale Angaben an
Diese Angaben müssen Sie nur bei Bedarf vornehmen. Details dazu finden Sie bei der Befehlsbeschreibung.
Die Klammern dürfen nicht angegeben werden.

Zusätze wie /V müssen in dieser Form angegeben werden
Falls sie verwendet werden sollen, müssen sie genauso angegeben werden.

Beispiele:
FORMAT B: /4
FORMAT A: /V/S

1

Kapitel 1:

GRUNDLAGEN

1.1

1.1 Grundbegriffe

Was ist DOS?

Das DOS-Betriebssystem ist eine Art Mittler zwischen dem Benutzer und dem Computer. Die Programme in diesem Betriebssystem ermöglichen es, den Computer, die Festplatten und Diskettenlaufwerke und den Drucker anzusprechen und mit diesen Geräten zu arbeiten.

DOS hilft auch, Programme und Daten zu verwalten. Sobald DOS in den Speicher des Computers geladen ist, können Briefe und Berichte verfaßt werden, Programme ablaufen und mit Geräten wie Drucker, Disketten- und Festplattenlaufwerken gearbeitet werden.

DOS kann über Befehle bedient werden, die bei der Eingabeaufforderung eingegeben werden. Alternativ kann dazu die DOS-Shell (siehe Kapitel 2) verwendet werden.

Grundbegriffe

Folgende Begriffe sollten bekannt sein, um sinnvoll mit DOS arbeiten zu können und um die Erläuterungen in dieser Schnell-Übersicht zu verstehen.

Programm

■ Programme werden oft auch als *Anwendungsprogramme*, *Anwendungen* oder in ihrer Gesamtheit als *Software* bezeichnet.

■ Die in Dateien gespeicherten Programme bestehen aus in Maschinensprache (einer für den Computer verständlichen Sprache) übertragenen und an den Computer gerichteten Befehle. Mit den Befehlen wird dem Computer also gesagt, daß er eine bestimmte Aufgabe ausführen soll, zum Beispiel eine Namensliste alphabetisch sortieren.

■ Typische Anwendungsprogramme sind Textverarbeitungs-, Tabellenkalkulations-, Datenbank- oder Grafikprogramme.

Befehl

■ Das Betriebssystem DOS besteht aus zahlreichen einzelnen Programmen (den Befehlen), die vor allem für die Handhabung von Dateien (Anlegen, Löschen, Ändern usw.) verwendet werden.

■ Durch die Eingabe eines DOS-Befehls wird das Betriebssystem aufgefordert, eine bestimmte Aufgabe auszuführen.

```
DISKCOPY ⏎
```

ruft ein Programm mit dem Namen DISKCOPY und der Namenserweiterung .EXE oder .COM auf, das eine Diskette kopieren kann.

■ Weitere Aufgaben von Befehlen siehe 1.6.

1.1

Datei

▓ Eine Datei setzt sich aus zueinander in Beziehung stehenden Daten zusammen und ist daher mit den Inhalten einer Ablagemappe in einem Ablageschrank vergleichbar. Wie der Inhalt einer Ablagemappe, kann auch eine Datei Geschäftsbriefe, Mitteilungen oder Statistiken enthalten (siehe 5.1).

▓ Jede Datei hat einen Dateinamen, über den sie angesprochen wird.

Dateiname

▓ Jede Datei hat einen Namen, vergleichbar mit der Bezeichnung einer Ablagemappe in einem Ablageschrank.

▓ Er besteht aus zwei Teilen: dem *Dateinamen* selbst und der *Dateinamenserweiterung* (siehe 5.1).

▓ Der Dateiname kann bis zu acht Zeichen lang und beliebig in Groß- oder Kleinbuchstaben geschrieben sein. DOS ersetzt die Kleinschreibung automatisch durch Großschreibung.

Dateinamenserweiterung

▓ Die Dateinamenserweiterung besteht aus einem Punkt und maximal drei Zeichen und wird, wenn man sie verwendet, dem Dateinamen nachgestellt. Da eine Dateinamenserweiterung den Inhalt einer Datei genauer beschreibt, sollte sie unbedingt verwendet werden. Die meisten Anwendungsprogramme vergeben die Dateinamenserweiterung automatisch.

▓ Dateinamenserweiterungen von Programmen sind .EXE (EXEcutable) oder .COM (COMmand) und als Sonderform .BAT (BATch).

Unterverzeichnis

▓ Ein Unterverzeichnis ist ein Teil eines Datenträgers und kann wiederum Unterverzeichnisse oder Dateien beinhalten. Im Unterverzeichnis werden in der Regel logisch zusammengehörende Dateien gesammelt. Das Unterverzeichnis ist somit mit einer Mappe innerhalb eines Ablageschranks vergleichbar.

Verzeichnis

▓ Das Verzeichnis einer Diskette oder Festplatte enthält die Namen aller auf der Diskette/Festplatte gespeicherten Dateien sowie Informationen über deren Umfang und den Zeitpunkt der Anlage bzw. der letzten Änderung (siehe 4.1).

Datenträgerbezeichnung

▓ Auf einer Diskette kann eine kurze Bezeichnung, die Datenträgerbezeichnung, gespeichert werden (siehe 3.2).

▓ Diese wird mit dem Verzeichnis der Diskette angezeigt.

1.1

Datenträgernummer

■ DOS speichert auf jeder Diskette und Festplatte nach dem Formatieren eine Datenträgernummer. Diese Nummer ist eindeutig und dient zur Unterscheidung von verschiedenen Disketten durch DOS.

Disketten-/Festplattenlaufwerk

■ Um die auf einer Diskette gespeicherten Dateien oder Programme zu verwenden, muß die Diskette zuerst in ein Diskettenlaufwerk eingelegt werden. Die Diskettenlaufwerke eines Computers werden gewöhnlich als Lautwerk A und Laufwerk B bezeichnet.

■ Ein Festplattenlaufwerk ist normalerweise fest im Computer installiert; es wird meistens als Laufwerk C bezeichnet, weitere als D, E, usw.

■ In der Bedienungsanleitung jedes Computers ist zu finden, welche Buchstaben (A, B oder C) welchen Laufwerken zugeordnet sind.

Laufwerksbezeichnung

■ Eine vollständige Laufwerksbezeichnung besteht aus einem dem Laufwerk zugeordneten *Buchstaben* (A, B oder C), dem Laufwerksbuchstaben, und einem Doppelpunkt (A:, B:).

■ Soll mit einem Befehl eine Diskette oder Festplatte angesprochen werden, muß in manchen Fällen dem Befehl die Laufwerksbezeichnung vorangestellt werden, damit DOS weiß, in welchem Laufwerk sich die Datei befindet.

Beispiel: Die Diskette im Laufwerk B enthält eine Datei mit dem Namen STEUERN.TXT.

```
B:STEUERN.TXT
 |   └ Dateiname mit Dateinamenserweiterung
 └ Laufwerksbezeichnung
```

Standardlaufwerk

■ Das Standardlaufwerk ist das Laufwerk, in dem DOS nach einer *Befehlseingabe* zuerst sucht.

■ Wird ein Dateiname ohne Laufwerksbezeichnung eingegeben, sucht DOS die Datei automatisch im Standardlaufwerk.

Standardlaufwerk ändern

■ Zur Änderung des Standardlaufwerks wird der Buchstabe des gewünschten Laufwerks, gefolgt von einem Doppelpunkt, eingegeben.

```
C:↵
```

ändert das Standardlaufwerk in C um.

DOS-Eingabeaufforderung

■ Um dem Benutzer mitzuteilen, daß DOS bereit ist, einen Befehl auszuführen, zeigt es ein Symbol, die sogenannte *Eingabeaufforderung*.

■ Diese besteht neben dem Buchstaben des Standardlaufwerks normalerweise noch aus einem Größer-als-Zeichen (>). Sie kann mit dem DOS-Befehl **PROMPT** verändert werden (siehe 7.1).

1.1

Nach der Eingabeaufforderung folgt der *Cursor*, ein kleines blinkendes Rechteck oder ein blinkender Unterstrich, mit dem angezeigt wird, an welcher Stelle das nächste geschriebene Zeichen am Bildschirm erscheinen wird. Hier ist ein Beispiel einer typischen Eingabeaufforderung mit Cursor:

```
A>
 |  └─ Cursor
 └─ DOS-Eingabeaufforderung
```

Wenn die Eingabeaufforderung also A> lautet und kein anderes Laufwerk angegeben wird, sucht DOS nur auf der im Laufwerk A (Standardlaufwerk) eingelegten Diskette nach den benötigten Dateien oder Programmen.

Geräte

Bei jedem Einsatz eines Computers liefert man Informationen (Eingabe) und erwartet ein Ergebnis (Ausgabe). Der Computer verwendet Geräte, Hardware genannt, um Eingaben zu empfangen und Ausgaben zu senden.

Wird zum Beispiel ein Befehl eingegeben, empfängt der Computer die Eingabe über die Tastatur und das Diskettenlaufwerk und sendet für gewöhnlich die Ausgabe zum Monitor. Ebenso kann er die Eingabe über eine Maus erhalten oder die Ausgabe an einen Drucker senden. Manche Geräte, wie z.B. Diskettenlaufwerke, führen sowohl Eingabe als auch Ausgabe aus.

Gerätenamen

Gerätenamen sind besondere Namen für jedes Gerät, das der Computer »kennt« (siehe 6.1). Ein Beispiel eines Gerätenamens ist LPT1. Diese Bezeichnung steht für den ersten angeschlossenen parallelen Drucker (siehe 7.2).

Wird ein neues Gerät (z.B. eine Maus) an den Computer angeschlossen, ist es häufig erforderlich, DOS durch Neukonfiguration des Computers davon zu verständigen (siehe 8.4, 1.11).

Nähere Informationen zur Neukonfiguration sind normalerweise im Handbuch des entsprechenden Geräts vorhanden.

Fehlermeldungen

Wird ein Gerät oder ein DOS-Befehl nicht richtig angewandt, zeigt DOS eine entsprechende Fehlermeldung an. Fehlermeldungen beziehen sich auf allgemeine Fehler (z.B. ein falsch geschriebener Befehl) oder auf Gerätefehler (wie z.B. den Versuch, einen Drucker zu verwenden, in dem kein Papier eingelegt ist). Details zu Meldungen siehe 1.8.

Ab DOS 5 werden in Verbindung mit der veränderten Speicherverwaltung verschiedene Begriffe verwendet, die hier zusammenfassend beschrieben werden.

Protected Mode

Hier handelt es sich um eine spezielle Betriebsart der 80286/386- und 486-Prozessoren. Hierbei kann ein wesentlich größerer Arbeitsspeicher adressiert werden. MS-DOS nutzt nur den Real Mode.

Real Mode

Übliche Betriebsart der 80x86-Prozessoren. Sämtliche Prozessoren der 80x86-Familie verhalten sich wie ein 8086-Prozessor. Es kann nur 1 Mbyte Arbeitsspeicher direkt genutzt werden.

Hauptspeicher

Der Hauptspeicher in einem Personalcomputersystem teilt sich in mehrere Arten von Hauptspeichern auf:

- Arbeitsspeicher
- Konventioneller Speicher 0 – 640 Kbyte
- Adaptersegment (UMA) 640 – 1024 Kbyte
- Extended Memory
- Expanded Memory

Arbeitsspeicher oder Basisspeicher

Der Arbeitsspeicher ist der Platz im Computer, wo Informationen aktiv verwendet werden. Während eines Programmlaufs speichert DOS dieses Programm und die dabei verwendeten Daten im verfügbaren Arbeitsspeicher. Manche Programme und Dateien benötigen, je nach ihrer Größe und Komplexität, mehr Speicherraum als andere.

Arbeitsspeicher ist der adressierbare Speicherbereich von 0 Kbyte bis 1024 Kbyte (1 Mbyte). Hiervon stehen DOS 640 Kbyte für die Programmausführung zur Verfügung. Der Rest ist für Funktionen der Hardware (Bildschirm, Tastatur, Laufwerke) reserviert.

Adaptersegment, UMA Upper Memory Area, UMB Upper Memory Blocks

Hierbei handelt es sich um den Speicherbereich zwischen 640 Kbyte und 1024 Kbyte. Der Bereich wird auch mit dem Begriff UMA bezeichnet. Hier befinden sich unter anderem der Videospeicher sowie das Systembios. Bei Verwendung von Zusatzkarten wie Festplattencontroller oder Netzwerkkarten befindet sich das Bios dieser Zusatzkarten in diesem Bereich. Teile des Bereichs, welche nicht verwendet werden, können über spezielle Treiber genutzt werden, um Gerätetreiber und speicherresidente Programme hier auszuführen.

UMB's sind die freien Speicherblöcke im Adaptersegment zwischen 640 Kbyte und 1 Mbyte. Die Verwaltung der UMB's wird über EMM386.EXE vorgenommen.

Extended Memory

Speicher über 1 Mbyte wird als Extended Memory oder Extensionsspeicher bezeichnet. Der Speicher steht nur Rechnern zur Verfügung, deren Basis mindestens ein 80286-Prozessor ist. Der Speicher kann nur von

Programmen genutzt werden, die speziell hierfür geschrieben wurden (z.B. Windows 3.x).

1.1

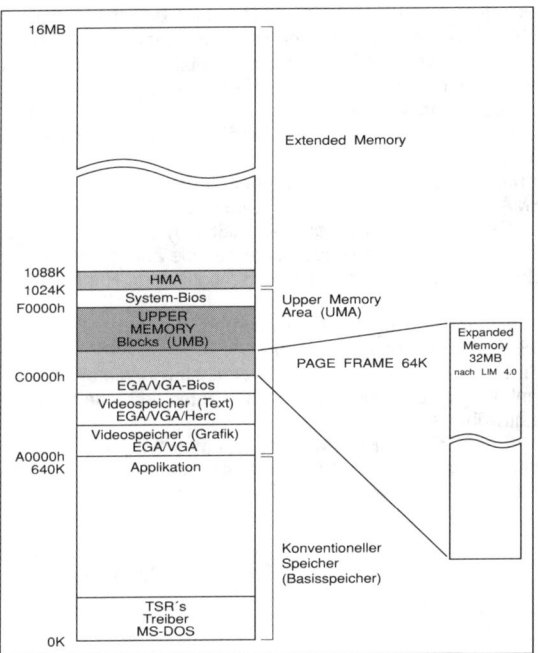

EMS Expanded Memory

Expanded Memory oder Expansionsspeicher ist ein Speicherbereich, der nur über spezielle EMS-Treiber adressiert werden kann. Die derzeit gültige Version entspricht den LIM 4.0-Spezifikationen. Die Speichererweiterung belegt nicht einen bestimmten Adreßbereich, sondern wird über einen reservierten Bereich innerhalb 640 Kbyte – 1 Mbyte verwaltet. Der in Anspruch genommene Speicher wird über dieses »Fenster« im Extended Memory belegt. Ab DOS 5 steht mit EMM386 ein Emulator zur Verfügung, der Teile des XMS-Speichers als EMS-Speicher abbildet. Dieser kann jedoch nur auf Prozessoren ab 80386 genutzt werden.

Grundsätzlich kann EMS-Speicher auch mit 8088- und 80286-Prozessoren genutzt werden, sofern entsprechende Treiber verfügbar sind.

1.1

HMA High Memory Area

Der HMA-Bereich sind die ersten 65620 Byte im Extended Memory, die aufgrund einer Adressierungsmethode bei freigeschalteter A20-Adreßleitung auch im Real Mode adressiert und genutzt werden können. Voraussetzung ist der installierte HIMEM.SYS-Treiber.

XMS Extended Memory Specification

Die XMS-Spezifikation beschreibt den Zugriff auf drei unterschiedliche Typen von Speicherbereichen:

■ Die Upper Memory Block's UMB im Adaptersegment.

■ Den HMA-Bereich zwischen 1024 Kbyte und 1088 Kbyte.

■ Auf das Extended Memory oberhalb 1088 Kbyte.

Voraussetzung hierfür ist ein Treiber, über den die Zugriffe abgewickelt werden. Ein Beispiel dafür ist der mit DOS mitgelieferte HIMEM.SYS-Treiber.

VCPI Virtual Control Program Interface und
DPMI DOS Protected Mode Interface

Bei VCPI und DPMI handelt es sich um Schnittstellen, die einen geregelten Zugriff auf das Extended Memory im Protected Mode oberhalb 640 Kbyte gewährleisten.

Ein Programm, das VCPI verwendet, ist Lotus 1-2-3 V.3; Windows 3.x hingegen unterstützt DPMI. Üblicherweise unterstützen die meisten Programme das in DOS verwendete DPMI-Interface.

1.2 DOS starten und beenden

DOS kann von einer Systemdiskette oder einer Festplatte gestartet werden, abhängig von der Ausstattung des Computers.

DOS von Festplatte starten

Computer und Bildschirm einschalten
    Die Lampe an der Festplatte leuchtet nach einiger Zeit auf.
    Folgende Meldung wird angezeigt:
    `Starten von MS-DOS ...`
Es erscheint die DOS-Eingabeaufforderung:
    `C:\>_`
    Hier können DOS-Befehle eingegeben und Programme gestartet werden.

DOS von Diskette starten

DOS-Systemdiskette in Laufwerk A einlegen
    Falls nicht bekannt ist, welches Laufwerk A ist, sollte in der Bedienungsanleitung des Computers nachgesehen werden.
Laufwerksklappe schließen (je nach Gerät)
Computer und Bildschirm einschalten (je nach Gerät)
    Die Lampe am Diskettenlaufwerk leuchtet, und das Laufwerk beginnt zu surren.
Es erscheint die DOS-Eingabeaufforderung:
    `A:\>_`
    Hier können DOS-Befehle eingegeben und Programme gestartet werden.

Anmerkungen

▨ Bei der Meldung `Starten von MS-DOS ...` kann der Startablauf mit folgenden Funktionstasten geändert werden (siehe auch 8.8):
    ▶ `F5`: CONFIG.SYS und AUTOEXEC.BAT werden übersprungen. Die DOS-Eingabeaufforderung wird sofort angezeigt.
    ▶ `F8`: Es kann angegeben werden, ob von der CONFIG.SYS einzelne Zeilen bestätigt und ausgeführt werden sollen und ob die AUTOEXEC.BAT ausgeführt oder übersprungen werden soll.
▨ Falls der Computer nicht über eine eingebaute Uhr verfügt, muß nach dem Starten das Datum und die Uhrzeit eingegeben werden (siehe 7.3).
▨ Schreibfehler bei der Datums- und Zeiteingabe können mit `←` oder erneutem Aufruf der Befehle verbessert werden.

1.2

■ Nach einer fehlerhaften Eingabe kann mit der Tastenkombination [Strg]+[Alt]+[Entf] (gleichzeitig betätigt) der Computer neu gestartet werden (Warmstart).

■ Damit DOS optimal an einen Personalcomputer und seine Peripherie angepaßt wird, sollte DOS vor dem ersten Einsatz konfiguriert und einige Standardeinstellungen vorgenommen werden (siehe 8.1).

■ DOS muß bei der Update-Version über das SETUP-Programm auf der Festplatte eingerichtet werden.

■ Wird die OEM-Version verwendet, ist der Rechner mit der Diskette zu starten, die Installation läuft in ähnlicher Form ab.

■ Für Notfälle sollte ein Startdiskette eingerichtet werden, die immer griffbereit ist (siehe 3.4).

DOS beenden

Ein spezieller Befehl für das Verlassen des Betriebssystems wird bei DOS nicht benötigt. DOS zu verlassen ist denkbar einfach:

Das verwendete Anwendungsprogramm sollte beendet sein
oder der zuletzt eingegebene Befehl sollte ausgeführt sein. Dies erkennt man an der DOS-Eingabeaufforderung
A:\>_ oder
C:\>_.
Falls der Computer bei laufendem Anwendungsprogramm ausgeschaltet wird, können unter Umständen wichtige Daten verlorengehen.

Disketten aus den Laufwerken entfernen
Die Disketten sollten wieder in Schutzhüllen gesteckt werden (bei $5^1/_4$-Zoll-Disketten).

Computer ausschalten

Bildschirm ausschalten
Bei manchen Computern ist dies nicht notwendig, da der Netzstecker des Bildschirms im Computer steckt.

1.3 Tastatur und Eingaben unter DOS

1.3

Unterschiede zwischen Schreibmaschinen- und Computertastatur

1 l	Der Computer unterscheidet zwischen einer Eins und einem kleinen L. Also akzeptiert er kein kleines L, wenn eine Eins gemeint ist.
0 O	Die mögliche Ähnlichkeit zwischen dem großen O und der Null sollte nicht dazu verleiten, beide Zeichen gleichwertig zu verwenden. Für jeden Computer haben beide Zeichen eine vollkommen verschiedene Bedeutung. Bei den meisten Computern wird die Null zur besseren Unterscheidung mit einem Schrägstrich oder einem Punkt gekennzeichnet.
Zahlen/ Buchstaben	Vor allem bei der Eingabe von DOS-Befehlen sollte unbedingt beachtet werden, daß ähnliche Zahlen und Buchstaben nicht verwechselt werden.

Tasten mit besonderen Funktionen

Neben den normalen Schreibmaschinentasten verfügt die Tastatur jedes Computers noch über einige zusätzliche Tasten, die bei DOS eine besondere Bedeutung haben.

Return ⏎	Die Taste ⏎ wird nach einer Befehlseingabe betätigt. DOS führt den Befehl dann aus.
Leertaste	Mit der Leertaste kann der Cursor vorwärtsbewegt werden.
Rücktaste ←	Um in der momentanen Schreibzeile (in der Zeile, in der gerade geschrieben wird) Tippfehler zu korrigieren, wird die Taste ← verwendet. Dadurch wird der Cursor nach links bewegt und das an dieser Stelle des Bildschirms stehende Zeichen gelöscht.
← → ↑ ↓	Wenn der Cursor über eine Zeile geführt werden soll, ohne die in der Zeile enthaltenen Zeichen zu löschen, werden die Cursortasten benützt. In Anwenderprogrammen bewegen sie meistens den Cursor nach rechts, links, oben und unten über den Bildschirm. Sie verändern dabei nicht die angezeigten Zeichen. Bei einigen Programmen haben diese Tasten keine Wirkung. In Handbüchern werden die betreffenden Tasten auch als *Richtungstasten* oder *Pfeiltasten* bezeichnet.

Tastenkombinationen mit der [Strg]-Taste

1.3

[Strg]   Die [Strg]-Taste (Steuerung) hat eine besondere Funktion. Mit ihr können komplizierte Befehle mit nur zwei oder drei Tastendrucken eingegeben werden. Die [Strg]-Taste muß, wie die Umschalttaste [⇧], niedergehalten werden, während man die zur Tastenkombination gehörenden anderen Tasten drückt.

[Strg]+[S] oder
[Strg]+[Num]   Wird die [Strg]-Taste zusammen mit der Taste [S] betätigt, kann die Bildschirmanzeige an einer bestimmten Stelle angehalten werden. [Strg]+[Num] ist gleichwertig. Um die Bildschirmanzeige wieder zu starten, wird eine beliebige Taste betätigt.

[Strg]+[P] oder
[Strg]+[Druck]   Bewirkt, daß alle Ein-/Ausgaben die von der Eingabeaufforderung gemacht wurden, auf dem angeschlossenen Drucker mitprotokolliert werden.

[Strg]+[C] oder
[Strg]+[Untbr]   Bewirkt, daß ein sich in Ausführung befindlicher Befehl nicht mehr weiter ausgeführt wird.

[Strg]+[Alt]+[Entf]   Um DOS zu starten (bzw. neu zu starten), werden gleichzeitig die [Strg]-Taste, die [Alt]-Taste und die Taste [Entf] ([Lösch]) betätigt.

1.4 Bearbeitungstasten und Zeilenspeicher

Mit DOS brauchen Sie nicht ständig gleiche Tastenfolgen einzugeben, da die letzte eingegebene Befehlszeile automatisch in einem besonderen Speicherbereich, dem Zeilenspeicher, abgelegt wird.

Mit dem *Zeilenspeicher* und den *Bearbeitungstasten* können die folgenden DOS-Leistungsmerkmale voll ausgenutzt werden:

▨ Um einen bereits eingegebenen längeren Befehl zu wiederholen, müssen nur zwei Tasten betätigt werden.

▨ Wird in einer Befehlszeile ein Fehler gemacht, kann er korrigiert werden, ohne die ganze Zeile noch einmal schreiben zu müssen.

▨ Befehle können in leicht abgewandelter Form aus einem zuvor eingegebenen, ähnlichen Befehl abgeleitet und ausgeführt werden.

Der DOS-Zeilenspeicher

▨ Wird ein Befehl geschrieben und die Taste ⏎ betätigt, übergibt DOS den Befehl automatisch an den Befehlsinterpreter (COMMAND.COM), der ihn dann ausführt.

▨ Gleichzeitig wird eine Kopie des Befehls in den Zeilenspeicher übertragen.

▨ Dank dieser Kopie kann jeder Befehl mit den Bearbeitungstasten von DOS erneut aufgerufen oder bearbeitet werden.

Bearbeitungstasten für den Zeilenspeicher

F1	Kopiert ein Zeichen aus dem Zeilenspeicher in die Befehlszeile.
F2	(danach Zeichentaste) Kopiert bis zum angegebenen Zeichen alle Zeichen aus dem Zeilenspeicher in die Befehlszeile.
F3	Kopiert alle restlichen Zeichen aus dem Zeilenspeicher in die Befehlszeile.
Entf	Überspringt ein Zeichen im Zeilenspeicher. Das Zeichen wird nicht kopiert.
F4	(danach Zeichentaste) Überspringt im Zeilenspeicher die Zeichen bis zum angegebenen Zeichen. Die übersprungenen Zeichen werden nicht kopiert.
Einfg	Schaltet die Betriebsart »Einfügen« ein oder aus (Umschaltfunktion).
F5	Überträgt die neue Befehlszeile in den Zeilenspeicher, der Befehl wird nicht ausgeführt.

1.4

⏎	Führt den Befehl aus und überträgt die Befehlszeile in den Zeilenspeicher.
⟵	Löscht das letzte Zeichen aus der Befehlszeile und vom Bildschirm.
F6 oder Strg+Z	Fügt das Dateiendezeichen Control-Z (Code 26, 1AH) in den neuen Zeilenspeicherinhalt ein.
Strg+C oder Strg+Untbr oder Esc	Erklärt die momentane Eingabe für nichtig, der bisherige Zeilenspeicherinhalt bleibt erhalten.

Anmerkung

Über das DOS-Programm **DOSKEY** kann ein Befehlspuffer eingerichtet werden, der die eingegebenen Befehle speichert. Diese können über die Cursortasten abgerufen und bei Bedarf verändert und ausgeführt werden. Dadurch wird ein komfortables Arbeiten mit den Befehlen ermöglicht.

Verweise

Befehlspuffer **8.8**, DOSKEY **8.8**.

1.5 Steuerzeichenfunktionen in DOS

1.5

Mit den Steuerzeichenfunktionen hat der Benutzer Einfluß auf die Ausführung eines Befehls. Zum Beispiel kann damit die Ausführung eines Befehls abgebrochen ($\boxed{\text{Strg}}$+$\boxed{\text{C}}$) oder die Bildschirmanzeige angehalten ($\boxed{\text{Strg}}$+$\boxed{\text{S}}$) werden.

Ein Steuerzeichen wie zum Beispiel $\boxed{\text{Strg}}$+$\boxed{\text{C}}$ wird eingegeben, indem die $\boxed{\text{Strg}}$-Taste gedrückt und niedergehalten wird, während die Taste $\boxed{\text{C}}$ betätigt wird.

Hier werden die Tastenbezeichnungen für Multifunktionstastaturen verwendet. Für andere Tastaturen siehe die Tastenübersicht vorne im Buch.

DOS-Steuerzeichenfunktionen und ihre Wirkung

$\boxed{\text{Strg}}$+$\boxed{\text{C}}$ oder $\boxed{\text{Strg}}$+$\boxed{\text{Untbr}}$	Bricht die Ausführung des momentanen Befehls ab.
$\boxed{\text{Strg}}$+$\boxed{\text{H}}$	Löscht das letzte Zeichen aus der Befehlszeile und vom Bildschirm (entspricht $\boxed{\longleftarrow}$).
$\boxed{\text{Strg}}$+$\boxed{\text{J}}$	Bewirkt eine physische Zeilenschaltung, ohne den Befehlszeileninhalt zu löschen. Damit kann die Eingabezeile über die Grenzen des Bildschirms hinaus verlängert werden.
$\boxed{\text{Strg}}$+$\boxed{\text{P}}$ oder $\boxed{\text{Strg}}$+$\boxed{\text{Druck}}$	Gibt die Bildschirmausgabe zusätzlich auf dem Drucker aus.
$\boxed{\text{Strg}}$+$\boxed{\text{S}}$ oder $\boxed{\text{Strg}}$+$\boxed{\text{Num}}$ oder $\boxed{\text{Pause}}$ (MF)	Hält die Bildschirmanzeige an. Mit einer beliebigen Taste wird die Bildschirmanzeige wieder fortgesetzt.
$\boxed{\text{Esc}}$	Macht die momentane Schreibzeile ungültig bzw. löscht die Befehlszeile, Ausgabe eines umgekehrten Schrägstrichs (\\) mit Zeilenschaltung. Der Zeilenspeicher wird davon nicht berührt.
$\boxed{\text{Druck}}$	Druckt den Bildschirminhalt aus.

1.6

1.6 Befehlsübersicht

Interne Befehle

Die einfachsten und am häufigsten verwendeten DOS-Befehle sind interne Befehle. Sie sind direkt in der Datei COMMAND.COM zusammengefaßt. Die internen Befehle werden sofort nach der Eingabe ausgeführt, weil sie beim Starten von DOS vollständig in den Arbeitsspeicher des Computers geladen werden.

BREAK	CALL	CD/CHDIR	CHCP
CLS	COPY	CTTY	DATE
DEL	DIR	ECHO	ERASE
EXIT	FOR	GOTO	IF
LH/LOADHIGH	MD/MKDIR	PATH	PAUSE
PROMPT	RD/RMDIR	REM	REN/RENAME
SET	SHIFT	TIME	TYPE
VER	VERIFY	VOL	INSTALL

Externe Befehle

Externe Befehle sind Programme, die in Dateien mit einer der Dateinamenserweiterungen .COM, .EXE oder .BAT gespeichert sind.

APPEND	ATTRIB	CHKDSK	CHOICE
COMMAND	DBLSPACE	DEFRAG	DELTREE
DISKCOMP	DISKCOPY	DOSKEY	DOSSHELL
EDIT	EMM386	EXPAND	FASTOPEN
FC	FDISK	FIND	FORMAT
GRAPHICS	HELP	INTERLINK	INTERSRV
KEYB	LABEL	LOADFIX	MEM
MEMMAKER	MODE	MORE	MOVE
MSAV	MSBACKUP	MSCDEX	MSD
NET	NLSFUNC	POWER	PRINT
REPLACE	RESTORE	SCANDISK	SETVER
SHARE	SORT	SYS	TREE
UNFORMAT	UNDELETE	VSAVE	XCOPY

Windowsprogramme

Die nachfolgenden Programme können installiert werden, wenn Windows 3.x auf dem Rechner eingesetzt wird.

MWAV	MWBACKUP	MWUNDEL	SMARTMON

Anmerkungen

1.6

░ Alle externen Befehle sind gleichzeitig Dateien. Jeder Anwender kann seine eigenen externen Befehle schreiben und sie zu DOS hinzufügen. Alle in den bekannten Programmiersprachen geschriebenen Programme werden zu Dateien mit der Dateinamenserweiterung .EXE oder .COM.

░ Bei der Anwendung eines externen Befehls muß die Dateinamenserweiterung nicht angegeben werden.

░ **Hinweis:** Sind mehrere Befehle mit demselben Namen vorhanden, wird DOS nur einen Befehl ausführen. Die Ausführung ist von der Dateinamenserweiterung abhängig, und zwar in der folgenden Rangordnung:

.COM, .EXE, .BAT.

Der andere Befehl kann trotzdem ausgeführt werden, wenn zu dem Namen noch die Dateinamenserweiterung hinzugefügt wird.

░ Externe Befehle müssen, bevor sie von DOS ausgeführt werden können, zuerst von der Diskette/Festplatte in den Arbeitsspeicher übertragen werden. Sobald ein externer Befehl eingegeben wurde, durchsucht DOS das momentane Verzeichnis nach dem Befehl. Wenn es ihn dort nicht findet, muß DOS mitgeteilt werden, in welchem Verzeichnis sich die Datei mit dem Befehl befindet. Das geschieht mit Hilfe des **PATH**- bzw. **APPEND**-Befehls (siehe 4.7).

░ Bei der Arbeit mit mehreren Verzeichnissen empfiehlt es sich, alle externen DOS-Befehle in einem Verzeichnis unterzubringen; dort sind sie für DOS sehr viel schneller zugänglich.

░ In den Befehlsbeschreibungen dieser Schnell-Übersicht sind externe bzw. interne Befehle in der zweiten Beschreibungszeile mit »intern« bzw. »extern« entsprechend gekennzeichnet.

Übersicht alphabetisch

In dieser Übersicht werden alle aufgeführten Befehle kurz beschrieben. Synonyme (Befehlskürzel) stehen in Klammern bei den jeweiligen Befehlen.

APPEND	Legt einen Pfad für den Zugriff auf Datendateien fest.
ATTRIB	Verändert Dateiattribute oder zeigt sie an.
BREAK	Ermöglicht das Ein- und Ausschalten – Befehlsabbruchmöglichkeit – über die Tastenkombination $\boxed{\text{Strg}}$+$\boxed{\text{C}}$ bzw. $\boxed{\text{Strg}}$+$\boxed{\text{Untbr}}$.
CHCP	Stellt die momentane Codeseite für den Befehlsprozessor COMMAND.COM ein oder zeigt sie an.

1.6

CHDIR	Dient zum Wechseln bzw. Anzeigen des momentanen Verzeichnisses (**CD**).
CHKDSK	Überprüft die Richtigkeit der Einträge im Verzeichnis eines Laufwerks.
CHOICE	Ermöglicht Abfragen in Batch-Prozeduren.
CLS	Löscht den Bildschirminhalt.
COMMAND	Ist der Befehlsprozessor von DOS, der alle internen Befehle enthält.
COPY	Kopiert die angegebene(n) Datei(en).
CTTY	Ermöglicht die Änderung des Geräts, von dem Befehle eingegeben werden und auf dem die Bildschirmausgaben erfolgen.
DATE	Zum Anzeigen und Neueinstellen des Datums.
DEL	Löscht die angegebene(n) Datei(en) (**ERASE**).
DEFRAG	Datenträger-Defragmentierung.
DELTREE	Löscht Unterverzeichnisse einschließlich der darin enthaltenen Dateien.
DIR	Zeigt den Inhalt eines Verzeichnisses an.
DISKCOMP	Vergleicht Disketten.
DISKCOPY	Kopiert Disketten.
DBLSPACE	Installationsprogramm für Datenträgerkomprimierung.
DOSKEY	Speichert und ruft Befehle zurück, erstellt und führt Makros vom DOS-Prompt aus.
DOSSHELL	Lädt die Benutzeroberfläche.
EDIT	Bildschirmorientierter Editor.
EDLIN	Zeilenorientierter Editor.
EMM386	Speicherverwaltungsprogramm.
EXIT	Dient zum Verlassen des Befehlsprozessors und zur Rückkehr in die ursprüngliche Betriebssystemebene.
EXPAND	Expandiert eine komprimierte DOS-Datei.
FASTOPEN	Verringert die Zeit zum Öffnen von häufig verwendeten Dateien und Verzeichnissen.
FC	Vergleicht Dateien und zeigt Unterschiede zwischen den verglichenen Dateien an.
FDISK	Konfiguriert Festplatten für den Einsatz unter DOS.
FIND	Sucht eine Zeichenfolge.
FORMAT	Formatiert eine Diskette, d.h. bereitet sie für die Aufnahme von DOS-Dateien vor.
GRAPHICS	Bereitet DOS zum Drucken von Bildschirmgrafiken vor.

1.6

HELP	Zeigt den Hilfebildschirm für einen Befehl an.
INTERLNK	Verbindet zwei Computer über die serielle bzw. die
INTERSRV	parallele Schnittstelle.
INSTALL	Lädt Programme über CONFIG.SYS.
KEYB	Lädt eine landesspezifische Tastaturunterstützung.
LABEL	Dient zur Kennzeichnung von Disketten (Datenträgerbezeichnung).
LOADHIGH	Lädt ein Programm in den oberen Speicherbereich (HMA).
LOADFIX	Führt ein Programm in einem bestimmten Speicherbereich aus.
MEM	Zeigt die Speicherbelegung sowie alle geladenen Programme an.
MEMMAKER	Optimierungsprogramm für die Konfiguration von Einheitentreibern und TSR-Programmen.
MKDIR	Legt ein Verzeichnis an (**MD**).
MODE	Legt die Betriebsart von Geräten fest.
MORE	Bildschirmausgaben werden seitenweise vorgenommen.
MOVE	Benennt Verzeichnisse um und verschiebt Dateien innerhalb eines Datenträgers.
MSAV	Durchsucht Datenträger nach bekannten Viren.
MSBACKUP	Programm zur Datensicherung und Rückspeicherung gesicherter Dateien.
MSCDEX	Geräteunterstützung für CD-ROM.
MSD	Diagnosetool für Rechneranalyse.
NET	Netzwerkunterstützung.
NLSFUNC	Lädt länderspezifische Informationen.
PATH	Legt Suchpfade für Befehle (und andere ausführbare Programme) fest.
PRINT	Druckt Dateien im Hintergrund.
PROMPT	Zur Änderung der Eingabeaufforderung.
POWER	Reduziert den Stromverbrauch bei Laptops gemäß den APM-Spezifikationen.
QBASIC	Startet die QBasic-Programmierumgebung.
RENAME	Zum Umbenennen von Dateien (**REN**).
REPLACE	Ersetzt alte Dateien durch neuere Versionen.
RESTORE	Stellt gesicherte Dateien wieder her.
RMDIR	Löscht ein Verzeichnis (**RD**).
SCANDISK	Untersucht die Festplatte auf Fehler und korrigiert diese bei Bedarf.

SET	Ordnet einer in der DOS-Umgebung gespeicherten Zeichenfolge einen Wert zu oder zeigt die Umgebung an.
SETVER	Setzt bzw. zeigt die Versionsnummer an, mit der ein DOS-Programm arbeitet.
SHARE	Ermöglicht im Netzwerkbetrieb die Mehrfachbenutzung und Zugriffschutz von Dateien.
SORT	Sortiert Daten in aufsteigender oder absteigender Reihenfolge.
SUBST	Ordnet einem Pfad einen Laufwerksbuchstaben zu.
SYS	Überträgt DOS-Systemdateien auf die Diskette/Platte im angegebenen Laufwerk.
TIME	Zum Anzeigen und Neueinstellen der Systemzeit.
TREE	Zeigt Verzeichnis- und Dateinamen an.
TYPE	Zeigt den Inhalt einer Datei an.
UNDELETE	Stellt gelöschte Dateien wieder her.
UNFORMAT	Stellt einen formatierten Datenträger wieder her.
VER	Gibt die Versionsnummer der verwendeten DOS-Version an.
VERIFY	Stellt die Prüfung aller Schreibvorgänge auf einer Diskette/Festplatte ein oder aus.
VOL	Zur Anzeige einer Datenträgerbezeichnung.
VSAFE	TSR-Programm zur ständigen Überwachung des Computers auf Virenbefall.
XCOPY	Kopiert Dateien und Unterverzeichnisse.

Windowsprogramme

MWAV	Durchsucht den Datenträger nach bekannten Viren.
MWBACKUP	Programm zur Datensicherung und Rückspeicherung gesicherter Daten.
MWUNDEL	Stellt gelöschte Dateien wieder her.
SMARTMON	Anzeige der SMARTDRV-Aktivitäten und Änderung der Cache-Parameter.

1.7 Befehlsparameter

1.7

Die Parameter bei den meisten DOS-Befehlen stellen DOS zusätzliche Informationen zur Verfügung oder verlangen eine besondere Befehlsausführung. Falls keine Parameter angegeben werden, benützt DOS Standardwerte. Die Standardwerte sind bei den jeweiligen Befehlsbeschreibungen angegeben.

Die DOS-Befehle sind entsprechend der folgenden allgemeinen Syntax aufgebaut:

BEFEHL *parameter*
BEFEHL [*parameter*]

▨ **BEFEHL**: Ist ein DOS-Befehl.
▨ *parameter*: Gibt die Parameter an.
▨ [*parameter*]: Gibt Parameter an, die nur bei Bedarf mit eingegeben werden müssen.

Parameter und Zusätze

▨ *laufwerk*: Ist der Name eines Disketten- oder Festplattenlaufwerks. Dieser Parameter ist nur notwendig, wenn eine Datei benutzt werden soll, die sich nicht im Standardlaufwerk befindet. Zwischen zwei Disketten übertragene Informationen werden von einem Ausgangs- an ein Ziellaufwerk gesandt.
▨ *pfad*: Bezieht sich auf den Verzeichnisnamen mit der folgenden Syntax:

[*verzeichnis*][*verzeichnis*...]*verzeichnis*
▨ *dateiname*: Ist der Name einer Datei mit Dateinamenserweiterung (falls vorhanden). Diese Option enthält keinerlei Hinweis auf Gerätebezeichnungen bzw. Laufwerksbuchstaben.
▨ */B*: Steht für einen Befehlszusatz, mit dem die Ausführung eines DOS-Befehls beeinflußt wird. Diese Zusätze beginnen immer mit einem Schrägstrich (/).
▨ **ON OFF**: Steht für Befehlsargumente. Mit ihnen wird DOS mit den für die Ausführung des Befehls erforderlichen Informationen versorgt.
▨ *zeichenfolge*: Viele Befehle arbeiten mit einer Zeichenfolge, die Buchstaben, Ziffern, Leerstellen und andere Zeichen enthalten kann. Die Suche nach einem bestimmten Wort in einer Datei ist eine gebräuchliche Verwendung einer Zeichenfolge.

Schreibweisen

1.7

In dieser Schnell-Übersicht werden folgende Schreibweisen für Befehle und Parameter verwendet:

Schreibweise	Gebrauch
kursiv	Der Text für die kursiv gesetzten Variablen muß angegeben werden. Anstatt *<dateiname>* wird z.B. der Name einer Datei eingegeben.
[*klammern*]	Einträge in eckigen Klammern können wahlweise verwendet werden. Wenn solche Informationen mit eingegeben werden sollen, schreibt man die in den eckigen Klammern stehenden Informationen. Die Klammern selbst dürfen nicht geschrieben werden.
... (Punkte)	Werden als Auslassungszeichen verwendet. Sie geben an, daß ein Befehlsteil so oft wie nötig wiederholt werden kann.
Trennzeichen	Wenn nicht anders angegeben, müssen die Befehlsbezeichnungen von den Parametern durch bestimmte Zeichen oder Leerzeichen, die sogenannten Trennzeichen, getrennt werden. Meistens empfiehlt es sich, zur Abgrenzung des Befehls von den Optionen, Leerzeichen zu verwenden. Beispiel: RENAME STUMPF.TXT SPITZ.TXT Auch Strichpunkte (;), Gleichheitszeichen (=) oder Tabs werden in manchen DOS-Befehlen als Trennzeichen verwendet. In dieser Schnell-Übersicht werden Leerzeichen verwendet.

Netzwerkfähigkeit

Einige DOS-Befehle sind im Netzwerk nicht zulässig; werden sie dennoch in einem Netzwerk benutzt, zeigt DOS die Fehlermeldung

`<Befehl> für Netzwerklaufwerk nicht möglich`

Die folgenden Befehle sind in einem Netzwerk nicht zulässig:

CHKDSK	DBLSPACE	DEFRAG	DISKCOMP
DISKCOPY	FDISK	FORMAT	LABEL
SYS	UNDELETE	UNFORMAT	

1.8 DOS-Meldungen

Es gibt drei Arten von Meldungen, die bei der Arbeit mit DOS auftreten können:

- DOS-Gerätefehlermeldungen
- Meldungen und Fehlermeldungen der DOS-Befehle
- Meldungen und Fehlermeldungen von Anwendungsprogrammen

Fehlermeldungen der DOS-Befehle

Die wichtigsten Fehlermeldungen sind bei den entsprechenden DOS-Befehlen beschrieben. Hier wurde Wert darauf gelegt, die Beschreibungen der Meldungen kurz zu halten, um diese Abschnitte nicht zu unübersichtlich werden zu lassen. Fehlermeldungen, die sich selbst erklären und bei denen die Abhilfe schon aus der Meldung ersichtlich ist, wurden weggelassen oder ohne weitere Beschreibung aufgeführt.

Gerätefehler

Eine häufig unter DOS auftretende Fehlerart sind die Gerätefehler. Dabei handelt es sich meistens um Bedienungsfehler oder Defekte am Computersystem oder seinen Peripheriegeräten; dafür einige Beispiele:

- Ein angesprochenes Gerät ist nicht angeschlossen.
- Der Drucker ist nicht eingeschaltet.
- Der Drucker ist Offline.
- Es ist kein Papier mehr im Drucker oder es hat einen Papierstau gegeben.
- Das Druckerkabel wurde versehentlich herausgezogen.
- Es ist keine Diskette in das angesprochene Laufwerk eingelegt.
- Die verwendete Diskette ist noch nicht formatiert.
- Die Diskette ist defekt und nicht mehr verwendbar.
- Die verwendete Diskette kann in diesem Laufwerk nicht gelesen werden (z.B. 1,2-Mbyte-Diskette im 360-Kbyte-Laufwerk).
- Die Laufwerksverriegelung ist nicht richtig geschlossen.

Aufbau der Gerätefehler

Die Gerätefehler haben alle einen einheitlichen Aufbau, der unter MS-DOS so aussieht:

```
<Fehlerart> beim Lesen <Gerät>
(A)bbrechen, (W)iederholen, (I)gnorieren, (U)ebergehen?
```

oder

```
<Fehlerart> beim Schreiben <Gerät>
(A)bbrechen, (W)iederholen, (I)gnorieren, (U)ebergehen?
```

1.8

Fehlerart gibt dabei an, um welchen Fehler es sich handelt, *Gerät* ist das Gerät, auf das versucht wurde zuzugreifen, als der Fehler auftrat (z.B. Laufwerk A: oder PRN). Wird zum Beispiel versucht, auf die Diskette im Laufwerk A: zuzugreifen, obwohl keine Diskette eingelegt ist, tritt folgender Fehler auf:

```
Nicht bereit beim Lesen von Laufwerk A:
(A)bbrechen, (W)iederholen, (U)ebergehen)?
```
oder
```
Schreibstörung beim Schreiben auf Gerät PRN
(A)bbrechen, (W)iederholen, (I)gnorieren, (U)ebergehen)?
```
DOS wartet dann auf eine Eingabe (siehe weiter hinten).

Eingaben bei Gerätefehler

DOS erwartet bei Gerätefehlern die Eingabe einer der folgenden Antworten:

A Abbrechen/Abbruch: Beendet das Programm, das den Lese- oder Schreibvorgang durchführen wollte. Diese Antwort sollte gewählt werden, wenn der Fehler nicht ohne Hilfe korrigiert werden kann.

W Wiederholen: Wiederholt den Vorgang, der zum Fehler führte. Diese Antwort sollte nach Behebung des Fehlers gewählt werden (z.B. bei »Nicht-Bereit«- oder Schreibschutzfehlern).

I Ignorieren: Ignoriert den Fehler und nimmt an, daß er sich nicht ereignet hat. Dies kann den Verlust von Daten zur Folge haben!

U Uebergehen: Gibt den Fehler an das verursachende Programm zurück und überläßt diesem die Reaktion darauf. Dies kann den Verlust von Daten zur Folge haben!

Gewöhnlich sollte versucht werden, die Fehlerursache festzustellen, sie zu beseitigen (z.B. Diskette einlegen, Drucker einschalten) und durch Eingabe von **W** (»Wiederholen«) den Vorgang zu wiederholen. Ist ein zweiter Versuch nicht erfolgreich, sollte **A** (»Abbrechen«) zur Beendigung des Zugriffs eingegeben werden. Dies ist die Standard-Vorgehensweise für die Fehlerbeseitigung.

Die Optionen »Ignorieren« und »Uebergehen« sollten nur dann gewählt werden, wenn genau bekannt ist, daß dadurch keine Daten verlorengehen!

1.9 Anwendungsprogramme

DOS ermöglicht den Einsatz zahlreicher verschiedener Anwendungsprogramme, wie beispielsweise Programme für Tabellenkalkulation, Textverarbeitung und Grafik. So vielgestaltig wie das Angebot, ist die Art der Unterstützung, die die Anwendungsprogramme bieten. Sie helfen bei der Haushaltsplanung, beim Berechnen der Einkommensteuer oder bei der Verwaltung jeglicher Art von Informationen, wie zum Beispiel Lagerhaltungs- bzw. Lagerbestandsdaten oder Adressenlisten.

Ausführung: Anwendungsprogramm von Diskette starten

Sobald DOS gestartet ist, können Anwendungsprogramme ablaufen.

Diskette einlegen in Laufwerk A
Falls ein Programm auf mehreren Disketten verteilt ist, ist eine Diskette als Startdiskette gekennzeichnet.

A: ⏎ macht Laufwerk A zum Standardlaufwerk

Name des Anwendungsprogramms eingeben ⏎
Das Programm wird von der Diskette gelesen und gestartet.
Das weitere Vorgehen hängt vom Anwendungsprogramm ab und wird meistens am Bildschirm erläutert.

Ausführung: Anwendungsprogramm von Festplatte starten

C: ⏎ macht Laufwerk C zum Standardlaufwerk
Nur notwendig, falls C noch nicht Standardlaufwerk ist.

CD *verzeichnis* **⏎ schaltet in das Verzeichnis um**
Nur notwendig, falls das Programm in einem Unterverzeichnis gespeichert ist (siehe 4.1).

Name des Anwendungsprogramms eingeben ⏎
Das Programm wird von der Festplatte gelesen und gestartet.
Das weitere Vorgehen hängt vom Anwendungsprogramm ab und wird meistens am Bildschirm erläutert.

Beendigung bei Diskettensystemen

Beim Verlassen einiger Anwendungsprogramme, besonders bei solchen, die viel Speicherplatz beanspruchen, kann die folgende DOS-Fehlermeldung erscheinen:

```
Diskette mit \COMMAND.COM in Laufwerk X: einlegen
Eine beliebige Taste drücken, um fortzusetzen . . .
```

Diese Nachricht bedeutet nicht, daß das Anwendungsprogramm oder der Computer beschädigt ist.

1.9

Sie erscheint, weil das Anwendungsprogramm so viel Speicherplatz benötigt, daß es den DOS-Befehlsprozessor COMMAND.COM im Speicher überschrieben hat.

Diskette mit COMMAND.COM einlegen

Dies ist meistens die Diskette, mit der der Computer gestartet wurde.

Taste betätigen

Danach erscheint wieder die DOS-Eingabeaufforderung.

Wurde von der Festplatte gestartet und tritt der Fehler weiterhin auf, muß in der Regel der Rechner neu gestartet werden. Bleibt der Fehler, wurde vermutlich die Datei COMMAND.COM aus dem Stammverzeichnis gelöscht. In diesem Fall muß von einer Diskette gestartet werden und die Datei COMMAND.COM auf die Festplatte kopiert werden.

Verweise

Verzeichnisse und Laufwerke, Übersicht **4.1**, Der Befehlsprozessor **7.6** CONFIG.SYS **8.1**, Stapelverarbeitung **9**.

1.10 Die wichtigsten Befehle – ein Überblick

Hier folgt ein Überblick über die wichtigsten Befehle mit einigen Erläuterungen sowie Verweisen auf die Kapitel, in denen ausführliche Befehlsbeschreibungen zu finden sind.

Ausführung: Diskette formatieren mit FORMAT

Neu gekaufte, also noch leere und unformatierte Disketten müssen zunächst mit **FORMAT** formatiert werden, bevor sie mit DOS eingesetzt werden können. Dabei wird die Diskette auch auf schadhafte Stellen überprüft.

```
                       ┌──────── Formatiere eine Diskette...
                ┌──────┼──────── ...in Laufwerk B...
         ┌──────┼──────┼──────── ...und frage nach einer
         │      │      │             Datenträgerbezeichnung
FORMAT   B:     /V  ↵
```

▨ Beim Formatieren können auch wichtige DOS-Systemdateien automatisch mit angelegt werden.

▨ Danach ist die Diskette formatiert und kann von DOS verwendet werden.

▨ Jede verwendete Diskette sollte mit einem Aufkleber versehen und beschriftet werden.

▨ **Vorsicht:** Die Formatierung löscht alle Informationen auf der Diskette!

▨ Befehlsbeschreibung siehe 3.2.

Ausführung: Diskette kopieren mit DISKCOPY

Mit **DISKCOPY** können gesamte Disketten, nicht einzelne Dateien, kopiert werden. Dies kann notwendig sein, um Sicherungskopien von Disketten anzulegen.

```
                   ┌──────── Kopiere den Inhalt der Diskette...
            ┌──────┼──────── ...in Laufwerk A...
     ┌──────┼──────┼──────── ...auf die Diskette in Laufwerk B.
     │      │      │
DISKCOPY A:   B:  ↵
```

▨ **DISKCOPY** kann nicht zum Kopieren des Inhalts einer Diskette zu oder von einer Festplatte verwendet werden. Dazu ist **COPY** oder **XCOPY** vorgesehen (siehe 5.2).

▨ Befehlsbeschreibung siehe 3.3.

Ausführung: Verzeichnis anzeigen mit DIR

1.10

Um zu erfahren, welche Dateien auf einer Diskette gespeichert sind, kann mit Hilfe des Befehls **DIR** das Verzeichnis einer Diskette oder der Festplatte am Bildschirm angezeigt werden.

```
        ┌─── Zeige mir das Verzeichnis...
        │  ┌─── ...der Diskette in Laufwerk B.
DIR  B: [↵]
        ┌─── Zeige mir das Verzeichnis des Standardlaufwerks

DIR [↵]
```

░ Falls das Verzeichnis sehr umfangreich ist, also länger als eine Bildschirmseite, kann die Bildschirmanzeige angehalten werden, wenn der Befehlsparameter **/P** verwendet wird. Eine beliebige Taste setzt die Anzeige wieder fort.

░ Befehlsbeschreibung siehe 4.3.

Ausführung: Dateien kopieren mit COPY

Mit **COPY** können eine oder mehrere Dateien entweder auf die gleiche oder auf eine andere Diskette kopiert werden.

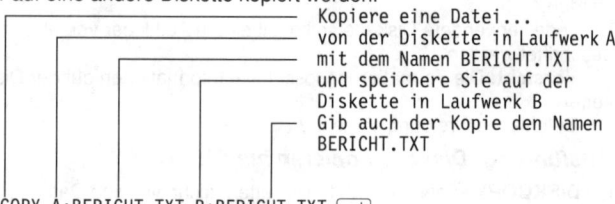

```
                              ┌─── Kopiere eine Datei...
                              │   von der Diskette in Laufwerk A
                              │   mit dem Namen BERICHT.TXT
                              │   und speichere Sie auf der
                              │   Diskette in Laufwerk B
                              │   Gib auch der Kopie den Namen
                              │   BERICHT.TXT

COPY A:BERICHT.TXT B:BERICHT.TXT [↵]
```

░ Falls A das Standardlaufwerk ist (siehe 1.1), (Eingabeaufforderung A>), muß A: nicht angegeben werden.

░ Wird der zweite Dateiname nicht angegeben, erhält die kopierte Datei denselben Namen wie das Original.

░ Beim Kopieren von oder auf eine Festplatte muß normalerweise als Laufwerksbuchstabe C eingegeben werden.

░ Weitere Möglichkeiten:
```
COPY A:BERICHT.TXT B:BERICHT.TXT
COPY BERICHT.TXT B:BERICHT.TXT
COPY BERICHT.TXT B:
```
░ Befehlsbeschreibung siehe 5.2.

Ausführung: Dateien löschen mit DEL

1.10

Alte oder nicht mehr benötigte Dateien können mit **DEL** gelöscht werden. Solche gelöschten Dateien sind dann endgültig verloren.

```
         ┌──────── Lösche eine Datei...
         │  ┌───── ...mit dem Namen BERICHT.TXT von
         │  │      der Diskette in Laufwerk B.
DEL B:BERICHT.TXT ⏎
```

▨ Um eine Datei von der Festplatte zu löschen, muß normalerweise C als Laufwerksbezeichnung angegeben werden.

▨ Befehlsbeschreibung siehe 5.4.

Ausführung: Dateien umbenennen mit RENAME

Namen von Dateien können mit **RENAME** geändert werden. Dies kann zum Beispiel notwendig werden, um auf einer Diskette mehrere Dateien mit ähnlichem Inhalt zu speichern und die Namen voneinander verschieden zu machen.

```
         ┌──────── Ändere den Namen einer Datei...
         │  ┌───── ...von MONATS.BER...
         │  │  ┌── ...in JAHRES.BER.
RENAME MONATS.BER JAHRES.BER ⏎
```

▨ **RENAME** kann nur auf derselben Diskette oder Festplatte angewandt werden. A:MONATS.BER kann also nicht in B:MONATS.BER geändert werden.

▨ Befehlsbeschreibung siehe 5.5.

Ausführung: Dateiinhalte anzeigen mit TYPE

Mit **TYPE** kann eine Textdatei am Bildschirm angezeigt werden. Der Inhalt erscheint am Bildschirm.

```
         ┌──────── Zeige am Bildschirm...
         │  ┌───── ...die auf der Diskette in Laufwerk A
         │  │      befindliche Datei mit dem Namen TELEFON.LST.
TYPE A:TELEFON.LST ⏎
```

▨ Falls die Datei sehr umfangreich, also länger als eine Bildschirmseite ist, kann die Bildschirmanzeige mit `Strg`+`S` oder `Pause` angehalten werden. Eine beliebige Taste setzt die Anzeige wieder fort (siehe 1.3).

▨ **TYPE** zeigt nur Textdateien am Bildschirm an.

▨ Mit Hilfe von Datenumleitung kann eine Datei auch auf einem Drucker ausgegeben werden (siehe 6.2).

▨ Befehlsbeschreibung siehe 6.7.

1.11

1.11 DOS-Installation

Umstieg auf MS-DOS 6.2   *SETUP extern*

Über das SETUP-Programm kann der Rechner auf die neue Betriebssystemversion umgestellt werden, ohne daß hierfür neu gebootet werden muß. Das Setup-Programm der Update-Version sichert die alte Betriebssystemversion und ermöglicht dadurch, daß DOS 6.2 wieder deinstalliert werden kann.

Für diesen Zweck ist eine formatierte Diskette bereitzuhalten und auf Anforderung in das Laufwerk A: einzulegen. Bei der Neu-Version (OEM-Version) wird von der Diskette gestartet. Die Installation läuft dann in ähnlicher Weise ab.

SETUP [/B] [/E] [/F] [/G] [/H] [/I] [/M] [/Q] [/U]

- **/B:** Verwendet die Schwarz-/Weißanzeige.
- **/E:** Installiert die optionalen Programme für DOS und Windows.
- **/F:** Legt nur eine minimale Installation auf einer Diskette an.
- **/G:** Erstellt keine UNINSTALL-Diskette, um die Installation rückgängig zu machen.
- **/H:** Verwendet die Standardeinstellungen.
- **/I:** Untersucht nicht die verwendete Hardware.
- **/M:** Legt nur eine minimale Installation auf der Festplatte an.
- **/Q:** Kopiert nur bestimmte Dateien von den Disketten.
- **/U:** Installiert DOS 6.2 auch bei Inkompatibilitäten der Laufwerkspartitionen.

Allgemeine Hinweise zur Bedienung

- ⏎ Führt die am Bildschirm angezeigte Aktion aus.
- [F1] Gibt einen Hilfebildschirm zur aktuellen Situation aus.
- [F3] Beendet das Setup-Programm und kehrt zum DOS-Prompt zurück.
- [F5] Schaltet zwischen der Farb- und Schwarz/Weiß-Darstellung um.
- ↑↓ Auswahländerung der angezeigten Optionen.
- In der untersten Bildschirmzeile wird die aktuelle Belegung der Funktionstasten angezeigt.
- Auf den nachfolgenden Bildschirmbildern werden nur die wichtigsten Teile angezeigt. Allgemeine erläuternde Informationen werden nicht mit ausgegeben.

Hinweise auf fremde Hardware und Software

1.11

■ Die Dateien AWINFO.TXT und INFO.TXT enthalten wichtige Hinweise für die Installation bei der Verwendung von fremder Hardware und Software.

SETUP-Programm starten

Das SETUP-Programm wird mit

A:SETUP ⏎

gestartet. Anschließend wird ein Informationsbildschirm ausgegeben.

```
Setup für Microsoft MS-DOS 6.2

        Willkommen zum Setup.

        Das Setup-Programm bereitet MS-DOS 6.2 zum Ausführen auf Ihrem
        Computer vor

        Drücken Sie die EINGABETASTE, um MS-DOS 6.2 zu installieren

        Drücken Sie die F1-Taste, um über das Setup zu lernen
         bevor Sie fortsetzen.

        Drücken Sie die F3-Taste, um Setup zu beenden, ohne
         Installation von MS-DOS 6.2
EINGABETASTE=Weiter  F1=Hilfe  F3=Ende
```

⏎ setzt die Installation fort, F3 beendet diese.

Über F1 kann zu jedem Zeitpunkt während der Installation Hilfe angefordert werden. Es werden dann Informationen, bezogen auf die jeweilige Situation, ausgegeben.

Wiederherstellungsdiskette anlegen

```
Setup für Microsoft MS-DOS 6.2

        Während des Setups müssen Sie eine oder zwei Disketten
        bereitstellen und beschriften. Jede Diskette kann unfor-
        matiert oder formatiert sein und muß in Laufwerk A: passen.
        (Falls Sie 360KB-Disketten benutzen, benötigen Sie zwei
        Disketten. Andernfalls benötigen Sie nur eine Diskette.)

        Beschriften Sie die Diskette(n) wie folgt:

        UNINSTALL #1
        UNINSTALL #2 (falls benötigt)

        Setup sichert einige Originaldateien von MS-DOS auf der
        UNINSTALL-Diskette(n) und andere auf der Festplatte mit dem
        Verzeichnisnamen OLD_DOS.x. Falls benötigt, können Sie die
        Systemkonfiguration vor der Installation wiederherstellen.

           Nachdem Sie die UNINSTALL-Diskette(n) beschriftet haben,
           drücken Sie die EINGABETASTE, um das Setup fortzusetzen.
EINGABETASTE=Weiter  F1=Hilfe  F3=Ende
```

1.11

Das Setup-Programm fordert jetzt auf, die Wiederherstellungsdiskette in das Startlaufwerk einzulegen. Auf diese Diskette werden alle Dateien geschrieben, die zur Wiederherstellung der alten DOS-Version benötigt werden. Die Diskette ist sorgfältig aufzubewahren, da bei Beschädigung oder Verlust die alte DOS-Version nicht mehr installiert werden kann.

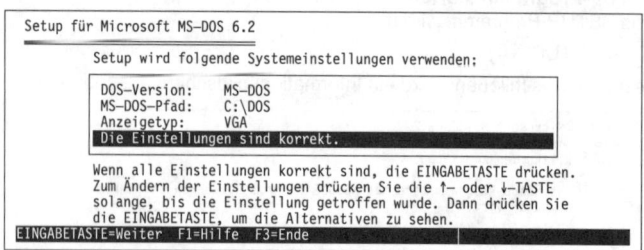

```
Setup für Microsoft MS-DOS 6.2

        Setup wird folgende Systemeinstellungen verwenden:

        DOS-Version:     MS-DOS
        MS-DOS-Pfad:     C:\DOS
        Anzeigetyp:      VGA
        Die Einstellungen sind korrekt.

        Wenn alle Einstellungen korrekt sind, die EINGABETASTE drücken.
        Zum Ändern der Einstellungen drücken Sie die ↑- oder ↓-TASTE
        solange, bis die Einstellung getroffen wurde. Dann drücken Sie
        die EINGABETASTE, um die Alternativen zu sehen.
EINGABETASTE=Weiter  F1=Hilfe  F3=Ende
```

Im nächsten Bildschirm kann eine Auswahl über optionale Programme getroffen werden. Standardmäßig werden nur die Windows-Programme installiert, wenn keine Änderungen vorgenommen werden.

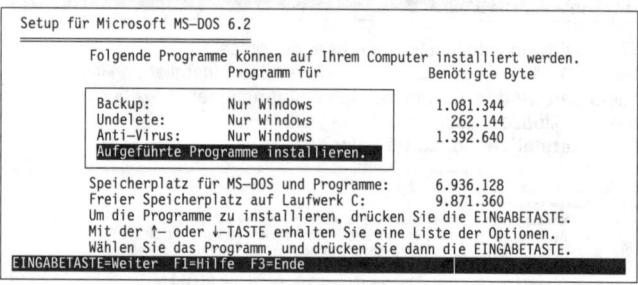

```
Setup für Microsoft MS-DOS 6.2

        Folgende Programme können auf Ihrem Computer installiert werden.
                     Programm für              Benötigte Byte

        Backup:          Nur Windows                1.081.344
        Undelete:        Nur Windows                  262.144
        Anti-Virus:      Nur Windows                1.392.640
        Aufgeführte Programme installieren.

        Speicherplatz für MS-DOS und Programme:      6.936.128
        Freier Speicherplatz auf Laufwerk C:         9.871.360
        Um die Programme zu installieren, drücken Sie die EINGABETASTE.
        Mit der ↑- oder ↓-TASTE erhalten Sie eine Liste der Optionen.
        Wählen Sie das Programm, und drücken Sie dann die EINGABETASTE.
EINGABETASTE=Weiter  F1=Hilfe  F3=Ende
```

Wird ein Auswahlpunkt mit ⏎ bestätigt, können über eine Menüauswahl die erforderlichen Installationsangaben durchgeführt werden.

1.11

```
Setup für Microsoft MS-DOS 6.2

        Undelete für:

   Windows und MS-DOS
   Nur Windows
   Nur MS-DOS
   Nicht installieren

   Wenn Sie die aufgeführte Option haben möchten, drücken Sie
   die EINGABETASTE. Um etwas anderes auszuwählen, drücken Sie
   zuerst die ↑- oder ↓-TASTE und dann die EINGABETASTE.
EINGABETASTE=Weiter  F1=Hilfe  F3=Ende  ESC=vorheriger Bildschirm
```

Es wird angezeigt, wieviel Speicherplatz die ausgewählte Installation
auf der Festplatte erfordert.

DOS- und Windows-Dateien installieren

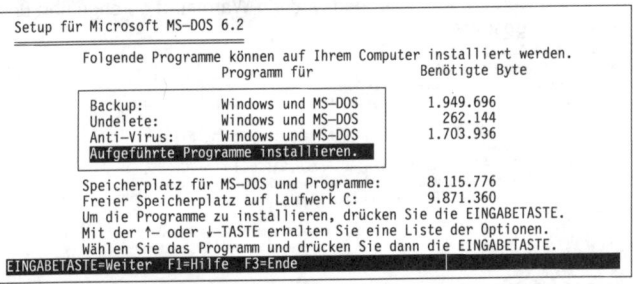

```
Setup für Microsoft MS-DOS 6.2

      Folgende Programme können auf Ihrem Computer installiert werden.
                    Programm für            Benötigte Byte

    Backup:       Windows und MS-DOS           1.949.696
    Undelete:     Windows und MS-DOS             262.144
    Anti-Virus:   Windows und MS-DOS           1.703.936
    Aufgeführte Programme installieren.

    Speicherplatz für MS-DOS und Programme:     8.115.776
    Freier Speicherplatz auf Laufwerk C:        9.871.360
    Um die Programme zu installieren, drücken Sie die EINGABETASTE.
    Mit der ↑- oder ↓-TASTE erhalten Sie eine Liste der Optionen.
    Wählen Sie das Programm und drücken Sie dann die EINGABETASTE.
EINGABETASTE=Weiter  F1=Hilfe  F3=Ende
```

Die Installation kann jetzt noch abgebrochen werden. Wird diese fort-
geführt, darf nicht mehr in die laufende Installation eingegriffen werden.
Auf Anforderung sind die gewünschten Disketten einzulegen.

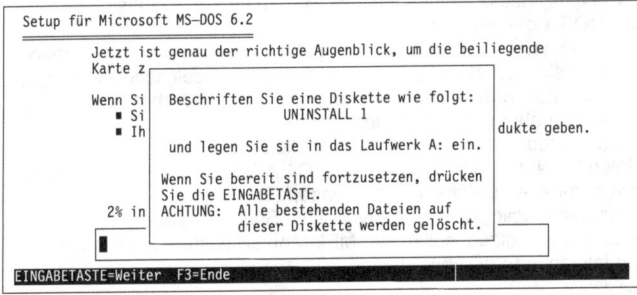

```
Setup für Microsoft MS-DOS 6.2

      Jetzt ist genau der richtige Augenblick, um die beiliegende
      Karte z
                 ┌──────────────────────────────────────────┐
      Wenn Si    │ Beschriften Sie eine Diskette wie folgt:  │
        ▪ Si     │              UNINSTALL 1                   │
        ▪ Ih     │                                           │  dukte geben.
                 │ und legen Sie sie in das Laufwerk A: ein.  │
                 │                                           │
                 │ Wenn Sie bereit sind fortzusetzen, drücken │
                 │ Sie die EINGABETASTE.                     │
        2% in    │ ACHTUNG: Alle bestehenden Dateien auf     │
                 │          dieser Diskette werden gelöscht.  │
     ■           └──────────────────────────────────────────┘

EINGABETASTE=Weiter  F3=Ende
```

1.11

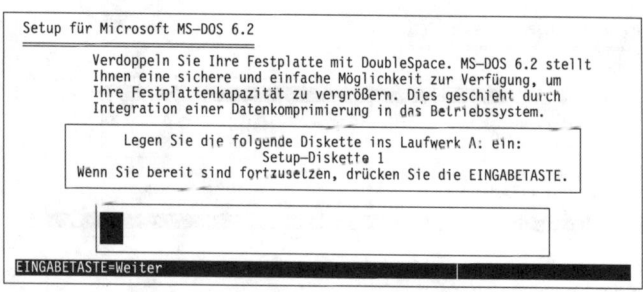

```
Setup für Microsoft MS-DOS 6.2

          Verdoppeln Sie Ihre Festplatte mit DoubleSpace. MS-DOS 6.2 stellt
          Ihnen eine sichere und einfache Möglichkeit zur Verfügung, um
          Ihre Festplattenkapazität zu vergrößern. Dies geschieht durch
          Integration einer Datenkomprimierung in das Betriebssystem.

          Legen Sie die folgende Diskette ins Laufwerk A: ein:
                             Setup-Diskette 1
     Wenn Sie bereit sind fortzusetzen, drücken Sie die EINGABETASTE.



 EINGABETASTE=Weiter
```

Nach Beendigung der Installation müssen Disketten aus den Laufwerken entfernt werden. Anschließend wird ein Warmstart durchgeführt und MS-DOS 6.2 gestartet.

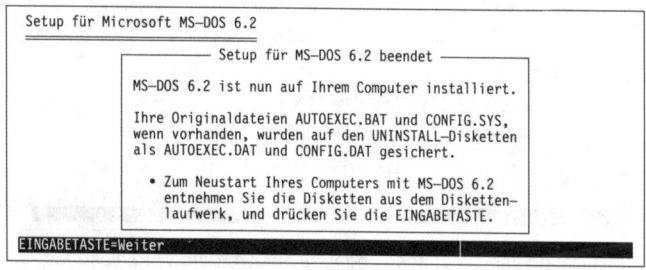

```
Setup für Microsoft MS-DOS 6.2
                        Setup für MS-DOS 6.2 beendet
       MS-DOS 6.2 ist nun auf Ihrem Computer installiert.

       Ihre Originaldateien AUTOEXEC.BAT und CONFIG.SYS,
       wenn vorhanden, wurden auf den UNINSTALL-Disketten
       als AUTOEXEC.DAT und CONFIG.DAT gesichert.

        • Zum Neustart Ihres Computers mit MS-DOS 6.2
          entnehmen Sie die Disketten aus dem Disketten-
          laufwerk, und drücken Sie die EINGABETASTE.

 EINGABETASTE=Weiter
```

Anmerkungen zur Update-Version

■ Die alten Betriebssystemdateien werden im Verzeichnis OLD_DOS.1 gespeichert.

■ Wird der Befehl DELOLDOS ausgeführt, werden die alten Betriebssystemdateien aus dem Verzeichnis OLD_DOS.1 gelöscht. Die alte Betriebssystemversion kann dann auch mit der Wiederherstellungsdiskette nicht mehr installiert werden.

■ Das Setup-Programm führt keine vollständige Konfiguration der Dateien CONFIG.SYS und AUTOEXEC.BAT durch. Vielmehr werden die vorhandenen Dateien lediglich angepaßt.

■ Um die Möglichkeiten der erweiterten Speicherverwaltung (siehe 8.4) zu nutzen, sollte man MEMMAKER ausführen oder die Startdateien manuell überarbeiten.

Einzelne DOS-Dateien installieren EXPAND
extern

1.11

Da die DOS-Dateien in komprimierter Form auf den Installationsdisketten gespeichert sind, können einzelne Dateien nur über den EXPAND-Befehl auf einen anderen Datenträger zur Ausführung kopiert werden.

EXPAND [*laufwerk:*][*pfad*]*dateiname* [[*laufwerk1:*][*pfad1*]*dateiname1*

▨ *laufwerk: pfad dateiname*: gibt an, wo die komprimierte Datei gespeichert ist.
▨ *laufwerk1: pfad1 dateiname1*: gibt an, wo die expandierte Datei abgelegt werden soll.

Anmerkungen

▨ Sollen mehrere Dateien expandiert werden, muß als Ziel nur das Laufwerk und das Verzeichnis angegeben werden.
▨ **EXPAND** kann nicht dazu verwendet werden, andere Dateien zu komprimieren.

Reinstallation von DOS UNINSTAL
Update-Version

Über die Wiederherstellungsdiskette kann die alte Betriebssystemversion reinstalliert werden.

Hierfür ist der Rechner mit dieser Diskette neu zu starten. Die Reinstallation wird automatisch vorgenommen.
▨ Wurde das Verzeichnis OLDDOS.1 gelöscht, kann die Reinstallation nicht mehr durchgeführt werden.

Alte DOS-Version löschen DELOLDOS
Update-Version

Mit dem Befehl wird die alte DOS-Version endgültig von der Festplatte gelöscht.

Verweis

Konfiguration **8**.

1.12 1.12 Hilfesystem

Hilfe anfordern

HELP
extern

DOS unterstützt den Anwender auf zwei unterschiedliche Arten.

HELP *<befehl>*

<befehl> /**?**

FASTHELP

■ HELP: Ist eine On-Line-Referenz der DOS-Befehle. Innerhalb der Darstellungen kann über Querverweise auf verwandte Hinweise gesprungen werden.

■ *befehl*: Ist der DOS-Befehl, für den Hilfe angefordert wird.

■ /*?*: Gibt den Hilfebildschirm von *<befehl>* aus.

■ **FASTHELP**: Zeigt eine Kurzübersicht mit den Befehlen und ihrer Verwendung an.

Anmerkungen

■ In beiden Fällen wird derselbe Hilfsbildschirm ausgegeben.

■ Die HELP-Funktion läßt sich erweitern, sofern die neuen Programme den Parameter /**?** unterstützen.

1.12

▦ **HELP** ohne Parameter zeigt eine Übersicht mit den DOS-Befehlen.
▦ **FASTHELP** gibt eine zusätzliche Information aus, die in der Datei DOSHELP.HLP gespeichert ist. Anschließend führt **HELP** den Befehl mit dem Parameter /**?** aus.
▦ **FASTHELP** ohne Parameter gibt eine Liste der DOS-Befehle mit einer Kurzbeschreibung aus. Es handelt sich hierbei um die Einträge der Datei DOSHELP.HLP.

Direkte Hilfe eines Befehls

```
DOSHELP XCOPY
```
Nach der Ausführung werden die Hilfeinformationen zum **XCOPY**-Befehl angezeigt.

```
[C:\]xcopy /?
Kopiert Dateien (außer versteckten u. Systemdateien) und Verzeichnisstrukturen.

XCOPY Quelle [Ziel] [/A | /M] [/D:Datum] [/P] [/S [/E]] [/V] [/W]

Quelle     Zu kopierende Dateien.
Ziel       Position und/oder Name der neuen Dateien.
/A         Kopiert Dateien mit gesetztem Archivattribut,
           ändert das Attribut nicht.
/M         Kopiert Dateien mit gesetztem Archivattribut,
           setzt das Attribut nach dem Kopieren zurück.
/D:Datum   Kopiert nur die an oder nach dem Datum geänderten Dateien.
/P         Fragt vor dem Erstellen jeder Zieldatei nach.
/S         Kopiert nicht leere Verzeichnisse und Unterverzeichnisse.
/E         Kopiert alle Unterverzeichnisse (leer oder nicht leer).
/V         Überprüft jede neue Datei auf Korrektheit.
/W         Fordert vor dem Beginn des Kopierens zu einem Tastendruck auf.

[C:\]
```

Hilfedatei erweitern

Die Hilfedatei DOSHELP.HLP kann mit dem Editor **EDIT** leicht verändert werden. Folgende Voraussetzungen müssen jedoch erfüllt sein.
▦ Der neue Befehl muß den Parameter /? unterstützen.
▦ Die Befehle müssen alphabetisch sortiert in der Hilfedatei abgespeichert werden. Weitere Zeilen müssen mit Leerzeichen beginnen.
▦ Der Befehl muß immer am Anfang der Zeile stehen.
Kommentarzeilen wird das Zeichen »@« vorangestellt.
Nachfolgend ist ein Auszug aus der DOS-Hilfedatei aufgeführt.

```
DEL       Löscht eine oder mehrere Dateien.
DIR       Listet die Dateien und Unterverzeichnisse eines
          Verzeichnisses auf.
DISKCOMP  Vergleicht den Inhalt zweier Disketten.
```
Die Informationszeilen der Hilfedatei werden vor dem eigentlichen Hilfebildschirm des Befehls ausgegeben.

Verwendung der On-Line-Hilfe

1.12

■ Es stehen zwei Menüs zur Verfügung:

Datei/Drucken

Druckt den aktuellen Hilfebildschirm aus.

Datei/Beenden

Beendet die On-Line-Hilfe und kehrt zur DOS-Eingabeaufforderung zurück.

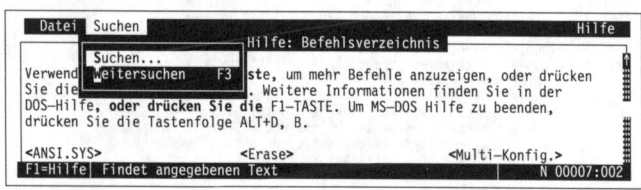

Suchen/Suchen

Sucht nach einem eingegebenen Begriff.

Suchen/Weitersuchen oder ⟨F3⟩

Sucht nach dem nächsten Vorkommen des Suchbegriffs.

■ Weitere Hilfeseiten für Schlüsselwörter können angezeigt werden, indem die entsprechenden Schlüsselwörter ausgewählt werden, die in spitzen »< >« Klammern stehen. ⟨↵⟩ zeigt den Hilfebildschirm an. Wird die Maus verwendet, genügt ein Doppelklick auf das Schlüsselwort.

Tastenfunktionen in der On-Line-Hilfe

⟨Alt⟩+⟨I⟩	Zeigt den Übersichtsbildschirm mit den DOS-Befehlen.
⟨Alt⟩+⟨W⟩	Zeigt die nächste Hilfeseite an.
⟨Alt⟩+⟨Z⟩	Zeigt die vorhergehende Hilfeseite an.
⟨F3⟩	Setzt die Suche nach einem eingegebenen Suchbegriff fort. Der Cursor wird auf die nächste gefundene Stelle gesetzt.

2

Kapitel 2:

DOS-SHELL

2.1 Starten, Bildschirmdarstellung

2.1

Die DOS-Shell ist ein Programm, das die Anwendung der DOS-Befehle über eine Benutzeroberfläche ermöglicht. Dadurch sind die häufigsten Befehle nicht mehr nur bei der Eingabeaufforderung einzugeben, sondern die entsprechenden Funktionen können über Menüs oder Funktionstasten ausgeführt werden.

Die Möglichkeiten der DOS-Shell

■ Eine Menüstruktur, die vom Anwender noch durch eigene Aufrufe von Programmen erweitert werden kann (siehe 2.7).

■ Verschiedene DOS-Dienstprogramme zum Formatieren, Kopieren und Vergleichen von Disketten und Sichern von Festplatten (siehe 2.2).

■ Anzeige der Verzeichnisstruktur mit den Verzeichnissen in unterschiedlichen Sortierreihenfolgen (siehe 2.3).

■ Verzeichnis- und Dateiauswahl in einer Verzeichnisliste und bearbeiten dieser Verzeichnisse bzw. Dateien (Kopieren, Umbenennen, ...).

■ Automatischer Aufruf eines zugehörigen Anwendungsprogramms bei Auswahl einer Datendatei.

■ Innerhalb der DOS-Shell kann eine Programmoption aktiviert werden, mit der zwischen mehreren Programmen umgeschaltet werden kann (Taskwechsel).

■ Sämtliche Anpassungen, die innerhalb der DOS-Shell vorgenommen werden, werden abgespeichert. Beim nächsten Starten wird dann diese Darstellung verwendet.

DOS-Shell starten   *DOSSHELL*

Die DOS-Shell kann sowohl vom DOS-Prompt als auch automatisch gestartet werden. Hierfür muß der Aufruf »DOSSHELL« in der Datei AUTOEXEC.BAT eingetragen sein.

   DOSSHELL [[/**T**|/**G**] [:**Aufl**[*n*]] [/**B**]

■ /**T**: Startet im Textmodus;

■ /**G**: Startet im Grafikmodus;

/**T** und /**G** schließen sich gegenseitig aus.

■ **Aufl***n*: Startet in einer bestimmten Auflösung *n*.

   ▶ *n* = L: Niedrige Auflösung

   ▶ *n* = M: Mittlere Auflösung

   ▶ *n* = H: Hohe Auflösung

   Die Auflösung kann innerhalb der DOS-Shell neu bestimmt werden.

■ /**B**: Startet im Schwarz-/Weißmodus.

Anmerkungen

▨ Sämtliche Einstellungen zur Farbdarstellung, Bildschirmaufteilung usw. werden in der Datei DOSSHELL.INI gespeichert. Diese kann über einen Editor (EDIT) auch manuell geändert werden.

▨ Aus drucktechnischen Gründen können die dargestellten Abbildungen von der tatsächlichen Darstellung leicht abweichen.

2.1

Ausführung: DOS-Shell starten

Die DOS-Shell wird automatisch beim Starten von DOS geladen
   oder
DOSSHELL ⏎ **bei der DOS-Eingabeaufforderung eingeben**

Ausführung: DOS-Shell beenden/unterbrechen

Die DOS-Shell kann beendet oder unterbrochen werden. Nach der Rückkehr erscheint wieder die gleiche Stelle.

F3 **oder** Alt+F4 **beendet die DOS-Shell**
   Diese Taste beendet immer und geht zur DOS-Eingabeaufforderung. Die DOS-Shell muß neu gestartet werden (siehe oben).

⇧+F9 **unterbricht und geht in die DOS-Befehlsebene**
   Die DOS-Shell bleibt im Speicher und die DOS-Eingabeaufforderung erscheint.
   EXIT ⏎ geht in der DOS-Shell wieder zu der Stelle zurück, von der aus unterbrochen wurde.

Ausführung: Hilfeinformation zeigen

Von jeder Stelle aus kann eine Hilfeinformation zum aktuellen Zustand angezeigt werden. Auch Erweiterungen in der Programmauswahl können mit Hilfetexten versehen werden.

F1 **zeigt ein Hilfefenster zur aktuellen Programmstelle**
   In diesem Fenster sind folgende Tastenfunktionen möglich:
   Bild↓, Bild↑   Blättern den Text nach unten bzw. oben, falls mehr Text vorhanden ist.
   F1   Zeigt eine Hilfe zur Hilfefunktion.
   Esc   Beendet die Anzeige der Hilfe.

Bildschirmaufteilung

Nach dem Starten im Textmodus erscheint folgender Bildschirm:
Titelzeile
   Anzeige des Bildschirmnamens (hier »MS-DOS-Shell«).
Menüleiste
   Anzeige der zur Verfügung stehenden Menütitel (siehe weiter hinten bei »Menüauswahl«).

2.1

Laufwerksleiste

Die verfügbaren Laufwerke werden angezeigt. Das Laufwerk, von dem die Dosshell gestartet wurde, ist markiert.

Verzeichnisstruktur

In dem Fenster wird ein Ausschnitt des Verzeichnisbaumes des aktuellen Laufwerks angezeigt.

Dateifenster

In dem Fenster werden Dateien des aktuellen Verzeichnisses angezeigt.

Hauptgruppe/Programmgruppen

Auswahlmöglichkeit von Programmen und Programmgruppen, die hierarchisch angeordnet sind. Programmgruppen werden mit »[...]« angezeigt.

Markierungsbalken

Damit wird die gewünschte Programmauswahl bzw. Menüoption markiert. Mit ⏎ wird die Option ausgewählt, die gerade markiert ist.

Statuszeile

Anzeige von wichtigen Tastenfunktionen und Zeitanzeige.

Mauszeiger

Falls eine Maus installiert ist, können auch mit Hilfe des Mauszeigers die einzelnen Funktionen ausgewählt werden (siehe unter »Mausbedienung« und 2.8).

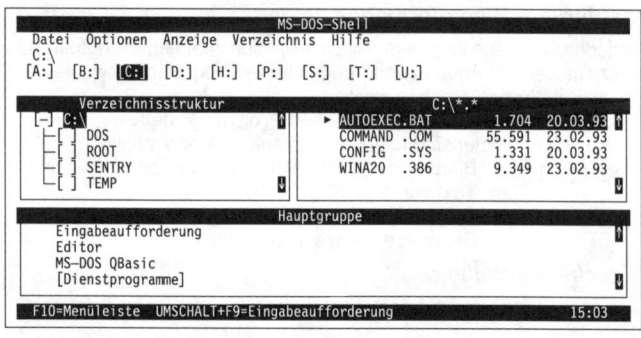

Darstellung im Grafik- und Textmodus

Die DOS-Shell kann im Grafikmodus (nur Farbgrafikbildschirme) oder
Textmodus (Grafik- und Textbildschirme) gestartet werden (siehe 2.8).

Grafikmodus

2.1

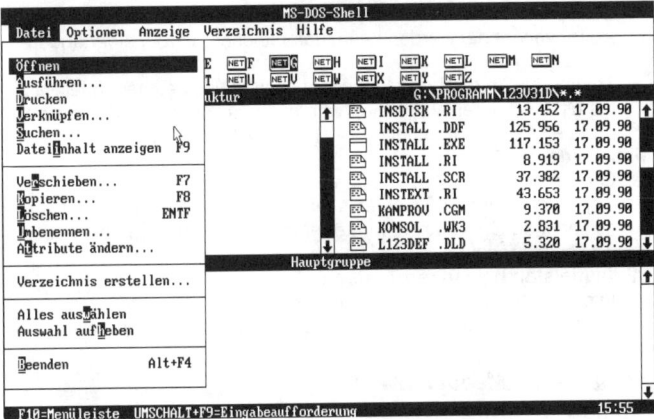

Textmodus

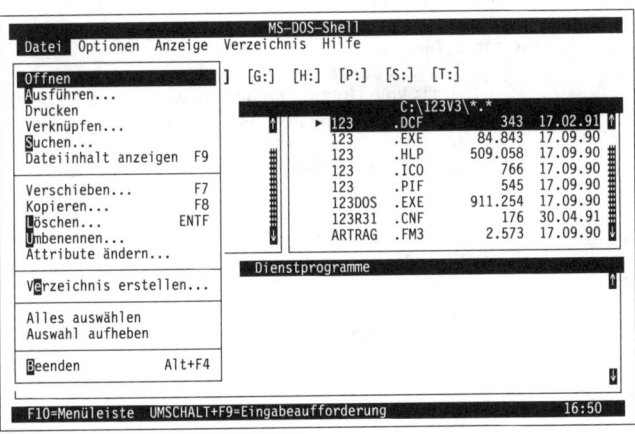

Die Unterschiede der Darstellungsarten sind bei folgenden Detailfunktionen:

Menüoptionen, die ausgewählt werden können

Die Darstellung der Menüoption hängt von der gewählten Darstellungsart und der Auflösung ab.

Grafikmodus: Bei der Menüoption wird der Buchstabe, der für den Aufruf verwendet werden kann, unterstrichen bzw. in einer anderen Farbe dargestellt.

Textmodus: In solchen Menüoptionen wird das Zeichen, über das die Option schnell aufgerufen werden kann, invertiert bzw. in einer anderen Farbe dargestellt.

Mauszeiger

Grafikmodus: Der Mauszeiger ist ein kleiner Pfeil.

Textmodus: Der Mauszeiger ist ein gerastertes Rechteck. Bei verschiedenen Grafikkarten wird der Mauszeiger auch im Textmodus als Pfeil dargestellt.

Bildlaufleisten bei langen Texten in Fenstern

In beiden Fällen wird die Bildlaufleiste dargestellt, wobei je nach Darstellungsform diese grafisch bzw. über Grafiksymbole dargestellt wird.

Ausführung: Menüauswahl

⌨Alt oder ⌨F10 aktiviert die Menüleiste

Die erste Menüoption ist markiert.

⌨F10 springt jeweils zwischen dem aktivierten Fenster und der Menüleiste. Nochmal ⌨F10 geht also wieder zurück.

Tastenfunktionen in Menüs

→ ←	Markiert den nächsten Menütitel.
↵	(Falls kein Untermenü gezeigt wird.) Zeigt für den markierten Menütitel das Untermenü an (Pull-down-Menü).
↓ ↑	Bewegt die Markierung in einem Untermenü nach unten bzw. oben.
↵	(Falls eine Menüoption markiert ist.) Ruft die markierte Menüoption auf.
Esc	Beendet das Menü, geht vom Untermenü in die Menüleiste, von der Menüleiste in das Fenster zurück.
→⏐	Springt jeweils ins nächste Fenster.

Anmerkung

■ Je nach gewähltem Darstellungsfenster sind die Menüoptionen unterschiedlich. Es werden nur diejenigen angezeigt, die für das Darstellungsfenster in Frage kommen.

Mausbedienung

2.1

Falls eine Maus installiert ist, erscheint automatisch der Mauszeiger beim Starten der DOS-Shell. Die Form unterscheidet sich je nach Darstellungsmodus oder verwendeter Grafikkarte.

Mit der Maus können alle Funktionen alternativ zur Tastenbedienung aufgerufen und ausgeführt werden. Die Anwendung der Maus ist durchgehend gleich. Deshalb wird hier das Konzept der Mausbedienung beschrieben. Bei den einzelnen Funktionen ist die Ausführung mit der Maus nicht mehr im Detail beschrieben.

Maustasten

Die meisten verwendeten Mäuse haben zwei oder drei Tasten. Für die Bedienung der DOS-Shell wird nur die linke Taste benötigt.

Menüauswahl

Mit dem Mauszeiger auf den gewünschten Menütitel zeigen und Maustaste klicken. Nun erscheint das zugehörige Untermenü.
Mit dem Mauszeiger auf die gewünschte Menüoption zeigen und Maustaste doppelt klicken. Diese Menüoption wird aufgerufen (entspricht ⏎).

Programmauswahl

Mit dem Mauszeiger auf die gewünschte Option zeigen und Maustaste klicken. Nun steht der Markierungsbalken auf dieser Option.
Mit dem Mauszeiger auf die gewünschte Option zeigen und Maustaste zweimal kurz hintereinander klicken. Diese Option wird aufgerufen (entspricht Auswahl und ⏎).

Dialogfenster

In Dialogfenstern sind unten die möglichen Tasten mit den Funktionen angezeigt. Diese Funktionen können durch Anklicken mit der Maus ebenfalls ausgeführt werden.

Bildlaufleisten

Mit Hilfe von Bildlaufleisten kann Text mit der Maus nach unten und oben verschoben werden (siehe weiter vorne).

Verzeichnisauswahl

Mit der Maus auf den Verzeichnisnamen zeigen und die Maustaste klicken. Im Dateifenster werden die Dateien des Verzeichnisses angezeigt.

Tastenübersicht

Die nachfolgenden Tastenfunktionen können in der DOS-Shell verwendet werden.

`Esc`	Verläßt ein Menü und geht zum vorher aktiven Fenster.
`F1`	Zeigt Hilfeinformationen an.
`F2`	Sichert in einem Dialogfeld die eingegebenen Informationen.
`F3`, `Alt`+`F4`	Beendet die DOS-Shell.
`⇑`+`F9`	Unterbricht die DOS-Shell und geht in die DOS-Befehlsebene.
`F10`	Bewegt den Markierungsbalken zwischen der Menüleiste und dem Auswahlbereich im Bildschirm.
`⇑`+`F5`	Die Anzeige wird neu aufgebaut, die Dateiliste wird nicht aktualisiert.
`⇑`+`→|`	Wechselt zum nächsten Fenster.

Ausführung: Farbschema ändern

Mit dieser Funktion können bei Verwendung eines Farbbildschirms die Farben für die Darstellung von Fenstern, der Menüleiste usw. geändert werden.

OPTIONEN/FARBSCHEMA... in der Menüzeile aufrufen
Nun erscheint ein Fenster mit den verschiedenen Farbschemen.

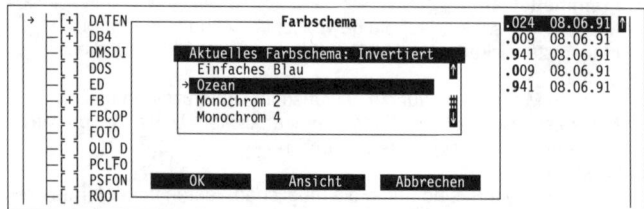

⬇ und ⬆ zeigt jeweils das nächste Farbschema an
Damit kann das gewünschte Farbschema ausgewählt werden.
⏎ sichert die aktuell angezeigte Farbzusammenstellung
Zukünftig wird der Bildschirm in diesem Farbschema angezeigt.
`Esc` ändert die Farben nicht.

Ausführung: Anzeigemodus ändern

Mit dieser Funktion kann die Darstellung des Bildschirms unter verschiedenen Modi ausgewählt werden. Wird eine hohe Auflösung gewählt, werden die Bildschirminformationen kleiner dargestellt.

OPTIONEN/ANZEIGEMODUS... **in der Menüzeile aufrufen**
Nun erscheint ein Fenster mit den verschiedenen Anzeigemodi.

2.1

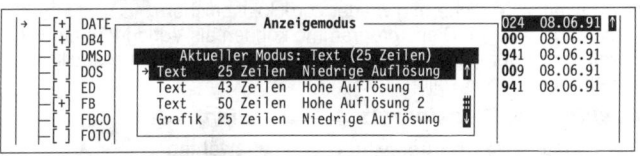

⬇ **und** ⬆ **zeigt jeweils den nächsten Modus an**
Damit kann der gewünschte Anzeigemodus ausgewählt werden.
⏎ **sichert die aktuell ausgewählte Darstellungsart**
Zukünftig wird der Bildschirm in diesem Anzeigemodus angezeigt.
Esc ändert den Modus nicht.
Die Anzeigemodi entsprechen denen, die beim Programmstart angegeben werden können. Folgende Darstellungsformen sind möglich:

Textmodus

25 Zeilen	Niedrige Auflösung
43 Zeilen	Mittlere Auflösung
50 Zeilen	Hohe Auflösung

Grafikmodus

25 Zeilen	Niedrige Auflösung
30 Zeilen	Mittlere Auflösung 1
34 Zeilen	Mittlere Auflösung 2
43 Zeilen	Hohe Auflösung 1
60 Zeilen	Hohe Auflösung 2

2.2 Dienstprogramme

Die »Dienstprogramme« enthalten einige grundlegende Funktionen, die bei der Arbeit mit Disketten und Festplatten laufend verwendet werden. Dazu gehören unter anderem die Sicherung der Festplatte und die Möglichkeit, eine Sicherung wieder zurückzuspeichern.
Diese angegebenen Dienstprogramme können als Vorlage für eigene Erweiterungen dienen, wenn noch weitere Menüoptionen zusätzlich eingetragen werden sollen.

Ausführung: Dienstprogramme aufrufen

Das Fenster »Hauptgruppe« mit ⟶ auswählen
Markierungsbalken mit ↓↑ zu DIENSTPROGRAMME bewegen
↵ ruft diese Funktion auf
Es werden die einzelnen Dienstprogramme angezeigt.

Ausführung: Disketten kopieren

Die Funktion entspricht dem DOS-Befehl **DISKCOPY** (siehe 3.3).
In DIENSTPROGRAMME/DISKETTEN KOPIEREN aufrufen
Quell- und Ziellaufwerk eingeben oder Vorgabe übernehmen
Vorgabe A: B: kopiert von Laufwerk A nach B. Die Laufwerksnamen werden in der Eingabezeile hintereinander, durch Leerzeichen getrennt, eingegeben.
↵ startet das Kopieren

Ausführung: Virensuche starten

Die Funktion entspricht dem DOS-Befehl **MSAV** (siehe 5.10).
In DIENSTPROGRAMME/MS ANTI-VIRUS aufrufen.

Ausführung: Datensicherung starten

Die Funktion entspricht dem DOS-Befehl **MSBACKUP** (siehe 5.9).
In DIENSTPROGRAMME/MSBACKUP aufrufen
Wird der Aufruf das erste Mal durchgeführt, fordert **MSBACKUP** zur Konfiguration auf. Diese läuft automatisch ab und fordert den Bediener verschiedentlich zu bestimmten Aktionen auf.

Ausführung: Diskette formatieren

Die Funktion entspricht dem DOS-Befehl **FORMAT** (siehe 3.2).
In DOS-DIENSTPROGRAMME/QUICKFORMAT ODER DATENTRÄGER FORMATIEREN aufrufen

Laufwerk angeben, in dem eine Diskette formatiert werden soll oder mit ⏎ die Vorgabe übernehmen

Vorgabe A: formatiert eine Diskette in Laufwerk A.

⏎ startet das Formatieren

▨ Die Unterscheidung der beiden Menüoptionen liegt in der Anwendung des /**Q**-Parameters beim **FORMAT**-Befehl.

2.2

Ausführung: Datei wiederherstellen

Diese Funktion entspricht dem DOS-Befehl **UNDELETE** (siehe 5.4).

In DIENSTPROGRAMME/DATEI WIEDERHERSTELLEN aufrufen

Programmparameter angeben oder Vorgabe übernehmen

Vorgabe zeigt alle Dateien an, die evtl. wiederhergestellt werden können.

⏎ startet das Wiederherstellen

▨ Bei Verwendung des **MIRROR**-Befehls kann das Wiederherstellen unter Umständen leichter durchgeführt werden.

Erweiterungsmöglichkeiten

Für die DOS-Dienstprogramme sind viele Erweiterungen denkbar, die vom jeweiligen Benutzer und von den Anwendungen auf einem Computer abhängen. Details zur Ergänzung von Programmaufrufen und Änderungen siehe 2.7.

Beispiele für Ergänzungen können sein:

▨ Kopieren von bestimmten Verzeichnisinhalten auf Diskette.
▨ Sichern von bestimmten Verzeichnisinhalten auf Diskette.
▨ Formatieren mit verschiedenen Diskettenformaten.
▨ Formatieren rückgängig machen.
▨ Dateien suchen.

2.3 Dateiverwaltung

2.3

Die Dateiverwaltung ist einer der wichtigen Teile der DOS-Shell. Sie zeigt in verschiedenen Bildschirmfenstern die vorhandenen Laufwerke, die Verzeichnisstruktur eines Laufwerks und die Dateien des jeweils ausgewählten Verzeichnisses an.

Zusätzlich können hier die verschiedensten Arbeiten mit Dateien und Verzeichnissen ausgeführt und auch Programme direkt aufgerufen werden.

Aus Übersichtsgründen sollte während der Arbeit mit der Dateiverwaltung die Bildschirmdarstellung »Einfache Dateiliste« gewählt werden.

Ausführung: Einfache Dateiliste

Im Menü ANZEIGE die Option EINFACHE DATEILISTE wählen

Das Fenster »Dateiverwaltung« wird auf dem gesamten Bildschirm dargestellt.

Bildschirmanzeige

Dateianzeige im Grafikmodus

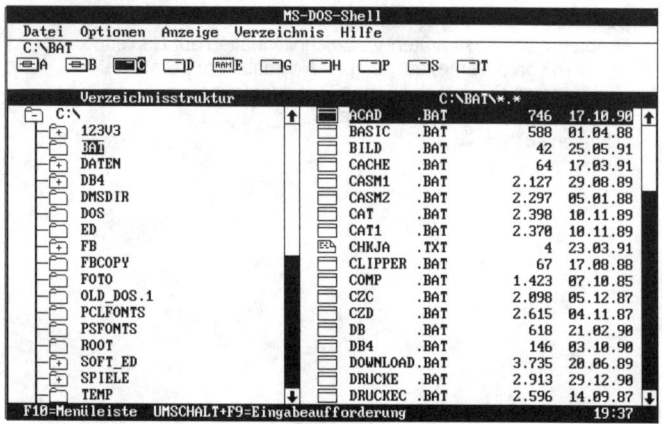

Dateianzeige im Textmodus

```
                              MS-DOS-Shell
    Datei   Optionen   Anzeige   Verzeichnis   Hilfe
    C:\DB4
   [A:]  [B:]  [C:]  [D:]  [E:]  [G:]  [H:]  [P:]  [S:]  [T:]
   ┌─── Verzeichnisstruktur ───────┐┌──────── C:\DB4\*.* ─────────┐
   │[─] C:\                        ▲││  ► ASCII    .PR2      680  20.07.90 ▲│
   │  ├─[+] 123V3                  ││││     CACHEDB  .BAT    1.411  20.07.90 │
   │  ├─[+] DATEN                  ││││     CHRTMSTR.DBO    43.540  20.07.90 │
   │► ├─[ ] DB4                    ││││     CONFIG   .100    2.068  10.09.89 │
   │  ├─[ ] DOS                    ││││     DB4 INFO.TXT    40.448  21.09.90 │
   │  ├─[ ] ED                     ││││     DBASE    .CAC    1.588  20.07.90 │
   │  ├─[+] FB                     ▓││     DBASE    .EXE    88.064  06.09.90 │
   │  ├─[ ] PCLFONTS               ▓││     DBASE2   .HLP    87.226  20.07.90 │
   │  └─[+] SPIELE                 ▓││     DBCINIT  .EXE    6.624  20.07.90 ▓│
   └───────────────────────────────┘└─────────────────────────────┘
    F10=Menüleiste   UMSCHALT+F9=Eingabeaufforderung          19:37
```

2.3

Laufwerksfenster
Zeigt alle verfügbaren Laufwerksbuchstaben an. Hier kann das Laufwerk gewählt werden, dessen Verzeichnisstruktur und Dateien in den beiden unteren Fenstern angezeigt und bearbeitet werden sollen (*aktuelles Laufwerk*). Es ist besonders gekennzeichnet.

Verzeichnisstruktur
Zeigt die Verzeichnisstruktur des aktuellen Laufwerks in Form einer Baumstruktur an. Hier kann das momentane Verzeichnis verändert werden, dessen Dateien in der Dateiliste angezeigt werden. Es ist besonders gekennzeichnet.

Dateiliste
Zeigt eine Liste der Dateien im aktuellen Verzeichnis, die dem darüber angezeigten *Namensmuster* entsprechen. Das Namensmuster kann über **OPTIONEN/DATEIANZEIGE** geändert werden, um die Dateiliste einzuschränken und die Sortierreihenfolge zu ändern.

Übersicht: Wichtige Tastenfunktionen

`[→|]`	Springt bei mehrmaligem Betätigen innerhalb der verschiedenen Bereiche/Fenster in der Reihenfolge: Laufwerksfenster/Verzeichnisstruktur/Dateiliste/Laufwerksfenster ...
`[F10]`, `[Alt]`	Springt vom aktiven Fenster in die Menüzeile. Nochmal `[F10]` springt zum aktiven Fenster zurück.
`[F1]`	Zeigt Hilfeinformation an (siehe 2.1).
`[F3]`, `[Alt]`+`[F4]`	Beendet die DOS-Shell.
`[F5]`	Aktualisiert die Verzeichnisliste und die Dateiliste.
`[↑]`+`[F5]`	Aktualisiert nur die Dateiliste.
`[↑]`+`[F9]`	Geht zur DOS-Befehlsebene (siehe 2.1). **EXIT** `[←]` geht wieder in das Dateisystem zurück.

Ausführung: Anzeigemöglichkeiten

Die Bildschirmanzeige des Dateisystems kann verändert werden. Sämtliche Einstellungen werden über das Menü **ANZEIGE** vorgenommen.

Menü ANZEIGE/EINFACHE DATEILISTE

2.3

Bei dieser Darstellungsform werden folgende Fenster angezeigt:

- ▸ Laufwerke
- ▸ Verzeichnisstruktur
- ▸ Dateien

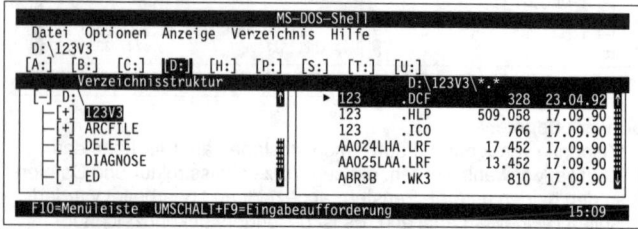

Menü ANZEIGE/ZWEIFACHE DATEILISTE

In dieser Darstellungsform können gleichzeitig zwei Laufwerke bzw. zwei Verzeichnisse des gleichen Laufwerks angezeigt werden. Auf diese Weise ist das Kopieren zwischen zwei Laufwerken möglich.

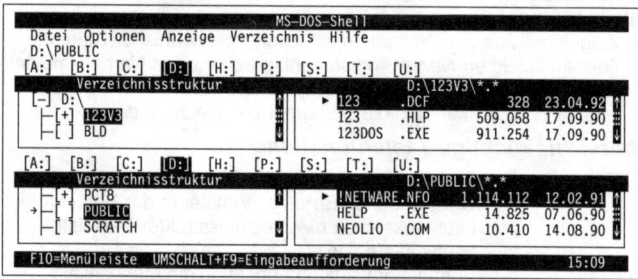

Menü ANZEIGE/NUR DATEIEN

Wird diese Darstellungsform gewählt, werden im rechten Fenster nähere Dateiinformationen zur ausgewählten Datei dargestellt. Im Dateifenster werden alle Dateien des ausgewählten Laufwerks sortiert dargestellt. Die Sortierfolge bzw. die Auswahl bestimmter Dateien kann über **OPTIONEN/DATEIANZEIGE** bestimmt werden.

```
                              MS-DOS-Shell
 Datei   Optionen   Anzeige   Verzeichnis   Hilfe
 D:\123V24
 [A:]  [B:]  [C:]  [D:]  [H:]   [P:]  [S:]   [T:]   [U:]
 ╔════════════════════════════════════════════════════════════════╗
 ║                                          *.*                     ║
                            123G06   .WK1       2.592   11.05.92   01:23  ▓
 Datei                      123G07   .WK1       2.562   11.05.92   01:23  ▓
   Name      : 123V24.ICO   123G08   .WK1       2.279   11.05.92   01:23  ▓
   Attribute : ...a         123G09   .WK1       2.250   11.05.92   01:23  ▓
 Ausgewählt            D    123IMP   .FLT      68.000   08.03.91   08:37
   Anzahl    :        1     123M     .RI       48.090   11.05.92   01:23
   Größe     :      766     123N     .RI       48.877   11.05.92   01:23
 Verzeichnis                123R31   .CNF          64   17.09.90   00:00
   Name      : 123V24    →▶ 123V24   .ICO         766   11.05.92   01:23
   Größe     : 4.143.498    123V24   .PIF         545   11.05.92   01:23
   Dateien   :      130     123W     .EXE      87.936   13.04.92   01:23
 Datenträger                123W     .HLP   1.528.003   13.04.92   01:23
   Bezeichn. : SCSI_D       123W     .INI       4.536   20.11.92   17:13
   Größe     : 201.093.120  123W     .RI           96   13.04.92   01:23
   Verfügbar : 9.334.784    123W     .V10           1   13.04.92   01:23
   Dateien   : 5.271        16FARBEN .PAL         162   09.01.92   12:00
   Verzeichn.:  199         17GRAU   .PAL         162   09.01.92   12:00  ▼
 ╚════════════════════════════════════════════════════════════════╝
 F10=Menüleiste   UMSCHALT+F9=Eingabeaufforderung                  15:10
```

Menü ANZEIGE/PROGRAMME UND DATEIEN

Diese Darstellung entspricht der Grundeinstellung, die bei der DOS-Installation eingerichtet wird. Sie bietet die größte Funktionsvielfalt.

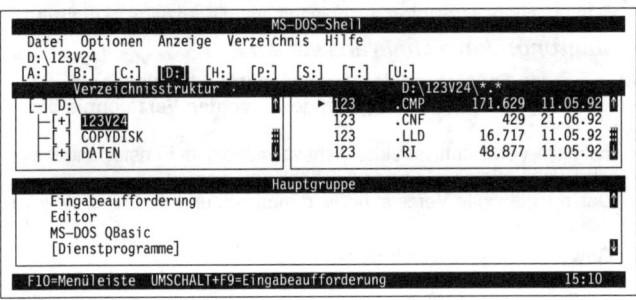

```
                              MS-DOS-Shell
 Datei   Optionen   Anzeige   Verzeichnis   Hilfe
 D:\123V24
 [A:]  [B:]  [C:]  [D:]  [H:]   [P:]  [S:]   [T:]   [U:]
 ┌─── Verzeichnisstruktur ───┐ ┌─────── D:\123V24\*.*  ───────┐
   [-] D:                    ▲   ▶ 123    .CMP   171.629  11.05.92 ▲
    ├[+] 123V24              ▓     123    .CNF       429  21.06.92
    ├[ ] COPYDISK            ▓     123    .LLD    16.717  11.05.92 ▓
    ├[+] DATEN               ▼     123    .RI     48.877  11.05.92 ▼
 ┌──────────────────────── Hauptgruppe ────────────────────────┐
   Eingabeaufforderung                                         ▲
   Editor
   MS-DOS QBasic
   [Dienstprogramme]                                           ▼
 F10=Menüleiste   UMSCHALT+F9=Eingabeaufforderung                  15:10
```

Menü ANZEIGE/NUR PROGRAMME
> Bei dieser Darstellung wird nur das Programmauswahlfenster angezeigt.

2.3

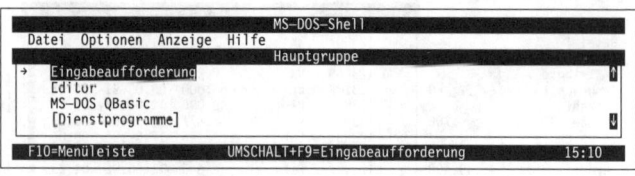

```
                              MS-DOS-Shell
   Datei  Optionen  Anzeige  Hilfe
                              Hauptgruppe
 →  Eingabeaufforderung                                                 ↑
    Editor
    MS-DOS QBasic
    [Dienstprogramme]                                                   ↓
  F10=Menüleiste           UMSCHALT+F9=Eingabeaufforderung      15:10
```

Ausführung: Laufwerk auswählen

Mit `[→|]` das Laufwerksfenster aktivieren
`[Strg]`+`[Laufwerksbuchstabe]` **wählt das entsprechende Laufwerk**
   oder
Mit `[→]` bzw. `[←]` die Markierung zum gewünschten Laufwerk bewegen `[←┘]`
> Die Verzeichnisstruktur und die Dateiliste werden durch den Inhalt des ausgewählten Laufwerks aktualisiert.

 **Gewünschtes Laufwerk anklicken**
> Das Laufwerk wird sofort ausgewählt und die Anzeige aktualisiert.

Ausführung: Verzeichnis auswählen

Mit `[→|]` das Fenster mit der Verzeichnisstruktur aktivieren
Mit `[↓]` und `[↑]` die Markierung zum gewünschten Verzeichnis bewegen `[←┘]`
> Falls die Verzeichnisstruktur nicht vollständig im Fenster angezeigt wird, kann mit `[Bild↓]` und `[Bild↑]` geblättert werden.
> Das ausgewählte Verzeichnis wird markiert, und die Dateiliste wird aktualisiert.

 **Gewünschtes Verzeichnis anklicken**
> Falls die Verzeichnisstruktur nicht vollständig im Fenster angezeigt wird, kann mit der Bildlaufleiste geblättert werden.
> Das Verzeichnis wird markiert, und die Dateiliste wird aktualisiert.

Ausführung: Namensmuster und Sortierreihenfolge

Die Dateinamen in der Dateiliste können in verschiedenen Sortierreihenfolgen angezeigt werden. Durch Ändern des Namensmusters werden die angezeigten Dateien eingeschränkt.
`[F10]` **wählt die Menüleiste**
> Nur notwendig, wenn sie noch nicht aktiviert ist.

OPTIONEN/DATEIANZEIGE wählen

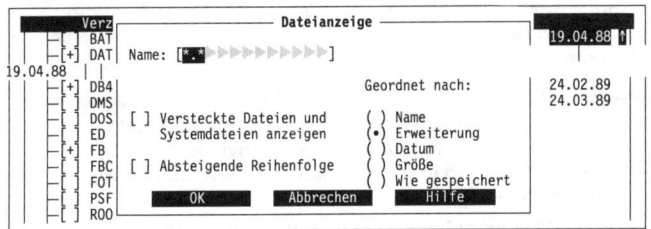

Im Dialogfeld »Name« das Namensmuster eingeben
Hier können Musterzeichen * und ? verwendet werden (siehe 5.1).
*.BAT zeigt z.B. alle Stapelverarbeitungsdateien.

⟶ geht zu »Versteckte Dateien und Systemdateien anzeigen«
Leertaste wählt die Option aus.

⟶ geht zu »Absteigende Reihenfolge«
Leertaste wählt die Option aus.

⟶ geht zu »Geordnet nach:«

Mit Leertaste das gewünschte Sortierkriterium wählen
Wie gespeichert bedeutet, die Anzeige der Dateien ist so, wie sie
physikalisch gespeichert sind.
Die Reihenfolge der physikalischen Speicherung auf dem Datenträger wird durch diese Anzeige nicht verändert.

⏎ führt die Funktion aus
Die Dateiliste wird sofort aktualisiert. Falls zwei Dateilisten angezeigt werden, werden beide aktualisiert.

Ausführung: Dateien markieren

Bevor eine oder mehrere Dateien bearbeitet oder Informationen darüber
angezeigt werden können, müssen sie markiert werden. Dies kann auf
verschiedene Arten geschehen.

Mit ⟶ das Fenster mit der Dateiliste aktivieren

Mit ⬇ und ⬆ die Markierung zur gewählten Datei bewegen

Leertaste markiert die Datei bzw. macht die Markierung rückgängig
Markierte Dateien werden besonders gekennzeichnet:
Grafikmodus: Das Dateisymbol davor wird negativ dargestellt.
Textmodus: Vor dem Dateinamen erscheint ein kleines Dreieck.

F10 DATEI/ALLES AUSWÄHLEN markiert alle Dateien in der Dateiliste

**F10 DATEI/AUSWAHL AUFHEBEN oder Strg+\ macht die Markierung
für alle Dateien wieder rückgängig**
Danach ist keine Datei mehr markiert.

Zum Markieren gewünschte Datei anklicken
Nochmal Anklicken macht die Markierung wieder rückgängig
Mit ⇧ und der linken Maustaste lassen sich mehrere Dateien selektieren

2.3

Ausführung: Programmdatei starten

Programmdateien können direkt aus der Dateiliste gestartet werden.
Mit ⟶ das Fenster mit der Dateiliste aktivieren
Mit ↓ und ↑ die Markierung zur gewünschten Datei bewegen
⟵ startet das Programm

Doppelklicken auf der Datei startet das Programm
Programme können auch durch Auswahl einer Datendatei direkt
gestartet werden. Dazu müssen Dateien mit Programmen verbunden werden (siehe 2.6).

Ausführung: Optionen für Dateibearbeitung

F10 OPTIONEN/BESTÄTIGEN **auswählen**

```
 [-] C:\                      Bestätigen                 9.349  25.01.91
  ├ [+] 123V3                                            1.833  08.06.91
  ├ [+] DATEN      [X] Beim Löschen bestätigen           1.648  08.06.91
  ├ [+] DB4        [X] Beim Ersetzen bestätigen          2.507  08.06.91
  ├ [ ] DMSDIR     [X] Bei Mausverwendung bestätigen       938  08.06.91
  ├ [ ] DOS
  ├ [+] FB            OK        Abbrechen        Hilfe
  └ [ ] FBCOPY
```

**Im Dialogfenster mit ↓ und ↑ die Optionen auswählen und mit
Leertaste die Optionen markieren**
Die jeweilige Option ist aktiviert, wenn das Schaltfeld mit »X«
angezeigt wird. Nochmaliges Drücken der Leertaste hebt die Markierung wieder auf.
BEIM LÖSCHEN BESTÄTIGEN bewirkt, daß vor dem Löschen einer Datei
eine Bestätigung verlangt wird. Soll eine Anzahl von Dateien
gelöscht werden, wird vor jeder Datei nachgefragt.
BEIM ERSETZEN BESTÄTIGEN bewirkt, daß vor dem Ersetzen einer
Datei durch Kopieren oder Verschieben Bestätigung verlangt wird.
Vorsicht: Falls die Bestätigung ausgeschaltet ist, werden Dateien
ohne vorherige Rückfrage gelöscht.
BEI MAUSVERWENDUNG BESTÄTIGEN hat die gleiche Funktion wie
oben, jedoch nur bei Verwendung der Maus.

Schaltfläche anklicken
Mit Mauszeiger auf Schaltfläche zeigen, rechte Maustaste klicken
Die Option wird markiert. Nochmaliges Klicken hebt Markierung auf.

2.4 Dateien bearbeiten

Ausführung: Information über eine Datei anzeigen

Gewünschte Datei markieren
[F10] OPTIONEN/INFORMATIONEN ANZEIGEN **auswählen**
    Ein Informationsfenster wird angezeigt.

2.4

Ausführung: Dateien verschieben

Eine oder mehrere Dateien können an eine andere Stelle verschoben
werden. Die Originaldateien werden dabei gelöscht.
    Für diese Funktion gibt es keinen entsprechenden DOS-Befehl. Sie
könnte mit einer Abfolge von **COPY** (siehe 5.2) und **DELETE**
(siehe 5.4) ausgeführt werden.

Gewünschte Datei oder Dateien markieren
[F10] DATEI/VERSCHIEBEN **wählen oder** [F7] **drücken**
    Ein Dialogfenster mit zwei Eingabefeldern erscheint.

Laufwerk und Verzeichnis eingeben, in das die Dateien verschoben werden sollen.
    Hinter dem Verzeichnis evtl. einen neuen Namen, neue Gruppe
oder neues Namensmuster eingeben.

[↵] **startet das Verschieben**
    Falls im Zielverzeichnis schon Dateien mit diesem Namen vorhan-
den sind, wird nach einer Bestätigung gefragt (wenn die Option
nicht ausgeschaltet ist).

✎ **Datei im Dateifenster wählen, rechte Maustaste gedrückt halten
Mit dem Mauszeiger im Verzeichnisfenster auf das neue Verzeich-
nis zeigen und die Maustaste loslassen**
    Die Datei wird verschoben. Während des Vorgangs verändert der
Mauszeiger seine Darstellung.

Ausführung: Dateien kopieren

Die Funktion entspricht dem DOS-Befehl **COPY** (siehe 5.2).

Gewünschte Datei oder Dateien markieren
[F10] DATEI/KOPIEREN **wählen oder** [F8] **drücken**
    Ein Dialogfenster mit zwei Eingabefeldern erscheint.

**Laufwerk und Verzeichnis eingeben, in das die Dateien kopiert
werden sollen**
    Falls die Datei einen neuen Namen oder eine Gruppe von Dateien
ein neues Namensmuster erhalten sollen, wird dies hinter dem Verzeichnis eingegeben.

[←] **startet das Kopieren**

Falls im Zielverzeichnis schon Dateien mit diesem Namen vorhanden sind, wird nach einer Bestätigung gefragt (wenn die Option nicht ausgeschaltet ist, siehe 2.1).

Ausführung: Dateien umbenennen

2.4

Die Funktion entspricht dem DOS-Befehl **RENAME** (siehe 5.5).
Gewünschte Datei oder Dateien markieren
[F10] DATEI/UMBENENNEN **wählen**

Ein Dialogfenster erscheint, in dem der aktuelle Name angegeben wird, zusätzlich ein Eingabefeld für den neuen Namen.
Neuen Dateinamen eingeben
[←] **benennt die Datei um**

Falls im Zielverzeichnis schon Dateien mit diesem Namen vorhanden sind, erscheint »Zugriff verweigert«.

Ausführung: Dateien löschen

Diese Funktion entspricht DOS-Befehl **DEL** oder **ERASE** (siehe 5.4).
Gewünschte Datei oder Dateien markieren
[F10] DATEI/LÖSCHEN **wählen oder** [Entf] **drücken**
[←] **startet den Löschvorgang**

Falls die Löschbestätigung ausgeschaltet ist (siehe 2.1), werden die markierten Dateien ohne weitere Nachfrage gelöscht.
Falls die Löschbestätigung eingeschaltet ist (Vorgabe), erscheint für jede markierte Datei eine Abfrage
 ▷   [Esc] löscht die Datei nicht.
 ▷   [←] löscht die Datei.

Ausführung: Dateiinhalt zeigen

Textdateien können in einem Fenster angezeigt, allerdings nicht verändert werden. Als DOS-Befehl zum Anzeigen steht nur **TYPE** zur Verfügung (siehe 6.7), der allerdings nicht seitenweise anzeigen kann.
Gewünschte Datei markieren

Sind mehrere Dateien markiert, kann Funktion nicht aufgerufen werden.
[F10] DATEI/DATEIINHALT ANZEIGEN **wählen oder** [F9] **drücken**

Nun erscheint der Text der ausgewählten Datei in einem Fenster.
Tastenfunktionen

[Bild↓], [←]	Blättert um eine Seite nach unten.
[Bild↑]	Blättert um eine Seite nach oben.
[F9]	Schaltet den Anzeigemodus in Hex-Darstellung um. Nochmal [F9] schaltet wieder in Text-Darstellung um.
[Esc]	Bricht die Anzeige ab.

Ausführung: Dateiinhalt drucken

Falls ein Drucker angeschlossen ist, können bis zu 10 Dateien gleich-zeitig ausgedruckt werden. Diese Funktion entspricht dem DOS-Befehl **PRINT** (siehe 6.7), der noch mehr Optionen bietet.

Gewünschte Datei oder Dateien markieren

F10 **DATEI/DRUCKEN wählen**

Die Dateien werden nacheinander ausgedruckt.

Falls kein Drucker angeschlossen ist, wird Option nicht angeboten.

2.4

■ Über den /**Q**-Parameter des **PRINT**-Befehls können maximal 32 Dateien zum Drucken eingestellt werden.

Ausführung: Datei-Attribute ändern

Mit dieser Funktion können die Datei-Attribute einer oder mehrerer Dateien geändert werden. Diese Funktion entspricht dem DOS-Befehl **ATTRIB** (siehe 5.6).

Gewünschte Datei oder Dateien markieren

F10 **DATEI/aTTRIBUTE ÄNDERN wählen**

Nun erscheint ein Dialogfenster, in dem der Änderungsmodus angegeben wird.

Gewünschten Änderungsmodus angeben

▷ **AUSGEWÄHLTE/DATEIEN EINZELN ÄNDERN**: Die einzelnen Dateien werden nacheinander angeboten und können geändert werden.

▷ **AUSGEWÄHLTE/DATEIEN ZUGLEICH ÄNDERN**: Die Datei-Attribute wer-den einmal abgefragt, und alle ausgewählten Dateien werden mit diesen Attributen eingestellt.

Danach erscheint ein Dialogfenster zum Ändern der Datei-Attribute. Die gesetzten Attribute sind durch ein Zeichen im Dialogfenster markiert.

Mit ⟶| in das Schaltfeld für die Attributauswahl wechseln

Mit ↓ und ↑ zum gewünschten Attribut bewegen

Leertaste **setzt bzw. löscht das Attribut**

Attribute:

VERSTECKT: Die Datei wird von **DIR** nur beim /**AH**-Parameter ange-zeigt. Dies sind zum Beispiel die Betriebssystemdateien IO.SYS und MSDOS.SYS.

SCHREIBGESCHÜTZT: Die Datei kann nicht verändert werden.

ARCHIV: **BACKUP** und **XCOPY** nutzen dieses Attribut (siehe 5.9, 5.2).

SYSTEM: Die Datei wird als MS-DOS-Systemdatei gekennzeichnet.

▷ ⏎ setzt die gewählten Attribute der Datei.

▷ Esc bricht den Vorgang ab.

2.5 Verzeichnisse

Im Dateisystem können neue Verzeichnisse erstellt, gelöscht und umbenannt werden.

2.5

Ausführung: Verzeichnis erstellen

Diese Funktion entspricht dem DOS-Befehl **MD/MKDIR** (siehe 4.5).
In der Verzeichnisstruktur das Verzeichnis aktivieren, zu dem ein Unterverzeichnis erstellt werden soll
Ein neues Verzeichnis wird immer als Unterverzeichnis des aktuellen Verzeichnisses erstellt.
F10 **DATEI /VERZEICHNIS ERSTELLEN wählen**

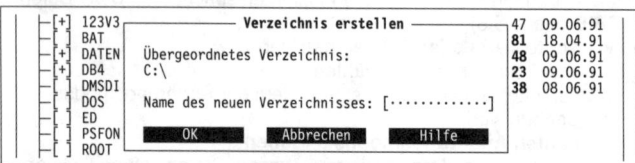

Neuen Verzeichnisnamen eingeben ↵
Das neue Verzeichnis wird eingerichtet und erscheint in der Verzeichnisstruktur unter dem aktuellen.

Ausführung: Verzeichnis löschen

Diese Funktion entspricht dem DOS-Befehl **RD/RMDIR** (siehe 4.5).
In der Verzeichnisstruktur das zu löschende Verzeichnis aktivieren
Dieses Verzeichnis darf keine Unterverzeichnisse enthalten. In der Dateiliste darf keine Datei für dieses Verzeichnis erscheinen.
F10 **DATEI/LÖSCHEN wählen**

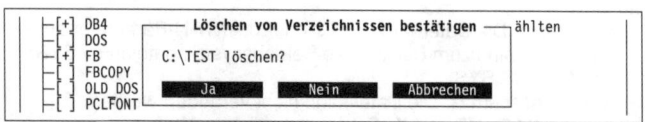

Vor dem Löschen wird eine Bestätigung verlangt, falls die Löschbestätigung nicht ausgeschaltet ist.
Esc **VERZEICHNIS NICHT LÖSCHEN**
↵ **VERZEICHNIS LÖSCHEN**
Zum Löschen ↵ **betätigen**

Fehlermeldung

Fehler beim Löschen

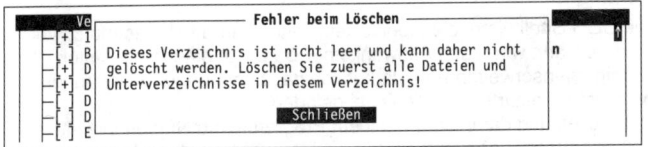

2.5

Ausführung: Verzeichnis umbenennen

Im Dateisystem können bestehende Verzeichnisse umbenannt werden.
Für diese Funktion existiert kein DOS-Befehl.

In der Verzeichnisstruktur das gewünschte Verzeichnis aktivieren
[F10] **DATEI/UMBENENNEN wählen**

Ein Dialogfeld erscheint.

Neuen Verzeichnisnamen eingeben [↵]

Das Verzeichnis erscheint mit seinem neuen Namen in der
Verzeichnisstruktur.

2.6 Dateien und Programme verbinden

2.6

Die DOS Shell bietet die Möglichkeit, Dateien und Programme zu verbinden. Dann wird nach Auswahl einer Datei mit einer bestimmten Dateinamenserweiterung automatisch das zugehörige Anwendungsprogramm gestartet und die Datei geladen.
Voraussetzung dafür ist, daß einem Programm die Namenserweiterungen der zugehörigen Datendateien zugeordnet werden.

Ausführung: Dateien und Programme verbinden

In der Dateiliste das gewünschte Programm markieren

Diese Programmdatei wird dann später aufgerufen, wenn eine Datendatei ausgewählt wird. Es muß sich also um eine Datei mit der Namenserweiterung .EXE, .COM oder .BAT handeln.

[F10] **DATEI/VERKNÜPFEN wählen**

Ein Dialogfenster mit einem Eingabefeld für Erweiterungen erscheint.

▶ Das Dateifenster muß aktiviert sein.

▶ Das Programm, mit dem die Verknüpfung erfolgen soll, muß markiert sein.

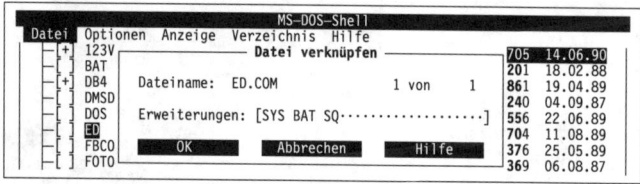

Namenserweiterungen eingeben [↵]

Die einzelnen Erweiterungen werden ohne Punkt eingegeben und durch Leerzeichen getrennt.

[↵] **übernimmt die Angaben**
[Esc] **bricht den Vorgang ab**

Ausführung:
Automatischer Programmaufruf durch Dateiauswahl

In der Dateiauswahl die zu bearbeitende Datei auswählen
[↵] **startet das zugehörige Anwendungsprogramm und lädt die Datei**

Der Dateiname muß eine der vorher angegebenen Erweiterungen haben.

 Dateiname doppelt anklicken

Das zugehörige Anwendungsprogramm wird gestartet und die Datei geladen.

Anmerkungen

2.6

■ Diese Verbindung funktioniert nur bei Programmen, die durch Eingabe des Programmnamens mit Dateinamen starten und automatisch diese Datei laden.

Dies ist normalerweise bei Textverarbeitungsprogrammen der Fall (WORD BRIEF). Entsprechende Hinweise gibt die Begleitdokumentation zu den Anwendungsprogrammen.

■ Die Angaben werden gelöscht, wenn die Option nochmal aufgerufen wird und die Erweiterungen gelöscht werden.

■ Nach der Rückkehr aus dem Anwendungsprogramm muß nochmal ⏎ betätigt werden, um in das Dateisystem zurückzukehren.

2.7 Programm-Menüs ändern

Übersicht: Programmauswahl

2.7

▬ Die Programmauswahl der DOS-Shell kann vom Anwender selbst erweitert und/oder geändert werden.

▬ Die Programmauswahl ist hierarchisch gegliedert:

▶ Die erste Stufe ist die Hauptgruppe; von hier aus können direkt Programme oder weitere Programmgruppen aufgerufen werden.

▶ Innerhalb von Gruppen können weitere Gruppen und Programme eingerichtet werden usw.

▬ Gruppenbezeichnungen werden in der Programmauswahl in eckigen Klammern »[ ]« (Textmodus) oder durch Symbole (Grafikmodus) angezeigt.

▬ Das Programmfenster muß angewählt sein.

▬ Zur besseren Übersicht sollte das Bildschirmfenster auf den gesamten Bildschirm vergrößert werden.

▬ Alle Angaben werden in der Datei DOSSHELL.INI gespeichert und können über einen Editor (EDIT) auch manuell geändert werden.

Ausführung: Gruppe hinzufügen

Hauptgruppe der DOS-Shell anzeigen
[F10] DATEI/NEU wählen

Ein Dialogfenster zur Angabe des Programmobjekts erscheint.

```
┌──── Neues Programmobjekt ────
  Neu
  (•) Programmgruppe        ┌──────────┐
  ( ) Programm              │   OK     │
                            │ Abbrechen│
                            └──────────┘
```

Programmgruppe mit [Leertaste] auswählen
[↵] **öffnet das Fenster für die Gruppeninformation**

[Esc] bricht das Hinzufügen einer Gruppe ab.

Gruppeninformationen

```
┌──── Programmgruppe hinzufügen ────
  Erforderliche Angaben:
    Titel:       [......................]
  Optionale Angaben:
    Hilfe-Text:  [........................]
    Kennwort:    [................]
  ┌────────┐ ┌──────────┐ ┌───────┐
  │   OK   │ │ Abbrechen│ │ Hilfe │
  └────────┘ └──────────┘ └───────┘
```

Titel
▓ Gibt den Titel der Gruppe an, der in der Programmauswahl erscheint.
▓ Eingabe maximal 23 Zeichen einschl. Leerzeichen.

Hilfetext
▓ Gibt den Hilfetext an, der nach F1 erscheint, wenn die Markierung in der Programmauswahl auf dem Gruppennamen steht.
▓ Der Text wird im Hilfefenster automatisch auf die einzelnen Zeilen umbrochen.

2.7

Kennwort
▓ Kennwort als Zugriffsberechtigung für bestimmte Benutzer.
▓ Eingabe maximal 20 Zeichen.
▓ Falls ein Kennwort angegeben ist, muß es beim Aufruf dieser Gruppe eingegeben werden. Bei falschem Kennwort wird der Zugriff auf diese Gruppe verweigert.
▓ Das Paßwort wird in der Datei DOSSHELL.INI abgespeichert.

Ausführung: Gruppe ändern

Hauptgruppe der DOS-Shell anzeigen
Markierung auf die zu ändernde Gruppe setzen
F10 DATEI/EIGENSCHAFTEN **wählen**
    Ein Dialogfenster für die Gruppeninformationen erscheint.
Gruppeninformationen ändern
    Details siehe weiter vorne.
    ⟶│ geht zum nächsten Eingabefeld weiter.
⏎ **speichert die Gruppe wieder**
    Esc bricht das Ändern ab.

Ausführung: Gruppe neu anordnen

Neue Gruppen und Programmaufrufe erscheinen im Anschluß an die vorhandenen Programm- und Gruppennamen. Mit dieser Funktion können sie an eine andere Stelle gesetzt werden.

In die Gruppe wechseln, in der eine Gruppe oder ein Programm versetzt werden soll
Markierung auf die Gruppe oder das Programm setzen
F10 DATEI/UMORDNEN **wählen**
Markierung mit ↓ ↑ **zu der gewünschten Stelle bewegen**
    Die Gruppe oder das Programm wird in der Richtung vor oder hinter die nun ausgewählte Gruppe eingesetzt, in der die Markierung vorher bewegt wurde.
⏎ **setzt die Gruppe oder das Programm an dieser Stelle ein**
    Die Bezeichnung erscheint an der neu gewählten Stelle.

Ausführung: Gruppe löschen

Markierung auf die zu löschende Gruppe setzen
[F10] DATEI/LÖSCHEN **wählen oder** [Entf] **drücken**
 Ein Dialogfenster erscheint, in dem bestätigt werden muß.
Löschen bestätigen

2.7

 [↵] oder Auswahl DIESES PROGRAMM LÖSCHEN löscht die Gruppe.
 [Esc] oder Auswahl DIESES PROGRAMM NICHT LÖSCHEN unterbricht das
 Löschen.

Anmerkungen

▪ Die Gruppe ist nun aus der Programmauswahl gelöscht.
▪ Eine Gruppe kann nur gelöscht werden, wenn sich keine Dateien oder weitere Gruppen darin befinden. In diesem Fall wird eine Fehlermeldung ausgegeben.

Ausführung: Programmaufruf hinzufügen

In der Hauptgruppe und innerhalb jeder Gruppe können Programmaufrufe hinzugefügt, geändert oder gelöscht werden.
Gruppe anzeigen, in der ein Programmaufruf hinzugefügt werden soll
[F10] DATEI/NEU... **wählen**
 Ein Dialogfenster zur Angabe des Programmobjekts erscheint.

```
┌──────── Neues Programmobjekt ────────┐
│ Neu                                  │
│  ( ) Programmgruppe      OK          │
│  (•) Programm         Abbrechen      │
└──────────────────────────────────────┘
```

Programminformationen eingeben
 Details siehe unten. Titel und Dateiname müssen eingegeben werden.
 [→|] oder [↵] geht zum nächsten Eingabefeld weiter.
[↵] öffnet ein Fenster für den Programmaufruf
 [Esc] bricht das Hinzufügen eines Programmaufrufs ab.
Programminformationen

```
┌──────────────── Programm hinzufügen ────────────────┐
│ Programmtitel:      [Textverarbeitung·········]      │
│ Befehl(e):          [WORD %1·······················] │
│ Anfangsverzeichnis: [C:\WORD························] │
│ Abkürzungstaste für Programm: [···················]  │
│ [X] Warten nach Beenden   Kennwort: [·············]  │
│   OK        Abbrechen        Hilfe       Weitere...  │
└─────────────────────────────────────────────────────┘
```

Programmtitel

▨ Gibt den Titel des Programmaufrufs an, der in der Programmauswahl erscheint.

▨ Eingabe maximal 23 Zeichen einschl. Leerzeichen.

Befehle

▨ Gibt die Befehle an, die nach Aufruf dieses Programmpunktes ausgeführt werden. Diese Befehle enthalten

▷ normalerweise den Programmaufruf selbst. Dieser wird einfach angegeben, wie er auch in die DOS-Befehlszeile geschrieben wird.

▷ zusätzliche Parameter für den Programmaufruf. Feste, nicht zu ändernde Parameter werden hinter den Programmaufruf geschrieben.

▷ variable Parameter, die an das Programm übergeben werden, welche wie in Batch-Prozeduren die Variablen %1 bis %9 verwenden. Hierfür wird dann ein eigenes Dialogfeld geöffnet.

▷ Maximal 25 Zeichen.

Abkürzungstaste für Programm

Ist die Programmumschaltung aktiviert, kann über die angegebene Tastenkombination in die Anwendung gewechselt werden.

Kennwort

▨ Kennwort als Zugriffsberechtigung für bestimmte Benutzer.

▨ Eingabe maximal 20 Zeichen.

▨ Falls ein Kennwort angegeben ist, muß es beim Aufruf dieses Programms eingegeben werden. Bei falschem Kennwort wird der Zugriff verweigert.

WEITERE gibt ein zusätzliches Dialogfenster für die Programmeigenschaften aus.

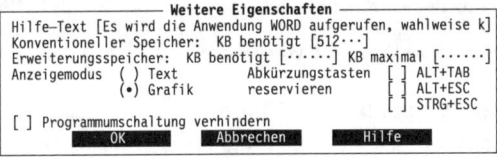

```
┌───────────── Weitere Eigenschaften ─────────────┐
│ Hilfe-Text [Es wird die Anwendung WORD aufgerufen, wahlweise k] │
│ Konventioneller Speicher:  KB benötigt [512···]                │
│ Erweiterungsspeicher:  KB benötigt [······] KB maximal [······] │
│ Anzeigemodus ( ) Text        Abkürzungstasten [ ] ALT+TAB       │
│              (•) Grafik       reservieren      [ ] ALT+ESC      │
│                                                [ ] STRG+ESC     │
│ [ ] Programmumschaltung verhindern                             │
│      ████ OK ████    ███ Abbrechen ███    ███ Hilfe ███        │
└──────────────────────────────────────────────────────────────┘
```

Hilfe-Text

Hier kann ein Text mit maximal 255 Zeichen eingegeben werden, der ausgegeben wird, wenn in der Programmgruppe die [F1]-Taste gedrückt wird.

Speicherangaben

Hier wird angegeben, wieviel konventionellen Speicher und wieviel Erweiterungsspeicher das Programm zur Ausführung benötigt.

Anzeigemodus

Im Grafikmodus wird zusätzlicher Speicher für die Sicherung des Bildschirminhalts benötigt.

Abkürzungstasten

Hier können bestimmte Tasten reserviert werden, die das Anwendungsprogramm selbst benötigt. Werden alle Tasten reserviert, kann die Programmumschaltung bei der Anwendung nicht verwendet werden.

Programmumschaltung verhindern

Ist Programmwechsel aktiviert, kann nicht in die Anwendung umgeschaltet werden.

⏎ **übernimmt die Angaben**

Wurden beim Befehlsaufruf eine oder mehrere Variablen %*n* verwendet, wird für jede Variable ein zusätzliches Dialogfeld geöffnet, mit dem der Dialog für die Programmübergabe eingerichtet werden kann.

```
───────────── Programm hinzufügen ─────────────
Informationen für %1-Parameterdialog eingeben:
Titel des Dialogfeldes: [Programmparameter········]
Programminformation:    [·····························]
Aufforderungstext:      [Dateiname: ········]
Vorschlag:              [*.TXT·····················]
   ███ OK ███      Abbrechen      ███ Hilfe ███
```

Titel des Dialogfeldes

Titelzeile des Dialogfensters.

Programminformation

Zusätzliche Informationen, die im Dialogfeld angezeigt werden.

Aufforderungstext

Hinweis, was der Anwender zu tun hat.

Vorschlag

Parameter, die als Vorschlag vorgegeben und verändert werden können.

Ausführung: Programmaufruf ändern

Markierung auf den zu ändernden Programmaufruf setzen

F10 **DATEI/EIGENSCHAFTEN wählen**

Ein Dialogfenster für die Programminformationen erscheint.

Programminformationen ändern

Details siehe weiter vorne.

⟶| oder ⏎ geht zum nächsten Eingabefeld weiter.

⏎ **speichert den Programmaufruf wieder**

Esc bricht das Ändern ab.

2.8 Programmumschaltung

Über die Programmumschaltung können mehrere Anwendungen unter
der DOS-Shell gleichzeitig gestartet werden. Über einfache Tastenfunktionen ist es möglich, zwischen den gestarteten Anwendungen umzuschalten.

2.8

Anmerkungen

▪ 3270-Emulationen sollten nicht in Verbindung mit der Programmumschaltung verwendet werden, da hier die Verbindung des
Kommunikationsadapters zum HOST-Rechner unterbrochen wird.
▪ Verwenden die Anwendungprogramme gleiche Tastenfunktionen
wie die DOS-Shell innerhalb der Programmumschaltung, müssen diese
über die Programmeigenschaften definiert werden.
▪ Wurden die Umschalttasten für die Anwendung reserviert, kann die
Programmumschaltung nicht oder nur eingeschränkt verwendet werden.

Ausführung: Programmumschaltung einrichten

OPTIONEN/PROGRAMMUMSCHALTUNG AKTIVIEREN **auswählen**
Auf dem Bildschirm erscheint das Fenster »Aktive Programme«. In
diesem werden die gestarteten Anwendungen verwaltet.

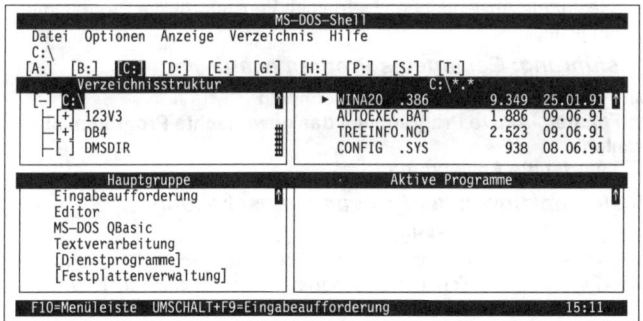

Ausführung: Mehrere Anwendungen starten

Programm aus der Hauptgruppe oder Untergruppe auswählen und starten

Die gewählte Anwendung wird gestartet und am Bildschirm angezeigt.

2.8

Aus der Anwendung mit [Strg]+[Esc] in die DOS-Shell umschalten

Im Fenster »Aktive Programme« wird der Name der Anwendung angezeigt.

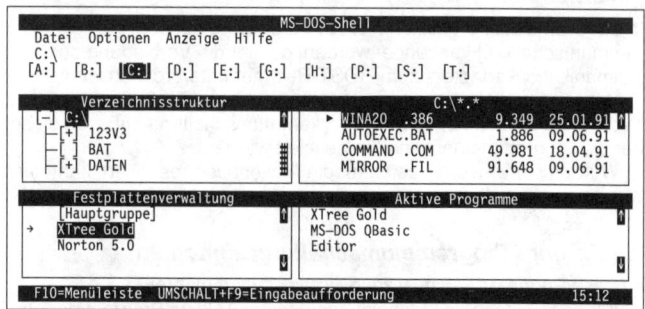

Nacheinander die gewünschten Anwendungen starten.

Gestartete Anwendungen werden im Fenster »Aktive Programme« angezeigt.

Ausführung: Gestartetes Programm aufrufen

Mit [Strg]+[Esc] in die DOS-Shell wechseln
Im Fenster »Aktive Programme« das gewünschte Programm auswählen
[↵] startet die Anwendung

Tastenfunktionen der Programmumschaltung

Tasten	Funktion
[Strg]+[Esc]	Wechselt von der Anwendung in die DOS-Shell.
[Alt]+[→]	Schaltet zwischen den Programmen um bzw. ruft die nächste Anwendung auf.
[Alt]+[Esc]	Ruft die nächste Anwendung auf.
[⇑]+[Alt]+[Esc]	Ruft die vorhergehende Anwendung auf.
[Strg]+[Buchstabe]	Ruft die Anwendung über die reservierte Taste auf.
[⇑]+[↵]	Ruft ein Programm auf und trägt es in die Liste der aktiven Programme ein.

3

Kapitel 3:

DISKETTEN UND FESTPLATTEN

3.1 Übersicht und Begriffe

Disketten und Festplatten sind die wichtigsten Datenträger eines diskettenorientierten Betriebssystems. Deshalb hier eine Übersicht zu einzelnen Begriffen, die damit in Zusammenhang stehen.

Allgemeines und Begriffe

Disketten
▪ Eine Diskette ist eine in eine Kunststoffschutzhülle eingeschweißte biegsame Kunststoffplatte mit magnetisierter Oberfläche.
▪ DOS unterstützt 5$\frac{1}{4}$-Zoll- und 3$\frac{1}{2}$-Zoll-Disketten.

5$\frac{1}{4}$-Zoll-Disketten (Minidisketten)
▪ Diese Disketten befinden sich in biegsamen Kunststoffhüllen und müssen deshalb besonders vorsichtig behandelt werden.
▪ Jede Diskette befindet sich in einem separaten Schutzumschlag (meistens aus Papier).

3$\frac{1}{2}$-Zoll-Disketten (Mikrodisketten)
▪ Diese Disketten sind anders aufgebaut als 5$\frac{1}{4}$-Zoll-Disketten, und die Daten sind darauf dichter zusammengepackt.
▪ Die Disketten stecken in robusten Kunststoff-Schutzhüllen mit Metallabschirmung. Beim Einstecken der Diskette wird automatisch die Metallabschirmung beiseitegeschoben, damit der Magnetkopf Daten lesen und schreiben kann.

Speicherkapazität 5$\frac{1}{4}$ Zoll

Kapazität	Spuren	Sektoren	Seiten
360 Kbyte	40	9	doppelt
1,2 Mbyte	80	15	doppelt

Speicherkapazität 3$\frac{1}{2}$ Zoll

Kapazität	Spuren	Sektoren	Seiten
720 Kbyte	80	9	doppelt
1,44 Mbyte	80	18	doppelt
2,88 Mbyte	80	36	doppelt

▪ Eine Diskette mit 360 Kbyte speichert etwa 200 Seiten Text, eine Diskette mit 1,2 Mbyte speichert etwa 600 Seiten Text.

Diskettenbehandlung
▪ Diskettenaufkleber immer im oberen Teil auf der Vorderseite so anbringen, daß sie nicht mit der magnetisierten Oberfläche in Berührung kommen.

3.1

▦ Disketten nicht mit hartem Stift oder Kugelschreiber beschriften, da diese durchdrücken und die Diskette beschädigen können (nur bei $5^1/_4$-Zoll-Disketten).

▦ Disketten immer vor Staub, Feuchtigkeit, Magnetfeldern und extremer Hitze schützen.

▦ Disketten sollten immer mit einem Aufkleber versehen und deutlich beschriftet werden, um einen Überblick über die gespeicherten Daten zu bewahren.

Schreibschutz

▦ $5^1/_4$-Zoll-Disketten (Minidisketten) haben eine Kerbe an der Seite, die bestimmt, ob die Diskette beschrieben, d.h. Daten darauf gespeichert werden können oder nicht. Ist die Kerbe offen, kann die Diskette beschrieben werden.

▦ Wird die Kerbe mit einem Aufkleber zugeklebt, ist die Diskette schreibgeschützt; von dieser Diskette können Daten nur noch gelesen werden.

▦ Disketten, die keine solche Kerbe aufweisen, sind permanent schreibgeschützt. Dies ist normalerweise bei Verkaufsdisketten mit Software der Fall.

▦ $3^1/_2$-Zoll-Disketten (Mikrodisketten) haben eine Schreibschutzkerbe, die mit einem Plastikschieber verschlossen (nicht schreibgeschützt) und geöffnet (schreibgeschützt) werden kann.

Festplatten

▦ Festplatten sind Magnetplatten, die fest in einem Gehäuse eingebaut sind, in dem diese mit einer konstanten Geschwindigkeit rotieren, solange der Computer eingeschaltet ist.

▦ Durch den festen Einbau können größere Datenmengen schneller gespeichert und wieder gelesen werden als bei Disketten.

▦ Festplatten sind normalerweise fest in einen Computer eingebaut, deshalb eignen sie sich nicht für die Datenübertragung von einem Computer zu einem anderen. Natürlich gibt es auch Sonderfälle in Form von Wechselplattensystemen.

▦ Bei einem Computer mit Festplatte und Diskettenlaufwerk wird die Anwendung normalerweise wie folgt aufgeteilt:

Festplatte: Computer starten und Betriebssystem laden, Programme laden, Daten laden, Daten speichern, Allgemein: Die normale Arbeit läuft mit der Festplatte.

Disketten: Programme nach Kauf auf Festplatte kopieren, Daten sichern, Daten von anderen Computern kopieren, Daten für andere Computer kopieren, gesicherte Daten wieder auf Festplatte kopieren, Allgemein: Datenübertragung und Datensicherung.

3.1

Datensicherung

▧ Programme und DOS, die auf einer Festplatte gespeichert sind, sollten als Sicherungskopie auf Disketten vorhanden sein. Falls der Inhalt der Festplatte beschädigt oder gelöscht wird, können diese Sicherungskopien wieder verwendet werden.

▧ Daten und Texte, die auf einer Festplatte gespeichert sind, sollten in regelmäßigen Abständen auf Disketten gesichert werden. Näheres zur Datensicherung siehe 5.9.

Disketten formatieren

3.1

▧ Bevor Disketten zur Speicherung von Daten genutzt werden können, müssen sie formatiert werden. Dies geschieht mit dem Befehl **FORMAT** (siehe 3.2).

▧ Dieses Programm teilt eine Diskette so ein, daß DOS die Daten darauf schnell wiederfinden kann. Außerdem wird festgestellt, ob die Diskette beschädigt ist.

▧ Es können Disketten und Festplatten formatiert werden.

▧ **Beim Formatieren gehen alle vorher darauf befindlichen Daten verloren!**

Datenspeicherung in Dateien

▧ Daten werden auf Disketten (bzw. Festplatten) in Dateien gespeichert. Eine Datei ist eine Gruppe von zusammengehörenden Daten; jede Datei ist mit einem Namen (Dateinamen) bezeichnet (siehe 5.1).

3.2 Disketten/Festplatten behandeln

Neue Disketten und Festplatten müssen mit **FORMAT** formatiert werden, damit DOS Daten auf ihnen speichern und wieder davon lesen kann. **CHKDSK** überprüft Disketten und Festplatten und stellt eventuelle Fehler fest. Mit den Befehlen **LABEL** und **VOL** kann die Datenträgerbezeichnung verändert oder auch nur angezeigt werden.

DEFRAG hebt die Fragmentierung eines Datenträgers auf, **DBLSPACE** ermöglicht die Komprimierung eines Datenträgers und **SCANDISK** untersucht Datenträger auf Fehler und korrigiert diese soweit wie möglich.

3.2

Disketten/Festplatten formatieren   *FORMAT*
extern/nicht im Netz

FORMAT formatiert die Diskette im angegebenen Laufwerk oder eine Festplatte für die Aufnahme von DOS-Dateien. Danach wird ein Stammverzeichnis und eine Dateizuordnungstabelle auf der Diskette oder Festplatte angelegt.

Alle neuen Disketten und Festplatten müssen mit diesem Befehl formatiert werden, bevor sie unter DOS eingesetzt werden können.

FORMAT *laufwerk:* [/**V**:*name*] [/**Q**] [/**U**] [/**F**:*größe*] [/**S**|/**B**]

oder

FORMAT *laufwerk:* [/**V**:*name*] [/**Q**] [/**U**] [/**N**:*xx*] [/**T**:*yy*] [/**S**|/**B**]

oder

FORMAT *laufwerk:* [/**V**:*name*] [/**Q**] [/**U**] [/**1**] [/**4**] [/**S**|/**B**]

oder

FORMAT *laufwerk:* [/**Q**] [/**U**] [/**1**] [/**4**] [/**8**] [/**S**|/**B**]

▓ *laufwerk:* Das Laufwerk mit der zu formatierenden Diskette/Festplatte.

▓ /**Q**: Schnellformatierung, bei der nur die Dateieinträge gelöscht werden.

▓ /**U**: Standardformatierung. Es werden alle Daten auf der Diskette unwiederbringlich gelöscht.

▓ /**1**: Die Diskette wird nur auf einer Seite formatiert.

▓ /**4**: Formatiert doppelseitige 5$\frac{1}{4}$-Zoll-Disketten mit normaler Kapazität (360 Kbyte) in einem Diskettenlaufwerk mit hoher Speicherkapazität (AT, high density, 1,2 Mbyte).

3.2

■ **/8**: Formatiert eine Diskette mit 8 Sektoren pro Spur (nur bei 5$^1/_4$-Zoll-Laufwerken).

■ **/B**: Formatiert eine Diskette mit 8 Sektoren pro Spur und reserviert Platz für das Kopieren von DOS.

■ **/S**: Bewirkt, daß die DOS-Systemdateien von der Diskette im Standardlaufwerk auf die neu formatierte Diskette kopiert werden. Befindet sich auf dem Standardlaufwerk kein Betriebssystem, erscheint eine Aufforderung zum Einlegen einer Systemdiskette in das Standardlaufwerk (oder in das Laufwerk A, wenn es sich beim Standardlaufwerk um ein Festplattenlaufwerk handelt).

■ **/N**:*sektoren*: Formatiert eine Diskette mit der angegebenen Anzahl Sektoren.

■ **/T**:*spuren*: Formatiert eine Diskette mit der angegebenen Anzahl Spuren.

■ **/V**:*name*: Mit dem Parameter kann der Diskette eine Datenträgerbezeichnung gegeben werden. Sie dient der Identifizierung der Diskette und kann bis zu 11 Zeichen lang sein. Als Datenträgerbezeichnung sollte eine allgemeine Beschreibung des Inhalts einer Diskette angegeben werden (zum Beispiel TEXTE). Wird **/V** nicht angegeben, wird der Benutzer nach dem Formatiervorgang zur Eingabe des Datenträgernames aufgefordert.

■ **/F**:*größe*: Gibt die Kapazität an, mit der die Diskette formatiert werden soll. Mögliche Angaben für *größe* sind:

Kapazität, Diskette	Wert für Größe
160 Kbyte einseitig, 5$^1/_4$	160, 160K, 160KB
180 Kbyte einseitig, 5$^1/_4$	180, 180K, 180KB
320 Kbyte doppelseitig, 5$^1/_4$	320, 320K, 320KB
360 Kbyte doppelseitig, 5$^1/_4$	360, 360K, 360KB
720 Kbyte doppelseitig, 3$^1/_2$	720, 720K, 720KB
1,2 Mbyte doppelseitig, 5$^1/_4$	1200, 1200K, 1200KB, 1.2, 1,2M, 1.2MB
1,44 Mbyte doppelseitig, 3$^1/_2$	1440, 1440K, 1440KB, 1.44, 1,44M, 1.44MB
2,88 Mbyte doppelseitig, 3$^1/_2$	2880, 2880K, 2880KB, 2.88, 2,88M, 2.88MB

Beschreibung

■ **Achtung!** Formatieren zerstört alle auf einer Festplatte oder Diskette vorhandenen Daten und ignoriert mit **SUBST** erstellte Laufwerkszuweisungen (siehe 4.8).

■ Anhand der Laufwerksart ermittelt **FORMAT** das Standardformat für die eingelegte Diskette. Falls kein Zusatz angegeben ist, wird nach diesem Standardformat formatiert.

▨ Während des Formatierens gibt DOS laufend eine Meldung aus, wieviel Prozent des Datenträgers bereits formatiert ist.

▨ Die Diskette erhält eine Datenträgernummer, anhand derer sie eindeutig identifiziert werden kann.

▨ Ist der Formatierungsvorgang beendet, informiert **FORMAT** über die gesamte Diskettenspeicherkapazität, über fehlerhafte Stellen auf der Festplatte/Diskette, über die vom Betriebssystem in Anspruch genommene Speicherkapazität (falls der Zusatz /S verwendet wurde), wieviel Platz noch für Dateien zur Verfügung steht, sowie über die für die Diskette vergebene Datenträgernummer.

3.2

Ausgaben während des Formatierens:

```
 1 Neue Diskette in Laufwerk A: einlegen
 2 und anschließend die EINGABETASTE drücken...
 3
 4 Prüfe bestehendes Datenträger-Format.
 5 Speichere Information für Wiederherstellung.
 6 Formatiere 1,44 Mbyte mit QuickFormat
 7 Überprüfe 1,44 Mbyte
 8 x Prozent des Datenträgers formatiert.
 9 100 Prozent des Datenträgers formatiert.
10 Formatieren beendet
11 Systemdateien übertragen
12
13 Datenträgerbezeichnung (11 Zeichen, EINGABETASTE für keine)? DOS
14
15 1.457.664 Byte Speicherplatz auf dem Datenträger insgesamt
16   121.856 Byte vom System benutzt
17    27.648 Byte in fehlerhaften Sektoren
18 1.308.160 Byte auf dem Datenträger verfügbar
19
20       512 Byte in jeder Zuordnungseinheit.
21     2.555 Zuordnungseinheiten auf dem Datenträger verfügbar.
22
23 Datenträgernummer: 1819-16EB
24
25 Eine weitere Diskette formatieren (J/N)?n
```

▶ Die Anzeige variiert, je nach angegebenen Parametern.

Wird der Parameter /**U** verwendet, werden die Zeilen 4, 5 und 6 nicht ausgegeben.

Wird der Parameter /**Q** verwendet, wird zusätzlich die Zeile 6 ausgegeben.

Anmerkungen

▨ **FORMAT** sollte nicht bei Laufwerken verwendet werden, auf die der Befehl **SUBST** angewendet wurde (siehe 4.8).

3.2

▪ Netzwerk- oder Interlnk-Laufwerke können nicht formatiert werden.
▪ Weitere Informationen über Datenträgerbezeichnungen siehe **DIR** (siehe 4.3), **LABEL** und **VOL** (in diesem Kapitel).
▪ Auf einem Laufwerk, das nur für 360/720 Kbyte ausgelegt ist, können keine HD-Disketten mit 1,2/1,44/2,88 Mbyte formatiert werden.
▪ Eine Zuordnungseinheit ist eine andere Bezeichnung für Cluster. Wird eine Datei neu angelegt, wird mindestens ein Cluster belegt, auch wenn die Datei nur ein Byte enthält.
▪ Die Parameter /1, /4 und /8 können nur auf 5¼-Zoll-Laufwerke angewendet werden.
▪ Zu beachten ist besonders der Zusatz /4, der benötigt wird, um auf Computern mit 1,2-Mbyte-Laufwerken Disketten mit 360 Kbyte zu formatieren.
▪ Falls mit /B Platz für DOS-Systemdateien eingerichtet wurde, können diese Dateien später mit **SYS** auf die Diskette/Festplatte kopiert werden.
▪ Die Parameter /S und /B schließen sich gegenseitig aus..
▪ Wird der Parameter /U verwendet, kann eine versehentlich formatierte Diskette nicht mehr mit **UNFORMAT** wiederhergestellt werden.
▪ Mit dem Parameter /Q wird eine Diskette in ca. 10 Sekunden formatiert. Der Parameter kann nur auf Disketten eingesetzt werden, die bereits mit dem Standardformat formatiert wurden.
▪ Kann eine Diskette nicht formatiert werden, sollte der /**U**-Parameter angewendet werden.

Beendigungscodes

Code	Funktion
0	Formatierung erfolgreich durchgeführt.
3	Formatierung vom Benutzer abgebrochen (Strg+C/Strg+Untbr).
4	Systemfehler
5	Eingabeaufforderung Formatierung fortsetzen? (J/N):. Beim Formatieren einer Festplatte wurde diese Frage mit N beantwortet.

Der von **FORMAT** übergebene Beendigungscode kann für den Stapelverarbeitungsbefehl **IF ERRORLEVEL...** als Eingabe verwendet werden (siehe 9.7).

Sonderfall: Festplatte formatieren

Bevor eine Festplatte formatiert werden kann, muß auf ihr mit **FDISK** ein DOS-Bereich eingerichtet werden (siehe 3.5).

Wurde der Format-Befehl aufgerufen, erscheint eine Warnmeldung, bei der die Formatierung abgebrochen werden kann.

```
WARNUNG ! Alle Daten auf der Festplatte
in Laufwerk X: werden gelöscht!
Formatieren durchführen (J/N)?
```

[J] [↵] **formatiert die Festplatte**

oder

[N] [↵] **bricht die Formatierung ab**

Anmerkung

▨ Wurde **UNDELETE** verwendet, kann eine versehentliche Formatierung wieder rückgängig gemacht werden.

3.2

Beispiele

```
FORMAT A: /S
```
formatiert eine Diskette im Laufwerk A und kopiert die Systemdateien darauf.
```
FORMAT A: /V
```
formatiert eine Diskette, auf der lediglich Daten gespeichert werden sollen, im Laufwerk A. Nach dem Formatieren wird die Datenträgerbezeichnung abgefragt.
```
FORMAT A: /4
```
formatiert eine Diskette mit 360 Kbyte in einem 1,2-Mbyte-Laufwerk.
```
FORMAT A: /F:720
```
formatiert eine 3$^1/_2$-Zoll-Diskette mit 720 Kbyte in einem 1,44-Mbyte-Laufwerk.

Formatierung aufheben	UNFORMAT
	extern

UNFORMAT stellt die Datenträgerstruktur wieder her, die bei **FORMAT** gesichert wurde.

UNFORMAT [*laufwerk*:] [/**J**]

UNFORMAT [*laufwerk*:] [/**U**] [/**L**] [/**TEST**] [/**P**]

UNFORMAT /**PARTN** [/**L**]

▨ *laufwerk*: Laufwerk, dessen Struktur wiederhergestellt werden soll.
▨ /**J**: Prüft, ob die mit **MIRROR** erstellte Datei gesichert wurde und mit den Systeminformationen des Datenträgers übereinstimmt.
▨ /**P**: Die am Bildschirm angezeigten Meldungen werden auf den Drucker ausgegeben.
▨ /**U**: Hebt die Formatierung auf, ohne MIRROR-Datei zu verwenden.
▨ /**L**: Zeigt alle Datei- und Verzeichnisnamen an, bei /**PARTN** zusätzlich die aktuelle Partitionstabelle.

■ **/TEST**: Zeigt nur die Informationen an, die **UNFORMAT** ausgeben würde, ohne tatsächlich Änderungen vorzunehmen.

■ **/PARTN**: Stellt die Festplatten-Partitionstabellen wieder her. Benötigt die Datei PARTNSAV.FIL, die mit **MIRROR** angelegt wird.

Anmerkungen

■ Der Parameter **/J** darf nicht zusammen mit anderen Parametern verwendet werden.

■ Wird **FORMAT** mit dem Parameter **/Q** ausgeführt, wird eine Bilddatei auf dem formatierten Datenträger angelegt.

■ **/TEST** sollte nicht verwendet werden, wenn die Bilddatei zur Wiederherstellung verwendet wird.

■ Bei den Parametern **/L** und **/TEST** wird die Bilddatei nicht verwendet.

■ Fragmentierte Dateien können unter Umständen nicht oder nur verkürzt wiederhergestellt werden.

■ DOS 6.2 hat kein Programm zur Verfügung, mit dem die Partitionsdaten der Festplatte auf Datenträger gesichert werden können.

Beispiel

Eine mit dem Parameter **/Q** formatierte Diskette soll wiederhergestellt werden.

```
[C:\]unformat a:
Legen Sie die Diskette, auf der UNFORMAT ausgeführt werden soll,
in Laufwerk A: ein. Drücken Sie dann die EINGABETASTE.

Stellt den Systembereich Ihres Datenträgers unter
Verwendung der von MIRROR erstellten Bilddatei wieder her.

    WARNUNG !!        WARNUNG !!

Dieser Befehl sollte nur angewendet werden, nachdem versehentlich der DOS-
Befehl FORMAT oder der DOS-Befehl RECOVER benutzt wurden. Eine andere
Verwendung von UNFORMAT kann zu Datenverlust führen! Dateien, die seit der
letzten Benutzung von MIRROR modifiziert wurden, können verlorengehen.

Suche auf Datenträger nach Bilddatei.
MIRROR oder FORMAT wurde zuletzt benutzt um 16:24 am 07.02.93.
Die MIRROR-Bilddatei wurde überprüft/aktualisiert.
Soll der Systembereich von Laufwerk A berichtigt werden (J/N)?
Der Systembereich von Laufwerk A wurde wiederhergestellt.
Sie müssen eventuell Ihr System neu starten.
[C:\]
```

Diskette/Festplatte prüfen   *CHKDSK*   *extern*

CHKDSK überprüft die Diskette/Festplatte im angegebenen Laufwerk, stellt eventuell vorhandene Fehler fest und zeigt einen Statusbericht an. Fehler werden auf Wunsch korrigiert.

     CHKDSK [*laufwerk:*][*pfad*][*dateiname*] [/**F**] [/**V**]

  ▫ *laufwerk:* Laufwerk der Diskette/Festplatte.

  ▫ *pfad:* Ist der Pfad.

  ▫ *dateiname*: Dateiname der Datei(en), für die zusätzlich ein Status-bericht gezeigt werden soll.

  ▫ /**F**: Bewirkt, daß die ermittelten Fehler beseitigt werden. Wird der Zusatz nicht verwendet, erscheint zwar ein Hinweis auf fehlerhafte Dateien, die Fehler selbst werden jedoch nicht korrigiert.

  ▫ /**V**: Zeigt während des Prüfvorgangs Meldungen an.

  ▫ **CHKDSK** weist auf das Programm **SCANDISK** hin, das anstelle von **CHKDSK** eingesetzt werden soll.

3.2

Beschreibung

  ▫ **CHKDSK** liest die Verzeichnisstruktur und überprüft sie auf Vollständigkeit und Fehler.

  ▫ **CHKDSK** zeigt den Status von Disketten/Festplatten an. Wurde ein Fehler festgestellt, wird dieser im Prüfbericht mit angezeigt.

```
Datenträger HD-BOOT       erzeugt 14.06.1993 17:02
Datenträgernummer: 1B4B-A0D6

  454.819.840 Byte Speicherplatz auf dem Datenträger insgesamt
   22.216.704 Byte in 4 versteckten Dateien
    2.785.280 Byte in 331 Verzeichnissen
  397.172.736 Byte in 8.296 Benutzerdateien
       90.112 Byte in fehlerhaften Sektoren
   32.555.008 Byte auf dem Datenträger verfügbar

        8.192 Byte in jeder Zuordnungseinheit
       55.520 Zuordnungseinheiten auf dem Datenträger insgesamt
        3.985 Zuordnungseinheiten auf dem Datenträger verfügbar

      655.360 Byte konventioneller Arbeitsspeicher
      619.536 Byte frei

Statt dem Befehl CHKDSK, können Sie auch SCANDISK eingeben.
SCANDISK entdeckt und löst zuverlässig einen größeren Bereich
von Festplattenproblemen.
Um mehr Informationen zu erhalten, geben Sie den Befehl HELP
SCANDISK an der Eingabeaufforderung ein.
```

■ Die Meldung XXXX Byte in XX fehlerhaften Sektoren wird nur ausgegeben, wenn die Festplatte/Diskette Fehler aufweist, die beim Formatieren erkannt wurden.

■ Wird zusätzlich ein Dateiname angegeben, zeigt DOS einen Statusbericht für die Diskette/Festplatte und für die einzelne Datei oder eine Gruppe von Dateien (bei Verwendung von Stellvertreterzeichen im Dateinamen) an.

■ Bei Zuordnungsfehlern können die Daten nur dann in Dateien umgewandelt werden, wenn der Parameter /F angegeben wurde (siehe unten).

3.2

■ **CHKDSK** entdeckt folgende Arten von Verzeichnisfehlern:

▶ Ungültige Zeiger auf Datenbereiche.

▶ Falsche Dateiattribute in Verzeichniseinträgen.

▶ Zerstörte Verzeichnisbereiche, die es unmöglich machen, eines oder mehrere Verzeichnisse zu überprüfen.

▶ Zerstörte Verzeichnisse, die es unmöglich machen, auf die darin befindlichen Dateien zuzugreifen.

■ Des weiteren werden Fehler in der Dateizuordnungstabelle (FAT, file allocation table) gemeldet:

▶ Fehlerhafte Sektoren in der FAT.

▶ Ungültige Bereichsnummern in der FAT.

▶ »Verlorene« Bereiche.

▶ Zugehörigkeit eines Sektors zu mehreren Dateien.

Beispiel

Eine Diskette in Laufwerk A wird geprüft. Eine Diskette, die solche Fehler aufweist, sollte nicht weiter eingesetzt werden. Wichtige Daten sollten gesichert werden, bevor die Diskette neu formatiert wird.

```
Datenträgernummer: 0000-1DCF
Fehler gefunden. Option /F nicht angegeben
Datenträger wird nicht berichtigt

A:\WINA20.386
    Zuordnungsfehler, Größe berichtigt
A:\COMMAND.COM
    Ungültige Zuordnungseinheit, Datei abgeschnitten

    100 verlorene Zuordnungseinheiten in 4 Ketten gefunden.
        51.200 Speicherplatz auf dem Datenträger wurden freigegeben
A:\COMMAND.COM
    Ist querverbunden (crosslinked) in Zuordnungseinheit 130
A:\WINSTART.COM
    Ist querverbunden (crosslinked) in Zuordnungseinheit 130

     1.457.664 Byte Speicherplatz auf dem Datenträger insgesamt
        70.656 Byte in 12 Benutzerdateien
        52.736 Byte in fehlerhaften Sektoren
```

```
1.283.072 Byte auf dem Datenträger verfügbar
      512 Byte in jeder Zuordnungseinheit
    2.847 Zuordnungseinheiten auf dem Datenträger insgesamt
    2.506 Zuordnungseinheiten auf dem Datenträger verfügbar
  655.360 Byte konventioneller Arbeitsspeicher
  619.536 Byte frei
```

Anmerkungen

▓ Jede Diskette und Festplatte sollte von Zeit zu Zeit einer Prüfung mit **CHKDSK** unterzogen werden.

▓ **CHKDSK** korrigiert die festgestellten Fehler nur, wenn der Zusatz **/F** eingegeben wurde.

▓ **CHKDSK** wandelt diese Bereiche in Dateien mit der Bezeichnung **FILE**_nnnn_**.CHK** um und speichert diese im Stammverzeichnis der Festplatte. _nnnn_ ist hierbei eine fortlaufende Numerierung, beginnend mit 1. Sofern die darin enthaltenen Daten nicht weiterverwendet werden können, sollten die Dateien mit dem Befehl **DEL FILE*.CHK** gelöscht werden, um den belegten Speicherplatz wieder freizugeben.

▓ **CHKDSK** kann auch dann verwendet werden, wenn Informationen über die Speicherkapazität eines Datenträgers benötigt werden.

▓ **CHKDSK** weist darauf hin, daß Fehler besser mit dem Programm **SCANDISK** untersucht und beseitigt werden können.

Diskette/Festplatte prüfen   SCANDISK
                                                 extern

SCANDISK prüft Datenträger und beseitigt auftretende Fehler soweit wie möglich. Das Programm sollte anstelle von **CHKDSK** eingesetzt werden, da hier umfangreichere Prüfungen enthalten sind.

SCANDISK [[_lfw1:_**][**_lfwx:_**][**_volume_**][/ALL]] [/CHECKONLY|/AUTOFIX [/NOSAVE] /CUSTOM /SURFACE /MONO /NOSUMMURY] [/FRAGMENT [**_lfw:\pfad_**]<**_dateiname_**>] [/UNDO [**_lfw:_**]**

▓ _lfw_: Gibt ein oder mehrere Laufwerke an, die geprüft werden sollen.

▓ _volume_: Ist der Name einer DBLSPACE-Datenträgerdatei, die durch **SCANDISK** geprüft werden soll. Dieses darf nicht »gemounted« sein.

▓ **/ALL**: Untersucht und repariert alle vorhandenen Laufwerke.

▓ **/CHECKONLY**: Untersucht nur ein Laufwerk, führt jedoch keine Korrekturen durch.

▓ **/AUTOFIX**: Korrigiert ohne Rückfrage. Verlorene Bereiche werden in Dateien umgewandelt und im Hauptverzeichnis des jeweiligen Laufwerks gespeichert.

▓ **/NOSAVE**: Zusammen mit **AUTOFIX** löscht die verlorenen Bereiche, ohne diese in Dateien umzuwandeln.

■ **/CUSTOM**: Verwendet die Einstellungen der Datei SCANDISK.INI im Abschnitt [custom].

■ **/SURFACE**: Führt einen Oberflächentest nach der Untersuchung des angegebenen Laufwerks durch.

■ **/MONO**: Startet **SCANDISK** mit einem Schwarz-/Weißbildschirm.

■ **/NOSUMMARY**: Unterdrückt die Ausgabe eines Prüfberichts nach Beendigung der Laufwerksuntersuchung.

■ **/FRAGMENT**: Untersucht die Dateien eines Datenträgers, ob diese fragmentiert gespeichert sind.

■ **/UNDO** *lfw*: Macht durchgeführte Korrekturen rückgängig. *lfw*: Gibt das Laufwerk der Undo-Disketten an.

3.2

Anmerkungen

■ **CHECKONLY** kann nicht zusammen mit **AUTOFIX** oder **CUSTOM** eingesetzt werden.

■ **CUSTOM** kann zweckmäßig eingesetzt werden, wenn **SCANDISK** über BATCH-Prozeduren oder beim Systemstart aufgerufen werden soll. **CUSTOM** kann nicht zusammen mit **AUTOFIX** oder **CHECKONLY** eingesetzt werden.

■ **SURFACE** sollte regelmäßig durchgeführt werden, um die Zuverlässigkeit der Datenträger zu prüfen. Bei der Prüfung eines komprimierten Laufwerks wird festgestellt, ob die Daten ordnungsgemäß dekomprimiert werden können.

■ Normalerweise wird **SURFACE** automatisch nach der Prüfung eines Datenträgers durchgeführt. Die Option unterdrückt diese Prüfung und führt sofort den Oberflächentest durch.

■ Wird **SURFACE** in Verbindung mit **CUSTOM** eingesetzt, werden die Einstellung der Datei SCANDISK.INI im Abschnitt [custom] ignoriert.

■ Ergibt die Prüfung mit **FRAGMENT** eine große Anzahl an fragmentierten Dateien, sollte mit **DEFRAG** eine Defragmentierung des Datenträgers durchgeführt werden.

■ **SURFACE** kann nicht auf DBLSPACE-Laufwerke angewendet werden.

■ Die Datenträger-Dateien der DBLSPACE-Laufwerke haben folgende Bezeichnung:

[*lfw*:\]DBLSPACE.*nnn*

▶ *lfw*: muß angegeben werden, wenn sich die Datenträgerdatei auf einem anderen Laufwerk befindet.

▶ *nnn* ist eine laufende Nummerierung der Containerdateien. Die erste Datei hat die Nummer 000.

■ **SCANDISK** verwendet die Parameterdatei SCANDISK.INI zur Steuerung. Diese kann mit **EDIT** verändert werden, wenn die Vorgaben

auf eigene Bedürfnisse angepaßt werden sollen. Die Optionen sind in
der Datei hinreichend dokumentiert.

▨ **SCANDISK** kann zwar Fehler auf einem Datenträger beheben,
diese beziehen sich jedoch nur auf das Dateiverwaltungssystem von
DOS. Verlorengegangene Datenbereiche aufgrund falscher Zuordnungen können auch mit **SCANDISK** nicht mehr bzw. nur eingeschränkt wiederhergestellt werden.

▨ **SCANDISK** wandelt diese Bereiche in Dateien mit der Bezeichnung
FILE*nnnn***.CHK** um und speichert diese im Stammverzeichnis der Festplatte. *nnnn* ist hierbei eine fortlaufende Numerierung, beginnend mit 1.
Sofern die darin enthaltenen Daten nicht weiterverwendet werden können, sollten die Dateien mit dem Befehl **DEL FILE*.CHK** gelöscht werden, um den belegten Speicherplatz wieder freizugeben.

Ausführung: Datenträgeruntersuchung durchführen

Die nachfolgenden Abbildungen geben unter Umständen nicht die
tatsächliche Reihenfolge wieder, da dies jeweils von der Art der
Beschädigung eines Datenträgers abhängt.

Werden keine Fehler gefunden, entfallen sämtliche Aufforderungen
zur Fehlerbeseitigung.

▨ Wird ein Fehler nicht korrigiert, bricht **SCANDISK** die weitere
Untersuchung des Datenträgers ab und fordert zur Wiederholung der
Prüfung auf.

Aufruf von SCANDISK: A: ⏎

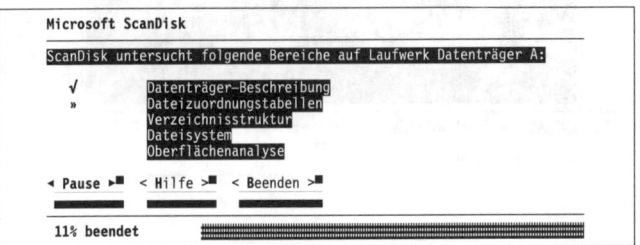

SCANDISK beginnt sofort mit der Untersuchung des Datenträgers. Der
Fortschritt der jeweiligen Prüfung wird angezeigt.

▷ √: Prüfung wurde erfolgreich beendet.

▷ »: Prüfung wird aktuell durchgeführt, der Fortschritt wird als Prozentwert auf einem Balken im unteren Bildschirmbereich angezeigt.

▷ *korrigiert*: Gefundene Fehler wurden korrigiert.

3.2

Wird ein Fehler in der Dateigröße gefunden, kann dieser über die
Schaltfläche **KORRIGIEREN** beseitigt werden.

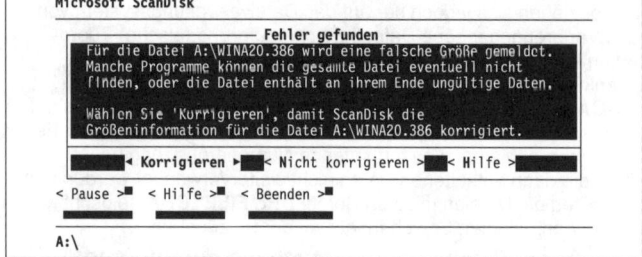

Bei Bedarf kann eine spezielle »Undo«-Diskette angelegt werden, um
die Änderungen wieder rückgängig zu machen.

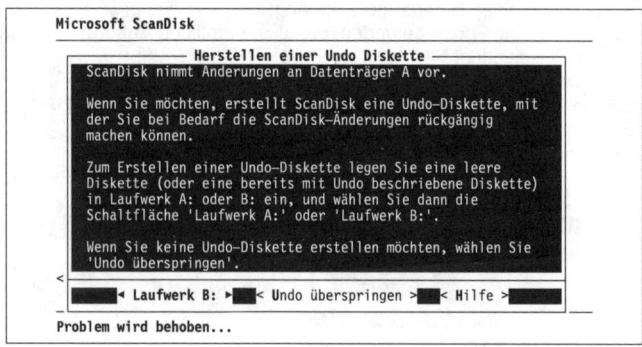

Wurde ein Fehler an der Datei gefunden, kann **SCANDISK** versuchen,
diesen zu korrigieren. Bei Bedarf die Korrektur mit **NICHT KORRIGIEREN**
überspringen.

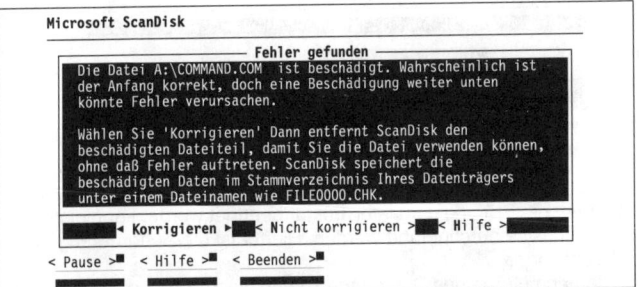

Hier wurde ein schwerer Fehler in die Zuordnungsstruktur der Datenbereiche gefunden. **SCANDISK** kann diesen Fehler mit **KORRIGIEREN**
beseitigen.

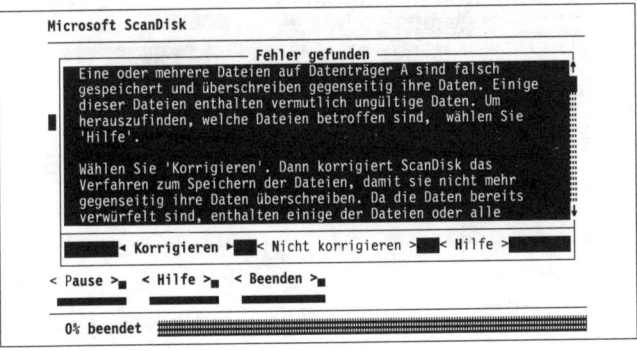

Nach jeder Teilprüfung zeigt **SCANDISK** an, ob die Prüfung erfolgreich war oder ob Fehler berichtigt wurden.

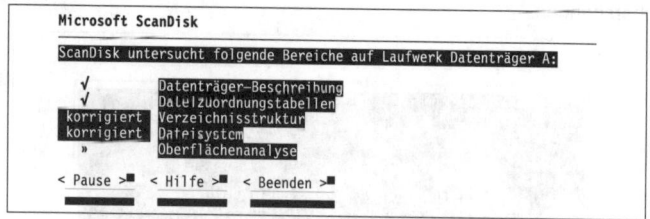

```
Microsoft ScanDisk

ScanDisk untersucht folgende Bereiche auf Laufwerk Datenträger A:

        √         Datenträger-Beschreibung
        √         Datei-Zuordnungstabellen
   korrigiert     Verzeichnisstruktur
   korrigiert     Dateisystem
        »         Oberflächenanalyse

   < Pause >■   < Hilfe >■   < Beenden >■
```

Nachdem die Prüfung der Dateistruktur beendet wurde, kann die Oberflächenanalyse durchgeführt werden. Hierfür ist die Aufforderung mit **JA** zu beantworten.

Je nach Größe des Datenträgers kann diese Prüfung längere Zeit in Anspruch nehmen. Der Verlauf der Prüfung wird in grafischer Form angezeigt.

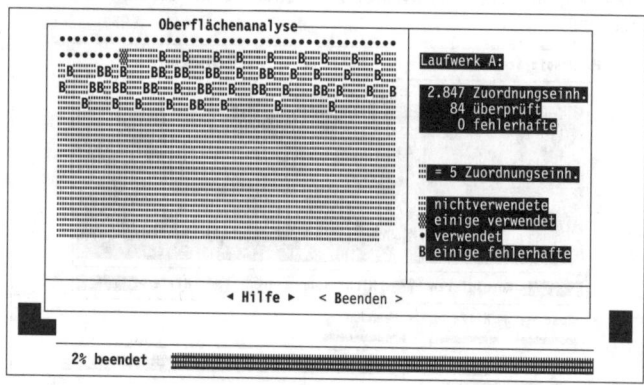

```
┌──────────────Oberflächenanalyse──────────────┐
│ ••••••••••••••••••••••••••••••••••••••       │
│ ▒▒▒▒▒X▒▒▒▒▒BB▒▒▒B▒▒BB▒BB▒▒B▒▒B▒▒B▒▒B   │ Laufwerk A:
│ B▒▒BB▒▒BB▒▒BB▒▒BB▒▒BB▒▒BB▒▒BB▒▒BB▒▒E   │
│ B▒▒BB▒BB▒▒BB▒▒BR▒▒B▒▒B▒▒B▒▒B▒▒B▒▒▒ B   │ 2.847 Zuordnungseinh.
│                                              │    84 überprüft
│                                              │     0 fehlerhafte
│                                              │
│                                              │ ▒ = 5 Zuordnungseinh.
│                                              │
│                                              │ ▓ nichtverwendete
│                                              │ ▒ einige verwendet
│                                              │ • verwendet
│                                              │ B einige fehlerhafte
│                                              │
├──────────◄ Hilfe ►     < Beenden >───────────┤
└──────────────────────────────────────────────┘
  2% beendet ▓▓▓▓▓▓▓▓▓▓▓▓▓▓▓▓▓▓▓▓▓▓▓▓▓▓▓▓▓▓▓
```

Nach erfolgter Prüfung wird eine Meldung über den Verlauf der Prüfung ausgegeben. Bei Bedarf kann über die Schaltfläche **PROTOKOLL** ein genauer Bericht ausgegeben und bei Bedarf in eine Datei geschrieben werden.

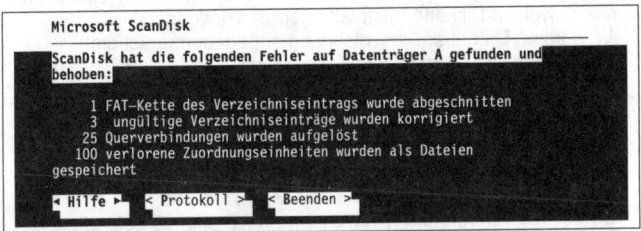

3.2

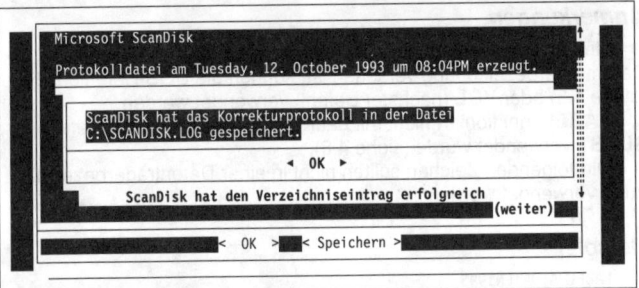

Datenträgerbezeichnung eingeben/ändern

LABEL
extern

LABEL dient zum Anlegen, Ändern oder Löschen der Datenträgerbezeichnung einer Diskette/Festplatte.

    LABEL [*laufwerk:*][*datenträgerbezeichnung*]

▪ *laufwerk*: Ist das Laufwerk der Diskette/Festplatte.

▪ *datenträgerbezeichnung*: Ist die neue Datenträgerbezeichnung. Sie kann maximal 11 Zeichen lang sein, darf keine Tabulatorzeichen enthalten und muß ohne Leerstelle hinter dem Doppelpunkt eingegeben werden.

Beschreibung

▨ Eine Datenträgerbezeichnung ist ein Name, der für eine Diskette/Festplatte bestimmt werden kann. DOS zeigt die Datenträgerbezeichnung einer Diskette/Festplatte als Teil des Verzeichnisses, um anzuzeigen, welche Diskette/Festplatte gerade verwendet wird.

▨ Wird keine Datenträgerbezeichnung angegeben, erscheint:

```
Datenträger in Laufwerk X heißt xxxxxxxxxx
Datenträger-Seriennummer ist 1427-16F6
Datenträgerbezeichnung (11 Zeichen, EINGABETASTE für keine)? NEU_DAT
```

Datenträgerbezeichnung (maximal 11 Zeichen), ⏎ gibt die neue Bezeichnung ein.

Falls nur ⏎ betätigt wird, erscheint:

```
Aktuelle Datenträgerbezeichnung löschen (J/N)?
```

Ⓙ löscht die Datenträgerbezeichnung von Diskette/Festplatte.
Ⓝ beläßt die bisherige Bezeichnung.

Anmerkungen

▨ Um festzustellen, ob eine Diskette/Festplatte bereits mit einer Datenträgerbezeichnung versehen ist, können die DOS-Befehle **DIR** (siehe 4.3) oder **VOL** (nächster Befehl) verwendet werden.

▨ **LABEL** funktioniert nicht mit Laufwerken, bei denen der Befehl **SUBST** verwendet wurde (siehe 4.8).

▨ Die folgenden Zeichen sollten nicht in einer Datenträgerbezeichnung verwendet werden:

```
* ? / | . , ; : + = < > [ ]
```

Beispiel

```
LABEL A:DATEN1993
```

Bezeichnet eine Diskette im Laufwerk A, die Daten für das Jahr 1993 enthält.

Datenträgerbezeichnung anzeigen	VOL intern

VOL dient zur Anzeige der Datenträgerbezeichnung einer Diskette oder Festplatte.

VOL [*laufwerk:*]

Beschreibung

▨ **VOL** zeigt die Datenträgerbezeichnung und die Datenträgernummer der Diskette oder Festplatte des angegebenen Laufwerks am Bildschirm an.

▨ Wird keine Laufwerksbezeichnung angegeben, zeigt DOS die Datenträgerbezeichnung der Diskette/Festplatte im Standardlaufwerk.

■ Details darüber, wie DOS Datenträgerbezeichnungen einsetzt, siehe die Befehle **LABEL** und **FORMAT** in diesem Kapitel.

Beispiel

```
VOL B:
```

Zeigt die Datenträgerbezeichnung der Diskette im Laufwerk B. Wurde der Diskette der Name »DATEN1993« gegeben (mit **LABEL** oder **FORMAT** /**V**), erscheint nach der Eingabe des Befehls die folgende Meldung:

```
Datenträger in Laufwerk B ist DATEN1993
Datenträgernummer: 1F34–16FF
```

3.2

Verweise

Defragmentierung **3.6**, Verzeichnisse anzeigen **4.3**, Laufwerke und Verzeichnisnamen zuordnen **4.8**.

3.3 Disketten kopieren und vergleichen

Der vollständige Inhalt einer Diskette kann mit **DISKCOPY** auf eine andere Diskette kopiert werden. **DISKCOMP** vergleicht zwei Disketten und überprüft, ob sie den gleichen Inhalt haben. Die Befehle sollten zur Sicherung wichtiger Disketten angewendet werden.

3.3

Diskette kopieren

DISKCOPY
extern

DISKCOPY kopiert den Inhalt der Diskette im Ausgangslaufwerk auf eine formatierte oder nicht formatierte Diskette im Ziellaufwerk.

DISKCOPY [*laufwerk1*:] [*laufwerk2*:] [/**1**][/**V**] [/**M**]

■ *laufwerk1*: Ist das Quellaufwerk, *laufwerk2*: das Ziellaufwerk. Diese Angabe kann gleich wie *laufwerk1* sein.

■ /**1**: Kopiert nur eine Diskettenseite, unabhängig vom verwendeten Laufwerkstyp.

■ /**V**: Es wird geprüft, ob die Daten korrekt kopiert wurden.

■ /**M**: Verwendet nur den vorhandenen Hauptspeicher, um Kopien anzulegen und fordert eventuell mehrfach zum Einlegen der Quell- und Zieldiskette auf, wenn hierfür das gleiche Laufwerk verwendet wird.

Beschreibung

■ **DISKCOPY** fordert zum Einlegen der Ausgangs- bzw. Zieldiskette in die entsprechenden Laufwerke auf und beginnt den Kopiervorgang, sobald eine beliebige Taste betätigt wurde.

■ **DISKCOPY** liest die Diskette auf einmal und legt eine temporäre Datei im aktuellen Verzeichnis oder in das durch die Umgebungsvariable **TEMP** angegebene Verzeichnis an.

■ Nach der ersten Kopie können weitere Kopien gefertigt werden, ohne daß hierfür die Quelldiskette nochmals gelesen werden muß. Dies erleichtert die Erstellung von Mehrfachkopien einer Quelldiskette.

■ Wenn die Zieldiskette nicht formatiert ist, formatiert **DISKCOPY** sie mit der gleichen Anzahl von Seiten und Sektoren pro Spur, wie sie die Ausgangsdiskette enthält.

■ Der Inhalt der Zieldiskette geht in jedem Fall verloren, da sie vollständig neu beschrieben wird.

■ Sobald der Kopiervorgang beendet ist, erscheint die Frage:
`Eine weitere Diskette kopieren (J/N)?`

$\boxed{\text{J}}$ DOS fordert dazu auf, eine neue Zieldiskette einzulegen und führt einen neuen Kopiervorgang in dem vorher angegebenen Ziellaufwerk durch.

$\boxed{\text{N}}$ beendet das Kopieren endgültig.

Achtung!

DISKCOPY kann nur mit Disketten verwendet werden. **DISKCOPY** kann nicht zum Kopieren einer Festplatte verwendet werden.

Sonderfälle der Parameterangaben

░ Wird kein Laufwerk angegeben, kopiert DOS aus dem Standardlaufwerk in das Standardlaufwerk. Dazu werden die benötigten Disketten angefordert.

```
DISKCOPY
```

░ Wird nur das erste Laufwerk angegeben, verwendet DOS das Standardlaufwerk als Ziellaufwerk.

```
DISKCOPY A:
```

3.3

Anmerkungen

░ **/V** verlangsamt den Kopiervorgang.

░ **DISKCOPY** erstellt ein Abbild der Ausgangsdiskette.

░ Die Quelldiskette sollte mit einem Schreibschutz versehen werden, um versehentliches Überschreiben zu vermeiden.

░ Unter Umständen sollte eine Defragmentierung der Diskette durchgeführt werden, wenn viele Schreib-/Lesezugriffe auf das Laufwerk erfolgt sind. Dadurch wird das Lesen der Diskette beschleunigt. Die Fragmentierung kann mit **DEFRAG** aufgehoben werden.

░ **DISKCOPY** funktioniert nicht mit folgenden Laufwerken:

▸ Festplatten, optische Platten oder CD-ROM-Laufwerke,

▸ Netzwerklaufwerke,

▸ Virtuelle Laufwerke, die mit **SUBST** angelegt wurden (siehe 4.8),

▸ Virtuelle Laufwerke, die mit dem Gerätetreiber **RAMDRIVE** eingerichtet wurden (siehe 8.4).

Beendigungscodes

Code	Funktion
0	Erfolgreich kopiert.
1	Lese-/Schreibfehler. Ein nicht behebbarer, jedoch nicht verhängnisvoller Lese- oder Schreibfehler ist aufgetreten.
2	Ctrl-C-Fehler. **DISKCOPY** wurde mit der Tastenkombination $\boxed{\text{Strg}}$+$\boxed{\text{C}}$ bzw. $\boxed{\text{Strg}}$+$\boxed{\text{Untbr}}$ abgebrochen.
3	Gravierender Fehler beim Lesen der Quelldiskette bzw. Schreiben der Zieldiskette.

4   Initialisierungsfehler. Die Arbeitsspeicherkapazität reicht nicht
       aus, die Laufwerksbuchstaben sind ungültig oder es liegt ein
       Fehler in der Befehlssyntax vor.

Der Beendigungscode kann für den Stapelverarbeitungsbefehl **IF
ERRORLEVEL...** als Eingabe verwendet werden (siehe 9.7).

Disketten vergleichen   DISKCOMP
                                                              extern

3.3

DISKCOMP vergleicht den Inhalt der Diskette im Ausgangslaufwerk mit
dem Inhalt der Diskette im Ziellaufwerk. Dieser Befehl sollte benützt
werden, um zu prüfen, ob mit **DISKCOPY** erstellte Disketten mit dem
Original übereinstimmen.

DISKCOMP [*laufwerk1:*] [*laufwerk2:*] [/**1**] [/**8**]

▨ *laufwerk1:* Ist das Quellaufwerk, *laufwerk2:* das Ziellaufwerk.
▨ /**1**: Bewirkt, daß auch bei doppelseitigen Disketten nur die erste
Seite verglichen wird.
▨ /**8**: Bei Disketten mit 9, 15 oder 18 Sektoren pro Spur werden nur
die ersten 8 Sektoren jeder Spur verglichen.

Beschreibung

▨ **DISKCOMP** vergleicht die Disketten Spur für Spur. Anhand des
Formats der Ausgangsdiskette wird automatisch die Anzahl der Seiten
und die Zahl der Sektoren pro Spur festgelegt.
▨ Wenn die Disketten übereinstimmen, erscheint die Meldung:
    Disketten identisch
▨ Falls die Spuren nicht übereinstimmen, teilt **DISKCOMP** in Form
einer Vergleichsfehlermeldung die Spur- und die Seitennummer (0 oder
1) mit, bei der der Fehler festgestellt wurde.
▨ Nach beendetem Vergleich erscheint folgende Frage:
    Weitere Disketten vergleichen (J/N)?
    ▶ Ⓙ führt einen erneuten Vergleich durch. Vorher erscheint die
    Aufforderung zum Einlegen der entsprechenden Disketten.
    ▶ Ⓝ beendet den Diskettenvergleich.

Sonderfälle der Parameterangaben
▨ Wird kein Laufwerk angegeben, nimmt **DISKCOMP** das Standardlaufwerk für beide Laufwerke an.
▨ Wird nur ein Laufwerk angegeben, verwendet **DISKCOMP** das
Standardlaufwerk als Ziellaufwerk.
    In beiden Fällen muß als Standardlaufwerk ein Diskettenlaufwerk
(keine Festplatte) angemeldet sein, sonst erscheint eine Fehlermeldung.

▨ Wird zweimal das gleiche Laufwerk angegeben, führt **DISKCOMP** den Vergleich in demselben Laufwerk durch und fordert jeweils auf, die benötigte Diskette einzulegen.

Anmerkungen

▨ **DISKCOMP** zeigt meistens auch dann eine Vergleichsfehlermeldung an, wenn eine Diskette und eine mit **COPY** angefertigte Sicherungsdiskette verglichen werden und die auf beiden Disketten enthaltenen Dateien identisch sind. Dies ist darauf zurückzuführen, daß **COPY** die Dateien zwar kopiert, die Kopie aber nicht unbedingt an der gleichen Position auf der Zieldiskette speichert (siehe 5.2). In diesem Fall sollten die einzelnen Dateien mit **FC** verglichen werden (siehe 5.3).

▨ **DISKCOMP** funktioniert nicht mit folgenden Laufwerken:
  ▷ Festplatten, optische Platten oder CD-ROM-Laufwerke
  ▷ Netzwerklaufwerke
  ▷ Virtuelle Laufwerke, die mit **SUBST** angelegt wurden (siehe 4.8).
  ▷ Virtuelle Laufwerke, die mit dem Gerätetreiber **RAMDRIVE** eingerichtet wurden (siehe 8.4).

▨ Unterschiede bei der Datenträgernummer werden nicht berücksichtigt. Der Vergleich ist also auch dann in Ordnung, wenn sich die Datenträgernummer unterscheidet.

Beendigungscodes

Code Funktion

0   Vergleich erfolgreich. Die Disketten waren identisch.
1   Vergleich nicht erfolgreich. Die Disketten waren nicht identisch.
2   Ctrl-C-Fehler. Der Vorgang wurde mit der Tastenkombination [Strg]+[C] bzw. [Strg]+[Untbr] abgebrochen.
3   Gravierender Fehler. Bei einem Lese- bzw. Schreibvorgang ist ein nicht behebbarer Fehler aufgetreten. Der Vergleich konnte nicht zu Ende geführt werden.
4   Initialisierungsfehler. Die Arbeitsspeicherkapazität reicht nicht aus. Ungültige Laufwerksbezeichnungen oder ungültige Befehlssyntax.

Der Beendigungscode kann für den Stapelverarbeitungsbefehl **IF ERRORLEVEL...** als Eingabe verwendet werden (siehe 9.7).

Verweise

Datenträger defragmentieren **3.6**, Laufwerke und Verzeichnisnamen zuordnen **4.8**, Dateien kopieren und verschieben **5.2**, Dateien vergleichen **5.3**, Umgebungsvariablen **7.5**, Bedingungen und Sprünge **9.7**.

3.4 Diskette mit DOS einrichten

Um DOS von einer Diskette starten zu können, muß DOS richtig auf
dieser Diskette eingerichtet sein. Dies kann schon beim Formatieren mit
FORMAT geschehen (siehe 3.2). **SYS** ermöglicht das Kopieren von
Systemdateien auf eine Diskette oder Festplatte zu einem späteren
Zeitpunkt, um z.B. die DOS-Version zu aktualisieren.

3.4

Systemdateien kopieren   **SYS**
                                                                extern/nicht im Netz

SYS überträgt die DOS-Systemdateien von der Diskette/Festplatte im
Standardlaufwerk auf die Diskette im angegebenen Laufwerk.

SYS *[lfw:[\pfad]] ziellaufwerk:*

▪ *lfw:\pfad:* Gibt an, wo sich die Systemdateien befinden.
▪ *ziellaufwerk:* Ist das Laufwerk mit der Diskette/Festplatte, auf die die
DOS-Systemdateien kopiert werden sollen (muß angegeben werden).

Anmerkungen

▪ Die beiden Systemdateien sind »unsichtbare« Dateien, die mit **DIR**
nur über den Parameter **/AS** angezeigt werden können (siehe 4.3).
▪ Die Diskette muß folgende Voraussetzungen erfüllen:
   ▶ Im Ziellaufwerk müssen Einträge im Stammverzeichnis frei sein,
   damit die Systemdateien übertragen werden können.
   ▶ Auf dem Datenträger muß ausreichend Speicherplatz für die
   Systemdateien verfügbar sein.
▪ **SYS** funktioniert nicht im Netzwerk.
▪ Wenn **DBLSPACE** benutzt wird, kopiert **SYS** auch die Datei
DBLSPACE.BIN, die eine Größe von 50 Kbyte hat.

Ausführung: DOS-Startdiskette anlegen

Es muß sich um eine Diskette in dem Format handeln, das bei dem
Computer als Laufwerk A: eingerichtet ist, denn nur von Laufwerk A:
kann gebootet werden. Systemdateien werden entweder mit **SYS** übertragen, oder sie werden schon beim Formatieren mit **FORMAT /S**
angelegt.

**Aus dem DOS-Verzeichnis der Festplatte folgende Dateien auf die
Diskette kopieren:**

FDISK.EXE   Um Partitionen zu ändern.
SCANDISK.EXE   Um Laufwerke auf einen Defekt zu untersuchen.
EDIT.COM   Um die Startdateien verändern zu können.

QBASIC.*	Werden von EDIT.COM benötigt.
FORMAT.COM	Um die Formatierung durchzuführen.
KEYB.COM	Um die deutsche Tastenbelegung zu haben.
KEYBOARD.SYS	Um die deutsche Tastenbelegung zu haben.
COUNTRY.SYS	Um die deutsche Tastenbelegung zu haben.
MSAV.EXE	Um Virentests durchzuführen.
UNDELETE.EXE	Um gelöschte Dateien wiederherzustellen.
UNFORMAT.COM	Um formatierte Datenträger wiederherzustellen.
XCOPY.EXE	Um größere Datenmengen einfacher kopieren zu können.
SETVER.EXE	Um Probleme der Inkompatibilität zu lösen.

3.4

Wenn in einem Netzwerk gearbeitet wird, sollten auf der Diskette noch die benötigten Netz-Programme vorhanden sein.

Auf Laufwerk A: wechseln
```
a: ↵
```
Den Editor starten und die Datei AUTOEXEC.BAT erstellen
```
edit autoexcec.bat
```
Die Datei sollte folgenden Inhalt haben:
```
@echo off
keyb gr
```
Im Menü DATEI/SPEICHERN wählen
DATEI/NEU neue Datei anlegen, um eine CONFIG.SYS zu erstellen, die folgenden Inhalt hat:
```
device = setver.exe
country = 049,437, country.sys
```
Eingaben speichern mit DATEI/SPEICHERN UNTER...
Als Dateiname CONFIG.SYS angeben.

▪ Um mit einer DOS-Startdiskette das System zu laden, muß sich die Diskette beim »hochfahren« im Laufwerk A: befinden.

▪ Sollten Schwierigkeiten auftreten, so kann mit der Startdiskette gestartet werden, auf der sich auch die wichtigsten Programme befinden, die dazu verwendet werden können, das System wiederherzustellen.

3.5 Festplatte vorbereiten mit FDISK

Um eine Festplatte für die Aufnahme von DOS vorzubereiten, muß für DOS eine eigene Partition, die DOS-Partition (DOS-Plattenbereich) auf der Festplatte eingerichtet werden. Dies wird mit dem menüorientierten Programm **FDISK** ausgeführt.

Eine Festplatte kann in mehrere eigenständige Partitionen (Plattenbereiche) unterteilt werden. Diese Bereiche können vollkommen unabhängig voneinander benutzt werden.

3.5

FDISK führt folgende Aufgaben aus:
- Einrichten einer primären DOS-Partition.
- Einrichten einer erweiterten DOS-Partition.
- Einrichten von logischen Laufwerken in erweiterten DOS-Partitionen.
- Ändern der aktiven Partition.
- Löschen einer DOS-Partition.
- Anzeigen von Partitionsinformationen.
- Überprüfen oder Ändern der Konfiguration einer anderen Festplatte eines Computers.

Achtung! Eine Neukonfiguration einer Festplatte mit **FDISK** zerstört alle vorhandenen Dateien. Bevor mit **FDISK** eine DOS-Partition erstellt wird, sollte man sich vergewissern, daß Sicherungskopien aller Dateien dieser Festplatte vorhanden sind.

Festplatte vorbereiten   *FDISK*
extern/nicht im Netz

FDISK dient zum Konfigurieren einer Festplatte für den Einsatz unter DOS.

FDISK [/STATUS]

- /STATUS zeigt Partitionsinformationen an, ohne **FDISK** zu starten.

Ausführung: FDISK starten

FDISK leitet anhand von Menüs durch die einzelnen Arbeitsgänge.
DOS-Startdiskette in Laufwerk A einlegen
Computer einschalten
Damit wird DOS von der Diskette neu gestartet.
FDISK ⏎ startet FDISK von der Diskette

```
MS-DOS 6.2
Festplatten-Installationsprogramm
(C) Copyright Microsoft Corp. 1983 - 1993
FDISK-Optionen
```

Aktuelle Festplatte: 1

Eine der folgenden Optionen auswählen:

1. Erstellen einer DOS-Partition oder eines logischen DOS-Laufwerks
2. Festlegen der aktiven Partition
3. Löschen einer Partition oder eines logischen DOS-Laufwerks
4. Anzeigen der Partitionierungsdaten
5. Wechseln der aktuellen Festplatte

   Optionsnummer eingeben: [1]

   ESC drücken, um das FDISK-Programm zu verlassen.

Falls nur eine Festplatte vorhanden ist, erscheint die Option 5 nicht.

3.5

Tastenfunktionen:

[Esc]	(Im Hauptmenü) Beendet **FDISK** und geht zurück zu DOS. Falls Partitionen geändert wurden, wird das System neu gestartet.
[Esc]	(In jeder beliebigen **FDISK**-Bildschirmanzeige) Geht ins Hauptmenü zurück.
[⏎]	Übernimmt den angezeigten Standardwert der einzelnen Menüs und geht weiter.
Zahl [⏎]	Wählt die entsprechende Menüoption.

Hauptmenü Option 1: Erstellen einer DOS-Partition

Option 1 des Hauptmenüs bringt folgendes Menü:

1. Erstellen einer primären DOS-Partition
2. Erstellen einer erweiterten DOS-Partition
3. Erstellen logischer DOS-Laufwerke in der erweiterten DOS-Partition

▓ Falls die Festplatte bereits eine DOS-Partition enthält, erscheinen die Partitionsinformationen.

▓ Bestehen keine erweiterten Partitionen, fehlt Option 3.

Option 1: Erstellen der primären DOS-Partition
Gesamte Festplatte für DOS einrichten

Vor Erstellen erweiterter DOS-Partitionen auf einer Festplatte muß zuerst eine primäre DOS-Partition erstellt werden.

[⏎] **wählt Option 1**

   Erstellen einer primären DOS-Partition

   Aktuelle Festplatte: 1

   Soll der maximal verfügbare Speicherplatz für die primäre DOS-
   Partition verwendet und diese Partition aktiviert werden (J/N).? [J]

[⏎] **richtet die gesamte Festplatte für DOS ein**

Falls nur ein Teil für DOS genutzt werden soll, N eingeben. Weitere Informationen dazu siehe »Einen Teil der Festplatte für DOS einrichten«.

Nach Beenden von FDISK wird das System neu gestartet.

DOS-Startdiskette in Laufwerk A einlegen

Normalerweise liegt sie noch in diesem Laufwerk.

FDISK mit Esc beenden, startet DOS neu

Mit FORMAT die Festplatte neu formatieren

Nun muß die Festplatte noch formatiert werden, damit sie von DOS genutzt werden kann (siehe 3.2).

3.5

FORMAT /S ← angeben, falls DOS von der Festplatte aus gestartet werden soll

Dadurch werden die Systemdateien auf die Festplatte kopiert (siehe 3.2).

FORMAT C: /S

Option 1: Erstellen der primären DOS-Partition
Einen Teil der Festplatte für DOS einrichten

N richtet nicht die gesamte Festplatte für DOS ein

Damit kann eine primäre DOS-Partition eingerichtet werden, die kleiner als die maximal zulässige Größe ist.

Speicherplatz auf Festplatte insgesamt: 200 Mbyte

Maximal verfügbarer Speicherplatz für die Partition:200 Mbyte (100%)

Partitionsgröße in Mbyte oder Prozentsatz des verfügbaren Platzes angeben, um primäre DOS-Partition zu erstellen............: [50]

← übernimmt den Vorschlag

oder

Größe in Mbyte oder Prozent eingeben ←

Anmerkungen

■ Um die primäre DOS-Partition als Start-Partition zu verwenden, muß sie noch aktiviert werden.

■ Die Partitionsgröße kann in Mbyte oder Prozent angegeben werden. Im ersten Fall ist nur eine Zahl, im zweiten Fall eine Zahl und das Prozentzeichen »%« anzugeben (z.B. 25%).

■ Wird eine Zahl in Prozent angegeben, deren tatsächliche Größe unter 1 Mbyte ist, rundet FDISK den zugewiesenen Speicherplatz (in Mbyte) auf.

■ Jeder beliebige Festplattenbereich, der für die primäre DOS-Partition nicht verwendet wird, kann für die erweiterte DOS-Partition verwendet werden.

Option 2: Erstellen einer erweiterten DOS-Partition

Mit **FDISK** kann eine erweiterte Partition eingerichtet werden,
▨ wenn die primäre Partition kleiner als der verfügbare Platz ist oder
▨ wenn ein oder mehrere logische Laufwerke für die Festplatte
bestimmt werden sollen.

2 ⏎ **wählt Option 2**

```
Partition   Status  Typ        Bezeichnung   Mbyte  System     benutzt
C: 1                PRI DOS                     50   ungültig   25%

Speicherplatz auf Festplatte insgesamt:  200 Mbyte
Maximal verfügbarer Speicherplatz für die Partition: 150 Mbyte (75%)

Partitionsgröße in Mbyte oder Prozentsatz des verfügbaren Platzes
angeben, um eine erweiterte DOS-Partition zu erstellen.:...  [100]
```

3.5

⏎ **bestätigt den Standardwert**
    oder
Größe in Mbyte oder Prozent ⏎ **richtet gewünschte Größe ein**

Anmerkungen

▨ **Partition** zeigt den zugewiesenen Laufwerksbuchstaben und eine
Zahl, die der DOS-Partition zugewiesen wurde.
▨ **Status** gibt den Status der Partition an (A = aktiv).
▨ **Typ** zeigt die Art der Partition an.
    PRI DOS = Primäre Partition
    EXT DOS = Erweiterte Partition
▨ **Mbyte** gibt die Größe der Partition an.
▨ **Benutzt** gibt den benutzten Bereich in Prozent an.
▨ Wenn **FDISK** feststellt, daß die Spuren am Anfang der Partition
beschädigt sind, legt es die Partition automatisch so an, daß die
beschädigten Spuren vermieden werden.
▨ Standardmäßig vorgegeben ist der maximal verfügbare Speicher-
platz in Mbyte.
▨ Nach dem Einrichten einer erweiterten DOS-Partition erscheint ein
Menü, über das die logischen Laufwerke erstellt werden können.

Option 3: Erstellen von logischen DOS-Laufwerken in der erweiterten DOS-Partition

Nach dem Einrichten einer erweiterten Partition müssen ein oder mehrere Laufwerksbuchstaben festgelegt werden.

3 ⏎ **wählt Option 3**

```
Erstellen logischer DOS-Laufwerke in der erweiterten DOS-Partition

Lw  Bezeichnung  Mbyte  System     benutzt
D:                  50   ungültig   50%
E:                  25   ungültig   25%
```

```
Gesamtgröße der erweiterten DOS-Partition: 100 Mbyte
Für logische Laufwerke stehen maximal 25 Mbyte zur Verfügung ( 25%)
Größe des log. Laufwerks in Mbyte oder in % des verfügbaren Platzes:[25]
```

⏎ bestätigt den Standardwert

oder

Größe in Mbyte oder Prozent ⏎ richtet gewünschte Größe ein

Die gesamte Partition kann als ein logisches Laufwerk bestimmt werden; sie kann aber auch in zwei oder mehrere logische Laufwerke unterteilt werden.

Beispiel: Sollen ein bestimmtes Anwendungsprogramm und die dazugehörigen Dateien auf einem eigenen Laufwerk stehen, ist es angebracht, auf der Partition ein zweites logisches Laufwerk zu erstellen.

Da eine erweiterte DOS-Partition nicht ohne Laufwerksbezeichnung verwendet werden kann, fordert **FDISK** solange auf, Informationen über das logische Diskettenlaufwerk einzugeben, bis die gesamte Partition logischen Laufwerken zugeteilt wurde.

Esc kehrt zum FDISK-Hauptmenü zurück

Hier kann DOS neu gestartet oder eine andere Option gewählt werden.

Hauptmenü Option 2: Ändern der aktiven Partition

Diese Option zeigt Informationen über jede Partition der Festplatte

Die aktive Partition mit dem Status A ist diejenige, auf deren Betriebssystem und Dateien beim Starten von DOS zugegriffen wird.

Nur eine Partition kann aktiv sein, zur gleichen Zeit sind alle anderen Partitionen unwirksam.

Partition	Status	Typ	Bezeichnung	Mbyte	System	benutzt
C: 1		PRI DOS		50	ungültig	25%
2		EXT DOS		100	ungültig	50%

```
Speicherplatz auf Festplatte insgesamt: 200 Mbyte

Geben Sie die Nummer der zu aktivierenden Partition ein.......: [1]
```

Nummer der zu aktivierenden Partition eingeben ⏎

Wenn die gesamte Festplatte für die Arbeit mit DOS eingerichtet ist, fragt **FDISK** nicht nach der zu aktivierenden Partition, sondern zeigt die Meldung:

```
Die einzige Startpartition auf Festplatte 1 ist bereits aktiv.
```

Anmerkungen

■ Eine Festplatte kann sich aus mehreren Partitionen zusammensetzen, es kann jedoch nur eine Partition aktiv sein.

■ Wenn das System über mehrere Festplatten verfügt, muß sich die aktive Partition immer im ersten Laufwerk befinden.

■ Eine erweiterte DOS-Partition kann nicht aktiviert werden.

■ Das System wird von der aktiven Partition gestartet.

Hauptmenü Option 3: Löschen einer DOS-Partition

Diese Option bringt ein Menü zum Löschen einer Partition:

```
1.  Löschen einer primären DOS-Partition
2.  Löschen einer erweiterten DOS-Partition
3.  Löschen logischer DOS-Laufwerke in der erweiterten DOS-Partition
4.  Nicht-DOS-Partition löschen
```

Option auswählen

Das nächste Menü zeigt den Zustand der Partition an. Die Daten können nach dem Löschen einer Partition nicht mehr gerettet werden.

Löschen logischer Laufwerke siehe weiter hinten.

Hinweis: Mit **FDISK** kann nur eine DOS-Partition gelöscht werden. Um nach dem Löschen der DOS-Partition mit DOS weiterarbeiten zu können, muß die DOS-Startdiskette in Laufwerk A eingelegt werden. Um ein anderes, in einer Partition der Festplatte enthaltenes Betriebssystem starten zu können, muß diese Partition noch vor dem Löschen der DOS-Partition aktiviert werden.

Option 1: Löschen der primären DOS-Partition

[1] [↵] **wählt Option 1**

```
Partition   Status   Typ      Bezeichnung   Mbyte   System   benutzt
C: 1        A        PRI DOS  MICHAEL_386   99      FAT16    50%

    Speicherplatz auf Festplatte insgesamt: 200 Mbyte

WARNUNG! Alle Daten in der primären DOS-Partition gehen verloren.
Welche primäre Partition möchten Sie löschen....? [1]
Datenträgerbezeichnung eingeben................? [MICHAEL_386]
Sind Sie sicher (J/N).....................? [J]
```

Nummer der primären Partition eingeben

Datentägerbezeichnung der aktiven Partition eingeben

Diese muß mit der tatsächlichen übereinstimmen, sonst kann nicht gelöscht werden.

[N] [↵] **oder nur** [↵] **löscht nichts**

oder

[J] [↵] **löscht die primäre DOS-Partition**

Ist eine erweiterte DOS-Partition vorhanden, kann die primäre DOS-Partition nicht gelöscht werden.

3.5

Option 2: Löschen einer erweiterten Partition

In diesem Fall müssen zuerst die mit dieser Partition verbundenen logischen Laufwerke gelöscht werden.

```
Partition   Status    Typ      Bezeichnung   Mbyte   System   benutzt
  C: 1                PRI DOS   DOS-SYSTEM      50    FAT16      25%
     2                EXT DOS                  100               50%

Speicherplatz auf Festplatte insgesamt: 200 Mbyte

WARNUNG! Alle Daten in der erweiterten DOS-Partition gehen verloren
Fortsetzen  (J/N)................? [J]
```

3.5

N ⏎ oder nur ⏎ **löscht nichts**
J ⏎ **löscht die erweiterte DOS-Partition**

Anmerkung

■   Sind logische Laufwerke auf der erweiterten DOS-Partition eingerichtet, kann die erweiterte DOS-Partition nicht gelöscht werden. Es sind zuerst die logischen Laufwerke zu löschen.

Option 3: Löschen logischer Laufwerke in erweiterter DOS-Partition

Diese Option bringt folgende Anzeige:

```
Löschen logischer DOS-Laufwerke in der erweiterten DOS-Partition

Lw Bezeichnung  Mbyte   System   benutzt
D:  Laufwerk gelöscht
E:  Laufwerk gelöscht
F:               25    ungültig   25%

Gesamtgröße der erweiterten DOS-Partition: 100 Mbyte

WARNUNG! Die Daten des gelöschten log. DOS-Laufwerks gehen verloren
Welches Laufwerk soll gelöscht werden..........? [F]
Datenträgerbezeichnung eingeben................? [          ]
Sind Sie sicher (J/N)....................? [J]
```

Buchstaben und Bezeichnung des Laufwerks eingeben
N ⏎ **löscht das logische Laufwerk nicht**
J ⏎ **löscht das logische Laufwerk**
Sobald ein Laufwerk gelöscht ist, erscheint die Meldung x: Laufwerk gelöscht.
Hinweis: Alle aus dem logischen Laufwerk benötigten Dateien sollten gesichert sein, bevor ein Laufwerk gelöscht wird. Wenn **FDISK** ein logisches Laufwerk oder eine Partition löscht, sind diese Daten verloren.

Anmerkung

■   Nicht-DOS-Partitionen werden in der Regel von anderen Betriebssystemen wie UNIX oder OS/2 angelegt. Diese Partitionen können nicht mit FDISK erstellt werden.

Hauptmenü Option 4: Partitionsdaten anzeigen

Option 4 im Hauptmenü zeigt Informationen der Partitionen

Das Menü könnte zum Beispiel so aussehen:

```
Partition  Status  Typ      Bezeichnung  Mbyte  System  benutzt
C: 1               PRI DOS  DOS-SYSTEM   50     FAT16   25%
   2               EXT DOS                100            50%

   Speicherplatz auf Festplatte insgesamt: 200 Mbyte

Die erweiterte DOS-Partition enthält logische DOS-Laufwerke.
Sollen die Angaben über logische Laufwerke angezeigt werden (J/N)?
```

FDISK zeigt Informationen über jede Partition, zum Beispiel ihre
Nummer, ihren momentanen Zustand, ihre Art, und ihre Größe am
Bildschirm an.

Bei einer erweiterten Partition fragt **FDISK**, ob auch Informationen
zu den logischen Laufwerken dieser Partition gezeigt werden sollen.

3.5

[J] [↵] **zeigt Informationen zu den logischen Laufwerken**

```
Angaben über logische DOS-Laufwerke

Lw Bezeichnung  Mbyte  System  benutzt
D: TEXTE        25     FAT16   25%
E: PROGRAMMIER  50     FAT16   50%
```

[Esc] **kehrt zum Hauptmenü zurück**

Hauptmenü Option 5:
Wählen des nächsten Festplattenlaufwerkes

Die Option steht nur dann im **FDISK**-Hauptmenü, wenn mehrere Festplatten eingebaut oder angeschlossen sind.

Option 5 im Hauptmenü wählt die Festplatte mit der nächsten
Laufwerksnummer

Nach Auswahl dieser Option wechselt **FDISK** zur Festplatte mit der
nächsten Laufwerksnummer.

Weitere Auswahl wechselt zur nächsten Festplatte (falls eine dritte
vorhanden) oder wieder zur ersten Festplatte.

Die Aufteilung wird genauso wie beim ersten Laufwerk vorgenommen.

3.6 Datenträger defragmentieren

Im Idealfall sind die Datenbereiche einer Datei zusammenhängend auf dem Datenträger gespeichert. Bedingt durch die Dateiorganisation von DOS entstehen Lücken, wenn Dateien wieder gelöscht werden. Diese Lücken werden beim Anlegen neuer Dateien wieder gefüllt. Sind Dateien größer als der zur Verfügung stehende Platz, werden die restlichen Daten der Datei auf eine andere Stelle des Datenträgers gespeichert.

3.6

Durch die Zerstückelung (»Defragmentierung«) einer Datei, ist beim Lesen ein höherer Aufwand erforderlich, da der Schreib-/Lesekopf nicht kontinuierlich bewegt wird und dadurch die Zugriffszeit beim Lesen und Schreiben verlangsamt wird.

Über das Dienstprogramm **DEFRAG** kann diese Zerstückelung wieder aufgehoben werden und die Schreib-/Lesegeschwindigkeit dadurch wieder erhöht werden.

Die Häufigkeit der Anwendung hängt davon ab, ob viele kleine Dateien geschrieben werden und ob häufig Änderungen des Datenbestandes durch Löschen und Neuanlegen von Dateien durchgeführt werden.

Defragmentierung	*DEFRAG*
	extern

Mit dem Programm kann die Defragmentierung der Festplatte wieder aufgehoben werden. Die Aufrufparameter können auch später nach dem Programmaufruf über entsprechende Menüs angegeben werden.

> **DEFRAG** *lfw:* [/F|/U] [/S:*folge*] [/V] [/B] [/SKIPHIGH]
> [/LCD] [/BW] [/G0] [/H]

▪ *lfw:* Laufwerk, auf dem die Defragmentierung durchgeführt wird.

▪ **/F**: Führt eine volle Defragmentierung durch, Leerräume zwischen den Dateien werden entfernt.

▪ **/U**: Entfragmentiert nur die Dateien, ohne Leeräume zu entfernen.

▪ **/S**: Führt während der Defragmentierung gleichzeitig eine Sortierung der Dateien durch. Die Reihenfolge der Sortierung wird durch *folge* angegeben. Die nachfolgenden Angaben sind beliebig kombinierbar. Es sind keine Leerzeichen zwischen den Angaben erlaubt. Ein Minuszeichen nach dem Parameter kehrt die Sortierung um:

> ▸ N: Dateiname in alphabetischer Reihenfolge.
> ▸ E: Dateinamenserweiterung in alphabetischer Reihenfolge.
> ▸ D: Sortierung nach Datum/Uhrzeit, früheste Dateien zuerst.
> ▸ S: Sortierung nach Dateigröße, kleinste Dateien zuerst.

▪ **/B**: Neustart des Computers nach Defragmentierung.

░ **/V**: Führt zusätzlich eine Überprüfung der Daten nach dem Schreibvorgang durch. Die Ausführung wird dadurch langsamer.

░ **/SKIPHIGH**: Veranlaßt, daß **DEFRAG** in den konventionellen Speicher geladen wird.

░ **/LCD**: Verwendet ein Farbschema für LCD-Bildschirme.

░ **/BW**: Verwendet die Schwarz-/Weißdarstellung.

░ **/G0**: Verwendet eine grafische Darstellung.

░ **/H**: Verschiebt versteckte Dateien.

Anmerkungen

░ Netzwerk- und Interlink-Laufwerke können nicht mit **DEFRAG** optimiert werden.

░ Ist **FASTOPEN** während der Optimierung geladen, muß nach Beendigung der Defragmentierung der Computer neu gestartet werden.

░ **DEFRAG** darf nicht aus anderen Anwendungen heraus (z.B. Windows) angewendet werden, dies kann Datenverlust zur Folge haben.

░ **/H** sollte nicht angewendet werden, wenn die Programme die versteckten Dateien auf ganz bestimmten Spuren/Sektoren schreiben.

3.6

Beendigungscodes

DEFRAG gibt folgende Beendigungscodes aus, die in Stapeldateien abgefragt und über **ERRORLEVEL** ausgewertet werden können.

0   Defragmentierung erfolgreich verlaufen.
1   Interner Fehler aufgetreten.
2   Datenträger hat keine Zuordnungseinheiten mehr frei.
3   (Strg)+(Untbr) wurde während der Ausführung gedrückt.
4   Allgemeiner Fehler aufgetreten.
5   DEFRAG konnte eine Zuordnungseinheit nicht lesen.
6   DEFRAG konnte auf eine Zuordnungseinheit nicht schreiben.
7   Zuordnungsfehler aufgetreten, CHKDSK /F ausführen.
8   Speicherfehler aufgetreten.
9   Nicht genügend Hauptspeicher für die Ausführung vorhanden.

Beispiel

Es wird die volle Defragmentierung mit gleichzeitiger Sortierung der Dateien nach dem Dateinamen für den Datenträger D: durchgeführt. Zur Sicherheit wird die Schreibprüfung eingeschaltet.

```
DEFRAG D: /F /SN /V
```

Anwendung von DEFRAG

Wird **DEFRAG** ohne Parameter aufgerufen, erscheint ein Dialogfenster, bei dem das gewünschte Laufwerk angegeben werden muß. Anschließend wird der ausgewählte Datenträger untersucht.

Je nach Zustand des Datenträgers wird ein Vorschlag für die Defragmentierung gemacht. Dieser kann bestätigt werden, oder zunächst eine andere Konfiguration vorgenommen werden.

3.6

Wird **OPTIMIEREN** gewählt, beginnt die Defragmentierung. Über **KONFIGURIEREN** wird das Menü **OPTIMIERUNG** geöffnet. Hier kann die gewünschte Auswahl vorgenommen werden. Im unteren Teil wird im Fenster »Status« der Verlauf der Defragmentierung angezeigt.

Beschreibung des Menüs OPTIMIERUNG

DATENTRÄGER OPTIMIEREN oder [Alt]+[D]

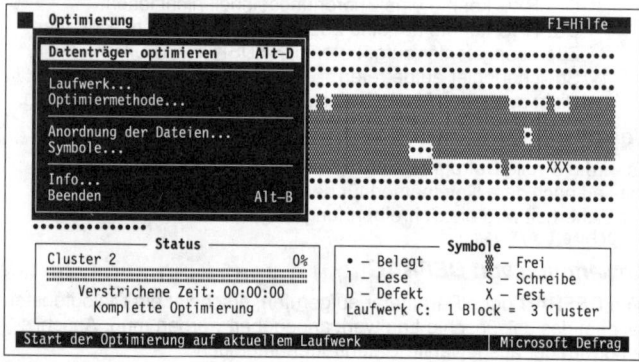

LAUFWERK

In dem Dialogfenster kann das gewünschte Laufwerk ausgewählt werden. Es handelt sich um das gleiche Dialogbild, welches auch beim Programmstart ausgegeben wird.

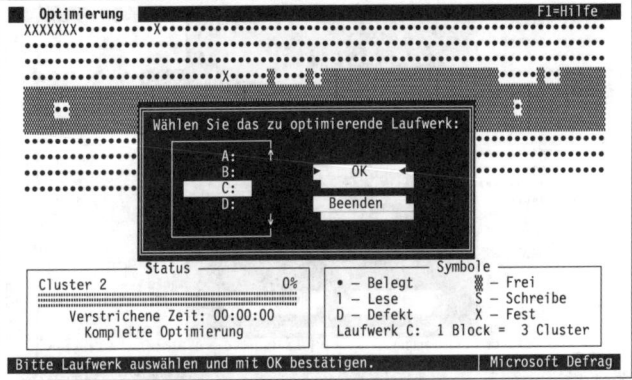

3.6

OPTIMIERMETHODE

Bestimmt, ob nur die Dateien zusammengezogen, oder ob auch die Leerräume entfernt werden sollen. Die Angaben entsprechen den Aufrufparametern /**F** und /**U**.

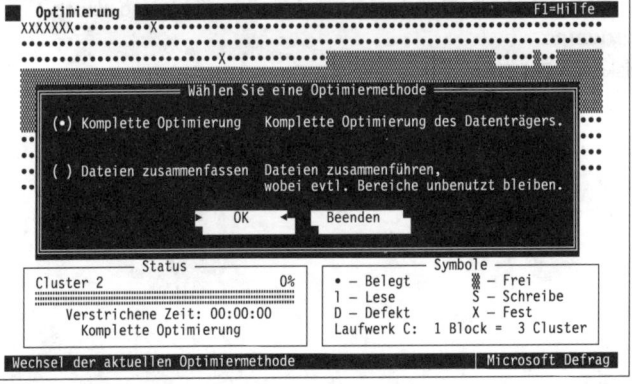

ANORDNUNG DER DATEIEN

Hier kann das Sortierkriterium und die Reihenfolge für die Dateien angegeben werden. Die Angabe entspricht dem Aufrufparameter /**S** sowie den Zusätzen.

3.6

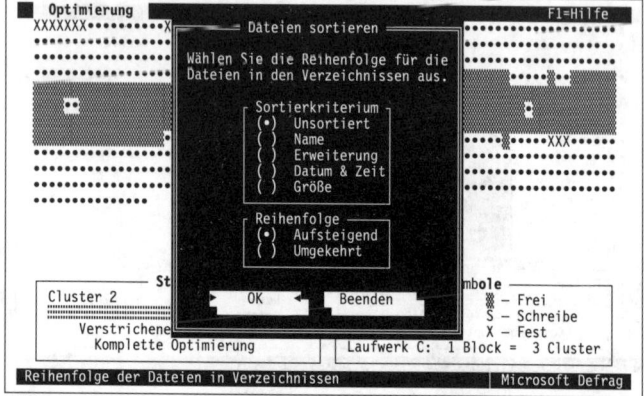

INFO

Zeigt eine Übersicht über die Symbole, die bei der Datenträgerabbildung verwendet werden.

BEENDEN

Beendet **DEFRAG** und kehrt zur Eingabeaufforderung zurück.

Verweise

Disketten/Festplatten behandeln **3.2**, Datenträgerkomprimierung **3.7**.

3.7 Datenträgerkomprimierung

Komprimiertes Laufwerk einrichten DBLSPACE
extern/Konfiguration

DBLSPACE richtet auf einer vorhandenen Festplatte ein logisches Laufwerk ein, auf dem Daten in komprimierter Form abgelegt werden. Das logische Laufwerk wird in Form einer Datei durch DOS verwaltet.

DBLSPACE [*parameter*] [/?]

■ **DBLSPACE**: Ohne Parameter führt beim erstmaligen Aufruf die Installation durch.

■ Die *parameter* werden als eigenständige Befehle in diesem Kapitel beschrieben.

■ **/?**: Zeigt einen Hilfebildschirm mit den Parametern, die beim Aufruf von **DBLSPACE** angegeben werden können.

■ Wird **DBLSPACE** nach der Installation aufgerufen, wird ein Menü ausgegeben, über das verschiedene Operationen auf den komprimierten Laufwerken ausgeführt werden können. Diese entsprechen den *parametern*, die beim Aufruf von **DBLSPACE** optional angegeben werden können.

■ Bei der Installation kann entweder ein Laufwerk komprimiert werden oder auf einem Laufwerk ein komprimiertes logisches Laufwerk eingerichtet werden. Im zweiten Fall wird eine Datenträgerdatei (CVF = Compressed Volume File) angelegt, in dem die komprimierten Daten abgelegt werden. Die Auswahl bei der Installation entspricht den Befehlen **/COMPRESS** und **/CREATE** wenn **DBLSPACE** zu einem späteren Zeitpunkt ausgeführt wird.

Anmerkungen

■ Das »geschätzte Komprimierungsverhältnis« dient zur Berechnung des freien Speicherplatzes. Dadurch wird nicht beeinflußt, wieviele Daten tatsächlich auf einem komprimierten Laufwerk abgespeichert werden können. Das tatsächliche Komprimierungsverhältnis wird ange zeigt, wenn der Befehl **DIR /C** auf ein komprimiertes Laufwerk angewendet wird.

■ Das »HOST-Laufwerk« ist ein unkomprimiertes Laufwerk, auf dem Datenträgerdateien gespeichert werden, die als »logische komprimierte Laufwerke« verwendet werden können.

▪ **DBLSPACE** führt eine Prüfung des ausgewählten Datenträgers mit **SCANDISK** durch, bevor die Datenträgerdatei angelegt oder das Laufwerk komprimiert wird.

▪ **DBLSPACE** verwendet die Konfigurationsdatei DBLSPACE.INI, die im Hauptverzeichnis des Startlaufwerks versteckt und schreibgeschützt gespeichert wird. Änderungen werden durch **DBLSPACE** bei Konfigurationsänderungen vorgenommen und sollten nicht manuell durchgeführt werden. Der Inhalt der Datei ist in der Hilfe von **DBLSPACE** unter »Andere Themen – Verwendung der DBLSPACE.INI« näher beschrieben.

3.7

▪ Um zu verhindern, daß **DBLSPACE** geladen wird, gibt es mehrere Möglichkeiten:

▷ DBLSPACE.BIN aus der CONFIG.SYS entfernen und Rechner neu starten.

▷ [Strg]+[F5] drücken, wenn die Meldung MS–DOS wird gestartet angezeigt wird. CONFIG.SYS und AUTOEXEC.BAT wird nicht ausgeführt.

▷ Einzelausführung der CONFIG.SYS, indem ein Startmenü eingerichtet wird und dieses über [Strg]+[F8] schrittweise abgearbeitet wird.

Weitere Beschreibung hierzu siehe 8.9.

▪ DBLSPACE.BIN ist der Teil von DOS, der beim Starten geladen wird und den Zugriff auf komprimierte Laufwerke ermöglicht. Es werden ca. 40 Kbyte Speicher benötigt.

Ausführung: Komprimiertes Laufwerk einrichten

Nachfolgend werden die wesentlichen Schritte beschrieben, um ein komprimiertes logisches Laufwerk auf einem unkomprimierten Laufwerk einzurichten.

▪ Die Abbildungen werden aus Platzgründen nur mit den wichtigsten Informationen dargestellt.

Nach dem Aufruf von DBLSPACE wird der SETUP-Bildschirm mit
Informationen angezeigt:

```
Microsoft DoubleSpace-Setup

        Willkommen zum DoubleSpace-Setup.

          o Drücken Sie die EINGABETASTE, um DoubleSpace zu
            installieren.

          o Drücken Sie die F1-TASTE, um mehr über DoubleSpace-Setup zu
            erfahren.

          o Drücken Sie die F3-TASTE, um Setup zu beenden, ohne
            DoubleSpace zu installieren.
 EINGABETASTE=Fortsetzen  F1=Hilfe  F3=Beenden
```

3.7

Wird mit ⏎ die Installation fortgesetzt, kann ein Express-Setup oder
ein benutzerdefiniertes Setup durchgeführt werden.

```
Microsoft DoubleSpace-Setup

        Setup kann auf zwei Arten verwendet werden:

          Express Setup (empfohlen)
          Benutzerdefiniertes Setup

        Drücken Sie die EINGABETASTE, um die Auswahl zu bestätigen.

        Drücken Sie die NACH-OBEN- oder NACH-UNTEN-TASTE, um die zu
        ändernde Einstellung zu markieren, und drücken Sie
        anschließend die EINGABETASTE.
 EINGABETASTE=Fortsetzen  F1=Hilfe  F3=Beenden
```

Die weiteren Schritte beschreiben das benutzerdefinierte Setup.
Im nächsten Installationsschritt kann festgelegt werden, ob ein
vorhandenes Laufwerk komprimiert wird oder ob auf einem unkomprimierten Laufwerk eine Datenträgerdatei angelegt wird, auf das über
einen Laufwerksbuchstaben zugegriffen werden kann.

Die Auswahl entspricht den Angaben /**COMPRESS** bzw. /**CREATE**,
wenn **DBLSPACE** mit den jeweiligen Parametern aufgerufen wird.

```
Microsoft DoubleSpace-Setup

        DoubleSpace bietet Ihnen zwei Wege, Ihren Plattenspeicher zu
        vergrößern:

          Vorhandenes Laufwerk komprimieren
          Neues komprimiertes Laufwerk erstellen

        Drücken Sie die NACH-OBEN- oder NACH-UNTEN-TASTE, bis der
        gewünschte Eintrag markiert ist, und drücken Sie dann die
        EINGABETASTE.
 EINGABETASTE=Fortsetzen  F1=Hilfe  F3=Beenden  ESC=Zurück
```

Im nächsten Installationsschritt wird angegeben, auf welchem physikalischen Laufwerk das komprimierte logische Laufwerk angelegt wird.

Es wird sowohl der verfügbare Speicherplatz, als auch der theoretisch freie Speicherplatz auf dem neuen komprimierten Laufwerk angezeigt.

Standardmäßig wird der gesamte freie Speicherplatz für das komprimierte Laufwerk verwendet.

3.7

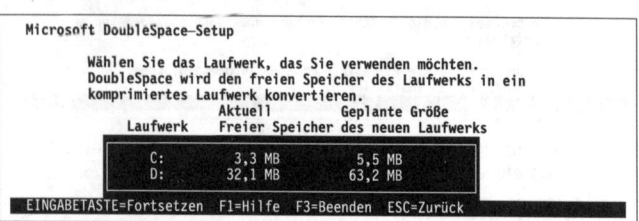

Der restliche freie Speicherplatz, das Komprimierungsverhältnis sowie der für das komprimierte Laufwerk verwendete Laufwerksbuchstabe kann bei Bedarf geändert werden.

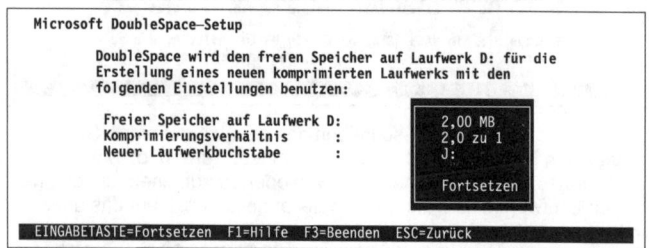

Wurden alle Einstellungen wie gewünscht getroffen, wird ein Hilfebildschirm ausgegeben, in dem die weiteren Schritte angezeigt werden.

Vor dem eigentlichen Einrichten eines komprimierten Laufwerks wird zunächst der physikalische Datenträger mit **SCANDISK** geprüft. Danach werden insgesamt zwei Rechnerstarts durchgeführt, bevor das komprimierte Laufwerk eingerichtet und für den Zugriff verfügbar ist.

```
Microsoft DoubleSpace-Setup

        DoubleSpace ist jetzt bereit, ein neues komprimiertes
        Laufwerk J: anzulegen. Dabei wird der freie Speicher auf D:
        verwendet. Dieses wird ungefähr 3 Minuten
        dauern.
        Im Ablauf dieses Programms wird DoubleSpace Ihren Computer
        neu starten, um DBLSPACE.BIN zu laden. DBLSPACE.BIN
        ermöglicht DoubleSpace den Zugriff auf komprimierte
        DoubleSpace-Laufwerke.
 F=Fortsetzen  F1=Hilfe  F3=Beenden  ESC=Zurück
```

Das SETUP überprüft die Rechnerkonfiguration und trägt den erforderlichen Gerätetreiber für die Speicherposition der Datei
DBLSPACE.BIN in der CONFIG.SYS ein.

3.7

Nachdem das komprimierte Laufwerk eingerichtet wurde, kann über
den angegebenen Laufwerksbuchstaben mit den üblichen DOS-
Befehlen auf das Laufwerk zugegriffen werden.

Automatischen Zugriff unterdrücken
DBLSPACE / AUTOMOUNT
extern

Erlaubt oder unterdrückt den automatischen Zugriff auf komprimierte
auswechselbare Datenträger wie Diskettenlaufwerke.

DBLSPACE /AUTO*mount*=0|1|A..Z

■ 0 deaktiviert den automatischen Zugriff.

■ 1 aktiviert den automatischen Zugriff. Dies ist auch die Standardeinstellung.

■ A..Z gibt ein oder mehrere Laufwerke an, für das der automatische
Zugriff aktiviert oder deaktiviert wird.

Laufwerk komprimieren
DBLSPACE /COMPRESS
extern

Komprimiert eine Festplatte, Diskette oder anderen Datenträger so, daß
auf diesem anschließend mehr Platz zur Verfügung steht.

DBLSPACE /COM*press lfw*: [/F] [/NEW*drive=lfw2*:] [/RES*erve=größe*]

■ *lfw*: Ist das physikalische Laufwerk, auf dem die Komprimierung
durchgeführt werden soll.

■ **/NEWDRIVE**: Weist dem nicht komprimierten Teil des Datenträgers
einen neuen Laufwerksbuchstaben *lfw2*: zu.

■ **/RESERVE**: Gibt an, wieviel Speicherplatz des Datenträgers nicht
komprimiert werden soll. *größe* wird in Mbyte angegeben.

Anmerkungen

▥ Bevor ein Datenträger komprimiert wird, wird eine Datenträgerprüfung mit **SCANDISK** durchgeführt.

▥ Um ein Startlaufwerk zu komprimieren, muß mindestens 1,7 Mbyte freier Speicherplatz zur Verfügung stehen. Auf anderen Laufwerken mindestens 1 Mbyte.

▥ Eine Diskette kann nur komprimiert werden, wenn mindestens 200 Kbyte Speicherplatz frei ist.

▥ Wird /**NEWDRIVE** nicht angegeben, wird der nächste freie Laufwerksbuchstabe verwendet.

▥ Der unkomprimierte Speicherplatz befindet sich auf dem neuen Laufwerk.

▥ Da einige Dateien (z.B. die Windows-Auslagerungsdatei) nicht korrekt arbeiten, wenn diese komprimiert werden, sollte auf jeden Fall ein Teil der Festplatte als unkomprimierter Datenträger angelegt werden.

▥ Normalerweise werden komprimierte Disketten automatisch erkannt. Diese Funktion läßt sich über /**AUTOMOUNT** ausschalten. Disketten müssen dann mit /**MOUNT** und /**UNMOUNT** geladen bzw. entladen werden.

▥ Disketten mit 360 Kbyte können nicht komprimiert werden.

Beispiel

Das Laufwerk D: soll komprimiert werden, jedoch 10 Mbyte unkomprimierter Speicherplatz auf dem Laufwerk J: eingerichtet werden.

```
DBLSPACE /COMPRESS D: /NEWDRIVE=J: /RESERVE=10
```

Die Diskette im Laufwerk A: wird komprimiert.

```
DBLSPACE /COMPRESS A:
```

Logisches Laufwerk komprimieren DBLSPACE /CREATE
extern

Auf einer Festplatte wird auf dem freien Platz ein logisches Laufwerk eingerichtet, auf dem die Daten komprimiert abgelegt werden können.

DBLSPACE /CR*eate lfw:* **[/N***ewdrive=lfw2:***]**
 [/SI*ze=größe* **| /RES***erve=größe***]**

▥ Auf dem angegebenen *lfw:* wird eine Datei eingerichtet, die als logisches Laufwerk die komprimierten Daten aufnimmt.

▥ Wird /**NEWDRIVE** nicht angegeben, wird der nächste freie Laufwerksbuchstabe verwendet. *lfw2:* ist die Bezeichnung des komprimierten logischen Laufwerks.

▥ /**SIZE**: Gibt die *größe* des komprimierten Laufwerks in Mbyte an.

■ **/RESERVE**: Gibt an, wieviel Speicherplatz auf dem Laufwerk frei bleiben muß. Wird 0 angegeben, wird das komprimierte Laufwerk so groß wie möglich eingerichtet.

Anmerkungen

■ Auf dem angegebenen *lfw:* wird eine Datenträgerdatei mit dem Namen DBLSPACE.*nnn* angelegt. *nnn* steht dabei für die laufende Nummer eines logischen Laufwerks. Das erste komprimierte Laufwerk hat die Nummer 001. Auf komprimierten Datenträgern (z.B. Disketten) wird .000 verwendet.

■ Wird weder **/SIZE** noch **/RESERVE** angegeben, wird 1 Mbyte freier Speicherplatz auf dem unkomprimierten Laufwerk reserviert.

3.7

Beispiel

Auf dem Laufwerk D: wird ein komprimiertes Laufwerk eingerichtet, für das der gesamte freie Speicherplatz verwendet wird.

    DBLSPACE /CREATE D: /RESERVE=0

Auf dem Laufwerk D: wird ein komprimiertes Laufwerk mit dem Buchstaben J: in der Größe 20 Mbyte angelegt.

    DBLSPACE /CREATE D: /NEWDRIVE=J: /SIZE=20

Logisches Laufwerk dekomprimieren
DBLSPACE /UNCOMPRESS
extern

Dekomprimiert einen mit **DBLSPACE** komprimierten Datenträger. Nachdem das letzte verwendete Laufwerk dekomprimiert wurde, wird auch DBLSPACE.BIN aus dem Hauptspeicher entfernt.

DBLSPACE /UNCOMPRESS *lfw:*

■ *lfw:* Gibt das Laufwerk an, welches dekomprimiert werden soll.

Komprimiertes Laufwerk defragmentieren
DBLSPACE /DEFRAGMENT
extern

Defragmentiert ein komprimiertes Laufwerk.

DBLSPACE /DEF*ragment* **[/F] [***lfw:***]**

■ Ohne *lfw:* Wird das aktuelle Laufwerk defragmentiert.

■ **/F**: Höchstmögliche Optimierung, indem folgende Vorgehensweise gewählt wird.

> 1. Lauf: Defragmentierung mit **DEFRAG**
> 2. Lauf: Defragmentierung mit **DBLSPACE /DEF /F**
> 3. Lauf: Defragmentierung mit **DBLSPACE /DEF**

Anmerkungen

▪ Bevor ein komprimiertes Laufwerk verkleinert oder vergrößert wird, sollte die Defragmentierung durchgeführt werden.

▪ **DEFRAG** kann zwar ebenfalls verwendet werden, dies bringt jedoch kaum bessere Leistungen für komprimierte Laufwerke.

▪ **/DEFRAGMENT** legt den freien Platz an das Ende des Laufwerks, reorganisiert allerdings nicht die Dateien selbst, indem die Fragmentierung aufgehoben wird.

3.7

Komprimiertes Laufwerk löschen	**DBLSPACE /DELETE** *extern*

Löscht ein komprimiertes Laufwerk und die zugehörige Datenträgerdatei.

DBLSPACE /DELete *lfw:*

▪ *lfw*: Gibt an, welches komprimierte Laufwerk gelöscht werden soll.

Anmerkungen

▪ Das Laufwerk C: kann nicht gelöscht werden.

▪ Alle auf dem komprimierten Laufwerk gespeicherten Daten werden gelöscht.

▪ Ein versehentlich gelöschtes komprimiertes Laufwerk kann unter Umständen mit dem DOS-Befehl **UNDELETE** wiederhergestellt werden, da nur die Datenträgerdatei gelöscht wird. Wird die Datei wiederhergestellt, muß diese anschließend mit **/MOUNT** geladen werden.

Schreib-/Leseüberwachung	**DBLSPACE /DOUBLEGUARD** *extern*

Mit diesem Befehl kann die Schreib-/Leseüberwachung aktiviert oder deaktiviert werden. Ist diese aktiviert, überwacht **DOUBLSPACE** ständig den Speicher auf Konsistenz.

DBLSPACE /DOUBLEGUARD=0|1

▪ 0: Unterdrückt die Schreib-/Leseüberwachung.

▪ 1: Aktiviert die Überwachung. Wird ein Fehler entdeckt, wird der Computer angehalten, um größeren Schaden zu vermeiden.

Anmerkung

▪ Nach dem Neustart ist es zweckmäßig, eine Datensicherung der auf dem komprimierten Laufwerk befindlichen Daten durchzuführen, bevor mit **SCANDISK** eine Reparatur durchgeführt wird.

HOST-Laufwerk ändern
DBLSPACE /HOST
extern

Das HOST-Laufwerk, auf dem sich die eigentlichen Daten befinden (siehe weiter vorne), kann geändert werden.

> **DBLSPACE /HOST** *lfw1: lfw2:*

■ *lfw1*: Neuer Laufwerksbuchstabe.
■ *lfw2*: Bisheriges HOST-Laufwerk.

■ Damit die Änderung wirksam wird, muß ein Neustart durchgeführt werden.

3.7

Komprimiertes Laufwerk formatieren
DBLSPACE /FORMAT
extern

Ein angegebenes komprimiertes Laufwerk wird formatiert.

> **DBLSPACE /F**ormat *lfw:*

■ *lfw*: Ist das zu formatierende Laufwerk.

Anmerkungen

■ Das Laufwerk C: kann nicht formatiert werden.
■ Die Formatierung kann nicht wieder rückgängig gemacht werden.

Laufwerksinformationen
DBLSPACE /INFO
extern

Mit dem Befehl können verschiedene Informationen über ein komprimiertes Laufwerk angezeigt werden.

> **DBLSPACE [/INFO]** *lfw:*

■ Über das angegebenen *lfw:* werden folgende Informationen ausgegeben:
   ▷ Freier Speicherplatz,
   ▷ Belegter Speicherplatz,
   ▷ Namen der Datenträgerdatei,
   ▷ Tatsächliches Komprimierungsverhältnis,
   ▷ Geschätztes Komprimierungsverhältnis.
■ **/INFO**: Wird bei Angabe einer Laufwerksbezeichnung nicht benötigt.

Beispiel

DoubleSpace untersucht Laufwerk K:.

```
Das komprimierte Laufwerk K: ist auf dem unkomprimierten Laufwerk D:
in der Datei D:\DBLSPACE.001 gespeichert.

        Verbrauchter Speicher:      11,98 MB
        Kompr.Verhältnis:           1,8 zu 1
```

```
Freier Speicher:            26,09 MB
Gesch.Kompr.Verhältnis:     2,0 zu 1
Fragmentierung:                  0%
Speicher Insges.:           38,07 MB
```

Laufwerksinformationen   DBLSPACE /LIST
extern

Mit dem Befehl werden alle Laufwerke des Computers aufgelistet und
beschrieben. Es werden keine Netzwerklaufwerke angezeigt.

3.7

DBLSPACE /List

■ Befinden sich komprimierte Disketten in den Laufwerken, wird
deren Status und Datenträgerdateibezeichnung ebenfalls angezeigt.

Beispiel

Die Laufwerksinformationen werden vor und nach dem »mounten«
einer komprimierten Diskette angezeigt.

Anzeige vor dem »mounten« des Diskettenlaufwerks A:

```
[C:\] DBLSPACE /LIST
Laufw. Typ                           Frei    Größe Insg. CVF-Dateiname

A:  Auswechselbarer Datenträger  Keine Diskette im Laufwerk
B:  Auswechselbarer Datenträger  Keine Diskette im Laufwerk
C:  Lokale Festplatte            8,13 MB  19,94 MB
D:  Lokale Festplatte           72,37 MB 433,75 MB
F:  Frei für DoubleSpace
G:  Frei für DoubleSpace
I:  Frei für DoubleSpace
J:  Frei für DoubleSpace
K:  Komprimierte Festplatte     26,09 MB  38,07 MB  D:\DBLSPACE.001
DoubleGuard Sicherheitsüberprüfung eingeschaltet.
Automount ist aktiv für Laufwerk(e) AB
```

Anzeige nach dem »mounten« des Diskettenlaufwerks A:

```
[C:\] DBLSPACE /LIST
Laufw. Typ                           Frei    Größe Insg. CVF-Dateiname

A:  Komprimierte Diskette         2,09 MB   2,64 MB  J:\DBLSPACE.000
B:  Auswechselbarer Datenträger  Keine Diskette im Laufwerk
C:  Lokale Festplatte             8,12 MB  19,94 MB
D:  Lokale Festplatte            72,37 MB 433,75 MB
F:  Frei für DoubleSpace
G:  Frei für DoubleSpace
I:  Frei für DoubleSpace
J:  Diskettenlaufwerk             0,00 MB   1,39 MB
K:  Komprimierte Festplatte      26,09 MB  38,07 MB  D:\DBLSPACE.001
DoubleGuard Sicherheitsüberprüfung eingeschaltet.
Automount ist aktiv für Laufwerk(e) AB
```

Komprimiertes Laufwerk verfügbar machen

DBLSPACE /MOUNT
extern

Macht eine Datenträgerdatei für den Zugriff mit DOS-Befehlen verfügbar. Komprimierte Laufwerke auf Festplatten werden bereits beim Rechnerstart geladen.

DBLSPACE /MO*unt*[*=nnn*] *lfw:* [/**NEW***drive*=*lfw2:*]

> /**MOUNT**: Weist **DBLSPACE** an, die mit *nnn* bezeichnete Datenträgerdatei zu laden. Dies ist normalerweise dann erforderlich, wenn diese nach dem Löschen mit **UNDELETE** wiederhergestellt und in Zugriff genommen werden soll.

> Wird *nnn* nicht angegeben, wird versucht, die Datei mit der laufenden Nummer 000 zu laden.

> /**NEWDRIVE**: Gibt dem komprimierten Laufwerk die Laufwerksbezeichnung, die mit *lfw2:* festgelegt wird.

3.7

Anmerkungen

> Ist **AUTOMOUNT** eingeschaltet, werden komprimierte Disketten automatisch erkannt und geladen.

> Vor dem Wechsel komprimierter Disketten muß /**UNMOUNT** durchgeführt werden.

> Wird /**NEWDRIVE** nicht angegeben, wird der nächste freie Laufwerksbuchstabe verwendet.

Beispiel

Eine komprimierte Diskette wird geladen.
```
[C:\] DBLSPACE /MOUNT A:
```
folgende Meldung wird am Bildschirm ausgegeben:
```
DoubleSpace lädt Laufwerk A:.
DoubleSpace hat das Laufwerk A: erfolgreich geladen.
```

Verbindung zum komprimierten Laufwerk unterbrechen

DBLSPACE /UNMOUNT
extern

Über den Befehl wird die durch /**MOUNT** hergestellte Verbindung zwischen der Datenträgerdatei und dem Laufwerksbuchstaben unterbrochen.

DBLSPACE /U*nmount* [*lfw:*]

> Wird *lfw:* nicht angegeben, wird das aktuelle Laufwerk annulliert.

Beispiel

Die aktuelle Verbindung zum Laufwerk A: und der darauf befindlichen
Datenträgerdatei wird unterbrochen.

```
[C:\] DBLSPACE /UNMOUNT A:
```

Folgende Meldung wird am Bildschirm ausgegeben:

```
DoubleSpace hat das Laufwerk A: erfolgreich entladen.
```

Komprimierungsverhältnis ändern   DBLSPACE /RATIO
extern

3.7

Mit dem Befehl kann das aktuelle Komprimierungsverhältnis eines
komprimierten Laufwerks geändert werden. Die Änderung ist dann erforderlich, wenn weitere Dateien gespeichert werden sollen, deren
Komprimierungsverhältnis von dem aktuellen Verhältnis abweicht.

> **DBLSPACE /RA***tio*[=*r.r*] [*lfw:* | /**ALL**]

■ Mit /**RATIO** kann das Komprimierungsverhältnis mit *r.r* zwischen 1.0
und 16.0 angegeben werden. Wird kein Wert angegeben, wird das
Komprimierungsverhältnis zugewiesen, das sich aufgrund der auf dem
komprimierten Laufwerk gespeicherten Dateien ergibt.

■ Es kann mit *lfw:* das Komprimierungsverhältnis eines Laufwerks
oder mit /**ALL** aller Laufwerke geändert werden.

Anmerkungen

■ Beim Neustart des Computers wird das Komprimierungsverhältnis
so angepaßt, daß dieses mit dem durchschnittlichen Komprimierungsverhältnis der aktuell gespeicherten Daten übereinstimmt.

■ Das tatsächliche Verdichtungsverhältnis wird mit **DIR /C** angezeigt.

Beispiel

Das Komprimierungsverhältnis des Laufwerks J: wird auf das Verhältnis
3.1 zu 1 geändert.

```
DBLSPACE /RATIO=3.1 J:
```

Anzeige der Dateien auf einem komprimierten Laufwerk mit dem
tatsächlichen Verdichtungsverhältnis.

```
[C:\] DIR J:\TEMP /C

Datenträger in Laufwerk J ist KOMPRIMIERT
Datenträgernummer: 17FC-1821
Verzeichnis von J:\TEMP

.                  <DIR>      17.10.93  12:28
..                 <DIR>      17.10.93  12:28
BILDER   BAT          84  07.09.92  18:03   16.0 zu 1.0
CASM1    BAT       2.127  01.01.90  11:16    8.0 zu 1.0
DOWNLOAD BAT       3.750  27.12.91  17:51    5.3 zu 1.0
DRUCKE   BAT       2.916  01.12.92  19:28    5.3 zu 1.0
```

```
ANGEST    MDX       18.432 11.03.92    1:50    6.0 zu 1.0
AUFTRAG   PRG       10.002 11.03.92    1:50    2.7 zu 1.0
LIBRARY   PRG       39.768 11.03.92    1:50    2.0 zu 1.0
DBASE     OVL    2.027.440 11.03.92    1:50    1.5 zu 1.0
MSD       EXE      155.538 10.03.92   12:00    1.0 zu 1.0
FLUGZEUG  BMP      155.962 23.10.90   10:00    8.4 zu 1.0
JET       BMP      285.594 09.06.90   16:12    1.1 zu 1.0
DESERT    EPS       48.351 10.10.89   12:43    1.8 zu 1.0
4SEASONS  PCX       92.803 04.08.88   13:52    1.4 zu 1.0
OUT_PLAY  TIF       24.504 29.03.90   16:47    1.2 zu 1.0
ALLFONTS  CDR       39.325 15.10.90    0:00    2.7 zu 1.0
                 1.5 zu 1.0 Durchschnitts-Komprimierungsverhältnis
      17 Datei(en)     2.906.596 Byte
                      37.371.904 Byte frei
```

3.7

Größe des komprimierten Laufwerks anpassen   DBLSPACE /SIZE *extern*

Über den Befehl kann die Größe eines komprimierten Laufwerks nachträglich vergrößert oder verkleinert werden.

    DBLSPACE [/SI*ze*[=*größe*] | /RES*erve*=*größe*] *lfw:*

▨ **/SI*ze***: Ändert das komprimierte Laufwerk auf die angegebene *größe*. Die *größe* wird in Mbyte angegeben.
▨ **/RES*erve***: Ermöglicht die Änderung der Größe, sodaß mindestens der durch *größe* angegebene Speicherplatz in Mbyte auf dem unkomprimierten Laufwerk frei bleibt.

Anmerkungen

▨ **/SI*ze*** und **/RES*erve*** schließen sich gegenseitig aus.
▨ Ist weder bei **/SI*ze*** eine *größe*, noch der Parameter **/RES*erve*** angegeben, wird das *lfw:* so klein wie möglich gemacht.

Beispiel

Die Größe des Laufwerks J: wird nachträglich auf 30 Mbyte geändert.
```
DBLSPACE /SIZE=30 J:
```

DBLSPACE Hauptbildschirm

Nach dem Aufruf wird ein Menü- und Informationsbildschirm mit den bereits vorhandenen komprimierten Laufwerken angezeigt.
    Die in den einzelnen Menüoptionen aufgeführten Befehle entsprechen denen, die beim Aufruf von **DBLSPACE** als Parameter angegeben werden können.

```
 Laufwerk  Komprimieren  Hilfsmittel  Hilfe
    Laufw. Beschreibung         Speicher (MB)  Speicher (MB)
    A:  Kompr. Diskette              2,09           2,64      ↑
    K:  Kompr. Festplatte           26,09          38,07
                                                             ↓
 DoubleSpace │ F1=Hilfe ALT=Menü ↓=Nächster Eintrag ↑=Vorheriger Eintrag
```

Menü LAUFWERK

3.7

Folgendes Menü wird angezeigt, wenn die Option LAUFWERK ausgewählt wird.

INFO...

Zeigt Laufwerksinformationen für das ausgewählte, komprimierte Laufwerk an. Entspricht /INFO.

GRÖSSE ÄNDERN

Ändert die Größe des komprimierten Laufwerks über die Angabe des restlichen freien Speicherplatzes für das unkomprimierte Laufwerk. Entspricht /RESERVE.

VERHÄLTNIS ÄNDERN

Ändert das Verdichtungsvehältnis des komprimierten Laufwerks. Entpricht /RATIO.

LADEN

Lädt eine Datenträgerdatei und ordnet dieser einen Laufwerksbuchstaben zu. Entspricht /MOUNT.

ENTLADEN

Entlädt ein komprimiertes Laufwerk und unterbricht die Verbindung zwischen Datenträgerdatei und dem Laufwerksbuchstaben. Entspricht /UNMOUNT.

FORMATIEREN

Formatiert ein komprimiertes Laufwerk. Die darauf befindlichen Daten können auch über UNDELETE nicht wieder rekonstruiert werden. Entspricht /FORMAT.

LÖSCHEN

Löscht ein angegebenes, komprimiertes Laufwerk. Die dazugehörende Datenträgerdatei kann über UNDELETE wieder rekonstruiert und mit /MOUNT geladen werden. Entspricht /DELETE.

BEENDEN

Beendet DBLSPACE und kehrt zur DOS-Eingabeaufforderung zurück.

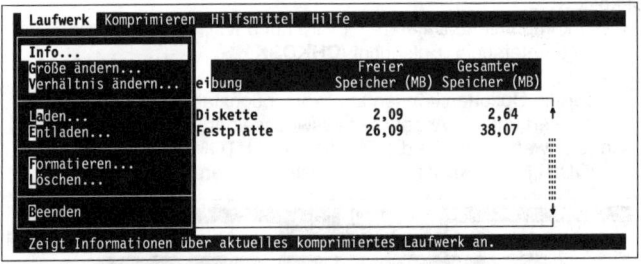

3.7

Menü KOMPRIMIEREN

Über die Menüoptionen können neue, komprimierte Laufwerke eingerichtet werden.

VORHANDENES LAUFWERK

Komprimiert ein vorhandenes Laufwerk und stellt dadurch mehr
Speicherplatz zur Verfügung. Entspricht /**COMPRESS**.

NEUES LAUFWERK ERSTELLEN

Erzeugt ein neues logisches komprimiertes Laufwerk auf einem
vorhandenen komprimierten Laufwerk. Für das neue Laufwerk wird
eine Datenträgerdatei angelegt. Entspricht /**CREATE**.

Menü HILFSMITTEL

Über die Menüoptionen können die komprimierten Laufwerke defragmentiert und geprüft werden.

DEFRAGMENTIEREN

Die Dateien werden zusammengefaßt und an den Anfang der
Datenträgerdatei geschrieben. Entspricht /**DEFRAGMENT**.

DEKOMPRIMIERUNG

Macht die Komprimierung eines Datenträgers rückgängig. Entspricht /**UNCOMPRESS**.

3.7

CHKDSK

Der komprimierte Datenträger wird auf unvollständige Datenbereiche untersucht. Entspricht /**CHKDSK**.

OPTIONEN

Über die Optionen können Laufwerksbuchstaben für **DBLSPACE** reserviert und die Anzahl der auswechselbaren Datenträger angegeben werden, sowie die Funktionen /**AUTOMOUNT** und /**DOUBLEGUARD** ein-/ausgeschaltet werden.

Speicherort für DBLSPACE bestimmen   DBLSPACE.SYS
Konfiguration

Über den Gerätetreiber wird die Position von DBLSPACE.BIN im Arbeitsspeicher bestimmt.

DEVICE[HIGH]=DBLSPACE.SYS /MOVE

▇ Der Treiber wird nach der Installation mit **DBLSPACE** automatisch in die CONFIG.SYS eingetragen.

▇ Soll **DBLSPACE.BIN** in den hohen Speicherbereich verschoben werden, muß **DEVICEHIGH** verwendet werden.

Verweise

Datenträger prüfen **3.2**, Datenträger defragmentieren **3.6**, Dateien anzeigen **4.3**, Dateien wiederherstellen **5.4**.

3.8 Festplattencache

Plattencache installieren *SMARTDRV*
extern

Mit dem Programm wird ein Plattencache installiert, bei dem Platten-
zugriffe schneller ablaufen, da bereits gelesene Informationen zum Teil
im Hauptspeicher zwischengespeichert werden und dadurch schneller
wieder zur Verfügung stehen.

3.8

SMARTDRV [/**X**] [*lfw*+/–] [/**E**:*größe*] [*anfangswert*] [*windowsgröße*]
[/**B**:*puffergröße*] [/**C**] [/**R**] [/**L**] [/**Q**] [/**S**] [/**V**] [/**F**|/**N**] [/**U**]

▨ /**X**: Deaktiviert den Cache für alle Laufwerke. Einzelne Laufwerke
können über *lfw*+/– aktiviert werden.

▨ *lfw*+: aktiviert den Cache für das angegebene Laufwerk, *lfw*– deaktiviert diesen.

▨ /**E**: Gibt an, wieviel Byte bei einem Lesevorgang verschoben werden. Standard ist 8192, mögliche Werte 1024, 2048, 4096 und 8192.

▨ *anfangswert*: Legt Größe des Cache für DOS-Anwendungen fest.

▨ *windowsgröße*: Legt fest, um wieviel Kbyte der Cache verkleinert
wird, wenn Windows geladen wird. Nach Verlassen von Windows wird
der Cache wieder vergrößert.

▨ /**B**: Gibt die Größe des Puffers in Kbyte an, die **SMARTDRV** im Vor-
griff auf einen weiteren Lesevorgang im voraus liest. Greift ein Programm auf Daten zu, können diese aus dem Cachespeicher gelesen
werden. Es kann jeder Wert angegeben werden, der ein Vielfaches von
dem bei /**E** angegebenen Wert ist.

▨ /**C**: Leert den Cachepuffer und schreibt die im Cachespeicher
befindlichen Daten auf die Datenträger.

▨ /**R**: Löscht den Cachepuffer und startet **SMARTDRV** neu.

▨ /**L**: Verhindert, daß **SMARTDRV** in die UMB's geladen wird.

▨ /**Q**: Unterdrückt die Ausgabe von Fehler-/Statusmeldungen beim
Programmstart.

▨ /**S**: Zeigt Informationen über die Cachestatistik an.

▨ /**V**: Zeigt zusätzliche Informationen beim Starten an.

▨ /**F**: Schreibt Daten nach jedem fertigen Befehl auf den Datenträger.

▨ /**N**: Schreibt Daten nur dann auf den Datenträger, wenn der Computer nicht beschäftigt ist.

▨ /**U**: Deaktiviert den Cache für CD-ROM-Laufwerke.

Anmerkungen

▓ Die Parameter /**U**, /**L**, /**V**, /**E** sowie die Cache-Größenangaben können nur beim ersten Aufruf (Installation des Cache) angewendet werden.

▓ /**E** und /**B** verringern den konventionellen Speicherbereich, wenn die Werte vergrößert werden.

▓ Läuft das System mit dem Cache langsamer, sollte /**L** verwendet werden.

▓ Die Tabelle gibt die Standardwerte für den Cache an, wenn keine Werte beim Aufruf angegeben werden.

3.8

Speicher	Anfangswert	Windowsgröße
Bis 1 Mbyte	Gesamter XMS-Speicher	0
Bis 2 Mbyte	1 Mbyte	256 Kbyte
Bis 4 Mbyte	1 Mbyte	512 Kbyte
Bis 6 Mbyte	2 Mbyte	1 Mbyte
6 Mbyte und mehr	2 Mbyte	2 Mbyte

▓ Bevor das System ausgeschaltet wird, sollte **SMARTDRV** mit /**C** aufgerufen werden, damit die im Cache befindlichen Daten auf die Festplatte geschrieben werden und kein Datenverlust auftritt.

▓ **SMARTDRV** wird automatisch in dem UMA-Bereich geladen. **LOADHIGH** ist daher nicht erforderlich.

▓ Auf komprimierte Laufwerke mit **DBLSPACE** wird die Cache-pufferung nicht angewendet, jedoch für das physikalische Laufwerk. Die Cachefunktion wird vom jeweiligen unkomprimierten Laufwerk übernommen.

▓ Der Parameter /**N** erhöht die Verarbeitungsgeschwindigkeit; gleichzeitig besteht jedoch die Gefahr eines Datenverlustes, wenn der Computer ausfällt, während noch nicht alle Daten auf die Festplatte geschrieben wurden. /**N** und /**F** schließen sich gegenseitig aus.

▓ **SMARTDRV** schreibt Daten spätestens nach 5 Sekunden auf den Datenträger.

▓ Wird der Parameter /**N** verwendet, kann durch den Aufruf von **SMARTDRV** mit dem Parameter /**C** veranlaßt werden, daß alle Daten, die sich noch im Cache befinden, auf den Datenträger geschrieben werden.

Beispiel

Anzeigen der Statistikdaten:

```
SMARTDRV /S
```

gibt folgende Anzeige aus. Die Cachedaten sind je nach Anzahl der Laufwerke sowie der Cachegröße unterschiedlich.

```
Microsoft SMARTDrive, Festplatten-Cache-Programm, Version 5.0
Copyright 1991,1993 Microsoft Corp.
```

```
Platz für    256 Elemente von je  8.192 Byte Größe.
  17.217mal konnten die Daten dem Cache entnommen werden.
     und  8.813mal mußten die Daten vom Datenträger gelesen werden.
```

```
Größe des Cache: 2.097.152 Byte
Größe des Cache während der Ausführung von Windows:  2.097.152 Byte

             Festplatten-Cache-Status
Laufwerk  Lese-Cache   Schreib-Cache   Pufferung

  A:*         ja          nein           nein
  B:          ja          nein           nein
  C:          ja          nein           nein
  D:          ja          nein           nein
  J:          ja          nein           nein
  K:*         ja          nein           nein
```

```
* Cache des DoubleSpace-Laufwerks liegt im Host-Laufwerk.
Write-Behind-Daten werden vor dem Erscheinen der
Eingabeaufforderung geliefert.
```

```
Geben Sie "smartdrv /?" zur Anzeige der Hilfe ein.
```

3.8

Monitor für SMARTDRV   _SMARTMON_
Windows

SMARTMON ist ein Zusatzprogramm zum Cacheprogramm
SMARTDRV, mit dem das Cacheverhalten angezeigt und verschiedene
Parameter eingestellt werden können.

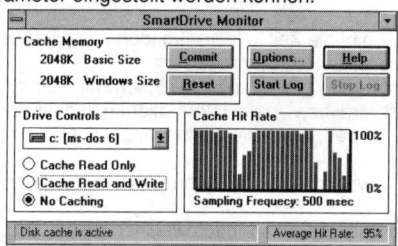

In der Statuszeile wird der aktuelle Zustand des Cache angezeigt:
- »idle« der Cache befindet sich im Wartezustand.
- »active« der Cache ist beschäftigt.
- »flushed« der Cachepuffer wird geleert, Daten werden auf
  Datenträger geschrieben.

Im rechten Teil der Statuszeile wird die aktuelle »Treffer-Quote« für
Schreib-/Lesevorgänge als Prozentwert angegeben.

Beschreibung der Optionen

COMMIT

Schreibt alle Daten, die sich noch im Cache befinden, auf den Datenträger.

RESET

Setzt den Cache zurück. Im Cache befindliche Daten werden auf den Datenträger geschrieben und alle im Cache befindlichen Datenelemente gelöscht.

OPTIONS

Öffnet das nachfolgende Dialogfeld, in dem verschiedene Parameter eingestellt werden können. Diese werden in der Datei WIN.INI unter dem Abschnitt [smartmon] gespeichert.

3.8

»**Cache Hit Rate**«
»Sampling Frequency« gibt die Zeit in Millisekunden an, während der die neue Hit-Rate ermittelt werden soll.
»Histogram Display Intervals« gibt an, nach welcher Zeit die grafische Anzeige erneuert wird, bzw. wann Informationen in die Protokolldatei geschrieben werden, wenn die Option eingeschaltet ist.
»**Log File**«
»File Name« gibt an, in welche Datei die Informationen geschrieben werden.
»Automatic Stop« aktiviert/deaktiviert, nach welcher Zeit die Protokollierung beendet wird. Der kleinste Wert ist eine Minute, der größte Wert 8 Stunden. Als Standard sind 2 Stunden vorgegeben.
»**Drive Control**«
Schreibt Änderungen in eine Startdatei. Üblicherweise ist dies die Datei AUTOEXEC.BAT. Werden die Änderungen nicht geschrieben, gelten die veränderten Einstellungen nur für die Dauer der Windowssitzung.

START LOG/STOP LOG
> Startet/Beendet die Protokollierung der Cache-Statistik.

»Drive Controls«
> Über das Listenfeld kann jedes Laufwerk ausgewählt und hierfür die Cachestatistik, sowie die Cache-Einstellungen angezeigt werden.
> »Cache Read Only« aktiviert nur den Lesecache.
> »Cache Read and Write« aktiviert Schreib-/Lesecache.
> »No Caching« dekativiert den Cache für das ausgewählte Laufwerk.

»Cache Hit Rate«
> Zeigt die Hit-Rate in grafischer Form für das ausgewählte Laufwerk und in Abhängigkeit von den bei »Options«/»Histogram Display Interval« gemachten Angaben.

3.8

Anmerkungen

■ Als Fenster wird **SMARTMON** immer im Vordergrund angezeigt. Wird **SMARTMON** zum Symbol verkleinert, wird im Symbol die Hit-Rate als numerischer Prozentwert angezeigt.

Verweis

Gerätetreiber **8.4**.

3.9 CD-ROM-Unterstützung

Zugriff auf CD-ROM ermöglichen   MSCDEX
extern

Wird MSCDEX verwendet, kann auf angeschlossene CD-ROM-Laufwerke zugegriffen werden. MSCDEX ist ein allgemeines Programm, das für den Zugriff auf den Gerätetreiber des jeweiligen CD-ROM-Herstellers zurückgreift.

MSCDEX /**D**:*treiber1* [/**D**:*treiber2*] [/**E**] [/**K**] [/**S**] [/**V**] [/**L**:*lfw*]
[/**M**:*puffer*]

▓ *treiber*: Bezeichnung des Gerätetreibers, das mit dem CD-ROM-Laufwerk mitgeliefert wird.

▓ /**E**: Veranlaßt, daß der CD-ROM-Treiber den erweiterten Speicher für die Sektorpufferung verwendet.

▓ /**K**: Muß verwendet werden, wenn für die Erkennung das Kanji-Format verwendet werden soll.

▓ /**S**: Ermöglicht, daß über den Gerätetreiber auch von MS-NET oder Windows für Workgroups-Server zugegriffen werden kann.

▓ /**V**: Zeigt zusätzliche Statistiken beim Starten des Programms an.

▓ /**L**: Gibt mit *lfw* den Laufwerksbuchstaben an, der dem CD-ROM-Laufwerk zugewiesen werden soll.

▓ /**M**: Gibt mit *puffer* die Anzahl der Sektorenpuffer an.

Anmerkungen

▓ Der Gerätetreiber für das CD-ROM-Laufwerk muß in der CONFIG.SYS eingetragen werden.

▓ Werden mehrere CD-ROM-Laufwerke unterschiedlicher Hersteller eingesetzt, muß /**D** mehrfach angegeben werden.

▓ Die Laufwerksbuchstaben der weiteren Laufwerke werden automatisch vergeben.

▓ **MSCDEX** muß mindestens einen /**D**-Parameter aufweisen.

▓ Die Parameter, die beim herstellerspezifischen Gerätetreiber bei /**D** angegeben werden, müssen mit denen übereinstimmen, die bei der Installation des CD-ROM-Gerätetreiber in der CONFIG.SYS verwendet werden.

3.9

Kapitel 4:

4

VERZEICHNISSE UND LAUFWERKE

4.1 Übersicht und Begriffe

Über Laufwerke greift DOS auf Datenträger wie Disketten und Festplatten zu, und Verzeichnisse auf diesen Datenträgern geben die darauf gespeicherten Dateien an. Für DOS sind Verzeichnisse und Laufwerke ähnliche Einheiten; so kann z.B. ein Verzeichnis als Laufwerk angesprochen werden.

Begriffe

Verzeichnis

■ Die Namen aller Dateien auf einer Diskette sind in einem ebenfalls auf der Diskette befindlichen Verzeichnis gespeichert.

■ Ein Verzeichnis enthält für jede Datei:

▷ Dateinamen
▷ Umfang der Datei
▷ Datum der Anlage bzw. der letzten Änderung
▷ Uhrzeit der Anlage bzw. der letzten Änderung

```
Datenträger in Laufwerk C ist DOS_6
Datenträgernummer: 1A74-6EE9
Verzeichnis von C:\DOS

MEMMAKER EXE    119.604 23.10.93    6:00
EMM386   EXE    116.318 23.10.93    6:00
APPEND   EXE     10.902 23.10.93    6:00
DOSKEY   COM      6.013 23.10.93    6:00
  .
  .
  .
TREE     COM      6.971 23.10.93    6:00
CHOICE   COM      1.861 23.10.93    6:00
COMMAND  COM     55.591 23.10.93    6:00
       140 Datei(en)      6.155.303 Byte
                          3.678.208 Byte frei
```

■ Ein Verzeichnis wird mit dem Befehl **DIR** angezeigt (siehe 4.3). Durch Eingabe von Parametern kann dessen Anzeige beeinflußt werden.

■ Zusätzlich benutzt DOS einen weiteren Bereich auf der Diskette zur Speicherung von Verwaltungsinformationen, die *Dateizuordnungstabelle*.

■ Diese Tabelle zeigt an, wo sich die Daten der einzelnen Dateien auf der Diskette befinden. Sie verwaltet auch den Freiraum auf der Diskette.

4.1

Verzeichnis und Dateizuordnungstabelle können mit dem Befehl **CHKDSK** auf Fehler und Widersprüche überprüft werden (siehe 3.2).

Hierarchische Verzeichnisse

Die Dateien auf einer Diskette können in mehrere Verzeichnisse aufgeteilt werden, die jeweils für bestimmte Programme, Arbeiten oder Projekte zugeordnet sind.

Diese Verzeichnisse sind hierarchisch angeordnet, das heißt, jedes Verzeichnis kann zusätzlich zu den Dateinamen noch weitere Verzeichnisnamen enthalten, die ihrerseits wieder Dateinamen und Verzeichnisnamen enthalten können.

Das oberste Verzeichnis ist das *Stammverzeichnis* (oder Hauptverzeichnis), das die erste Ebene des hierarchischen Dateiverwaltungssystems bildet. Es wird automatisch beim Formatieren einer Diskette oder Festplatte angelegt.

Jedes *Stammverzeichnis* kann nur eine bestimmte Anzahl von Dateinamen und weiteren Verzeichnissen (sog. Unterverzeichnisse) enthalten.

Die maximal zulässige Zahl von Dateien und Verzeichnissen, die das Stammverzeichnis enthalten kann, variiert je nach der Art der Diskette und des Diskettenlaufwerks. Normalerweise beträgt die Höchstzahl 112 für eine doppelseitige $5^1/_4$-Zoll-Diskette mit doppelter Schreibdichte. Die maximale Anzahl von Eintragungen im Stammverzeichnis einer 1,44 Mbyte, $3^1/_2$-Zoll-Diskette beträgt 224. Die maximale Kapazität eines Stammverzeichnisses bei einer Festplatte hängt von der Festplattenpartitionierung ab. Bei Partitionen <= 32 Mbyte sind dies 504 Dateieinträge. Die Anzahl der Unterverzeichnisse innerhalb eines Verzeichnisses ist nicht begrenzt.

Mit Verzeichnissen arbeiten

Um eine Datei in einem untergeordneten Verzeichnis zu finden, können alle Verzeichnisse bis zum gesuchten einzeln durchgegangen werden.

Es kann aber auch der Weg (Pfad) dorthin genau beschrieben werden, ohne jedes Verzeichnis einzeln durchgehen zu müssen.

Aktuelles Verzeichnis

Das Verzeichnis, in dem gerade gearbeitet wird, ist das *aktuelle Verzeichnis*.

Dieses Verzeichnis wird immer angezeigt oder Dateien daraus gelesen bzw. in dieses hineingeschrieben, wenn nicht ausdrücklich ein anderes Verzeichnis angegeben wird.

4.1

Pfade und Pfadnamen

▨ Bei der Arbeit mit einem hierarchischen Dateiverwaltungssystem muß DOS der Weg (Pfad) zu den gewünschten Dateien angegeben werden.

▨ Damit können in jedem Verzeichnis Dateien mit denselben Dateinamen stehen; mit der Angabe des Verzeichnisses kann eindeutig die richtige Datei gefunden werden. Dazu dient der sog. *Pfad*.

▨ Ein Pfad ist eine Reihe von Verzeichnisnamen, die den Weg von einem Verzeichnis bis zu einem anderen Verzeichnis angeben.

Pfadnamen

▨ Ein Pfadname besteht aus einer Reihe von Verzeichnisnamen, *gefolgt von einem Dateinamen*. Jeder Verzeichnisname ist vom nächsten durch einen umgekehrten Schrägstrich (\) getrennt. Der Dateiname ist vom letzten Verzeichnisnamen ebenfalls durch einen umgekehrten Schrägstrich getrennt.

▨ Ein Pfadname unterscheidet sich also von einem Pfad dadurch, daß er zusätzlich einen Dateinamen enthält.

   [*verzeichnisname*][*verzeichnisname*...]*dateiname*

▨ Ein Pfadname darf beliebig viele Verzeichnisnamen enthalten. Maximallänge ist 63 Zeichen. Ein Pfadname darf keine Leerstellen enthalten.

▨ Wenn ein Pfadname durch einen umgekehrten Schrägstrich eingeleitet wird, beginnt DOS die Suche im Stammverzeichnis. Ohne Angabe eines Schrägstrichs beginnt DOS beim momentanen Verzeichnis und folgt von dort dem dahinter angegebenen Pfad.

▨ **Wichtig**: Ein Pfadname enthält ganz am Schluß den Dateinamen.

Beispiele

Auf einer Festplatte ist ein Verzeichnis \BENUTZER angelegt, in dem die Daten der einzelnen Benutzer abgelegt werden. Um die Daten jedes Benutzers von den anderen zu trennen, gibt es hier wieder für jeden Benutzer ein eigenes Unterverzeichnis.

   `\BENUTZER\BACH`

gibt das Verzeichnis von Herrn Bach an.

   `\BENUTZER\BACH\ABSATZ.MAI`

ist der Pfadname der Datei ABSATZ.MAI von Herrn Bach.

   `\BENUTZER\HUBER\ABSATZ.MAI`

ist der Pfadname der Datei ABSATZ.MAI von Herrn Huber.

4.1

Dateien im momentanen Verzeichnis können entweder über ihren Dateinamen oder ihren Pfadnamen aufgerufen werden.

\	Das Stammverzeichnis.
\PROGR	Ein Unterverzeichnis des Stammverzeichnisses mit Programmdateien.
\BENUTZER\BACH\FORM\EKSTEUER	
	Ein typischer vollständiger Pfadname. Er bezeichnet eine Datei mit dem Namen EKSTEUER im Verzeichnis FORM von Herrn Bach.
ABSATZ.MAI	Eine Datei im momentanen Verzeichnis.

Übergeordnete Verzeichnisse

Jedes Verzeichnis, das Unterverzeichnisse enthält, gilt als übergeordnetes Verzeichnis. Anstatt der Namen des Unterverzeichnisses und seines übergeordneten Verzeichnisses können besondere Kürzel verwendet werden, die automatisch in jedes neu angelegte Verzeichnis geschrieben werden.

4.1

. Das Kürzel ».« steht für den Namen des momentanen Verzeichnisses.

.. Die beiden Punkte sind das Kürzel für das dem momentanen Verzeichnis übergeordnete Verzeichnis (eine Stufe höher).

DIR ..

zeigt das dem momentanen Verzeichnis übergeordnete Verzeichnis an.

Verweise

Disketten/Festplatten behandeln **3.2**, Verzeichnisse anzeigen **4.3**.

4.2 Verzeichnisbearbeitung

Folgende Befehle stehen zum Arbeiten mit Verzeichnissen zur Verfügung:

Übersicht

DIR

Zeigt den Inhalt des momentanen oder eines angegebenen Verzeichnisses an (siehe 4.1).

Die anzuzeigenden Dateinamen können mit Hilfe von Stellvertreterzeichen eingeschränkt werden (siehe 5.1). Mit Filterfunktionen kann ein Verzeichnis vor der Ausgabe aufbereitet werden, indem es mit **SORT** sortiert wird (siehe 6.6) oder mit **FIND** (siehe 6.4) nur Dateien angezeigt werden, deren Zeilen bestimmte Inhalte haben.

MD (MKDIR) (MaKeDIRectory)

Legt ein neues Verzeichnis an (siehe 4.5).

CD (CHDIR) (CHangeDIRectory)

Schaltet das momentane Verzeichnis zu einem bestimmten Verzeichnis um (siehe 4.4). In diesem wird dann bei allen Dateibefehlen die angegebene Datei gesucht, falls nicht ausdrücklich ein Pfad angegeben wird.

RD (RMDIR) (ReMoveDIRectory)

Entfernt ein Verzeichnis aus der Verzeichnisstruktur (siehe 4.5). Das Verzeichnis muß leer sein, darf also keine Dateinamen oder weitere Verzeichnisse enthalten.

TREE

Zeigt die Verzeichnisstruktur am Bildschirm an (siehe 4.6). Dies ist wichtig für einen Überblick über die bestehenden Verzeichnisse.

MOVE

Benennt Verzeichnisse um (siehe 4.5).

DELTREE

Löscht eine Verzeichnisstruktur einschließlich der darin enthaltenen Dateien (siehe 4.5).

4.2

4.3 Verzeichnisse anzeigen

Verzeichnis anzeigen   *DIR*
                                                 intern

DIR zeigt eine Liste aller Dateien an, die im angegebenen oder aktuellen Verzeichnis stehen. Ohne Parameter zeigt **DIR** alle Einträge im aktuellen Verzeichnis des Standardlaufwerks am Bildschirm an.

    DIR [*laufwerk*:][*pfad*][*dateiname*] [/**P**] [/**W**] [/**A***attribut*] [/**O***reihenfolge*] [/**S**] [/**B**] [/**L**] [/**C**[**H**]]

▓ *laufwerk*: Ist das Laufwerk, dessen Verzeichnis angezeigt werden soll. Wird nur das Laufwerk angegeben, erscheinen alle Einträge des momentanen Verzeichnisses auf diesem Laufwerk.

▓ *pfad*: Ist der Pfad, der das anzuzeigende Verzeichnis angibt.

▓ *dateiname*: Gibt einen Dateinamen oder eine Gruppe von Dateinamen zur Einschränkung der Verzeichnisanzeige an.

▓ /**P**: Die Anzeige wird angehalten, wenn eine Bildschirmseite vollgeschrieben ist. Eine beliebige Taste setzt die Ausgabe fort.

▓ /**W**: DOS zeigt nur Dateinamen, aber keine weiteren Dateiinformationen an. Die Ausgabe erfolgt 5-spaltig.

▓ /**A***attribut*: Zeigt Dateien an, bei denen das angegebene Dateiattribut gesetzt ist. Folgende Angaben sind für *attribut* möglich:

    D   Verzeichnisse
    R   Schreibgeschützte Dateien
    H   Versteckte Dateien
    A   Zu archivierende Dateien
    S   Systemdateien
    –   Invertiert die Darstellung, wenn das Zeichen »–« vor dem Attribut angegeben wird.

▓ /**O***reihenfolge*: Zeigt das Verzeichnis sortiert an. Für *reihenfolge* sind folgende Sortierangaben möglich:

    N   Name (alphabetisch)
    S   Größe (kleinste Datei zuerst)
    E   Namenserweiterung
    D   Datum/Zeit (ältere zuerst)
    G   Verzeichnisse zuerst.
    –   Invertiert die Darstellung, wenn das Zeichen »–« vor *reihenfolge* angegeben wird.

▓ /**S**: Zeigt auch die Dateien der Unterverzeichnisse an.

▓ /**B**: Nur Dateinamen und die Namenserweiterung wird angezeigt.

4.3

■ /L: Die Dateinamen und die Namenserweiterung wird in Kleinbuchstaben ausgegeben.

■ /C: Zeigt das Verdichtungsverhältnis der mit **DBLSPACE** eingerichteten komprimierten Laufwerke. /**CH** verwendet Zuordnungseinheiten.

Anmerkungen

■ **DIR** zeigt alle Dateinamen einschließlich Größe in Bytes sowie Datum und Zeit der Anlage oder der letzten Änderung an.

■ Am Ende der Dateiliste wird die Summe der Dateigröße sowie die verbleibende Kapazität des Datenträgers ausgegeben.

■ In Unterverzeichnissen werden immer die beiden Verzeichniseinträge . (dieses Verzeichnis) und .. (nächsthöheres Verzeichnis) angezeigt.

■ Folgende **DIR**-Befehle haben die gleiche Wirkung, da in der Option *dateiname* die Stellvertreterzeichen ? und * verwendet werden können.

Befehl	Wirkung wie
DIR	DIR *.*
DIR dateiname	DIR dateiname.*
DIR .ERW	DIR *.ERW

■ Wurde mit dem Befehl **COUNTRY** in der Datei CONFIG.SYS ein anderes Land als die Bundesrepublik Deutschland (049) angegeben oder keine Angaben gemacht, können Datum und Zeitangaben im Verzeichnis andere Formate aufweisen (siehe 8.3).

■ Das Verzeichnis kann mit dem Zusatz **>PRN** gedruckt werden (siehe 6.2).

DIR > PRN

■ Die Standardanzeige des DIR-Befehls kann über die SET-Variable DIRCMD gesteuert werden (siehe 7.5).

SET DIRCMD=/P/ON

■ Der Parameter /**S** kann dazu verwendet werden, um Dateien auf der Festplatte zu suchen, bei denen das Verzeichnis nicht mehr bekannt ist.

■ In der Dateiangabe sind Stellvertreterzeichen erlaubt.

Beispiele

DIR

zeigt die Einträge aus dem momentanen Verzeichnis des Standardlaufwerks. Falls C das Standardlaufwerk ist:

4.3

```
Datenträger in Laufwerk C ist HD-Boot
Datenträgernummer: 2404-7272
Verzeichnis von C:\
BASIC        <DIR>         16.08.93  18.32
BAT          <DIR>         16.08.93  18.13
DOS          <DIR>         08.08.93  21.53
RECHNUNG     <DIR>         16.08.93  18.32
TEMP         <DIR>         16.08.93  22.39
UTTI         <DIR>         16.08.93  18.13
COMMAND  COM    57.887 13.10.93   6.00
AUTOEXEC BAT     1.610 13.10.93  17.17
CONFIG   SYS       380 13.10.93  15.46
         9 Datei(en)     59.877 Byte
                     34.684.928 Byte frei
```

Die gesamte Festplatte soll nach der Datei COMMAND.COM durchsucht werden.

4.3

```
DIR COMMAND.COM /S

 Datenträger in Laufwerk C ist HD-BOOT
 Datenträgernummer: 16AE-9E04

Verzeichnis von C:\
COMMAND  COM    57.887 13.10.93   6.00
         1 Datei(en)     57.887 Byte
Verzeichnis von C:\DOS
COMMAND  COM    57.887 13.10.93   6.00
         1 Datei(en)     57.887 Byte
Verzeichnis von C:\ROOT
COMMAND  COM    57.887 13.10.93   6.00
         1 Datei(en)     57.887 Byte

Anzahl angezeigter Dateien:
         3 Datei(en)    173.661 Byte
                     25.866.240 Byte frei
```

Die Dateien mit dem Dateiattribut S im Stammverzeichnis sollen angezeigt werden.

```
DIR /AS

 Datenträger in Laufwerk C ist HD-BOOT
 Datenträgernummer: 1B4B-A0D6
 Verzeichnis von C:\
IO       SYS    40.863 29.09.93   6:20
MSDOS    SYS    38.186 29.09.93   6:20
DBLSPACE BIN    64.246 29.09.93   6:20
DBLSPACE INI        90 13.10.93  20:41
         4 Datei(en)    143.385 Byte
                      8.478.720 Byte frei
```

4.4 Verzeichnis wechseln

Verzeichnis wechseln, momentanes Verzeichnis anzeigen   CD (CHDIR) intern

CD bewirkt den Wechsel von einem Verzeichnis in ein anderes Verzeichnis oder zeigt das momentane Verzeichnis an.

CD [*laufwerk:*][*pfad*] [..]

oder

CHDIR [*laufwerk:*][*pfad*] [..]

4.4

- *laufwerk:* Ist das Laufwerk, in dem das Verzeichnis geändert werden soll.
- *pfad:* Ist der Pfad, der das Verzeichnis angibt, das zum momentanen Verzeichnis werden soll.
- ..: Wechsel ins übergeordnete Verzeichnis.

Beschreibung

CD *pfad*
> Ändert das momentane Verzeichnis in das angegebene Verzeichnis *pfad*.
> ```
> CD \BENUTZER
> CHDIR \BENUTZER
> ```
> Ändert das momentane Verzeichnis in das Verzeichnis BENUTZER.

CD (ohne Parameter)
> Zeigt den Namen des momentanen Verzeichnisses an.

CD ..
> Ändert das momentane Verzeichnis in das nächste übergeordnete Verzeichnis (siehe 4.1).

CD \
> Kehrt in das Stammverzeichnis zurück. Das Stammverzeichnis ist das oberste Verzeichnis des Dateisystems und ist gewöhnlich das Verzeichnis, das zum momentanen Verzeichnis wird, nachdem DOS gestartet wurde.

Anmerkungen

- Die Angabe von *laufwerk:* schaltet nicht das Standardlaufwerk um (siehe 1.1), sondern bedeutet nur, daß das Verzeichnis dieses Laufwerks gewechselt werden soll.

▓ Falls die Pfadangabe im Stammverzeichnis beginnen soll, muß als erstes Zeichen bei der Pfadangabe \ stehen.

▓ Mehrere Verzeichnisse werden durch \ voneinander getrennt. In der Verzeichnisangabe darf kein Leerzeichen stehen.

▓ Anstelle von **CD** ohne Parameter kann das momentane Verzeichnis mit **PROMPT** bei der DOS-Eingabeaufforderung immer angezeigt werden (siehe 7.1).

Beispiele

Das momentane Verzeichnis ist ADRESSEN. Folgende Befehle bewirken in gleicher Weise die Änderung in das Verzeichnis \ADRESSEN\SPENDER:

    CD SPENDER

ändert direkt vom momentanen Verzeichnis in das nächste mit dem Namen SPENDER. Diese Angabe gilt nur, wenn das momentane Verzeichnis \ADRESSEN ist.

    CD \ADRESSEN\SPENDER

gibt den vollständigen Pfad für DOS an. Diese Angabe ist unabhängig vom momentanen Verzeichnis.

4.4

4.5 Verzeichnisse bearbeiten

Verzeichnis anlegen   MD (MKDIR)
intern

MD bzw. **MKDIR** bewirkt, daß ein neues Verzeichnis angelegt wird.

MD [*laufwerk:*]*pfad*

oder

MKDIR [*laufwerk:*]*pfad*

- *laufwerk:* Ist Laufwerk, in dem Verzeichnis angelegt werden soll.
- *pfad*: Gibt das Verzeichnis an, das angelegt werden soll.

4.5

Beschreibung

Mit **MD/MKDIR** kann eine hierarchisch organisierte Verzeichnis-struktur mit den entsprechenden Verzeichnissen angelegt werden.

Falls das Stammverzeichnis das momentane Verzeichnis ist, können mit **MD** Unterverzeichnisse eingerichtet werden.

Verzeichnisse, die mit **MD** im momentanen Verzeichnis angelegt werden, sind immer Unterverzeichnisse des momentanen Verzeichnisses, außer wenn mit **MD** ausdrücklich ein anderer Pfad eingegeben wird.

Anmerkungen

Dateien und Verzeichnisse können nicht den gleichen Namen haben, wenn diese im gleichen Verzeichnis stehen

MD kann immer nur ein Verzeichnis anlegen. Hierarchische Verzeichnisse müssen nacheinander angelegt werden.

Werden mehrere Verzeichnisse angegeben, müssen sie durch \ getrennt werden. Die Pfadangabe darf nicht länger als 63 Zeichen sein.

Werden Verzeichnisse ohne Namenserweiterung angegeben, können diese im aktuellen Verzeichnis mit DIR *. angezeigt werden.

Beispiele

```
MD \STEUERN
```
legt das Verzeichnis STEUERN direkt unter dem Stammverzeichnis an.
```
MD \STEUERN\MIETE
```
geht eine Ebene tiefer und legt unter dem Unterverzeichnis STEUERN ein weiteres Verzeichnis mit dem Namen MIETE an.
Zur Erstellung des gleichen Unterverzeichnisses aus dem Verzeichnis \STEUERN kann auch der folgende Befehl verwendet werden:
```
MKDIR MIETE
```
Voraussetzung ist, daß STEUERN das momentane Verzeichnis ist.

Verzeichnis entfernen   RD (RMDIR)
intern

RD bzw. **RMDIR** dient dazu, ein Verzeichnis aus der hierarchischen Verzeichnisstruktur zu löschen.

> **RD** [*laufwerk:*]*pfad*

> oder

> **RMDIR** [*laufwerk:*]*pfad*

▨ *laufwerk:* Ist das Laufwerk, in dem Verzeichnis entfernt werden soll.
▨ *pfad*: Der letzte Verzeichnisname im Pfad gibt das Verzeichnis an, das gelöscht werden soll.

Anmerkungen

▨ **RD/RMDIR** bewirkt, daß ein Verzeichnis, das bis auf die Einträge ».« und »..« leer ist, gelöscht wird. Diese Symbole beziehen sich auf das Verzeichnis selbst bzw. sein übergeordnetes Verzeichnis (s. 4.1).
▨ Bevor ein Verzeichnis ganz gelöscht werden kann, müssen zunächst die darin enthaltenen Dateien (**DEL**, **ERASE**, siehe 5.4) und Unterverzeichnisse (**RD/RMDIR**) gelöscht worden sein.
▨ Zu löschendes Verzeichnis darf nicht momentanes sein.
▨ Ein Verzeichnis oder Laufwerk, auf das **SUBST** angewendet wurde, kann nicht gelöscht werden (siehe 4.8).
▨ Verzeichnisse können über die DOS-Shell oder mit dem Befehl **MOVE** umbenannt werden.

4.5

Beispiel

Das Verzeichnis \BENUTZER\MEIER soll wieder gelöscht werden:

    DIR \BENUTZER\MEIER

zeigt an, ob das Verzeichnis leer ist. Falls es nicht leer ist:

    DEL \BENUTZER\MEIER

löscht alle Dateien in diesem Verzeichnis.

    RMDIR \BENUTZER\MEIER

kann aus irgendeinem Verzeichnis, mit Ausnahme dessen, welches entfernt werden soll, eingegeben werden.

Verzeichnis umbenennen   MOVE
extern

Benennt ein angegebenes Verzeichnis mit einem neuen Namen.

> **MOVE** [**/Y**|**-Y**] *alter_name neuer_name*

▨ *alter_name*: Ist der bisherige Name des Verzeichnisses.
▨ *neuer_name*: Ist der neue Name des Verzeichnisses.

■ **/Y**: Unterdrückt die Sicherheitsabfrage vor dem Überschreiben von Dateien, **/-Y** erfordert eine Sicherheitsabfrage (=Standard).

Anmerkungen

■ Die gewünschte Voreinstellung zu **/Y**|**/-Y** kann in der Umgebungsvariablen COPYCMD festgelegt werden.

■ Es können nur einzelne Verzeichnisse umbenannt werden, keine Verzeichnisstrukturen.

■ Stellvertreterzeichen sind nicht erlaubt.

Beispiel

Verzeichnis TEST bekommt einen neuen Namen.

```
MOVE \TEST \NEUTEST
```

Kann der Befehl korrekt ausgeführt werden, wird folgende Meldung angezeigt:

```
d:\test => d:\neutest [OK]
```

Die Sicherheitsabfrage soll ausgeschaltet werden.

```
SET COPYCMD=/Y
```

4.5

Verzeichnisstruktur löschen	DELTREE
	extern

Löscht eine Verzeichnisstruktur einschließlich Unterverzeichnisse sowie den darin enthaltenen Dateien.

DELTREE [/Y] [*lfw:***\]***verzeichnis***[***\verzeichnis***]**

■ *lfw:* Muß angegeben werden.

■ *verzeichnis*: Gibt an, von welcher Strukturebene die darunterliegenden Verzeichnisse und Dateien gelöscht werden sollen.

■ **/Y**: Unterdrückt die Sicherheitsabfrage.

Anmerkungen

■ Der Befehl ist mit äußerster Vorsicht anzuwenden, da sowohl die Unterverzeichnisse als auch die darin enthaltenen Verzeichnisse gelöscht werden.

■ Das Wiederherstellen der Verzeichnisstruktur ist auch über **UNDELETE** nicht mehr möglich.

Verweise

DOS-Shell **2**, Verzeichnisbearbeitung **4.2**, Laufwerke und Verzeichnisnamen zuordnen **4.8**, Dateien löschen und wiederherstellen **5.4**.

4.6 Verzeichnisstruktur

Verzeichnisstruktur anzeigen   *TREE* *extern*

TREE zeigt den vollständigen Pfad (und auf Anforderung auch den Inhalt) jedes einzelnen Verzeichnisses und Unterverzeichnisses im angegebenen Laufwerk in einer grafischen Struktur an.

    TREE [*laufwerk:*][*pfad*] [/**F**] [/**A**]

▨ *laufwerk:* Ist das anzuzeigende Laufwerk.

▨ *pfad*: Gibt das Verzeichnis an, dessen Unterverzeichnisse ausgegeben werden sollen.

▨ /**F**: Bewirkt, daß die Namen der in jedem Verzeichnis enthaltenen Dateien angezeigt werden.

▨ /**A**: Die Grafikstruktur wird durch andere Zeichen dargestellt, die auch auf Druckern ausgegeben werden, die den erweiterten Zeichensatz nicht verwenden.

4.6

Anmerkungen

▨ Eine andere Möglichkeit, alle Unterverzeichnisse im momentanen Verzeichnis aufzulisten, ist die Eingabe von

```
DIR /AD/S
```

Damit werden alle Verzeichnisse einschließlich der Unterverzeichnisse angezeigt.

▨ **TREE** zeigt immer sämtliche Unterverzeichnisse an, die sich unter dem momentanen Verzeichnis befinden. Es gibt keine Möglichkeit, die Anzeige weiter einzuschränken.

▨ Über die Ein-/Ausgabeumleitung kann das Ergebnis auch in eine Datei oder auf den Drucker ausgegeben werden.

4.6

Beispiele

```
TREE C:
```
zeigt eine Liste der Namen aller Verzeichnisse und Unterverzeichnisse.

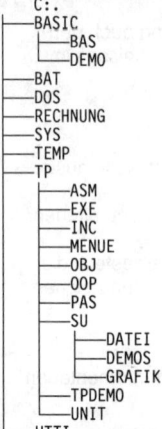

```
Auflistung der Verzeichnispfade für Datenträger PROD
Datenträgernummer: 2404-7272
C:.
├──BASIC
│   ├──BAS
│   └──DEMO
├──BAT
├──DOS
├──RECHNUNG
├──SYS
├──TEMP
├──TP
│   ├──ASM
│   ├──EXE
│   ├──INC
│   ├──MENUE
│   ├──OBJ
│   ├──OOP
│   ├──PAS
│   ├──SU
│   │   ├──DATEI
│   │   ├──DEMOS
│   │   └──GRAFIK
│   ├──TPDEMO
│   └──UNIT
├──UTTI
└──MSDOS
```

```
TREE C: /F | MORE
```
gibt bildschirmweise die Dateien in allen Verzeichnissen auf dem Laufwerk C: aus (siehe 6.5).

```
TREE C: /F >PRN
```
gibt die Liste auf dem Drucker aus (siehe 6.2).

Verweise

Datenumleitung **6.2**, Datenausgabe bildschirmweise **6.5**.

4.7 Suchpfade

Suchpfade sind Pfade, in denen DOS nach bestimmten Dateien sucht, wenn diese im momentanen Verzeichnis nicht gefunden werden. Solche Suchpfade können für Befehle mit **PATH** und für Datendateien mit **APPEND** angegeben werden.

Suchpfad für Befehle einstellen   PATH
intern

PATH legt den Suchpfad für Befehle fest. Damit wird DOS mitgeteilt, in welchen Verzeichnissen nach einem externen Befehl weitergesucht werden soll, wenn er im momentanen Verzeichnis nicht gefunden wird.

    PATH [_laufwerk:_][_pfad_][;[_laufwerk:_][_pfad_]...]

4.7

▨ _laufwerk:_ Ist das Laufwerk.

▨ _pfad:_ Ist das Verzeichnis, das DOS nach Befehlsdateien durchsucht.

▨ ;: Trennt einzelne Pfadangaben voneinander, falls mehrere angegeben werden.

Beschreibung

PATH (mit Parameter)
    DOS durchsucht die hier angegebenen Verzeichnisse in dieser Reihenfolge, falls ein Befehl im momentanen Verzeichnis nicht gefunden werden kann.

PATH (ohne Parameter)
    Zeigt den momentan gültigen Suchpfad an.

PATH ;
    Löscht den Suchpfad. DOS sucht nur noch im aktuellen Verzeichnis nach Programmen.

Anmerkungen

▨ Mit **PATH** werden nur ausführbare Dateien (.COM, .EXE, .BAT) gefunden. Sind im selben Verzeichnis Dateien mit demselben Namen, jedoch unterschiedlichen Dateinamenserweiterungen, muß die Erweiterung des Dateinamens angegeben werden, damit DOS das richtige Programm ausführt. Andernfalls wird die Priorität .COM, .EXE und .BAT zugrundegelegt.

▨ Mehrere Suchpfade werden hinter dem Befehl – durch Semikolon abgetrennt – geschrieben.

▨ Die maximale Länge des Suchpfades ist 127 Zeichen.

▦ DOS durchsucht die Verzeichnisse in der im **PATH**-Befehl festgelegten Reihenfolge. Deshalb sollten solche Pfade, in denen oft Befehle gefunden werden, möglichst weit vorne stehen. Damit kann die Zugriffszeit verkürzt werden.

▦ Wird **PATH** ein zweites Mal mit der Option *pfad* eingegeben, ignoriert DOS den alten Pfad und verwendet zukünftig den neuen Suchpfad.

▦ Der Pfad wird im Environment (siehe 7.5) abgelegt.

Beispiel

```
PATH=\BIN\DOS;B:\BIN\TOOLS;\BIN\UTIL
```

bewirkt, daß nacheinander drei Verzeichnisse nach externen Befehlen durchsucht werden. Die Verzeichnisse sind: \BIN\DOS, B:\BIN\TOOLS und \BIN\UTIL im Standardlaufwerk.

4.7

Suchpfad für Datendateien festlegen   APPEND
extern

APPEND dient dazu, einen Pfad für Dateien festzulegen, der durchsucht wird, wenn eine Datei beim Öffnen nicht im aktuellen Verzeichnis gefunden wird.

APPEND [/E] [/X:on|OFF] [/PATH:ON|off]
Nur bei der ersten Verwendung.

APPEND [*laufwerk:*][*pfad*][;[*laufwerk:*][*pfad*]...]
Gibt die zu durchsuchenden Verzeichnisse an.

APPEND ;
Löscht den eingerichteten Pfad.

▦ *laufwerk*: Ist das Laufwerk.

▦ *pfad*: Verzeichnis, das DOS nach einer Datendatei durchsucht.

▦ **/E**: Bewirkt die Speicherung hinzugefügter Verzeichnisse in der DOS-Umgebung. Diese Umgebungswerte werden mit **SET** angezeigt.

▦ **/X:OFF**: Erweitert nur den Pfad für Datendateien. Zuerst wird DOS das momentane Verzeichnis nach Dateien durchsuchen. Wenn DOS die benötigten Dateien dort nicht findet, durchsucht es das erste Verzeichnis im **APPEND**-Pfad. Werden die Dateien noch immer nicht gefunden, setzt DOS die Suche im zweiten angefügten Verzeichnis fort usw. Nachdem die gesuchten Dateien gefunden wurden, durchsucht DOS keine weiteren Verzeichnisse mehr. Dateien mit der Dateinamenserweiterung .COM, .EXE und .BAT sind von der Suche ausgenommen. OFF ist der Standardwert.

▦ **/X:ON** bzw **/X**: Schließt Suche nach ausführbaren Programmen mit der Namenserweiterung .COM, .EXE und .BAT, ähnlich wie **PATH**, ein.

▦ **/PATH:ON**: Es wird nach einer Datei gesucht, auch wenn der Pfadname eine Laufwerks- und Pfadangabe umfaßt. ON ist Standardwert.

▓ /**PATH:OFF**: Es wird nur nach einer Datei gesucht, wenn ausschließlich der Name angegeben wurde. Dateien mit Laufwerks- und Pfadangabe sind von der Suche ausgeschlossen.

Beschreibung

APPEND /X /E
Der Befehlszusatz /**E** kann nur beim ersten Aufruf des Befehls verwendet werden.
Wird /**X** verwendet, muß vor Anwendung von **XCOPY** (siehe 5.2), **BACKUP** und **RESTORE** (siehe 5.9) mit **APPEND ;** der Suchpfad gelöscht werden.

APPEND (ohne Optionen)
Zeigt den momentanen Suchpfad an.

APPEND ;
Bewirkt, daß DOS den Pfad ganz zurücksetzt. Danach wird nur noch im momentanen Verzeichnis nach den angegebenen Datendateien gesucht.

4.7

Anmerkungen

▓ Mehrere Suchpfade werden hinter dem Befehl – durch Semikolon »;« abgetrennt – geschrieben.
▓ Die maximale Länge des Suchpfades ist 127 Zeichen.
▓ Wird ein Sekundärprozessor geladen, gehen die in der neuen Umgebung eingestellten Angaben beim Verlassen der Sekundärumgebung verloren.
▓ Nach dem ersten Aufruf kann **APPEND** wie ein interner Befehl verwendet werden.
▓ Wird **APPEND** ein zweites Mal mit der Option *pfad* eingegeben, ignoriert DOS den alten Pfad und verwendet zukünftig den neuen Pfad.
▓ **APPEND** kann im gesamten Netz zur Auffindung von entfernten Dateien verwendet werden.
▓ Bei Verwendung des DOS-Befehls **SUBST** (siehe 4.8) muß der Befehl **APPEND** vor **SUBST** verwendet werden.
▓ **Vorsicht:** Manche Anwendungsprogramme lesen eine Datei in einem mit **APPEND** zugewiesenen Verzeichnis und schreiben die Datei dann wieder auf die Diskette/Festplatte zurück. Dabei wird die Datei in das momentane Verzeichnis geschrieben und die Originaldatei bleibt unverändert.
▓ **APPEND** sollte nicht zusammen mit Windows 3.x eingesetzt werden.

Beispiele

```
APPEND B:\BRIEFE;A:\BERICHTE
```

bewirkt, daß auf Datendateien im Verzeichnis BRIEFE im Laufwerk B: und im Verzeichnis BERICHTE im Laufwerk A: zugegriffen wird.

```
APPEND /X
```

bewirkt, daß zuerst das momentane Verzeichnis nach Datendateien durchsucht wird, bevor die angegebenen Pfade verwendet werden. Dieser Befehl muß vor der Eingabe eines Suchpfades erfolgen.

Danach Eingabe des Befehls:

```
APPEND C:\NEUAUF;C:\BAKAUF
```

DOS durchsucht zuerst das momentane Verzeichnis nach Datendateien. Wenn DOS die Datendateien im momentanen Verzeichnis nicht findet, durchsucht es das Verzeichnis \NEUAUF im Laufwerk C:. Und falls sich die Dateien dort nicht befinden, würde DOS die Datei im Verzeichnis \BAKAUF im Laufwerk C: suchen.

4.7

4.8 Laufwerke und Verzeichnisnamen zuordnen

Einem Pfad eine Laufwerksbezeichnung zuordnen **SUBST** *extern/nicht im Netz*

SUBST ordnet einem Pfad eine Laufwerksbezeichnung zu. Danach wird der Pfad über eine Laufwerksbezeichnung angesprochen. Dieser Befehl ist wichtig, um mit Anwendungsprogrammen zu arbeiten, die Unterverzeichnisse nicht behandeln können.

  SUBST [*laufwerk1: laufwerk2:pfad*]

  oder

  SUBST *laufwerk1:* /**D**

4.8

▒ *laufwerk1*: Ist das Laufwerk, das einer Pfadbezeichnung zugeordnet werden soll.
▒ *laufwerk2:pfad*: Ist Laufwerk und Pfadbezeichnung, dem die Bezeichnung *laufwerk1* zugeordnet werden soll.
▒ /**D**: Hebt die Zuordnung für das angegebene Laufwerk wieder auf.

Beschreibung

SUBST *laufwerk1: laufwerk2:pfad*
  Weist *laufwerk2:pfad* die Laufwerksbezeichnung *laufwerk1* zu.
SUBST *laufwerk1:* /**D**
  Macht eine mit **SUBST** hergestellte Kopplung wieder rückgängig.
SUBST (ohne Parameter)
  Zeigt an, welche Laufwerke gerade zugeordnet sind.

Anmerkungen

▒ **SUBST** bietet die Möglichkeit, einem Pfad die Bezeichnung eines fiktiven Laufwerks zuzuordnen. Obwohl kein Laufwerk mit dieser Bezeichnung existiert, kann dessen Bezeichnung dennoch wie jede reguläre Laufwerksbezeichnung in Befehlen verwendet werden.
▒ Wenn DOS dann auf einen Befehl mit der Bezeichnung eines fiktiven Laufwerks stößt, ersetzt es die Laufwerksbezeichnung durch den betreffenden Pfad und behandelt diesen neuen Laufwerksbuchstaben, als ob er zu einem eigentlichen Laufwerk gehörte.
▒ Die folgenden Befehle funktionieren nicht bei Laufwerken, die in den Befehlen **SUBST** verwendet werden:

CHKDSK (siehe 3.2)	**DISKCOMP** (siehe 3.3)
DISKCOPY (siehe 3.3)	**FASTOPEN** (siehe 5.7)
FDISK (siehe 3.5)	**FORMAT** (siehe 3.2)

LABEL (siehe 3.2)   **RESTORE** (siehe 5.9)
SYS (siehe 3.4)   **SCANDISK** (siehe 3.2)

▪ Solange **SUBST** aktiv ist, muß mit den Befehlen **CHDIR** (siehe 4.4), **MKDIR, RMDIR** (siehe 4.5) **APPEND** und **PATH** (siehe 4.7) besondere Sorgfalt angewandt werden.

▪ Laufwerksbezeichnungen müssen unter Umständen in der Datei CONFIG.SYS mit der Zeile

LASTDRIVE=*bezeichnung*

zugänglich gemacht werden (siehe 8.3).

▪ **SUBST** sollte nicht zusammen mit Windows 3.x eingesetzt werden.

Beispiel

```
SUBST Z: B:\BENUTZER\BACH\FORMULARE
```

ordnet dem Pfad B:\BENUTZER\BACH\FORMULARE die Laufwerksbezeichnung Z: zu.

Hier wird angenommen, daß in der Datei CONFIG.SYS die Zeile LASTDRIVE=Z verwendet wurde.

```
DIR Z:
```

zeigt den Inhalt dieses Verzeichnisses an.

```
SUBST
Z: => C:\BENUTZER\BACH\FORMULARE
```

zeigt die momentan zugeordneten Laufwerke an.

```
SUBST Z: /D
```

macht die Kopplung wieder rückgängig. Danach wird der Inhalt dieses Verzeichnisses wieder über den normalen Pfadnamen angezeigt.

Verweise

Disketten/Festplatten behandeln **3.2**, Disketten kopieren und vergleichen **3.3**, Diskette mit DOS einrichten **3.4**, Festplatte vorbereiten mit FDISK **3.5**, Verzeichnis wechseln **4.4**, Verzeichnisse bearbeiten **4.5**, Suchpfade **4.7**, Datensicherung **5.9**, Die Konfigurationsdatei CONFIG.SYS **8.3**.

4.8

Kapitel 5:

DATEIEN UND DATENSICHERUNG

5

5.1 Dateien, Dateinamen

Dateien sind eine Sammlung von Daten, auf die über einen Namen zugegriffen werden kann. Jedes Anwendungsprogramm legt Dateien an, speichert Daten in Dateien und aktualisiert sie. Für den Benutzer zeigen sich Dateien mindestens in Form von Dateinamen im Verzeichnis; diese Dateinamen verwendet er dann auch zum Sichern der Dateien.

Allgemeines

▣ Daten werden auf Disketten (bzw. Festplatten) in *Dateien* gespeichert. Eine Datei ist eine Gruppe von zusammengehörenden Daten; jede Datei ist mit einem Namen (Dateinamen) bezeichnet.

▣ Dateien werden immer über ihren Dateinamen angesprochen, deshalb kommt diesem entscheidende Bedeutung zu.

▣ Jedes Anwendungsprogramm legt Dateien an und verändert sie. Diese Zugriffe geschehen ebenfalls über Dateinamen.

5.1

Dateinamen

Allgemeines

▣ Ein Dateiname kennzeichnet eindeutig eine Datei. Deshalb sollten Dateinamen eindeutig sein und den Inhalt der Datei so genau wie möglich beschreiben.

▣ Dateinamen können nach bestimmten Mustern aufgebaut sein, um Gruppen von zusammengehörenden Dateien oder Dateien aus gleichen Sachgebieten einander zuzuordnen.

`FINANZ92    FINANZ93`

Dateinamensformat

▣ Dateinamen bestehen aus:

▷ *Dateiname* (8 Stellen) gibt als Name den Inhalt einer Datei an.
`FINANZEN  ANALYSE  BRIEFXY  KUNDEN`

▷ *Punkt* (.) trennt Dateinamen und Erweiterung.

▷ *Dateinamenserweiterung* (3 Stellen) klassifiziert die Datei.
Damit wird erkennbar, ob es sich um eine Programmdatei oder um eine Datendatei handelt, die von einem bestimmten Anwendungsprogramm erstellt und verändert wird.

EXE	(EXEcutable) Ausführbare Programmdatei
COM	(COMmand) Befehlsdatei
BAT	(BATch) Stapelverarbeitungsdatei
TXT	Textdatei (Word)
DOC	(DOCument) Textdatei von englischsprachigen Programmen

DBF	(DataBaseFile) Datenbankdatei (dBase)
WK1, WK3	Lotus 1-2-3-Dateien
MODE.COM	DOS-Befehlsdatei
BRIEF.TXT	Brieftext eines Textverarbeitungsprogramms
ADRESSEN.DBF	Datenbankdatei von dBase III
AUTOEXEC.BAT	Stapelverarbeitungsdatei (automatische Start-datei)

▓ Dateinamen bestehen nur aus Großbuchstaben. Eingegebene Kleinbuchstaben werden automatisch in Großbuchstaben umgewandelt.

Erlaubte Zeichen in Dateinamen

`A–Z ÄÖÜ a–z äöü 0–9  $ %  '  –  @  {  }  ~  '  !  # () &  _`

Achtung! In einigen Anwendungsprogrammen sind nicht alle der oben genannten Zeichen zulässig. Bei Zweifeln sollten in Datei-namen nur Buchstaben und Zahlen verwendet werden.

Nicht erlaubte Dateinamen

▓ Im Computer verwendete Gerätebezeichnungen dürfen nicht als Dateinamen verwendet werden:

`AUX, CLOCK$, COM1–COM4, CON, LPT1–LPT3, NUL, PRN`

▓ Diese Gerätebezeichnungen sind zwar als Dateinamenserweite-rungen, nicht jedoch als Dateinamen selbst zulässig.

Stellvertreterzeichen

▓ Mit den Stellvertreterzeichen »*« und »?« können einzelne Zeichen oder eine Gruppe von Zeichen ausgeblendet werden. Diese müssen beim Bezeichnen eines Dateinamens nicht angegeben werden; DOS sucht nach Namen, die an den angegebenen Stellen beliebige Zeichen enthalten.

▓ Stellvertreterzeichen werden auch Wildcards, Muster- oder Joker-zeichen genannt.

Stern (*) als Stellvertreterzeichen

▓ Ein Stern (*) in einem Dateinamen oder einer Dateinamenser-weiterung bedeutet, daß an dieser Stelle und in den restlichen Schreib-stellen des Dateinamens (ohne Erweiterung) oder der Dateinamens-erweiterung beliebige Zeichen stehen können.

`DIR MIT*.TXT`

zeigt alle Verzeichniseinträge des Standardlaufwerks an, die mit »MIT« beginnen und die Dateinamenserweiterung ».TXT« haben. Das Ergeb-nis könnte zum Beispiel so aussehen:

```
MIT2AUG.TXT
MIT9AUG.TXT
MITBAUG.TXT
MITJULI.TXT
MITJUNI.TXT
```

5.1

■ DOS läßt alle weiteren Zeichen im Dateinamen, die dem Stern als Stellvertreterzeichen folgen, bis zu dem Punkt, der den Dateinamen von seiner Erweiterung trennt, außer acht.

```
DIR *1.MEM
```

zeigt alle Dateien mit der Namenerweiterung ».MEM«, »1« bleibt unberücksichtigt, da es hinter »*« steht.

■ **Wichtig:** Das aus Stellvertreterzeichen bestehende Kürzel »*.*« bezeichnet alle Dateien des Verzeichnisses. Ein äußerst leistungsfähiges Hilfsmittel, das aber zusammen mit einigen DOS-Befehlen eine zerstörerische Wirkung haben kann!

```
DEL *.*
```

löscht ohne Rücksicht auf Dateinamen und Dateinamenserweiterungen alle im Standardlaufwerk aufgezeichneten Dateien.

Fragezeichen (?) als Stellvertreterzeichen

■ Das Fragezeichen (?) kann in Dateinamen oder Dateinamenserweiterungen anstelle einzelner Zeichen verwendet werden und bedeutet, daß an dieser Stelle ein beliebiges Zeichen stehen kann.

```
DIR MIT?AUG.TXT
```

zeigt alle Dateien des Standardlaufwerks an, deren Name mit MIT beginnt, die ein beliebiges Zeichen an der nächsten Position aufweisen, mit den Buchstaben AUG enden und deren Dateinamenserweiterung .TXT lautet. Das Ergebnis könnte zum Beispiel so aussehen:

```
MIT2AUG.TXT
MIT9AUG.TXT
MITBAUG.TXT
```

Übersicht: Dateien bearbeiten

COPY

Kopiert Dateien und fügt mehrere Dateien zu einer einzelnen zusammen (siehe 5.2).

XCOPY

Kopiert Dateien und Unterverzeichnisse und legt bei Bedarf auch automatisch neue Unterverzeichnisse auf dem Ziellaufwerk an (siehe 5.2).

FC

Vergleicht zwei Dateien und meldet sehr detaillierte Unterschiede (siehe 5.3).

DEL, ERASE

Löscht Dateien und gibt den von ihnen belegten Speicherplatz frei (siehe 5.4).

RENAME

Benennt eine oder mehrere Dateien mit anderen Namen (siehe 5.5).

5.1

ATTRIB
Ändert oder zeigt die Dateiattribute einer oder mehrerer Dateien. Diese sind Hilfsmittel zur Datensicherung oder zum Sichern von Dateien vor dem Überschreiben (siehe 5.6).

FASTOPEN
Bewirkt, daß Dateien schneller geöffnet werden können (siehe 5.7).

TYPE
Zeigt den Inhalt von (Text-)Dateien am Bildschirm oder Drucker an (siehe 5.8, 6.7).

PRINT
Druckt den Inhalt von (Text-)Dateien auf einem Drucker aus (siehe 5.8, 6.7).

MSBACKUP
Sichert eine Anzahl Dateien, um sie bei eventuellen Fehlern auf der Festplatte noch zur Verfügung zu haben (siehe 5.9).

RESTORE
Stellt gesicherte Dateien auf einer Festplatte wieder her (siehe 5.9).

REPLACE
Aktualisiert Dateien, indem neue Versionen von vorhandenen Dateien oder zusätzliche Dateien kopiert werden (siehe 5.9).

UNDELETE
Gelöschte Dateien wiederherstellen (siehe 5.4).

MOVE
Verschiebt Dateien in ein anderes Verzeichnis (siehe 5.2).

5.1

5.2 Dateien kopieren und verschieben

Es stehen zwei Befehle zum Kopieren von Dateien zur Verfügung.
COPY kopiert eine oder mehrere Dateien oder fügt mehrere Dateien zu einer zusammen. **XCOPY** dient zum Kopieren von Dateien und Verzeichnissen und legt bei Bedarf auch neue Verzeichnisse auf dem Ziellaufwerk an. **MOVE** verschiebt Dateien von einem Verzeichnis in ein anderes.

Dateien kopieren   *COPY*
                                                     intern

COPY kopiert eine oder mehrere Dateien an eine andere Position. Er dient auch dazu, Dateien an andere Dateien anzuhängen bzw. sie auf dieselbe Diskette/Festplatte (mit anderem Namen) zu kopieren. Details zu »Dateien zusammenfügen« siehe im Anschluß an die Beschreibung von **COPY**.

5.2

    COPY [*lw1*:][*pfad1*]*datei1*[/**A**][/**B**] [*lw2*:][*pfad2*][*datei2*] [/**A**][/**B**][/**V**][/**Y**|/**-Y**]

▪ *lw1*: Ist das Laufwerk, von dem Datei(en) kopiert werden.

▪ *pfad1*: Ist der Pfad mit den zu kopierenden Datei(en).

▪ *datei1*: Ist (sind) die zu kopierenden Datei(en). Hier kann auch eine Gerätebezeichnung angegeben werden.

▪ *lw2*: Ist das Laufwerk, in das die Datei(en) kopiert werden sollen.

▪ *pfad2*: Ist der Pfad, in den kopiert werden soll.

▪ *datei2*: Ist der Dateiname (mit oder ohne Stellvertreterzeichen), mit dem die kopierte(n) Datei(en) bezeichnet werden sollen. Hier kann auch eine Gerätebezeichnung angegeben werden.

▪ /**A**: Ermöglicht das Kopieren von *ASCII-Dateien* und behandelt Dateiendemarken. Standardeinstellung beim Verknüpfen und Kopieren von oder zu einem Gerät. Details siehe »Beschreibung«.

▪ /**B**: Ermöglicht das Kopieren von *binären Dateien* und kopiert den gesamten Dateiinhalt mit der angegebenen Größe. Standardeinstellung bei normalem Kopieren, wenn kein Gerät angegeben ist. Details siehe »Beschreibung«.

▪ /**V**: (Verify) Verlangt von DOS die Überprüfung, daß die auf der Zieldiskette/Festplatte geschriebenen Sektoren richtig aufgezeichnet werden. Der Inhalt wird aber nicht mehr mit dem Original verglichen.

▪ /**Y**: Unterdrückt die Sicherheitsabfrage vor dem Überschreiben von Dateien. /**-Y** erfordert eine Sicherheitsabfrage (=Standard).

Beschreibung

Kopiermöglichkeiten:

- Kopieren von einer Diskette/Festplatte auf eine andere.
  `COPY C:*.* A:`
- Kopieren von einem Verzeichnis in ein anderes.
  `COPY C:\TEXTE\*.* \BRIEFE`
- Kopieren auf selbem Laufwerk und Verzeichnis mit neuem Namen.
  `COPY BRIEF.TXT BRIEFNEU.TXT`
- Zusammenfügen von mehreren Dateien zu einer Datei. Details siehe weiter hinten in diesem Kapitel.
- Kopieren zu einem Gerät (zum Beispiel Drucker).
  `COPY BRIEF.TXT PRN`
- Kopieren von einem Gerät (zum Beispiel Tastatur). Details unten.

Kopieren von Dateien

Alle Angaben, die sich auf das Standardlaufwerk oder das momentane Verzeichnis beziehen, können entfallen. DOS setzt dafür die Standardwerte ein.

Fehlt die Zielangabe, wird die Kopie im momentanen Verzeichnis auf der Diskette/Festplatte im Standardlaufwerk abgespeichert und erhält den gleichen Namen, das gleiche Anlagedatum und die gleiche Anlagezeit wie die Ausgangsdatei.

Wenn sich in diesem Fall die Ausgangsdatei im Standardlaufwerk befindet, wird **COPY** beendet und DOS zeigt die Fehlermeldung:

```
Datei kann nicht auf sich selbst kopiert werden!
0 Datei(en) kopiert!
```

Werden Dateien kopiert und befinden sich diese bereits im Zielverzeichnis, erscheint eine Sicherheitsabfrage:

```
COPY TE*.BAT C:\TEMP
Überschreiben C:\TEMP\TEST.BAT (Ja/Nein/Alle)?
```

- ▶ J überschreibt nur die aktuelle Datei.
- ▶ N übergeht die Datei und kopiert die nächste.
- ▶ A überschreibt die aktuelle und alle weiteren Dateien gleichen Namens.

Die Befehlszusätze /A und /B

Die Befehlszusätze /**A** und /**B** verhalten sich unterschiedlich, je nachdem, ob sie dem Ausgangs- oder dem Zieldateinamen folgen.

Sie beziehen sich immer auf den vorhergehenden Dateinamen und auf alle folgenden, bis ein anderer Zusatz /**A** oder /**B** im Befehl auftritt.

ASCII-Dateien kopieren mit /A

Standardeinstellung beim Verknüpfen und Kopieren von und zu einem Gerät.

5.2

░ **/A** hinter Quelldateinamen: Die Datei wird kopiert bis zur ersten auftretenden Dateiendemarke (EOF, Strg-Z, Code 26, 1Ah). Alle Informationen hinter der Dateiendemarke werden ignoriert.

```
COPY BRIEF.TXT /A BRIEF2.TXT
```

░ **/A** hinter Zieldateinamen: An die Zieldatei wird nach dem Kopieren eine Dateiendemarke angehängt.

Binäre Dateien kopieren mit /B

Standardeinstellung beim normalen Kopieren.

░ **/B** hinter Quelldateinamen: Die gesamte Datei, einschließlich eventuell vorhandener Dateiendemarken, wird kopiert.

```
COPY RECHNG.COM /B RECHNG2.COM
```

░ **/B** hinter Zieldateinamen: An das Ende der Zieldatei wird keine Dateiendemarke gesetzt.

Kopieren von der Tastatur in eine Datei

```
COPY CON TEXT.BAT
```

Danach können über die Tastatur die Textzeilen eingegeben werden. Nach ⏎ wird jede Zeile gespeichert. Die Eingabe wird beendet durch Betätigen von [Strg]+[Z] oder [F6] und dann ⏎.

Datum und Zeit ändern beim Kopieren

Durch folgende Form können Datum und Zeit beim Kopieren auf die momentanen Systemwerte eingestellt werden.

```
COPY /B DATEI.TXT+
```

Die Datei DATEI.TXT wird in sich selbst kopiert; durch das Pluszeichen wird simuliert, daß **COPY** mehrere Dateien zusammenhängt, wobei jedoch nur eine Datei angegeben ist. Wichtig ist der Zusatz **/B**, da beim Zusammenfügen **/A** die Standardeinstellung ist.

Anmerkungen

░ Falls auf dem Ziellaufwerk und -verzeichnis schon eine Datei mit dem Zieldateinamen vorhanden ist, erscheint die Meldung zum Überschreiben der Datei.

░ Obwohl Aufzeichnungsfehler bei **COPY** selten vorkommen, ermöglicht der Zusatz **/V** die Überprüfung der korrekten Aufzeichnung kritischer Daten; ebenso bewirkt er ein langsameres Ablaufen des Befehls **COPY**, da DOS jeden auf der Diskette/Festplatte aufgezeichneten Eintrag überprüfen muß.

░ Wenn DOS einen Schreibvorgang nicht verifizieren kann, erfolgt eine Fehlermeldung.

░ Zum Kopieren aller Dateien eines Verzeichnisses oder Unterverzeichnisses sollte der Befehl **XCOPY** verwendet werden (siehe weiter hinten in diesem Kapitel).

░ **COPY** kopiert keine Dateien mit der Länge 0. Hier ist der Befehl **XCOPY** zu verwenden.

5.2

░ Die Voreinstellungen für den **DIR**-Befehl können in der Umgebungsvariablen **DIRCMD** festgelegt werden.

Beispiele

```
COPY TIER.TYP C:\RAUBTIER
```
kopiert eine Datei mit dem Namen TIER.TYP vom Standardlaufwerk
und momentanen Verzeichnis auf ein anderes Verzeichnis im Laufwerk
C mit dem Namen RAUBTIER.

```
COPY C:\TEXTE\*.* \BRIEFE
```
kopiert alle Dateien aus dem Verzeichnis \TEXTE im Laufwerk C in das
Verzeichnis \BRIEFE im selben Laufwerk.

```
COPY BRIEF.TXT PRN
```
kopiert Inhalt der Datei BRIEF.TXT zum Drucker und druckt ihn aus.

```
SET DIRCMD /P
```

Sonderfall: Dateien zusammenfügen   COPY

COPY ermöglicht das Zusammenfügen mehrerer Dateien zu einer Datei.

COPY *quelldatei1* + [*quelldatei2*[+...+ *quelldateiN*]] [*zieldatei*] [/**V**] [/**A**] [/**B**]

5.2

░ *quelldatei1*: Ist die erste Datei, die mit den nächsten angegebenen
zusammengefügt werden soll.
░ *quelldatei2*: Ist zweite Datei, die an die erste angefügt werden soll.
░ *quelldateiN*: Weitere Dateien, die hinten angefügt werden sollen.
░ *zieldatei*: Gibt den Namen der Datei an, in die alle anderen hintereinander gespeichert werden sollen.
Alle Dateinamen können wie üblich aus Laufwerks- und Pfadangabe
sowie Dateiname bestehen.
░ /**V** /**A** /**B**: Details zu diesen Zusätzen siehe weiter vorne bei **COPY**.

Beschreibung

░ Diese Form von **COPY** bewirkt, daß die Dateien *quelldatei1*,
quelldatei2 usw. bis *quelldateiN* nacheinander in die Datei mit dem
Dateinamen *zieldatei* kopiert werden.
░ Falls der Zieldateiname *zieldatei* fehlt, werden die Dateien unter
dem ersten Dateinamen zusammenkopiert. Hierbei wird wiederum das
Überschreiben der vorhandenen Datei abgefragt.

Anmerkungen

░ Beim Zusammenfügen von Dateien ist der Befehlszusatz /**A** die
Standardeinstellung.
░ Bei den Dateinamensangaben können auch Stellvertreterzeichen
verwendet werden. In diesem Fall werden alle Dateien mit passendem

Dateinamen in der Reihenfolge, in der DOS sie findet, in die Zieldatei kopiert (siehe Beispiele).

■   Es sollten keine Dateien zusammengefügt werden, bei denen eine der Ausgangsdateien den gleichen Namen wie die Zieldatei hat. In diesem Fall ist die Ausgangsdatei schon verändert, bevor sie für das Kopieren verwendet wird (siehe Beispiele).

■Dateien dürfen nicht mit Stellvertreterzeichen zusammengefügt werden, wenn eine der Ausgangsdateien dem Namensmuster der Zieldatei entspricht. Wenn zum Beispiel die Datei GESAMT.TXT bereits existiert, führt der Befehl zu einem Fehler:

```
COPY *.TXT GESAMT.TXT
```

Dieser Fehler würde erst entdeckt, wenn GESAMT.TXT angefügt werden soll. Zu diesem Zeitpunkt ist die Datei möglicherweise bereits verändert. **COPY** vergleicht den Namen der jeweiligen Ausgangsdatei (Eingabe) mit dem der Zieldatei. Sind beide Namen gleich, wird die betreffende Ausgangsdatei übergangen und die Meldung Inhalt der Zieldatei beim Kopiervorgang verloren! ausgegeben. Die Zusammenfügung der weiteren Dateien läuft normal ab. Im folgenden Beispiel werden alle Dateien, die dem Muster *.TXT entsprechen, mit Ausnahme der Datei GESAMT.TXT, an diese angehängt:

```
COPY GESAMT.TXT + *.TXT
```

Beispiele

```
COPY EINFG.BER+HAUPT.BER+B:ZUS.BER BERICHT
```

bewirkt, daß die Dateien EINFG.BER, HAUPT.BER und B:ZUS.BER zusammengefügt und in der Datei BERICHT im Standardlaufwerk gespeichert werden. Wird keine Zieldatei angegeben, werden die Dateien unter dem ersten Dateinamen zusammenkopiert.

```
COPY EINFG.BER+HAUPT.BER+B:ZUS.BER
```

bewirkt, daß die Dateien EINFG.BER, HAUPT.BER und B:ZUS.BER in der Datei EINFG.BER zusammengefügt werden.

Beim Zusammenfügen von Dateien können auch Stellvertreterzeichen verwendet werden:

```
COPY *.TXT B:SAMMEL.TXT
```

faßt alle Dateien mit der Dateinamenserweiterung .TXT in der Datei B:SAMMEL.TXT zusammen.

```
COPY *.TXT + *.REF *.DRU
```

Hier wird jede Datei, die dem Muster *.TXT entspricht, mit der entsprechenden .REF-Datei zusammengefügt. Das Ergebnis ist eine Datei mit demselben Dateinamen, aber mit der Erweiterung .DRU. So würde beispielsweise DATEI1.TXT mit DATEI1.REF vereinigt und als

DATEI1.DRU abgelegt. Desgleichen wird XYZ.TXT mit XYZ.REF vereinigt und als XYZ.DRU abgelegt usw.

```
COPY *.TXT + *.REF SAMMEL.DRU
```

führt alle Dateien, die dem Muster *.TXT entsprechen und alle Dateien, die dem Muster *.REF entsprechen, zusammen und legt das Ergebnis in einer Datei SAMMEL.DRU ab.

Dateien kopieren   XCOPY
extern

XCOPY dient zum Kopieren von Dateien und Verzeichnissen mit eventuell darin vorhandenen Unterverzeichnissen/Dateien. Als Alternative zu **COPY** und **DISKCOPY** ermöglicht er schnelles Kopieren von gesamten Disketten oder Unterverzeichnissen in mehreren Ebenen.

> **XCOPY** [*lw1:*][*pfad1*]*dateiname1* [*lw2:*][*pfad2*][*dateiname2*]
> [/**D**:*datum*] [/**A**] [/**M**] [/**P**] [/**S**] [/**E**] [/**V**] [/**W**] [/**Y**|/-**Y**]

░ *lw1*: Ist das Ausgangslaufwerk.
░ *pfad1*: Gibt das zu kopierende Verzeichnis an.
░ *dateiname1*: Ist die Ausgangsdatei.
Fehlt diese Option, wird das momentane Verzeichnis mit dem Standarddateinamen *.* benutzt. Mindestens ein Ausgangsparameter (*laufwerk1* oder *dateiname1*) muß angegeben werden.
░ *lw2*: Ist das Ziellaufwerk.
░ *pfad2*: Ist das Verzeichnis, in das kopiert werden soll.
░ *dateiname2*: Gibt die Zieldatei(en) an.
Wird kein Zielparameter angegeben, geht **XCOPY** davon aus, daß die Dateien in das momentane Verzeichnis kopiert werden sollen.
░ /**D**:*datum*: Kopiert die Ausgangsdateien, die am angegebenen Datum oder später geändert wurden. Das Datumsformat hängt vom Landescode ab, der mit **COUNTRY** gewählt wurde (siehe 8.5). Details zum Datum siehe auch bei der Beschreibung von **DATE** (siehe 7.3).
░ /**A**: Kopiert Ausgangsdateien mit gesetztem Archivierungsbit. Das Archivierungsbit der Ausgangsdatei wird dabei nicht verändert. Das Archivierungsattribut wird mit **ATTRIB** eingestellt (siehe 5.6).
░ /**M**: Dient wie der Befehlszusatz /**A** dazu, archivierte Dateien zu kopieren. Er setzt aber darüber hinaus das Archivierungsbit in der Ausgangsdatei auf 0 zurück. Das Archivierungsattribut wird mit **ATTRIB** eingestellt (siehe 5.6).
░ /**P**: Fragt bei jeder Datei, ob sie tatsächlich kopiert werden soll. ⊐ oder Ⓝ eingeben.

5.2

■ **/S**: Kopiert Verzeichnisse und Unterverzeichnisse niedrigerer Ebenen, wenn sie nicht leer sind. Wird der Befehlszusatz nicht verwendet, kopiert **XCOPY** nur die Dateien eines Verzeichnisses.

■ **/E**: Kopiert auch leere Unterverzeichnisse. **/E** muß zusammen mit dem Befehlszusatz **/S** eingegeben werden.

■ **/V**: Prüft jede Datei beim Kopieren in die Zieldatei, um sicherzustellen, daß der Inhalt der Ausgangs- und Zieldatei identisch ist.

■ **/W**: Bewirkt, daß vor dem Kopieren der Dateien kurz angehalten und die folgende Meldung angezeigt wird:

Eine beliebige Taste drücken, um das Kopieren der Datei(en)zu starten

Damit können die gewünschten Disketten eingelegt werden. Zum Fortfahren eine beliebige Taste betätigen oder mit ⌷Strg⌷+⌷C⌷ oder ⌷Strg⌷+⌷Untbr⌷ abbrechen.

■ **/Y** unterdrückt die Sicherheitsabfrage vor dem Überschreiben von Dateien. **/-Y** erfordert eine Sicherheitsabfrage (=Standard).

Beschreibung

5.2

■ Falls **/S** nicht angegeben wird, kann nur innerhalb eines Verzeichnisses kopiert werden.

■ Ist ein zu kopierendes Verzeichnis im Ziellaufwerk nicht vorhanden, wird es automatisch erstellt.

■ **XCOPY** prüft nicht, ob der Speicherplatz auf der Zieldiskette ausreicht, um alle zu kopierenden Dateien aufzunehmen.

■ Falls **XCOPY** nicht eindeutig feststellen kann, ob als Ziel ein Verzeichnis oder eine Datei angegeben ist, erscheint:

Ist das Ziel %1 ein Dateiname oder ein Verzeichnisname
(D=Datei, V=Verzeichnis)?

⌷D⌷ kopiert in eine Datei,

⌷V⌷ legt ein Verzeichnis an und kopiert in dieses hinein.

■ Wenn ein Verzeichnis kopiert werden soll, muß auch das Ziel des Kopiervorgangs ein Verzeichnis sein.

■ Wenn mehrere hierarchisch organisierte Dateien kopiert werden sollen, müssen sie in ein Verzeichnis kopiert werden.

■ Wird der Zielname mit einem umgekehrten Schrägstrich (\) abgeschlossen, ist das Ziel ein Verzeichnis.

■ Wie bei **COPY** erscheint vor dem Überschreiben vorhandener Dateien eine Sicherheitsabfrage.

■ Die Voreinstellung für den Parameter **/Y** kann in der Umgebungsvariablen **COPYCMD** festgelegt werden.

Anmerkungen

■ **XCOPY** sollte anstelle von **DISKCOPY** verwendet werden, falls auf einer Diskette Dateien in verschiedenen Unterverzeichnissen vor-

handen sind und der gesamte Inhalt auf eine Diskette oder Festplatte
mit unterschiedlichem Format kopiert werden soll.

▓ Eine Pfadangabe (einschl. Laufwerk) darf nicht länger als
63 Zeichen sein (beginnend beim Stammverzeichnis).

▓ **XCOPY** darf nicht verwendet werden, während **APPEND** /**X** aktiv ist
(siehe 4.7).

▓ **XCOPY** kann keine versteckten Dateien mit den Attributen **S** und **H**
kopieren.

▓ **XCOPY** kann nicht auf reservierte Namen angewendet werden.

▓ Es können keine Dateien/Dateigruppen kopiert werden, die größer
als der vorhandene Speicherplatz auf der Zieldiskette/-festplatte sind
(siehe **BACKUP** 5.9).

▓ Die Dateiangabe kann entfallen, wenn alle Dateien eines Datenträgers kopiert werden sollen.

▓ Die Voreinstellung für den Parameter /**Y** kann in der Umgebungsvariablen **COPYCMD** festgelegt werden.

Beendigungscodes

5.2

Code	Funktion
0	Die Kopie wurde fehlerfrei durchgeführt.
1	Keine zu kopierenden Dateien gefunden.
2	Der Befehl **XCOPY** wurde vom Benutzer mit der Tastenkombination ⌨Strg+C oder ⌨Strg+Untbr abgebrochen.
4	Initialisierungsfehler. Der Fehler kann mehrere Ursachen haben: Entweder die Speicherkapazität reicht nicht aus oder es wurde ein ungültiges Laufwerk angegeben oder die Befehlssyntax ist fehlerhaft. Es kann auch sein, daß die Datei oder der Pfad nicht gefunden wurden.
5	Ein Interrupt-24-Fehler ist aufgetreten. Benutzer hat den Kopiervorgang nach Auftreten des Interrupt-24-Fehlers beim Lesen oder Schreiben auf einer Diskette oder Festplatte abgebrochen.

Der von **XCOPY** übergebene Beendigungscode kann für den Stapelverarbeitungsbefehl **IF ERRORLEVEL...** als Eingabe verwendet werden
(siehe 9.7).

Beispiele

    XCOPY A: B: /S /E

kopiert alle auf der Diskette in Laufwerk A enthaltenen Dateien und
Unterverzeichnisse (auch die leeren) auf die Diskette in Laufwerk B.

    XCOPY \DOS A: /S

kopiert alle Dateien und weitere Unterverzeichnisse aus dem Verzeichnis \DOS auf die Diskette in Laufwerk A in das momentane Verzeichnis.

```
XCOPY \DOS A:\RETTEN /S
```
kopiert alle Dateien und weitere Unterverzeichnisse aus dem Verzeichnis \DOS auf die Diskette in Laufwerk A in das Verzeichnis \RETTEN. Unterverzeichnisse von \DOS werden als Unterverzeichnisse von \RETTEN angelegt.

Dateien verschieben   MOVE
                                                             extern

Mit dem Befehl können Dateien von einem Verzeichnis in ein anderes verschoben werden.

MOVE [/Y|/-Y] [/w:] [pfad]dateien zielverzeichnis

▢   *lw:/pfad/dateien*: Bezeichnet die Dateien, die aus dem Verzeichnis verschoben werden. Es können Stellvertreterzeichen angegeben werden.
▢   *zielverzeichnis*: Gibt an, in welches Verzeichnis die Dateien verschoben werden.
▢   **/Y** unterdrückt die Sicherheitsabfrage vor dem Überschreiben von Dateien. **/-Y** erfordert eine Sicherheitsabfrage (=Standard).

Anmerkungen

▢   **MOVE** kann nicht angewendet werden, wenn sich Quelle und Ziel auf unterschiedlichen Datenträgern befinden.
▢   **MOVE** führt nicht gleichzeitig ein Umbenennen der Dateien durch.
▢   Die Voreinstellung für den Parameter **/Y** kann in der Umgebungsvariablen **COPYCMD** festgelegt werden.

Beispiel

Sämtliche Dateien mit der Erweiterung .TXT sollen aus einem Arbeitsverzeichnis in ein Sicherungsverzeichnis verschoben werden.
```
MOVE \ARBEIT\*.TXT \SAVE
```

5.2

5.3 Dateien vergleichen

Dateien vergleichen

FC
extern

FC (**F**ile **C**ompare) vergleicht zwei Dateien oder zwei Dateigruppen und zeigt den Unterschied zwischen ihnen an.
Für ASCII-Vergleiche:

> **FC** [*lw1:*][*pfad1*]*datei1* [*lw2:*][*pfad2*]*datei2* [/**A**] [/**C**] [/**L**]
> [/**Lb***n*] [/**N**] [/**T**] [/**W**] [/*nnnn*] [/**B**]

Für binäre Vergleiche:

> **FC** [*lw1:*][*pfad1*]*datei1* [*lw2:*][*pfad2*]*datei2* [/**B**] [/*nnnn*]

- *lw1*: Ist das Laufwerk.
- *pfad1*: Ist der Pfad.
- *datei1*: Ist der Name der ersten Datei oder Dateigruppe.
- *lw2*: Ist das Laufwerk.
- *pfad2*: Ist der Pfad.
- *datei2*: Ist der Name der zweiten Datei oder Dateigruppe.
- /**A**: Kürzt die Ausgabe eines ASCII-Vergleichs ab. Anstatt alle voneinander verschiedenen Zeilen anzuzeigen, zeigt **FC** nur die Zeilen an, mit denen unterschiedliche Bereiche beginnen und enden.
- /**B**: Erzwingt einen binären Vergleich beider Dateien. **FC** vergleicht die Dateien byteweise. Die Fehlanpassungen werden wie folgt gedruckt:

  xxxxxxxx: yy zz

  ▷ xxxxxxxx ist die Adresse des Bytepaares relativ zum Dateianfang. Adressen beginnen bei 00000000.

  ▷ yy und zz sind nicht übereinstimmende Bytes aus *dateiname1* bzw. *dateiname2*. /**B** ist der Standardwert beim Vergleich von Dateien mit den Erweiterungen .EXE, .COM, .SYS, .OBJ, .LIB oder .BIN.
- /**C**: Bewirkt, daß während des Vergleichsvorgangs die Groß- und Kleinschreibung ignoriert wird. **FC** sieht dann alle Buchstaben der Datei als Großbuchstaben an.
- /**L**: Vergleicht die Dateien im ASCII-Modus. Dieser Zusatz ist der Standardwert für den Vergleich von Dateien, die nicht eine der Erweiterungen .EXE, .COM, .SYS, .OBJ, .LIB oder .BIN haben.
- /**Lb***n*: Setzt den internen Zeilenpuffer auf *n* Zeilen. Die vorgegebene Länge des internen Puffers beträgt 100 Zeilen. Dateien mit einer größeren Anzahl von fortlaufenden unterschiedlichen Zeilen würden den Vergleich beenden.
- /**N**: Zeigt bei einem ASCII-Vergleich die Zeilennummern an.

5.3

■ **/T**: Tabulatorzeichen werden nicht zu Leerstellen erweitert. Standard sind Tabulatorsprünge alle 8 Zeichen.

■ **/W**: Veranlaßt **FC**, »Leerräume« (Tabulatorzeichen und Leerstellen) während des Vergleichs zu komprimieren. Enthält eine Zeile viele Leerstellen oder Tabulatorzeichen nacheinander, werden diese Zeichen als ein einziger Leerraum angesehen. Obwohl **FC** »Leerraum« komprimiert, ignoriert er ihn nicht. Die beiden Ausnahmen sind Anfangs- und End-»Leerräume« in einer Zeile.

■ **/nnnn**: Gibt die Anzahl der Zeilen an, welche übereinstimmen müssen, nachdem **FC** einen Unterschied zwischen den Dateien gefunden hat. Ist die Anzahl von übereinstimmenden Zeilen in den Dateien geringer als diese Zahl, zeigt **FC** die übereinstimmenden Zeilen als Unterschiede an. Standardwert ist 2.

Anmerkung

■ **FC** zeigt Unterschiede folgendermaßen:
Es zeigt den ersten Dateinamen an, gefolgt von den unterschiedlichen Zeilen, dann die erste gleiche Zeile. Dann folgt der zweite Dateiname, gefolgt von den unterschiedlichen Zeilen, zuletzt die erste Zeile, die übereinstimmt.

```
***** DATEI1.SQ
   10: Zeile 1 verschieden
   11: Zeile 2 verschieden
   12: Gleiche Zeile 3
***** DATEI2.SQ
   10: Unterschiedliche Zeile 1
   11: Unterschiedliche Zeile 2
   12: Gleiche Zeile 3
*****
```

Beispiele

```
FC /A MONAT.BER VERKAUF.BER
```
vergleicht die beiden Textdateien MONAT.BER und VERKAUF.BER.

```
FC /B GEWINN.EXE EINNAHME.EXE
```
stellt bei den zwei Programmdateien GEWINN.EXE und EINNAHME.EXE fest, ob sie identisch sind.

5.3

5.4 Dateien löschen und wiederherstellen

Dateien können mit **DEL** oder **ERASE** gelöscht werden. Beide Befehle sind identisch. Gelöschte Dateien können mit **UNDELETE** wiederhergestellt werden.

Dateien löschen *DEL (ERASE)*
intern

DEL (oder **ERASE**) löscht im angegebenen Laufwerk und Verzeichnis alle Dateien mit dem entsprechenden Dateinamen.

DEL [*laufwerk:*][*pfad*]*dateiname* [/**P**]

oder

ERASE [*laufwerk:*][*pfad*]*dateiname* [/**P**]

- *laufwerk*: Ist das Laufwerk.
- *pfad*: Ist der Pfad, der die Datei(en) enthält.
- *dateiname*: Gibt die Datei oder die Gruppe von Dateien (bei Verwendung von Stellvertreterzeichen) an, die gelöscht werden sollen.
- /**P**: Fordert vor jedem Löschen zu einer Bestätigung auf.

Anmerkungen

- Mit Hilfe der Stellvertreterzeichen * und ? können mehrere Dateien gleichzeitig gelöscht werden. Diese Methode zum Löschen von Dateien ist zwar praktisch, kann jedoch auch gefährlich sein; es ist daher angebracht, Stellvertreterzeichen mit Vorsicht zu benutzen.
- **DEL** zeigt vor dem Löschen nicht die Dateien an, auf die ein Muster mit Stellvertreterzeichen zutrifft und die damit gelöscht werden.
  Sinnvoll ist folgende Befehlseingabe:
  `DIR *.TXT`
  zeigt alle Dateien mit der Erweiterung .TXT an. Falls alle gelöscht werden sollen:
  `DEL` [F3] ergibt `DEL *.TXT`
  verhindert Schreibfehler beim Dateinamen (siehe 1.4).
- Wird /**P** angegeben, wird vor jeder Löschung eine Sicherheitsabfrage durchgeführt.
  `<dateiname>    Löschen(J/N)?`
  - ▷ [J] löscht die angezeigte Datei.
  - ▷ [N] übergeht die Datei, die nächste Datei wird angezeigt.
- Wenn als *dateiname* *.* eingegeben wird, erscheint die Frage:
  `Alle Dateien im Verzeichnis werden gelöscht!`
  `Sind Sie sicher (J/N)?`

5.4

> ▶ J löscht alle Dateien auf der betreffenden Diskette oder Festplatte im momentanen oder angegebenen Verzeichnis.
>
> ▶ N bricht das Löschen ab.

▧ Um alle Dateien in einem anderen Verzeichnis zu löschen, muß hinter **DEL** der Verzeichnisname eingegeben werden.

▧ Versehentlich gelöschte Dateien können mit **UNDELETE** wieder restauriert werden.

Beispiele

```
DEL URLAUB
```
löscht die Datei mit dem Namen URLAUB.

```
DEL URLAUB.*
```
löscht gleichzeitig alle Dateien mit dem Namen URLAUB (zum Beispiel URLAUB.FEB, URLAUB.APR usw.).

```
DEL \TEXTE\BRIEF*.TXT
```
löscht alle Dateien im Verzeichnis \TEXTE, die mit BRIEF beginnen und die Erweiterung .TXT haben.

```
DEL \TEXTE\BRIEF*.TXT /P
```
gibt vor jeder Löschung eine Sicherheitsabfrage aus.
```
\TEXTE\BRIEF1.TXT,      Löschen (J/N)?n
\TEXTE\BRIEF2.TXT,      Löschen (J/N)?
```

5.4

Dateien wiederherstellen   UNDELETE
                                                extern

Mit dem Befehl können gelöschte Dateien wiederhergestellt werden.

UNDELETE [*lfw:*][*pfad*]*dateiname*] [/**LIST**] [/**ALL**] [/**DT**|/**DS**|/**DOS**] [/**LOAD**] [/**UNLOAD**] [/**PURGE**[*lfw:*]] [/**STATUS**] [/**S**[*lfw:*]] [/**T**[*lfw:*]]

▧ *lfw*: Gibt den Datenträger an.

▧ *pfad*: Verzeichnis, in das Dateien wiederhergestellt werden sollen.

▧ *dateiname*: Dateispezifikation der gelöschten Dateien.

▧ /**LIST**: Listet alle Dateien des aktuellen Verzeichnisses auf, die wiederhergestellt werden können.

▧ /**ALL**: Stellt alle Dateien ohne eine Bestätigungsaufforderung wieder her. Es wird die Löschverfolgungsdatei verwendet.

▧ /**DT**: Stellt nur Dateien wieder her, die in der Löschverfolgungsdatei aufgezeichnet wurden.

▧ /**DS**: Stellt Dateien wieder her, die über die Löschüberwachungsmethode im versteckten Verzeichnis *sentry* gespeichert wurden.

▧ /**DOS**: Stellt die Dateien nur aufgrund der von MS-DOS bekannten Informationen wieder her (Verzeichnis und FAT). Bei jeder gefundenen Datei erfolgt eine Bestätigungsaufforderung.

▧ /**LOAD**: Lädt **UNDELETE** für Löschschutz in den Speicher.

▓ **/UNLOAD**: Entfernt **UNDELETE** aus dem Speicher.
▓ **/PURGE**[*lfw:*]: Löscht alle Dateien im Löschüberwachungsverzeichnis des angegebenen Laufwerks.
▓ **/STATUS**: Zeigt an, für welche Laufwerke welche Löschmethode eingerichtet wurde.
▓ **/S**[*lfw:*]: Löschüberwachung wird für das angegebene Laufwerk eingerichtet.
▓ **/T**[*lfw:*]: Löschschutz wird für das angegebene Laufwerk eingerichtet.

Methoden des Löschschutzes und Dateiwiederherstellung

UNDELETE kennt drei unterschiedliche Methoden, um Dateien wiederherzustellen:
  ▷ Verzeichniseintrag von DOS über Parameter /**DOS**.
  ▷ Löschverfolgungsdatei über Parameter /**T**.
  ▷ Löschüberwachungsmethode über Parameter /**S**.
▓ Die Einstellungen für die Wiederherstellung wird in der Datei UNDELETE.INI festgelegt (siehe weiter unten).

Wiederherstellung über Verzeichniseintrag
DOS entfernt beim Löschen einer Datei nicht die Daten selbst, sondern markiert nur den ersten Buchstaben im Verzeichniseintrag. Bei der Wiederherstellung über die DOS-Methode erfolgt eine Abfrage nach dem ersten Dateibuchstaben. Wird dieser eingegeben, kann **UNDELETE** über die noch vorhandenen Zuordnungen die Datei unter Umständen wiederherstellen.
▓ Da durch weitere Schreibvorgänge die freigewordenen Datenbereiche eventuell bereits überschrieben wurden, sollte **UNDELETE** sofort angewendet werden, wenn eine Datei gelöscht wurde. Spätere Wiederherstellungsversuche sind selten erfolgreich.

Wiederherstellung über Löschverfolgungsdatei
Durch den Aufruf von **UNDELETE** mit dem Parameter /T wird der Befehl resident installiert und überwacht sämtliche Löschungen von Dateien. Die Namen der Dateien werden in der Datei PCTRACK.DEL gespeichert. Diese verwendet **UNDELETE** bei der Wiederherstellung von Dateien.
▓ Auch bei dieser Methode werden die Datenbereiche gelöschter Dateien nicht vor dem Überschreiben geschützt. Jedoch wird der komplette Dateiname gespeichert und für die Wiederherstellung verwendet.

Wiederherstellung über Löschüberwachungsmethode
Durch den Aufruf von **UNDELETE** mit dem Parameter /S wird der Befehl resident installiert und überwacht sämtliche Löschungen von Dateien. Auf den angegebenen Laufwerken wird das unsichtbare Ver-

5.4

zeichnis \SENTRY angelegt. In dieses verlagert **UNDELETE** eine Datei, die gelöscht wird.

▪ Löschungen bei dieser Methode werden zwar langsam durchgeführt, da die angegebenen Dateien erst in das Verzeichnis \SENTRY verlagert werden müssen. Gleichzeitig stellt diese Methode die sicherste Methode dar, um gelöschte Dateien wiederzugewinnen. Der durch \SENTRY belegte Speicherplatz wird nach einer bestimmten Anzahl von Tagen gelöscht oder wenn ein angegebener Prozentsatz an belegtem Speicherplatz überschritten wird.

▪ Werden plattenintensive Programme wie Windows eingesetzt, so sollte diese Löschmethode gewählt werden, da bei den anderen Methoden der durch die Löschung freigewordene Speicherplatz sehr schnell überschrieben wird.

Anmerkungen

▪ /DT, /DS und /DOS schließen sich als Parameter gegenseitig aus.

▪ Wird /**DOS** verwendet, wird eine vorhandene Löschüberwachung ignoriert.

▪ Im Gegensatz zur Wiederherstellung mit /**DOS** müssen bei der Methode /**DS** und /**DT** keine Buchstaben für das erste Zeichen im Dateinamen angegeben werden, da hier die Informationen aus der Löschüberwachung verwendet werden.

▪ /**ALL** setzt vor jede gefundene und erfolgreich wiederhergestellte Datei das Zeichen »#«, wenn keine Löschverfolgungsdatei oder das Löschüberwachungsverzeichnis verwendet wird. Ist ein solcher Dateiname bereits vorhanden, wird versucht, eines der Zeichen "#%&-0123456789ABCDEFGHIJKLMNOPQRSTUVWXYZ" zu verwenden. Die Zeichen werden in der angegebenen Reihenfolge verwendet.

▪ **UNDELETE** kann keine gelöschten Verzeichnisse, bzw. Dateien aus gelöschten Verzeichnissen wiederherstellen. Es kann eventuell versucht werden, mit **UNFORMAT** die Verzeichnisstruktur wiederherzustellen. Hierbei werden jedoch nur die oberste Hierachie und keine darunterliegenden Verzeichnisse wiederhergestellt. **UNFORMAT** ist jedoch mit Vorsicht anzuwenden, um unkontrollierte Datenverluste zu vermeiden. In der Windows-Version kann nach gelöschten Dateien gesucht werden, so daß auch Dateien in gelöschten Verzeichnissen wiederherstellbar sind.

▪ **UNDELETE** kann nicht unter der DOS-Shell angewendet werden, wenn die Programmumschaltung aktiviert wurde.

▪ Ist die Datei UNDELETE.INI nicht vorhanden, wird diese beim ersten Aufruf von **UNDELETE** mit Standardparametern im DOS-Ver-

5.4

zeichnis angelegt oder in dem durch die Umgebungsvariable
MSDOSDATA festgelegten Laufwerk/Verzeichnis.

▪ Die Datei UNDELETE.INI hat mehrere Einträge, die auch manuell
über **EDIT** geändert werden können. Die einzelnen Abschnitte werden
durch »[ ]« voneinander getrennt.

[configuration]
ARCHIVE=FALSE
> Archivdateien werden nicht gespeichert.

DAYS=7
> Dateien werden nach 7 Tagen gelöscht.

PERCENTAGE=20
> 20% des Datenträgers werden für die Löschüberwachung mit /**S**
> belegt. In dem Verzeichnis werden die gelöschten Dateien aufge-
> hoben, bis diese mit /**PURGE**, aufgrund des Verfallsdatums oder
> wegen Überschreitung des reservierten Platzes gelöscht werden.

[sentry.drives]
> Gibt die zu überwachenden Laufwerke an. Der Eintrag wird durch /**S**
> gesteuert.

C=
D=
> Die Löschüberwachung ist für Laufwerk C: und D: aktiviert. Der
> Eintrag entspricht den Parametern /**SC** /**SD**.

[mirror.drives]
> Gibt die zu überwachenden Laufwerke an. Der Eintrag wird durch /**T**
> gesteuert.

C=500
D=100
> Die Löschverfolgung ist für Laufwerk C mit 500 Einträgen und für
> Laufwerk D mit 100 Einträgen aktiviert.

[sentry.files]
> In dem Abschnitt wird angegeben, welche Dateien überwacht wer-
> den sollen und welche nicht.

S_files=*.* -*.TMP -*.BAK
> *.* schließt alle Dateien ein, -*.TMP und -*.BAK schließt die Datei-
> type TMP und BAK von der Überwachung aus.

[defaults]
d.sentry=FALSE
d.tracker=TRUE
> Gibt an, welche Löschutzmethode aktiviert ist. Die Angaben schlie-
> ßen sich gegenseitig aus.
> d.sentry entspricht Datenüberwachung mit /**S**.
> d.tracker entspricht Löschverfolgung.

5.4

Anwendung

Anzeigen der wiederherstellbaren Dateien. Es werden sowohl die Einträge in der Löschverfolgungsdatei als auch im Löschüberwachungsverzeichnis berücksichtigt.

```
[C:\]undelete /list

UNDFLETC - Einrichtung eines Löschschutzes
Copyright (C) 1987-1993 Central Point Software, Inc.
Alle Rechte vorbehalten.

Verzeichnis: C:\
Dateiangaben: *.*

      Die Kontrolldatei der Löschüberwachung enthält    2 gelöschte Dateien.

      Die Datei des Löschprotokolls enthält    4 gelöschte Dateien.
      Von diesen haben   4 Dateien alle Zuordnungseinheiten verfügbar,
                         0 Dateien einige Zuordnungseinheiten verfügbar,
                         0 Dateien haben keine Zuordnungsdatei verfügbar.

      Das MS-DOS-Verzeichnis enthält    2 gelöschte Dateien.
      Von diesen können   1 Dateien wahrscheinlich wiederhergestellt werden.

Die Löschüberwachung wird verwendet.

      TEST     TXT     4 14.03.93 18:42  ...A Gelöscht: 14.03.93 18:43
      TEST     TXT     3 14.03.93 18:43  ...A Gelöscht: 14.03.93 18:43
[C:\]
```

5.4

Die Dateien sollen über DOS-Aufzeichnungen wiederhergestellt werden.

```
[D:\]undelete /dos

UNDELETE - Einrichtung eines Löschschutzes
Copyright (C) 1987-1993 Central Point Software, Inc.
Alle Rechte vorbehalten.

Verzeichnis: D:\
Dateiangaben: *.*

      Die Kontrolldatei der Löschüberwachung wurde nicht gefunden.

      Datei für Löschprotokoll nicht gefunden.

      Das MS-DOS-Verzeichnis enthält    6 gelöschte Dateien.
      Von diesen können   6 Dateien wahrscheinlich wiederhergestellt werden.

Das MS-DOS-Verzeichnis wird verwendet.

      ?EXT004  BLD  4000 14.03.93 10:25  ...A Wiederherstellen (J/N)?j
      Geben Sie den ersten Buchstaben des Dateinamens ein: ?EXT004 .BLD: t

Datei erfolgreich wiederhergestellt.

      ?EXT002  TXT  5248 14.03.93 10:36  ...A Wiederherstellen (J/N)?
```

Dateien wiederherstellen

MWUNDEL
Windows

Undelete

Die Programmgruppe »Microsoft Hilfsmittel« wurde bei der
Installation (wenn angegeben wurde, daß Windows-
Programme mit installiert werden sollen) bereits angelegt.
Doppelklick auf das Icon startet MWUNDEL bzw.
»Undelete«. Im Bild sind die Funktionen aufgeführt. Weitere Hilfe ist im
Menü **HILFE** zu finden.

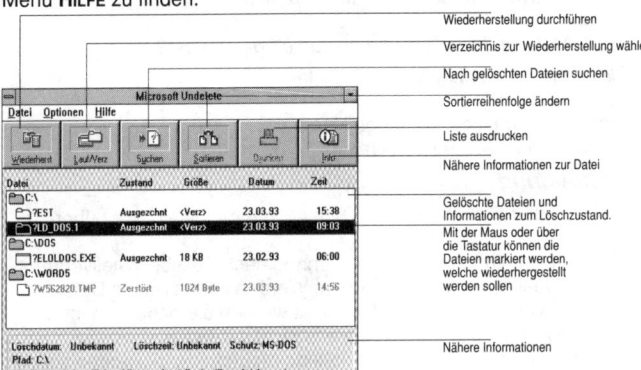

Wiederherstellung durchführen

Verzeichnis zur Wiederherstellung wählen

Nach gelöschten Dateien suchen

Sortierreihenfolge ändern

Liste ausdrucken

Nähere Informationen zur Datei

Gelöschte Dateien und
Informationen zum Löschzustand.
Mit der Maus oder über
die Tastatur können die
Dateien markiert werden,
welche wiederhergestellt
werden sollen

Nähere Informationen

5.4

Verweise

Bearbeitungstasten und Zeilenspeicher **1.4**, Defragmentierung **3.6**,
Dateien löschen und wiederherstellen **5.4**.

5.5 Dateien umbenennen

Dateien umbenennen	*REN (RENAME)*
	intern

Mit **REN** können Dateien umbenannt werden.

REN [*laufwerk:*][*pfad*]*dateiname1 dateiname2*
oder
RENAME [*laufwerk:*][*pfad*]*dateiname1 dateiname2*

- *laufwerk*: Ist das Laufwerk der Datei.
- *pfad*: Ist der Pfad.
- *dateiname1*: Ist der bisherige Name.
- *dateiname2*: Ist der neue Name.

Beschreibung

5.5

- **REN** ändert die Namen aller Dateien, die mit *dateiname1* übereinstimmen.
- In jeder Dateinamens-Angabe können nach Belieben Stellvertreterzeichen (* oder ?) verwendet werden. Werden beim zweiten Dateinamen Stellvertreterzeichen verwendet, werden die entsprechenden Zeichenpositionen des ersten Namens nicht verändert.
- Falls in einen vorhandenen Dateinamen umbenannt werden soll, erscheint: Doppelt vorhandener Dateiname oder Datei nicht gefunden
- Laufwerksbezeichnungen bei *dateiname2* bleiben unberücksichtigt, da nicht in verschiedenen Laufwerken umbenannt werden kann.

Beispiele

```
REN *.TXT *.DOC
```
benennt alle Dateien, die mit der Erweiterung .TXT enden, in die Erweiterung .DOC um.

```
REN B:KAP10 TEIL10
```
benennt eine Datei mit dem Namen KAP10 (im Laufwerk B) in TEIL10 um. Die Datei mit dem neuen Namen TEIL10 bleibt auf der Diskette im Laufwerk B bestehen.

```
REN KAP1*.TXT ???2*.*
```
benennt alle Dateien KAP1 mit der Erweiterung .TXT so um, daß an der vierten Stelle 2 steht und alle anderen Zeichen unverändert bleiben.

```
REN \TEST\KAP1.TXT \TEST\KAP2.TXT
```
Erzeugt einen Fehler, da Verzeichnisnamen im Dateinamen nicht verwendet werden können.

5.6 Dateiattribute

Dateiattribute kennzeichnen Dateien, so daß bestimmte Befehle sie nach diesen auswählen. Folgende Befehle nutzen Dateiattribute:

▨ Mit **ATTRIB** werden Dateiattribute gesetzt, gelöscht oder angezeigt.

▨ Mit **XCOPY** kann das Kopieren auf solche Dateien eingeschränkt werden, die das Archivierungsattribut gesetzt haben (siehe 5.2).

▨ Mit **BACKUP** und **RESTORE** können solche Dateien gesichert bzw. wiederhergestellt werden, die das Archivierungsattribut gesetzt haben (siehe 5.9).

▨ Mit **DIR** kann die Anzeige auf Dateien mit einem bestimmten Attribut eingeschränkt werden.

Dateiattribute ändern   *ATTRIB*   *extern*

Mit **ATTRIB** werden die Attribute für Schreibschutz und Archivierung von ausgewählten Dateien in einem Verzeichnis angezeigt oder geändert.

5.6

    ATTRIB [+R|–R] [+A|–A] [+S|–S] [+H|–H] [*lfw:***][***pfad***]***dateiname* [/S]

▨ **+**: Setzt das Attribut einer Datei.

▨ **–**: Löscht das Attribut einer Datei.

▨ **R**: Attribut einer schreibgeschützten Datei.

▨ **A**: Attribut einer zu archivierenden Datei.

▨ **S**: Attribut einer Systemdatei.

▨ **H**: Attribut einer versteckten Datei.

▨ *lfw*: Ist das Laufwerk.

▨ *pfad*: Ist der Pfad mit den gewünschten Dateien.

▨ *dateiname*: Ist der Dateiname der zu verändernden oder anzuzeigenden Datei(en). Hier können Stellvertreterzeichen verwendet werden.

▨ **/S**: Bewirkt, daß alle Dateien im momentanen Verzeichnis und in den Unterverzeichnissen verarbeitet werden.

Beschreibung

ATTRIB setzt Schreibschutz- und/oder Archivierungsattribute der Datei bzw. der Dateien, die angegeben sind.

Die Attribute dieser Dateien, die mit dem Dateinamen übereinstimmen, werden aufgrund der angegebenen Zusätze angezeigt und geändert.

ATTRIB *dateiname*

ohne Attributangabe werden die Attribute der angegebenen Dateien angezeigt.

```
   SH      C:\IO.SYS
   SH      C:\MSDOS.SYS
      R    C:\WINA20.386
A          C:\AUTOEXEC.BAT
A          C:\COMMAND.COM
A  S       C:\PCTRACKR.DEL
A  SHR     C:\MIRORSAV.FIL
A  R       C:\MIRROR.FIL
A  SH      C:\SD.INI
A          C:\TREEINFO.NCD
A          C:\CONFIG.SYS
```

Anmerkungen

▨ Die Einstellung des Schreibschutzattributs einer Datei verhindert ihr versehentliches Löschen oder Ändern.

▨ Bei den Befehlen **BACKUP**, **RESTORE** und **XCOPY** dient das Archivierungsattribut als Steuermechanismus. Mit den Optionen **+A** und **–A** können Dateien markiert werden, die bei folgenden Befehlen verwendet werden können:

BACKUP Sichert solche Dateien mit dem Zusatz **/M** (siehe 5.9).

XCOPY Kopiert solche Dateien mit den Zusätzen **/M** und **/A** (siehe 5.2).

▨ Dateiattribute **S** oder **H** müssen erst gelöscht werden, wenn andere Attribute bei dieser Datei gesetzt werden sollen. Wird trotzdem versucht, das Attribut zu setzen, wird eine Meldung ausgeben.

Beispiele

```
ATTRIB
```

zeigt die Attribute aller Dateien im aktuellen Verzeichnis

```
ATTRIB NEU88
```

zeigt die Attribute der Datei mit der Bezeichnung NEU88 auf dem Standardlaufwerk.

```
ATTRIB +R BERICHT.TXT
```

setzt das Schreibschutzattribut der Datei BERICHT.TXT.

```
ATTRIB –R B:\VERW\PETE /S
```

hebt den Schreibschutz im Verzeichnis \VERW\PETE in Laufwerk B sowie in den Dateien in sämtlichen Unterverzeichnissen auf.

Fallbeispiel: Es wird eine Diskette benötigt, die alle Dateien im Standardverzeichnis der Diskette im Laufwerk A enthält, mit Ausnahme der

Dateien mit der Erweiterung .BAK (diese enthalten alte Kopien von bearbeiteten Dateien).

```
ATTRIB +A A:*.*
```

setzt das Archivierungsattribut für alle Dateien.

```
ATTRIB -A A:*.BAK
```

löscht das Archivierungsattribut für alle Dateien mit der Erweiterung .BAK.

```
XCOPY A: B: /M
```

kopiert alle Dateien mit gesetztem Archivierungsattribut von Laufwerk A nach B und setzt gleichzeitig das Archivierungsattribut der Quelldateien wieder zurück.

oder

```
XCOPY A: B: /A
```

kopiert alle Dateien mit gesetztem Archivierungsattribut von Laufwerk A nach B und ändert das Archivierungsattribut nicht.

Verweise

Verzeichnisse anzeigen **4.3**, Dateien kopieren und verschieben **5.2**, Datensicherung **5.9**.

5.6

5.7 Dateiöffnen beschleunigen

Alle Anwendungsprogramme müssen Dateien eröffnen. Das Eröffnen selbst kann, falls es sehr oft vorkommt, zeitaufwendig werden. **FASTOPEN** beschleunigt dieses Öffnen.

Dateiöffnen beschleunigen	***FASTOPEN***
	extern/resident/nicht im Netz

FASTOPEN verkürzt die Zeit zum Eröffnen von häufig benutzten Dateien und Verzeichnissen.

> **FASTOPEN** *laufwerk:*[[=*nnn*] [*laufwerk:*[=*nnn*]] [...]] /**X**

▨ *laufwerk:* Gibt das Laufwerk an, in dem sich die Dateien befinden.

▨ *nnn:* Ist die Anzahl der Dateien pro Diskette oder Festplatte, über die Informationen gespeichert werden sollen. *nnn* ist eine Zahl zwischen 10 und 999, Standard ist 48.

▨ /**X**: Installiert den Puffer im Expanded Memory.

Anmerkungen

▨ Wird der Befehl in der CONFIG.SYS verwendet, muß
`INSTALL=FASTOPEN.EXE ....`
verwendet werden.

▨ **FASTOPEN** merkt sich die genaue Stelle von Dateien und Verzeichnissen auf einer Festplatte zum raschen Zugriff. Beim nächsten Zugriff kann dann schneller auf die Datei zugegriffen werden.

▨ In komplexen Verzeichnisstrukturen kann sich hier ein Geschwindigkeitsvorteil bemerkbar machen.

▨ **FASTOPEN** funktioniert nur auf Festplatten und kann nicht über ein Netz arbeiten. **FASTOPEN** kann gleichzeitig mit maximal 24 Festplatten verwendet werden. Für jede Festplatte kann **FASTOPEN** *nnn* Dateien oder Verzeichnisse speichern.

▨ Die Angabe von *nnn* kann jeweils unabhängig voneinander angegeben werden.

▨ **FASTOPEN** kann nur einmal aufgerufen werden. Um die Einstellungen für **FASTOPEN** zu ändern, muß DOS neu gestartet werden.

▨ **FASTOPEN** benötigt einen Speicher von 48 Byte für jede gespeicherte Dateien- oder Verzeichnisstelle, die mit dem Parameter *nnn* angegeben wurde.

▨ Wird der Parameter /**X** verwendet, muß der Treiber für Expanded Memory vor der Installation von **FASTOPEN** installiert werden.

5.7

░ **FASTOPEN** kann mit dem Installationsbefehl **INSTALL** bereits in der CONFIG.SYS-Datei installiert werden.

░ Der Wert von *nnn* hat nichts mit der Angabe **FILES=** in der CONFIG.SYS-Datei zu tun.

░ **FASTOPEN** darf nicht für Laufwerke, die mit dem Befehl **SUBST** definiert wurden, sowie für Netzwerklaufwerke angewendet werden.

░ Der Wert von *nnn* muß größer als die Anzahl der vorhandenen Verzeichnisebenen sein.

░ Werden mehrere Laufwerke angegeben, darf *nnn* zusammen für alle Laufwerke den Wert von 999 nicht überschreiten.

░ **FASTOPEN** kann im Expanded Memory nicht ausgeführt werden, wenn:

  ▹ Kein Speicherplatz mehr vorhanden ist.
  ▹ Die Angabe von *nnn* zu groß ist.
  ▹ Der Puffer eine EMS-Seite (16 Kbyte) überschreitet.

░ Wird die Fragmentierung der Festplatte mit **DEFRAG** aufgehoben, muß der Rechner anschließend neu gestartet werden, da die Zuordnungen, die sich **FASTOPEN** gemerkt hat, unter Umständen nicht mehr mit dem tatsächlichen Speicherort übereinstimmen.

░ Ist **SMARTDRV** installiert, kann auf **FASTOPEN** auch verzichtet werden, da kein nennenswerter Geschwindigkeitsvorteil zu verzeichnen ist.

5.7

Beispiel

DOS soll sich die Position von bis zu 100 Dateien auf dem Laufwerk C merken:

    FASTOPEN C:=100

Es sollen 100 Datei- und Verzeichnispuffer im Expanded Memory für die Festplatte C: eingerichtet werden:

    FASTOPEN C:=100 /X

Die Installation des vorherigen Befehls soll in CONFIG.SYS vorgenommen werden.

    INSTALL=C:\DOS\FASTOPEN.EXE C:=100 /X

Verweise

Festplattencache **3.8**, Gerätetreiber **8.4**.

5.8 Dateiinhalte anzeigen und drucken

Dateiinhalte können mit den verschiedensten Befehlen und Programmen angezeigt und gedruckt werden. Hier eine Übersicht der Befehle mit ihren Funktionen sowie Verweisen auf die Kapitel, in denen diese Befehle detailliert beschrieben werden.

Übersicht: Dateiinhalt anzeigen

TYPE zeigt eine Textdatei am Bildschirm an
(Siehe 6.7) Der Inhalt einer Textdatei erscheint am Bildschirm. Die Anzeige kann mit ⌈Pause⌉ angehalten und mit einer beliebigen Taste fortgesetzt werden.

EDIT ermöglicht das Bearbeiten von Textdateien
(Siehe 10) Damit können Textdateien gelesen und verändert werden.

Übersicht: Dateiinhalt drucken

5.8

PRINT druckt den Inhalt einer Textdatei auf dem Drucker
(Siehe 6.7) Der Ausdruck erfolgt im Hintergrund, so daß während des Druckens gearbeitet werden kann.

TYPE mit Datenumlenkung druckt eine Textdatei aus
(Siehe 6.2) Mit Datenumlenkung können alle Bildschirmausgaben auf ein anderes Gerät wie zum Beispiel einen Drucker (oder eine Datei) umgelenkt werden.

COPY *dateiname* **PRN druckt auf dem Drucker**
(Siehe 5.2) Kopieren zu einem Gerät wie dem Drucker druckt den Inhalt einer Textdatei aus.

Dateien von Anwendungsprogrammen drucken
Viele Dateien von Anwendungsprogrammen sind keine »reinen« Textdateien, sondern enthalten zusätzlich Steuerzeichen für bestimmte Funktionen. Solche Dateien lassen sich normalerweise nicht mit einem der o.a. Befehle ausdrucken, sondern sollten mit dem jeweiligen Anwendungsprogramm gedruckt werden.

5.9 Datensicherung

Sichern von Dateien und Disketten ist eine grundlegende Sache, da nie
eine Garantie dafür vorhanden ist, daß Daten, die auf einer Diskette
oder Festplatte gesichert sind, nicht versehentlich gelöscht oder zerstört
werden können.

! Regelmäßige Datensicherung ist unbedingt zu empfehlen !

Übersicht: Datensicherung

Disketten kopieren mit DISKCOPY

(Siehe 3.3) Disketten werden insgesamt kopiert und sollten an verschiedenen Stellen abgelegt werden. Festplatten können so nicht
kopiert werden.

Dateien kopieren mit COPY

(Siehe 5.2) Einzelne Dateien wie Text- oder Programmdateien können mit **COPY** auf Disketten gesichert werden. Diese Disketten
werden an einem sicheren Platz abgelegt und stehen dann bei
Bedarf noch zur Verfügung.

Dateien kopieren mit XCOPY

(Siehe 5.2) **XCOPY** kopiert Dateien und Unterverzeichnisse. Damit
kann eine vollständige Unterverzeichnisstruktur von einem Projekt
auf eine Diskette kopiert werden, falls der Umfang nicht zu groß ist.

Dateien sichern mit MSBACKUP und RESTORE

(In diesem Kapitel) **MSBACKUP** sichert bei Bedarf den Inhalt einer
gesamten Festplatte auf verschiedene Disketten und ist damit der
einzige DOS-Befehl, der Kopien auf verschiedene Disketten ver-
teilen kann. Damit können auch Dateien gesichert werden, die als
einzelne Datei schon mehr Speicherplatz benötigen als auf eine
Diskette paßt; Datenbankdateien können zum Beispiel oft so groß
werden. Der **RESTORE**-Befehl dient jedoch lediglich dazu, um Sicherungen, die mit einer früheren Version von DOS und dem alten
Befehl **BACKUP** gemacht wurden, wiederherstellen zu können.

Wichtig:

Falls wichtige Dateien eines Projekts vor dem Löschen von der
Festplatte auf Disketten gesichert werden, sollte man auf jeden Fall
die Sicherungsdisketten kopieren (mit **DISKCOPY**), bevor die Daten
von der Festplatte endgültig gelöscht werden. Auch Disketten können fehlerhaft sein, und in diesem Fall wäre die ganze Datensicherung nutzlos gewesen.

Zur weiteren Sicherheit können mehrere Sätze von Disketten an
verschiedenen Orten aufbewahrt werden.

5.9

Dateien sichern und wiederherstellen   **MSBACKUP**
extern

Mit **MSBACKUP** steht ein leistungsfähiges Programm zur Datensicherung zur Verfügung. Über Profil-Dateien können bestimmte Laufwerke, Verzeichnisse oder Dateien zur Sicherung ausgewählt werden.

    MSBACKUP [*profil-datei*] [**/BW** | **/LCD** | **/MDA**]

▩   In einer *profil-datei* werden Dateien für die Sicherung bestimmt. Die Dateien haben die Namenserweiterung .SET. Standardmäßig wird DEFAULT.SET verwendet.

▩   **/BW**: Startet **MSBACKUP** im Schwarz-Weiß-Modus.

▩   **/LCD**: Startet **MSBACKUP** in einem Modus für die LCD-Anzeige auf Laptops.

▩   **/MDA**: Startet **MSBACKUP** unter Verwendung eines Schwarz/Weiß-Bildschirmadapters.

▩   Standardmäßig werden die Konfiguration, die Profildateien sowie die Sicherungsprotokolle in dem Verzeichnis gespeichert, in dem auch **MSBACKUP** gespeichert ist. Über die DOS-Variable **MSDOSDATA** kann ein alternatives Verzeichnis angegeben werden.

```
SET MSDOSDATA=C:\BACKUP.LOG
```

Das Verzeichnis muß vor der Anwendung von **MSBACKUP** mit **MD** angelegt werden.

Anmerkungen

▩   **MSBACKUP** benötigt zur Ausführung mindestens 512 Kbyte freien Hauptspeicher.

▩   **MSBACKUP** kennt drei verschiedene Sicherungsprinzipien:

▶   KOPIE: Sichert alle angegebenen Dateien auf einen Satz Disketten, ohne das Archiv-Bit zu setzen. (Namenserweiterung .FUL im Katalog)

▶   ZUWACHS: Fügt einem Satz Sicherungsdisketten die angegebenen Dateien hinzu. (Namenserweitung .INC im Katalog)

▶   DIFFERENTIAL: Sichert nur Dateien, bei denen das Archivbit gesetzt wurde. (Namenserweitung .DIF im Katalog)

▩   Über **MSBACKUP** werden auch Dateien wieder zurückgespeichert.

▩   Um größtmögliche Datensicherheit zu erhalten, kann nach der eigentlichen Sicherung ein Vergleich durchgeführt werden.

▩   Beim erstmaligen Aufruf wird eine automatische Konfiguration durchgeführt, bei der das Sicherungslaufwerk, Datenkompression usw. angegeben werden. Angaben können später jederzeit geändert werden.

5.9

Sicherungskatalog

In den Sicherungskatalogen werden Informationen über die gesicherten
Dateien mitprotokolliert. Um Dateien zurückzuspeichern, werden diese
aus dem Sicherungskatalog ausgewählt. **MSBACKUP** fordert dann den
entsprechenden Diskettensatz an.

Folgende Informationen werden im Sicherungskatalog gespeichert:
- Verzeichnisstruktur der gesicherten Festplatte.
- Namen, Größe und Attribute der ausgewählten Dateien.
- Gesamtzahl der Dateien.
- Gesamtgröße der Sicherung.
- Name der verwendeten Profil-Datei.
- Datum der Sicherung.

Die Katalogdateien bekommen eine spezielle Bezeichnung, die auch
den verwendeten Disketten gegeben werden sollte, damit diese eindeutig identifiziert werden können.

z.B. XYJMMTTN.TYP

Zeichen Bedeutung

Zeichen	Bedeutung
X	Erstes gesichertes Laufwerk der Sicherung.
Y	Letztes gesichertes Laufwerk der Sicherung.
J	Letzte Zahl des Jahres aus dem Systemdatum z.B. 3 bei 1993.
MM	Monat der Sicherung aus dem Systemdatum.
TT	Tag der Sicherung aus dem Systemdatum.
N	Nummer der Sicherung am gleichen Tag. A steht für die erste Sicherung, B für die zweite usw. Die Durchnumerierung wird nur verwendet, wenn die Option »Alte Backup-Kataloge erhalten« eingeschaltet wurde.
TYP	Bezeichnet die Art der Sicherung. FUL = Vollsicherung INC = Zuwachssicherung DIF = Differentialsicherung

5.9

In einem Masterkatalog werden alle während eines Sicherungszyklus durchgeführten Sicherungen mitprotokolliert. Der Masterkatalog
wird jedesmal neu angelegt, wenn die Vollsicherung unter Verwendung
einer Profil-Datei durchgeführt wird.

Der Master-Katalog muß verwendet werden, wenn ein kompletter
Sicherungszyklus wiederhergestellt werden muß. Wird der Master-Ka-
talog geladen, werden alle zum Sicherungszyklus gehörenden Kataloge
zusammengeführt. Es können dann entweder alle letzten aktuellen
Dateien automatisch zurückgespeichert werden oder bestimmte
Dateien ausgewählt werden.

■ Es kann angegeben werden, ob alle Kataloge oder nur die aktuellen Kataloge auf der Festplatte gesichert werden sollen.

■ Eine Kopie des Sicherungskatalogs wird zusammen mit den gesicherten Dateien gespeichert. Der Katalog kann dann aufgrund der Sicherungsdisketten wiederhergestellt werden.

Bedienung von MSBACKUP

MSBACKUP kann sowohl über die Tastatur als auch mit der Maus bedient werden.

Mausbedienung

Schaltflächen bzw. Optionen werden durch Doppelklick aktiviert.

Tastatur

→|	Wechselt zwischen den Schaltflächen.
↵	Aktiviert die Schaltfläche.
Leertaste	Aktiviert/deaktiviert eine Option.

MSBACKUP konfigurieren

5.9

Während der Konfiguration fordert **MSBACKUP** zwei Disketten an, um eine Testsicherung durchzuführen.

Starten Sie MSBACKUP von der Eingabeaufforderung

Die Konfiguration wird automatisch aufgerufen und die einzelnen Konfigurationsschritte nacheinander durchgeführt.

Im ersten Konfigurationsfenster werden die Bildschirm- und Mausoptionen angegeben

Bei Verwendung eines EGA- oder VGA-Bildschirms können auch mehr als 25 Zeilen dargestellt werden.

Test des Diskettenwechsels

MSBACKUP prüft, ob Diskettenwechsel automatisch erkannt wird.

Geschwindigkeitstest

MSBACKUP prüft, mit welcher Geschwindigkeit auf dem Computer gearbeitet werden kann.

Testsicherung

Für die Testsicherung werden zwei Disketten benötigt. **MSBACKUP** fordert diese bei Bedarf an.

Sicherungsvergleich

MSBACKUP vergleicht die auf Diskette gespeicherten Daten mit denen auf der Festplatte. Zum Schluß wird ein Statusfenster über den Verlauf der Sicherung ausgegeben.

Konfiguration beenden

Wird die Schaltfläche »OK« gedrückt, wird die Konfiguration beendet und das Hauptmenü von **MSBACKUP** angezeigt. Es können jetzt Sicherungen durchgeführt werden.

Ausführung: Profil-Datei für Sicherung anlegen

Um bestimmte Sicherungen durchzuführen, können Profil-Dateien angelegt werden. Dadurch kann eine Sicherung einfach ohne Neuauswahl von Dateien durchgeführt werden. Es genügt, die Profil-Datei aufzurufen und die Sicherung zu starten.

Backup aus dem Hauptmenü aufrufen

Schaltfläche BACKUP VON auswählen
Das Laufwerk für die zu sichernden Dateien wird ausgewählt.

Schaltfläche DATEIEN AUSWÄHLEN aufrufen
Im Auswahlfenster können zu sichernde Dateien gewählt werden. Über die Schaltflächen INKLUSIVE bzw. EXKLUSIVE können Dateien einschließlich der Unterverzeichnisse in die Sicherung eingeschlossen bzw. ausgeschlossen werden.

OK drücken, um die Änderungen zu übernehmen
MSBACKUP kehrt in den Übersichtsbildschirm zurück. Neben der Schaltfläche DATEIEN AUSWÄHLEN wird die Anzahl der Dateien, der Gesamtumfang sowie die Anzahl der benötigten Dateien angezeigt.

Schaltfläche OPTIONEN auswählen
Über die Optionen kann über Parameter der Sicherungsverlauf bestimmt werden. Die Angaben werden für jede Profil-Datei durchgeführt.

▷ *Backup-Daten überprüfen* führt automatisch einen Vergleich der geschriebenen Daten durch.

▷ *Backup-Daten komprimieren* spart Diskettenplatz, verlangsamt jedoch den Sicherungslauf.

▷ *Backup-Satz durch Kennwort schützen* veranlaßt, daß auf die gesicherten Daten nur über das Kennwort zugegriffen werden kann.

▷ *Bestätigung vor Überschreiben* prüft, ob sich Daten auf den Sicherungsdisketten befinden und gibt ggf. eine Warnung aus.

▷ *Disketten formatieren* formatiert Disketten automatisch während der Sicherung.

▷ *Fehlerkorrektur für Disketten verwenden* versucht, Fehler auf den Disketten zu korrigieren.

▷ *Alte Backup-Kataloge erhalten* veranlaßt, daß ältere Kataloge aus vorangegangenen Sicherung gespeichert bleiben.

▷ *Akustisches Signal verwenden* weist durch einen Ton den Bediener auf Aktionen hin.

▷ *Nach Backup beenden* beendet **MSBACKUP** nach der Sicherung automatisch.

OK klicken, um die Option zu bestätigen

DATEI/SETUP SPEICHERN UNTER auswählen, um Profildatei zu speichern
Beim Speichern kann noch eine Beschreibung angegeben werden.

5.9

■ Die Profildateien können im Backup-Menü unter SETUP-DATEI ausgewählt werden. Die Datei DEFAULT.SET wird beim Starten automatisch gestartet, wenn keine andere Profil-Datei angegeben wurde.

Ausführung: Sicherung durchführen

MSBACKUP aufrufen und Schaltfläche BACKUP auswählen
Profil-Datei über SETUP-DATEI laden oder über DATEIEN AUSWÄHLEN zu
gewünschten Dateien für die Sicherung auswählen
Backup über BACKUP STARTEN beginnen
> Es wird ein Übersichtsbildschirm gezeigt, in dem der Sicherungs-
> verlauf mitprotokolliert wird.

Erste Diskette für Sicherung einlegen
> MSBACKUP fordert nacheinander die erforderlichen Disketten für
> die Datensicherung an.

Nach Beendigung der Sicherung Schaltfläche OK drücken
> MSBACKUP kehrt in den Backupbildschirm zurück oder beendet,
> wenn die Option »Nach Backup beenden« aktiviert wurde.

5.9   Ausführung: Sicherungskatalog ausdrucken

Das Sicherungsprotokoll kann ausgedruckt werden, wenn der entsprechende Katalog über Restore geladen wurde. Wahlweise kann das Protokoll auf dem Drucker ausgegeben oder in eine Datei geschrieben werden.

RESTORE im Hauptmenü aufrufen
> Übersichtsbildschirm für »Dateien wiederherstellen« wird angezeigt.

»Katalog« auswählen
Im Dateiauswahlfenster den gewünschten Sicherungskatalog aus-
wählen und LADEN drücken
DATEIEN AUSWÄHLEN drücken
> Der Bildschirm »Restore Dateien auswählen« wird angezeigt.

DRUCKEN und anschließend SETUP auswählen
> In dem Fenster kann der Druckeranschluß, die Zeilenzahl und als
> Option das Drucken in eine Datei gewählt werden.

OK drücken, um Setup zu beenden
OK drücken, um das Protokoll auszudrucken
OK drücken, um die Dateiauswahl zu beenden
ABBRECHEN drücken, um RESTORE zu beenden

Ausführung: Katalog wiederherstellen

Ein Katalog muß wiederhergestellt werden, wenn dieser von der Festplatte gelöscht wurde, aus einem Sicherungssatz jedoch Dateien
zurückgespeichert werden sollen.

■ Der Katalog muß unter anderem auch dann wiederhergestellt
werden, wenn von einem anderen Rechner Dateien über **MSBACKUP**

zurückgespeichert werden sollen. In diesem Fall ist kein Sicherungsprotokoll vorhanden und muß erst wiederhergestellt werden.

RESTORE im Hauptmenü aufrufen
KATALOG auswählen
EINLESEN wählen, um Katalog von Sicherungsdisketten zu lesen
Laufwerk auswählen, in dem sich Sicherungsdisketten befinden

> Der Katalog befindet sich auf der letzten Diskette des Sicherungs-
> satzes. Über die Option »Aufbauen« kann aus einem Sicherungs-
> satz ein Katalog aufgebaut werden.

MSBACKUP fordert entsprechende Disketten des Sicherungssatzes

> Wurde »Aufbauen« gewählt, muß nach der letzten Diskette die
> Abfrage nach weiteren Disketten mit »Nein« beantwortet werden.
> **MSBACKUP** legt den Katalog an und zeigt ein Übersichtsfenster.

Nach dem Einlesen bzw. Aufbauen des Katalogs wird eine .SET-Datei angelegt

> **MSBACKUP** zeigt an, in welchem Verzeichnis der Katalog gespei-
> chert wird.

Ausführung: Dateien wiederherstellen

5.9

Zum Wiederherstellen gesicherter Dateien, muß der erforderliche
Katalog geladen werden. Für das Wiederherstellen können entweder
alle oder ausgewählte Dateien verwendet werden.

RESTORE im Hauptmenü aufrufen
KATALOG auswählen und LADEN drücken

> Katalog bestimmt, welche Dateien wiederhergestellt werden sollen.

Bei Bedarf über »Restore auf« angeben, wo die Dateien gespei-chert werden sollen

> Für das Wiederherstellen kann folgendes ausgewählt werden:
>
> ▷ Original-Bereiche
> ▷ Andere Laufwerke
> ▷ Andere Verzeichnisse

DATEIEN AUSWÄHLEN drücken, um die Dateien für das Wiederher-stellen auszuwählen

> Im Verzeichnisfenster Doppelklick auf das Laufwerk, um alle
> Dateien auszuwählen oder im Dateifenster Doppelklick auf einzelne
> Dateien, um diese zu markieren.

OK drücken, um die Dateiauswahl zu beenden
RESTORE STARTEN, um das Wiederherstellen zu beginnen

> **MSBACKUP** fordert die benötigten Disketten an.
> Nach dem Wiederherstellen wird in einem Übersichtsfenster die
> Anzahl der Dateien und die Gesamtgröße des Restore angezeigt.

OK drücken, um das Wiederherstellen zu beenden

Dateien wiederherstellen   RESTORE
extern

RESTORE dient zur Wiederherstellung von Dateien, die mit **BACKUP** der DOS-Versionen 5.0 und früher, gesichert wurden.

RESTORE *lw1*: [*lw2*:][*pfad*]*dateiname* [/**S**] [/**P**] [/**A**:*datum*]
[/**B**:*datum*] [/**L**:*Zeit*] [/**E**:*zeit*] [/**M**] [/**N**] [/**D**]

▨   *lw1*: Ist das Laufwerk, das die gesicherten Dateien enthält.
▨   *lw2*: Laufwerk, auf dem die Dateien wiederhergestellt werden sollen.
▨   *pfad*: Pfad für die Dateien, die wiederhergestellt werden sollen.
▨   *dateiname*: Datei(en) oder das Namensmuster der Dateien, die wiederhergestellt werden sollen.
▨   /**S**: Dateien in Unterverzeichnissen werden auch wiederhergestellt.
▨   /**P**: Die Abfrage erscheint, ob schreibgeschützte Dateien, die der angegebenen Dateibezeichnung entsprechen, oder Dateien, die seit der letzten Sicherung geändert wurden, wiederhergestellt werden dürfen.
▨   /**A**:*datum*: Nur die am angegebenen Datum oder **später** geänderten Dateien werden wiederhergestellt.
▨   /**B**:*datum*: Nur die am angegebenen Datum oder **früher** geänderten Dateien werden wiederhergestellt.
▨   /**L**:*zeit*: Nur die zum angegebenen Zeitpunkt oder **später** geänderten Dateien werden wiederhergestellt.
▨   /**E**:*zeit*: Nur die zum angegebenen Zeitpunkt oder **früher** geänderten Dateien werden wiederhergestellt.
▨   /**M**: Nur die Dateien, die seit der letzten Sicherung geändert wurden, werden wiederhergestellt. Dies wird durch das Archivattribut festgestellt.
▨   /**N**: Nur die auf der Zieldiskette/Festplatte nicht mehr vorhandenen Dateien werden wiederhergestellt.
▨   /**D**: Zeigt nur die gesicherten Dateien auf den Sicherungsdisketten an, ohne diese zurückzuspeichern.

Anmerkungen

▨   Das Format für *datum* und *zeit* hängt von der Ländereinstellung über den Befehl **COUNTRY** in Ihrer CONFIG.SYS ab.
▨   Nicht zurückgespeichert werden die Systemdateien IO.SYS und MSDOS.SYS. Zur Wiederherstellung der verborgenen Dateien ist der Befehl **SYS** zu verwenden.
▨   Für Laufwerke, die mit **SUBST** umdefiniert wurden, kann der Befehl nicht angewendet werden.
▨   **RESTORE** darf nicht ausgeführt werden, während **APPEND** aktiv ist (siehe 4.7).

5.9

Die Sicherungsdateien können nur in das gleiche Verzeichnis zurückgespeichert werden, in dem sie vor der Sicherung gespeichert waren. Sonst erscheint die Fehlermeldung:

```
WARNUNG. Keine Dateien zum Wiederherstellen gefunden.
```

Beendigungscodes

Code Funktion

0   Normale Ausführung des Befehls.
1   Es wurden keine wiederherzustellenden Dateien gefunden.
3   Abbruch durch den Benutzer.
4   Abbruch aufgrund eines Fehlers.

Der von **RESTORE** übergebene Beendigungscode kann für den Stapelverarbeitungsbefehl **IF ERRORLEVEL...** als Eingabe verwendet werden (siehe 9.7).

Beispiel

```
RESTORE A: C:\SPITZ\INVEST.MNT
```

stellt die auf der Sicherungsdiskette in Laufwerk A enthaltene Datei INVEST.MNT im Verzeichnis \SPITZ des Laufwerks C wieder her.

5.9

Dateien sichern   MWBACKUP
                                                              Windows

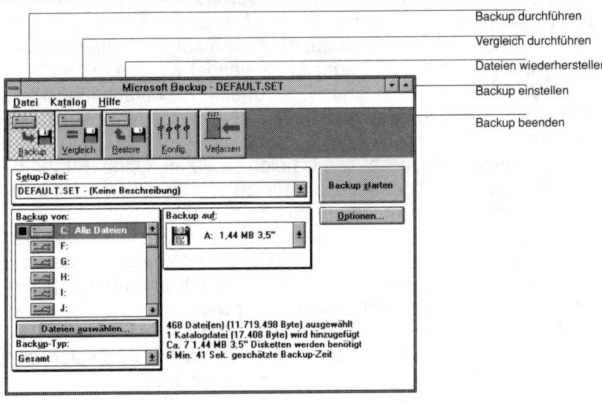

Die Programmgruppe »Microsoft Hilfsmittel« wurde bei der
Installation (wenn angegeben wurde, daß Windows-
Programme mitinstalliert werden sollen) bereits angelegt.
Doppelklick auf das Icon startet **MWBACKUP** bzw.

Backup

»Backup«. Die Arbeitsweise entspricht der mit dem DOS-Programm
MSBACKUP (siehe oben). Weitere Hilfe ist im Menü HILFE zu finden.

Dateien aktualisieren   REPLACE
                                              extern

REPLACE dient zur Aktualisierung alter Dateiversionen. Dabei werden
Dateien im Zielverzeichnis durch gleichnamige Dateien aus dem Aus-
gangsverzeichnis ersetzt und optional nicht vorhandene Dateien im
Zielverzeichnis hinzugefügt.

REPLACE [*lw1*:][*pfad*]*dateiname1* [*lw2*:][*pfad2*] [/**A**] [/**P**] [/**R**] [/**S**] [/**W**] [/**U**]

5.9

- *lw1*: Ist das Laufwerk, von dem die Dateien aktualisiert werden.
- *pfad*: Ist der Pfad, von dem die Dateien aktualisiert werden.
- *dateiname1*: Gibt die Dateien an, die aktualisiert werden sollen.
Dieser Dateiname kann Stellvertreterzeichen enthalten.
- *lw2*: Ist das Ziellaufwerk.
- *pfad2*: Ist der Zielpfad (ohne Dateiname).
- /**A**: Bewirkt, daß keine Dateien im Zielverzeichnis durch solche aus
dem Ausgangsverzeichnis mit gleichen Namen ersetzt werden, sondern
nur neue, noch nicht vorhandene, zusätzlich aufgenommen werden. /**A**
darf nicht zusammen mit /**S** oder /**U** verwendet werden.
- /**P**: Verlangt eine Bestätigung, bevor eine Zieldatei endgültig durch
die entsprechende Ausgangsdatei ersetzt wird oder eine Ausgangsdatei
zusätzlich aufgenommen wird.
- /**R**: Kann schreibgeschützte Dateien ersetzen. Ohne /**R** führt der
Versuch, eine schreibgeschützte Datei zu ersetzen, zu einer Fehler-
meldung und zur Unterbrechung des Ersetzungsvorgangs.
- /**S**: Bewirkt, daß auch Unterverzeichnisse nach passenden Dateien
durchsucht und diese dann ersetzt werden. Unterverzeichnisse des
Ausgangsverzeichnisses können nicht automatisch durchsucht werden.
/**S** darf nicht zusammen mit /**A** verwendet werden.
- /**W**: Wartet darauf, daß eine Diskette eingelegt wird, bevor das
Suchen nach Ausgangsdateien beginnt. Ansonsten wird sofort mit dem
Ersetzen oder Hinzufügen von Dateien begonnen.
- /**U**: Dateien, die auf dem Quellaufwerk aktuellere Datums- und Zeit-
angaben haben, werden ersetzt.

Anmerkungen

REPLACE führt (wahlweise) zwei Funktionen aus:
 Er ersetzt Dateien im Zielverzeichnis durch gleichnamige Dateien im Ausgangsverzeichnis.
 Mit /**A** fügt **REPLACE** jene Dateien, die im Ausgangsverzeichnis aber nicht im Zielverzeichnis stehen, zum Zielverzeichnis hinzu.
 Unsichtbare Dateien oder Systemdateien können mit **REPLACE** nicht aktualisiert werden (Systemdateien IO.SYS und MSDOS.SYS). Hier ist **SYS** anzuwenden.

Beendigungscodes

Code	Funktion
0	Befehl erfolgreich ausgeführt.
2	Datei nicht gefunden.
3	Pfad nicht gefunden.
5	Zugriff verweigert.
8	Arbeitsspeicherkapazität unzureichend.
11	Fehler in der Befehlszeile.
15	Ungültiges Laufwerk.

Der von **REPLACE** übergebene Beendigungscode kann für den Stapelverarbeitungsbefehl **IF ERRORLEVEL...** als Eingabe verwendet werden (siehe 9.7).

Beispiel

```
REPLACE A:\TELENUM.KUN C:\ /S
```
bewirkt, daß jede Datei im Laufwerk C, die den Namen TELENUM.KUN trägt, mit der Datei TELENUM.KUN aus dem Stammverzeichnis der Diskette im Laufwerk A überschrieben wird. Dabei werden alle Unterverzeichnisse der Festplatte durchsucht und jede Datei mit diesem Namen ersetzt.

```
REPLACE A:*.DBS C:\WORD /A
```
bewirkt, daß das momentane Verzeichnis der Diskette im Laufwerk A nach Dateien mit der Dateinamenserweiterung .DBS durchsucht wird, die noch nicht im Verzeichnis \WORD der Festplatte enthalten sind. Diese Dateien werden zusätzlich in das Verzeichnis C:\MSTOOLS eingetragen. Damit können zum Beispiel zusätzliche Druckertreiberdateien von MS-Word von einer Diskette übertragen werden.

Verweise

Disketten kopieren und vergeleichen **3.3**, Suchpfade **4.7**, Laufwerke und Verzeichnisnamen zuordnen **4.8**, Dateien, Dateinamen **5.1**, Dateien kopieren und verschieben **5.2**, Bedingungen und Sprünge **9.7**.

5.9

5.10 Datensicherheit/Virenschutz

Um die Datensicherheit zu erhöhen, sollten die Datenträger regelmäßig auf Virenbefall untersucht werden. Insbesondere fremde Datenträger mit ausführbaren Programmen, sollten zuerst mit **MSAV** einem Virentest unterzogen werden. Über **VSAV** ist es darüber hinaus möglich, eine ständige Überwachung zu aktivieren. Der Schutz kann auf die eigenen Anforderungen abgestimmt werden.

Datenträger prüfen — *MSAV extern/nicht im Netz*

Mit **MSAV** können Datenträger auf Virenbefall untersucht werden.

MSAV [[/lfw:1**] [**/lfw:2...**]]** verzeichnis**] [**/S**|**/C**] [**/R**] [**/A**|**/L**] [**/N**] [**/P**] [**/F**] [**/video**]**

5.10

▨ *lfw:* Gibt die zu untersuchenden Laufwerke an. Ist nichts angegeben, wird das aktuelle Laufwerk verwendet.

▨ *verzeichnis*: Untersuchung nur im angegebenen Verzeichnis.

▨ /**S**: Es werden keine gefundenen Viren entfernt (= Voreinstellung).

▨ /**C**: Gefundene Viren werden entfernt.

▨ /**R**: Es wird eine Protokolldatei MSAV.TXT erstellt, in der die Anzahl der untersuchten Dateien, die Anzahl gefundener Viren, die Anzahl entfernter Viren aufgeführt werden.

▨ /**A**: Die Laufwerke A: und B: werden nicht untersucht.

▨ /**L**: Alle Laufwerke ausgenommen Netzlaufwerke werden untersucht.

▨ /**N**: Während der Prüfung werden keine Informationen ausgegeben. nach Beendigung wird das Protokoll MSAV.TXT angezeigt.

▨ /**P**: Der Grafikmodus wird aktiviert.

▨ /**F**: Die Anzeige der untersuchten Dateinamen wird deaktiviert. Der Parameter sollte zusammen mit /**N** oder /**P** verwendet werden.

▨ /*video*: Startet in einem angegebenen Bildschirmmodus. Für *video* sind folgende Angaben möglich.

25	25 Zeilen, = Voreinstellung
28	28 Zeilen, VGA-Grafik erforderlich
43	43 Zeilen, EGA- oder VGA-Grafik erforderlich
50	50 Zeilen, VGA-Grafik erforderlich
60	60 Zeilen, Video Seven VGA-Grafik erforderlich
IN	Farbschema, auch wenn keine Farbgrafik entdeckt wurde.
BW	Schwarz/Weiß-Modus
MONO	Farbgrafik in Monochromdarstellung
LCD	Farbschema für LCD-Anzeige
FF	Schneller Bildschirmaufbau auch auf CGA-Grafikkarten

BF   BIOS-Funktionen für Bildschirmausgabe werden verwendet.
NF   Andere Schriftarten können nicht verwendet werden.
BT   Grafikmausanzeige unter Windows einsetzen.
NGM   Anstelle der grafischen Mausanzeige wird ein voreingestelltes Zeichen verwendet.
LE   Vertauscht den rechten und linken Mausknopf.
PS2   Setzt die Mausanzeige zurück, wenn diese nicht mehr angezeigt wird oder bewegt werden kann.

Anmerkungen

▓ Wird **MSAV** ohne Parameter eingeben, so wird die Menüoberfläche von **MSAV** gestartet. Um Viren zu suchen und zu entfernen, ist zunächst ein Laufwerk auszuwählen und dann mit der entsprechenden Schaltfläche die Suche zu starten.

▓ Um Prüfparameter einzustellen, muß **MSAV** ohne Parameter aufgerufen werden. Über die Schaltfläche OPTIONEN können verschiedene Parameter eingestellt werden. Diese können beim Verlassen der Menüoberfläche gespeichert werden und stehen auch beim Aufruf von **MSAV** über die Kommandozeilenparameter zur Verfügung.

5.10

Ständiger Virenschutz   VSAFE
Konfiguration

Mit dem speicherresidenten Programm wird der Computer ständig auf mögliche Viren überwacht. Bestimmte Abläufe werden analysiert und bei Bedarf wird eine Warnmeldung ausgegeben.

VSAFE /_option_[+|-] [/NE] [/NX] [/A_x_] [/C_x_] [/N] [/D] [/U]

▓ _option_: Legt fest, auf welche Art die Virenüberwachung vorgenommen wird. Das Pluszeichen aktiviert, das Minuszeichen deaktiviert die entsprechende _option_. Es können mehrere _optionen_ angegeben werden. Für _option_ können folgende Werte angegeben werden:

1   Warnt vor einer Formatierung der Festplatte.
     Voreinstellung = aktiviert.
2   Warnt vor dem Versuch, als Programm resident zu bleiben.
     Voreinstellung = deaktiviert.
3   Hindert ein Programm, auf einen Datenträger zu schreiben.
     Voreinstellung = deaktiviert.
4   Prüft Programme vor der Ausführung auf einen Virus.
     Voreinstellung = aktiviert.
5   Prüft Datenträger auf Bootsektorviren.
     Voreinstellung = aktiviert.
6   Warnt vor dem Versuch, in den Bootsektor oder die Partitionstabelle zu schreiben.

Voreinstellung = aktiviert.

7 Warnt vor dem Versuch, in den Bootsektor einer Diskette zu schreiben.

Voreinstellung = deaktiviert.

8 Warnt vor dem Versuch, Programme zu ändern.

Voreinstellung = aktiviert.

▨ **/NE**: Deaktiviert die Überwachung des Expanded Memory.

▨ **/NX**: Deaktiviert die Überwachung des Extended Memory.

▨ **/A**: Legt die Aufrufkombination auf die [Alt]-Taste plus der durch *x* angegebenen Taste fest.

▨ **/C**: Legt die Aufrufkombination auf die [Strg]-Taste plus der durch *x* angegebenen Taste fest.

▨ **/N**: Netzwerktreiber können nach **VSAFE** geladen werden.

▨ **/D**: Deaktiviert die Prüfsummenbildung.

▨ **/U**: Entfernt **VSAFE** aus dem Hauptspeicher.

Anmerkungen

▨ Während der Windowsinstallation sollte **VSAFE** deaktiviert werden.

▨ Wird **VSAFE** zusammen mit Windows 3.x eingesetzt, muß vor dem Starten von Windows zusätzlich MWAVTSR.EXE geladen werden.

5.10

Datenträger prüfen	*MWAV* *Windows*

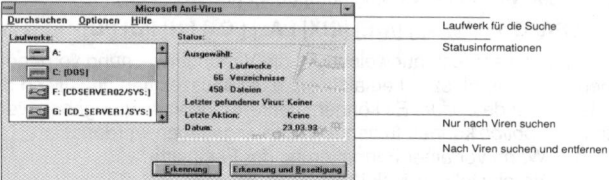

Die Programmgruppe »Microsoft Hilfsmittel« wurde bei der Installation (wenn angegeben wurde, daß Windows-Programme mit installiert werden sollen) bereits angelegt. Doppelklick auf das Icon startet **MWAV** bzw. »Anti-Virus«.

Anti-Virus

Um die Virensuche zu starten, ist zunächst ein Laufwerk auszuwählen, und dann die entsprechende Schaltfläche (entweder **ERKENNUNG** oder **ERKENNUNG UND BESEITIGUNG** zu betätigen).

Kapitel 6:

EIN- UND AUSGABE

6

6.1 Begriffe und Übersicht

Hier eine Übersicht der Begriffe, die mit der Ein- und Ausgabe unter DOS im Zusammenhang stehen.

Begriffe

Standardeingabe

Das Gerät, über das die Standardeingabe durchgeführt wird, ist die Tastatur. Falls bei einem Befehl nichts anderes angegeben wird, erwartet er seine Eingaben über die Tastatur.

Standardausgabe

Das Gerät für die Standardausgabe ist der Bildschirm. Falls nichts anderes angegeben wird, erscheinen die Ausgaben eines Befehls auf dem Bildschirm, außer der Befehl hat die Aufgabe, auf einem anderen Gerät etwas auszugeben.

Datenumleitung

Die Ein- und Ausgabewege von Befehlen können bei Bedarf zu einem anderen Gerät umgeleitet werden (siehe 6.2). Damit können zum Beispiel

▷   Eingaben aus einer Datei anstelle der Tastatur erfolgen,

▷   Ausgaben in eine Datei oder zu einem Drucker anstelle des Bildschirms erfolgen.

Häufig wird auch der Begriff I/O-Umleitung verwendet.

Befehlsverkettung

Befehlsverkettungen haben die Aufgabe, die Ausgabe eines Befehls oder Programms als Eingabe für einen zweiten Befehl zu benutzen (siehe 6.3).

Filter

Filter verarbeiten die Ausgabe eines Programms, indem sie sortieren (siehe 6.6), nach einer angegebenen Zeichenfolge suchen (siehe 6.4) oder die Ausgabe von Daten nach jeder Bildschirmseite anhalten (siehe 6.5).

DOS-Gerätenamen

DOS kennt folgende Gerätenamen:

CON	Konsole (für Eingabe=Tastatur, Ausgabe=Bildschirm)
PRN	Gibt den Standarddrucker LPT1 an.
LPT1	Erster Drucker an der Parallelschnittstelle
LPT2	Zweiter Drucker
LPT3	Dritter Drucker
AUX	Gibt die serielle Standardschnittstelle an.

COM1	Erste serielle Schnittstelle
COM2	Zweite serielle Schnittstelle
COM3	Dritte serielle Schnittstelle (ab DOS 3.3)
COM4	Vierte serielle Schnittstelle (ab DOS 3.3)
NUL	Null-Gerät. Ausgaben verschwinden im Nichts.

Übersicht: Dateien zum Ein- und Ausgeben

Textdateien

Textdateien sind solche Dateien, die zeilenweise Texte enthalten. Die einzelnen Zeilen sind durch Wagenrücklauf- (Carriage Return) und Zeilenvorschubzeichen (Line Feed) voneinander getrennt. Solche Textdateien können am Bildschirm angezeigt oder auf einem Drucker gedruckt und gelesen werden (Bsp. CONFIG.SYS und AUTOEXEC.BAT).

Binäre Dateien

Binäre Dateien sind Dateien, die eine nicht unmittelbar lesbare Folge von Bytes enthalten. Meistens handelt es sich dabei um Befehls-/Programmdateien oder spezielle Datendateien.

Eingaben in Dateien

Befehlsausgaben als Eingaben für Dateien

Mit Hilfe von Datenumleitung können Ausgaben von Befehlen als Eingaben für Dateien verwendet werden (siehe 6.2).

Dateien bearbeiten mit EDIT

Mit dem Editorprogramm **EDIT** können neue Textdateien erstellt und Inhalte von Textdateien angezeigt und verändert werden (siehe 10.1).

Übersicht: Dateiinhalt anzeigen

TYPE zeigt eine Textdatei am Bildschirm an

(siehe 6.7). Der Inhalt einer Textdatei erscheint am Bildschirm. Die Anzeige kann bei großen Dateien mit [Strg]+[S] bzw. [Pause] angehalten und mit einer beliebigen Taste fortgesetzt werden.

EDIT ermöglicht das Bearbeiten von Textdateien

(siehe 10.1). Damit werden Textdateien gelesen und können verändert werden.

Übersicht: Dateiinhalt drucken

PRINT druckt den Inhalt einer Textdatei auf dem Drucker

(siehe 6.7). Der Ausdruck geschieht im Hintergrund, so daß während des Druckens am Computer gearbeitet werden kann.

6.1

TYPE mit Datenumlenkung druckt eine Textdatei aus

(siehe 6.2). Mit Datenumlenkung können alle Bildschirmausgaben auf ein anderes Gerät, wie zum Beispiel einen Drucker (oder eine Datei), umgelenkt werden.

COPY *dateiname* **PRN druckt auf dem Drucker**

(siehe 5.2). Kopieren zu einem Gerät wie dem Drucker, druckt den Inhalt einer Textdatei aus.

EDIT druckt die aktuelle Datei

Über den Texteditor kann die aktuell in Arbeit befindliche Datei ausgedruckt werden (siehe 10.1).

Dateien von Anwendungsprogrammen drucken

Viele Dateien von Anwendungsprogrammen sind keine »reinen« Textdateien, sondern enthalten zusätzlich Steuerzeichen für bestimmte Funktionen. Solche Dateien lassen sich in der Regel nur über das jeweilige Anwendungsprogramm ausdrucken.

6.1

6.2 Datenumleitung

Normalerweise erhält DOS die Eingaben über die Tastatur und liefert die Ausgaben an den Bildschirm. Diese Eingabe- und Ausgabewege von Befehlen können umgeleitet werden.

Zum Beispiel kann bestimmt werden:

▨ daß eine Eingabe nicht über die Tastatur, sondern aus einer Datei erfolgen soll,

▨ daß das Ergebnis eines Befehls nicht am Bildschirm angezeigt, sondern in einer Datei abgespeichert oder über einen Drucker ausgegeben werden soll.

Ausgabeweg ändern >, >>

In der Regel erfolgt die Ausgabe am Bildschirm. Mit **>** kann jedoch der Ausgabeweg geändert und die Ausgabe in eine Datei oder an ein anderes Gerät geschickt werden.

Ausgabe zu einem Gerät:

   befehl **>** *gerät*

Ausgabe in eine neue Datei:

   befehl **>** *dateiname*

Ausgabe in einer Datei hinten anhängen:

   befehl **>>** *dateiname*

▨ *befehl*: Ist ein Befehl, dessen Ausgabe zu einem anderen Weg geändert werden soll.

▨ *gerät*: Gibt ein Gerät an, zu dem die Ausgabe geschickt werden soll.

▨ *dateiname*: Gibt die Datei an, in der die Ausgabe gespeichert werden soll.

Beschreibung

▨ **>** speichert die Ausgabe des vorhergehenden Befehls in der angegebenen Datei. Falls die Datei schon existiert, wird sie überschrieben.

▨ **>>** speichert die Ausgabe in der angegebenen Datei, allerdings wird sie hinten an den bereits bestehenden Inhalt der Datei angehängt. Ein vorheriger Inhalt wird nicht überschrieben. Falls die Datei noch nicht existiert, wird sie neu erstellt.

6.2

Beispiele

```
DIR
```
gibt ein Verzeichnis am Bildschirm aus.

```
DIR > DIRDATEI
```
speichert die Ausgabe des Verzeichnisses in der Datei DIRDATEI. Der vorherige Inhalt von DIRDATEI wird überschrieben.

```
DIR >> DIRDATEI
```
speichert das ausgegebene Verzeichnis in der Datei DIRDATEI. Das Verzeichnis wird zusätzlich zum bisherigen Inhalt der Datei DIRDATEI gespeichert, indem es am Schluß der Datei angehängt wird.

```
DIR > PRN
```
gibt das Verzeichnis auf den Drucker aus.

Eingabeweg ändern   <

In der Regel erfolgt die Eingabe über die Tastatur. Mit **<** kann jedoch der Eingabeweg geändert werden und die Eingabe für einen Befehl aus einer Datei erfolgen.

befehl **<** *dateiname*

▪ *befehl*: Ist ein Befehl oder ein Programm, dessen Eingabe von einer Datei geholt werden soll.

▪ *dateiname*: Gibt die Datei an, von der die Eingabe geholt werden soll.

Anmerkungen

▪ **Vorsicht**: Falls die Eingabe für ein Programm über Datenumleitung aus einer Datei kommt, muß sichergestellt werden, daß sich alle Eingaben für das Programm in der Datei befinden. Versucht das Programm, noch Daten zu erhalten, wenn die Datei schon zu Ende ist, erhält es die erforderlichen Eingaben nicht mehr und die Verarbeitung wird abgebrochen. Unter Umständen ist ein Warmstart erforderlich, falls sich das Programm mit ⟨Strg⟩+⟨Untbr⟩ nicht abbrechen läßt.

▪ Bei Programmen, die Ihre Ein- und Ausgaben nicht über DOS-Systemaufrufe abwickeln, funktioniert die Datenumleitung nicht.

Beispiele

```
SORT < NAMEN > NAMLISTE
```
sortiert den Inhalt der Datei NAMEN und gibt die sortierte Ausgabe in eine Datei mit dem Namen NAMLISTE aus.

```
SORT < NAMEN > CON:
```
gibt die Liste sortiert am Bildschirm aus.

6.2

6.3 Filter und Befehlsverkettungen

Ein *Filter* ist ein Befehl, der Eingaben liest, sie irgendwie verwandelt und dann auf dem Bildschirm ausgibt. Die Eingabe wird also durch das Programm »gefiltert«.

DOS kennt drei Filter mit den folgenden Funktionen:

▨ **FIND**: Durchsucht eine Datei nach einem Text (siehe 6.4).

▨ **MORE**: Zeigt jeweils einen Bildschirm des Dateiinhalts an (siehe 6.5).

▨ **SORT**: Sortiert den Inhalt einer Datei in alphabetischer Reihenfolge (siehe 6.6).

Ein Ausgabeweg von einem Filter kann zu einer Datei umgeleitet oder durch eine Verkettung als Eingabe für einen anderen Filter verwendet werden.

Die Befehlsverkettung

▨ Soll die Ausgabe eines Befehls als Eingabe für einen anderen Befehl dienen, können diese Befehle unter DOS verkettet werden. Dazu folgen die beiden Befehle hintereinander und werden durch ein Pipe-Zeichen (|), das das Symbol für die Verkettung von Befehlen ist, voneinander getrennt.

▨ Der folgende Befehl bewirkt beispielsweise, daß das Verzeichnis, das **DIR** ausgibt, alphabetisch sortiert am Bildschirm angezeigt wird:

```
DIR | SORT
```

Durch die Verkettung wird die gesamte Ausgabe des Befehls **DIR** (des Befehls auf der linken Seite des senkrechten Strichs) als Eingabe für den Befehl **SORT** (dem Befehl auf der rechten Seite des Pipe-Zeichens) verwendet.

▨ Eine Befehlsverkettung kann auch mit einer Umleitung des Ausgabeziels verbunden werden, um damit die Ausgabe eines Befehls in eine Datei zu übertragen (siehe 6.2). Mit dem folgenden Befehl wird zum Beispiel auf der Diskette/Festplatte im Standardlaufwerk eine Datei mit dem Namen DIREKT.LST angelegt, in die das alphabetisch sortierte Inhaltsverzeichnis übertragen wird:

```
DIR | SORT > DIREKT.LST
```

▨ Es kann auch ein anderes als das Standardlaufwerk als Ausgabeziel festgelegt werden. Um die sortierten Daten in eine Datei mit dem Namen DIREKT.LST auf eine Diskette im Laufwerk B zu übertragen, muß der folgende Befehl eingegeben werden:

```
DIR | SORT > B:DIREKT.LST
```

6.3

■   Eine Befehlskette kann auch aus mehr als zwei Befehlen bestehen. Der folgende Befehl setzt sich zum Beispiel aus drei Einzelbefehlen zusammen.

```
DIR | SORT | MORE
```

Sie bewirken, daß das Verzeichnis alphabetisch sortiert und bildschirmweise angezeigt wird, wobei jeweils nach einem Bildschirminhalt am unteren Rand eine Meldung erscheint, wenn die Ausgabe noch nicht zu Ende ist.

■   Da die Filter **FIND**, **SORT** und **MORE** mit den anderen Befehlen auf vielfache Art und Weise verkettet werden können, lassen sie sich äußerst vielseitig einsetzen.

■   Das Pipe-Zeichen wird mit der Tastenkombination `AltGr`+`<` oder mit `Alt`+`124` (Eingabe auf dem Ziffernblock) eingegeben.

Verweise

Datenumleitung **6.2**, Stapelverarbeitung **9**.

6.3

6.4 Daten suchen

Daten suchen   **FIND**
                                                        extern

FIND durchsucht eine oder mehrere Dateien oder die Ausgabe von
einem Befehl nach einer bestimmten Zeichenfolge.

   FIND [/V] [/C] [/N] [/I] "*zeichenfolge*" [*lw:*][*pfad*][*dateiname*]

   oder als Filter

   ausgang | **FIND** [/V] [/C] [/N] [/I] "*zeichenfolge*"

   ▨ *ausgang*: Ist ein Befehl oder eine Datei mit Eingabeumleitung.
   ▨ **/V**: Bewirkt die Anzeige aller Zeilen, die die angegebene Zeichenfolge *nicht* enthalten.
   ▨ **/C**: Zeigt nur die Anzahl der Zeilen (und nicht die Zeilen selbst) in
jeder Datei, die die gesuchte Zeichenfolge enthalten.
   ▨ **/N**: Vor jeder gefundenen Zeile wird die Zeilennummer angezeigt.
   ▨ **/I**: Ignoriert Groß-/Kleinschreibung.
   ▨ "*zeichenfolge*": Ist die zu suchende Zeichenfolge. Sie muß in
Anführungszeichen eingeschlossen sein.
   ▨ *lw*: Ist das Laufwerk mit der Datei.
   ▨ *pfad*: Ist der Zugriffspfad.
   ▨ *dateiname*: Ist die Datei, die nach der Zeichenfolge durchsucht wird.
Mehrere Dateien können – durch Leerzeichen getrennt – angegeben
werden. Stellvertreterzeichen (*, ?) sind nicht zugelassen.

6.4

Beschreibung

FIND als Befehl mit Dateiname(n)
   ▨ **FIND** sucht nach der angegebenen Zeichenfolge. Zunächst werden
die Dateien durchsucht und anschließend die Zeilen mit den gefundenen Zeichenfolgen am Bildschirm ausgegeben.
FIND als Filter
   ▨ Ohne Dateiname, wirkt **FIND** wie ein Filter. Es entnimmt die Eingabe der DOS-Standardeingabe (normalerweise die Tastatur, von einer
Befehlsverkettung oder aus einem umgeleitetem Eingabeweg) und zeigt
alle Zeilen, die die gesuchte Zeichenfolge enthalten.
   ▨ Folgende Befehle haben dieselbe Auswirkung:

```
FIND "Mit freundlichen" BRIEF.TXT
TYPE BRIEF.TXT | FIND "Mit freundlichen"
FIND "Mit freundlichen" <BRIEF.TXT
```

Anmerkungen

▪ Groß-/Kleinbuchstaben werden beim Suchen unterschieden.
▪ Die Zeichenfolge muß in doppelten Anführungszeichen stehen.
▪ Enthält die Zeichenfolge selbst Anführungszeichen, muß jedes davon durch zwei Anführungszeichen angegeben werden. Beispiele:

```
"Zeichenfolge"
"er sagte: ""Guten Morgen"""
```

▪ Wird /C zusammen mit /V angegeben, zeigt **FIND** die Anzahl von Zeilen an, welche die eingegebene Zeichenkette nicht enthalten.
▪ Wird /C und /N angegeben, ignoriert **FIND** den Zusatz /N.
▪ Wird /V zusammen mit /N angegeben, werden die Zeilen und Zeilennummern angezeigt, die die Zeichenfolgen nicht enthalten.
▪ Sollen mehrere Dateien untersucht werden, kann hierfür die Schleifenbildung mit **FOR** durchgeführt werden. Alle Dateien, die dem angegebenen Namensmuster entsprechen, werden dann nacheinander untersucht.

Beispiele

```
FIND "automatisch" STIFT.AD
```
sucht in der Datei STIFT.AD alle Zeilen, die die Zeichenfolge »automatisch« enthalten, und zeigt sie an.

```
DIR B: | FIND /V "Datum"
```
DOS zeigt alle Dateinamen aus dem Verzeichnis der Diskette in Laufwerk B an, die die Zeichenfolge »Datum« nicht enthalten.

```
FIND "Er sagte: ""Öffnen Sie bitte!""" ANEK.DOC
```
sucht in der Datei ANEK.DOC die Zeichenfolge »Er sagte: "Öffnen Sie bitte!"«. Ein Anführungszeichen in der zu suchenden Zeichenfolge muß durch zwei Anführungszeichen angegeben werden.

```
CHKDSK /V | FIND /N "ASK.PAS"
```
Ergebnis:
```
C:\TP\PAS\ASK.PAS
C:\TP\SOFTTOOL\ASK.PAS
```
Die Ausgabe des Programms CHKDSK wird als Eingabedatei des Programms FIND verwendet. Dieses Programm wiederum sucht die Zeichenfolge "ASK.PAS" und zeigt alle gefundenen Begriffe an. Es kann so festgestellt werden, wie oft eine Datei auf dem Datenträger vorhanden ist.

```
FOR %k in (*.PAS) DO FIND "ASK" %k /N
```
Durchsucht alle .PAS-Dateien nach der Zeichenfolge "ASK".

6.4

6.5 Datenausgabe bildschirmweise

Daten bildschirmweise anzeigen   MORE
extern

MORE bewirkt die seitenweise Ausgabe einer Datei am Bildschirm. Damit können lange Dateien oder Verzeichnisse seitenweise am Bildschirm angezeigt werden.

> **MORE** < *datei*

oder

> *ausgang* ┃ **MORE**

▨ *datei:* Ist eine Datei, die bildschirmweise angezeigt werden soll.
▨ *ausgang*: Ist ein Befehl, dessen Ausgabe bildschirmweise angezeigt werden soll.

Anmerkungen

▨ Ist eine Bildschirmseite vollgeschrieben, bewirkt **MORE** eine Pause und zeigt am unteren Rand der Bildschirmseite die Meldung ± Fortsetzung ± an. Nach Betätigen von ⏎ erscheint die nächste Seite.
▨ *ausgang* kann zum Beispiel der Befehl **DIR** (siehe 4.3), **TYPE** (siehe 6.7), **SORT** (siehe 6.6) oder eine Datei sein.

```
DIR | MORE
TYPE BRIEF.TXT | MORE
MORE < BRIEF.TXT
```

▨ **MORE** legt zur Zwischenspeicherung temporäre Dateien auf der Festplatte an, die nach Gebrauch automatisch gelöscht werden. Der Datenträger darf nicht schreibgeschützt sein.

Beispiele

```
MORE < KUNDEN.NEU
```
zeigt die Datei KUNDEN.NEU bildschirmweise an.

```
DIR A: | MORE
```
zeigt das Verzeichnis der Diskette in Laufwerk A bildschirmweise an.

Verweise

Verzeichnisse anzeigen **4.3**, Daten sortieren **6.6**, Dateiinhalte ausgeben **6.7**.

6.5

6.6 Daten sortieren

Daten sortieren   **SORT**
                                                                  extern

SORT bewirkt, daß Daten gelesen, die einzelnen Zellen sortiert und anschließend entweder auf dem Bildschirm angezeigt, in eine Datei
geschrieben oder an ein anderes Gerät übergeben werden.

    SORT [/**R**][/+*n*] < *datei*

oder

    ausgang | **SORT** [/**R**][/+*n*]

▪ /**R**: Bewirkt, daß die Datei rückwärts sortiert wird; Sortierreihenfolge
Z...A, 9...0.

▪ /+*n*: Bewirkt, daß die Datei nach den Zeichen ab der Spalte *n* jeder
Zeile sortiert wird. *n* ist eine beliebige Zahl, die Zählung beginnt bei 1.
Ohne diesen Zusatz wird die Datei nach den Zeichen ab der ersten
Spalte sortiert.

▪ *ausgang*: Ist ein Befehl, dessen Ausgabe sortiert wird.

▪ *datei*: Ist eine Datei, aus der die Eingabe genommen wird.

6.6

Beschreibung

▪ Die Umleitungssymbole | und < leiten Daten von *ausgang* durch
das Dienstprogramm **SORT** (siehe 6.2, 6.3).

▪ *ausgang* kann zum Beispiel der Befehl **DIR** oder **TYPE** sein.

▪ Der Befehl **MORE** oder ein Dateiname kann als Ziel verwendet
werden.

▪ Falls kein Ausgang eingegeben wird, funktioniert **SORT** wie ein Filter und akzeptiert Eingaben aus der DOS-Standardeingabe (für
gewöhnlich von der Tastatur, einer Befehlsverkettung oder aus einer
Umleitung von einer Datei).

▪ **SORT** bedient sich der Sortierfolgetabellen, die über die Länder-
code- und Codeseiteneinstellungen eingestellt werden (siehe 8.5).

▪ **SORT** unterscheidet bei der Sortierung nicht zwischen Groß- und
Kleinschreibung.

▪ Zeichen über dem ASCII-Code 127 werden aufgrund der Informationen aus der Datei COUNTRY.SYS, die in der Datei CONFIG.SYS
(siehe 8.3) durch den Befehl **COUNTRY** festgelegt wird, sortiert.

▪ **SORT** kann keine Dateien sortieren, die größer als 64 Kbyte sind.

Beispiele

```
SORT /R <AUSGABEN.TXT >BUDGET.TXT
```

bewirkt, daß die Datei AUSGABEN.TXT gelesen, in absteigender Reihenfolge sortiert und das Ergebnis in eine Datei mit dem Namen BUDGET.TXT geschrieben wird.

```
DIR | SORT /+14
```

Hier wird das Ergebnis von **DIR** durch **SORT** verarbeitet. Das Verzeichnis wird, beginnend bei der Spalte 14 (das ist die Spalte mit der Dateigröße), sortiert und anschließend am Bildschirm angezeigt. Das Ergebnis ist ein nach dem Dateiumfang sortiertes Verzeichnis.

```
DIR | SORT /+14 | MORE
```

bewirkt dasselbe wie vorher, zusätzlich wird das Verzeichnis seitenweise am Bildschirm angezeigt.

6.6

6.7 Dateiinhalte ausgeben

Dateien drucken PRINT
extern/resident

PRINT erlaubt die Ausgabe einer Textdatei auf einem Drucker, während am Bildschirm mit anderen DOS-Befehlen weitergearbeitet werden kann. Diese Art des Druckens wird auch als Drucken im Hintergrund bezeichnet. **PRINT** wird in zwei Versionen eingegeben:

▨ Beim ersten Aufrufen wird Druckwarteschlange initialisiert und Speicher zur Verfügung gestellt (siehe »Druckwarteschlange initialisieren«).
▨ Bei allen weiteren Aufrufen wird die Druckwarteschlange verändert (siehe »Druckwarteschlange verändern«).

Druckwarteschlange initialisieren

Hier wird die Druckwarteschlange eingerichtet, indem dafür ein Speicherbereich reserviert wird und die Druckparameter eingestellt werden.

PRINT [/**D**:*gerät*] [/**B**:*puffergröße*] [/**U**:*wert1*] [/**M**:*wert2*] [/**S**:*zeit*] [/**Q**:*umfang*]

Der Befehl kann in dieser Form nur einmal aufgerufen werden. Für Änderungen ist der Rechner neu zu starten.

▨ /**D**:*gerät*: Ist der Name des Druckeranschlusses. Standardeinstellung ist LPT1. Möglich sind: PRN, LPT1 bis LPT3 (parallele Anschlüsse), COM1 bis COM4 (serielle Anschlüsse). Falls /**D** angegeben wird, muß es als erster Parameter stehen.

▨ /**B**:*puffergröße*: Legt den Umfang des internen Druckpuffers in Bytes fest. **PRINT** wird schneller ausgeführt, wenn hier ein höherer Wert bestimmt wird. Der Standardwert ist 512, möglich sind 512 bis 16384.

▨ /**U**:*wert1*: Gibt die Anzahl der Timerzeitspannen an, die **PRINT** auf einen Drucker warten wird. Ist der Drucker innerhalb der angegebenen Zeit nicht verfügbar, wird der Druckauftrag nicht durchgeführt. Die Standardeinstellung ist 1, möglich sind 1 bis 255.

▨ /**M**:*wert2*: Gibt die Anzahl der Taktgeberimpulse an, die **PRINT** zum Ausdrucken eines Zeichens an einen Drucker in Anspruch nehmen kann. Die Standardeinstellung ist 8, möglich sind 4 bis 255.

▨ /**S**:*zeit*: Gibt die Anzahl Timerzeitspannen an, die **PRINT** dem Vordergrundprozeß zur Verfügung stellt. Die Standardeinstellung ist 8, möglich sind 1 bis 255.

▨ /**Q**:*umfang*: Legt fest, wieviele Dateien in Druckwarteschlange gespeichert werden dürfen. Standardeinstellung: 10 Dateien, möglich 1-32.

6.7

Druckwarteschlange verändern

Druckwarteschlange verändern, indem neue Dateien aufgenommen, welche daraus gelöscht oder der Ausdruck abgebrochen wird:

PRINT [*laufwerk:*][*pfad*][*dateiname*] [/**T**] [/**C**] [/**P**]

▨ *laufwerk:* Ist das Laufwerk.

▨ *pfad*: Ist der Pfad.

▨ *dateiname*: Ist die Datei, die in die Druckwarteschlange aufgenommen oder daraus gelöscht werden soll. Mehrere Dateinamen können, durch Leerzeichen getrennt, angegeben werden.

▨ /**T**: Bewirkt, daß alle Dateien in der Druckwarteschlange (die Dateien, die gedruckt werden sollen) gelöscht werden.

▨ /**C**: Entfernt die Datei mit dem davor angegebenen Dateinamen sowie alle nachfolgend angegebenen Dateien aus der Druckwarteschlange, bis wieder ein **PRINT** mit /**P** erfolgt.

▨ /**P**: Bewirkt, daß **PRINT** wieder aktiviert wird und die Datei mit dem davor angegebenen Dateinamen und alle nachfolgend angegebenen Dateien wieder in die Druckwarteschlange aufgenommen werden.

Anmerkungen

▨ **PRINT** ohne Parameter zeigt den Inhalt der Druckwarteschlange ohne Auswirkungen auf die Warteschlange am Bildschirm.

▨ **PRINT** kann nur benutzt werden, wenn ein Ausgabegerät wie z.B. ein Drucker oder Plotter an einen der seriellen oder parallelen Anschlüsse des Computers angeschlossen ist.

▨ **PRINT** erweitert die Dateinamensbezeichnungen um die Pfadangabe einschließlich Laufwerksbezeichnung, die maximal 64 Zeichen umfassen kann. Um lange Pfadnamen zu vermeiden, muß unter Umständen die Verzeichnisstruktur verändert werden.

▨ Einige Anwendungen haben ihre eigenen Druckbefehle. Hier können mit den zur Verfügung stehenden Druckbefehlen die Dateien gedruckt werden, die mit dieser Anwendung erzeugt wurden.

▨ Solange Dateien in der Warteschlange sind, können keine anderen Druckfunktionen ausgeführt werden ([Druck], [Strg]+[Druck]).

▨ Die Dateien in der Druckwarteschlange dürfen nicht verändert werden, bis sie gedruckt sind.

▨ **PRINT** kann im Netzwerk nicht angewendet werden.

6.7

Beispiele

```
PRINT /D:LPT2 /B:2048
```
bewirkt, daß LPT2 als Ausgabegerät angegeben und ein Druckpuffer mit 2048 Byte eingerichtet wird.

PRINT *.TXT

übernimmt alle Dateinamen mit der Namenserweiterung .TXT in die Druckwarteschlange.

PRINT /C BRIEF.TXT /P BRIEF3.TXT BRIEF5.TXT

löscht BRIEF.TXT aus der Druckwarteschlange und setzt BRIEF3.TXT und BRIEF5.TXT in die Warteschlange.

PRINT /T

entfernt alle Dateien aus der Druckwarteschlange.

Datei anzeigen   TYPE
                                                           intern

TYPE zeigt den Inhalt einer Textdatei am Bildschirm an; die Datei kann dabei nicht verändert werden.

TYPE [*laufwerk:*][*pfad*]*dateiname*

▤ *laufwerk:* Ist das Laufwerk.
▤ *pfad*: Ist der Pfad.
▤ *dateiname*: Ist der Dateiname der anzuzeigenden Datei. Er muß eindeutig ohne Stellvertreterzeichen angegeben werden.

Anmerkungen

6.7

▤ **TYPE** dient vornehmlich zum Anzeigen von Textdateien.
▤ Der Inhalt der Datei könnte zum Beispiel mit dem Zeileneditor **EDLIN** verändert werden (siehe 10.1).
▤ Falls die angezeigte Datei Tabulatorsprünge (Tabs) enthält, werden die Tabs auf 8 Leerzeichen erweitert.
▤ Umfangreiche Dateien können mit dem Filter **MORE** bildschirmweise angezeigt werden (siehe 6.5).
▤ Die Ausgabe der Datei kann mit **>** zu einem anderen Gerät, zum Beispiel einem Drucker, umgelenkt werden (siehe 6.2).
▤ Der Inhalt einer Binärdatei oder einer von einem Anwendungsprogramm erstellten Datei kann zwar am Bildschirm angezeigt werden, doch wird man mit den angezeigten Zeichen wenig anfangen können.
▤ den Namen der gewünschten Datei kann man mit **DIR** feststellen (siehe 4.3).

Beispiele

TYPE URLAUB.JUN

zeigt den Inhalt der Datei URLAUB.JUN am Bildschirm an.

TYPE URLAUB.88 | MORE

zeigt den Inhalt von URLAUB.88 bildschirmweise an.

TYPE URLAUB.JUN >PRN

druckt den Inhalt von URLAUB.JUN auf dem Drucker aus.

6.8 Grafikbildschirme ausgeben

Grafikbildschirme können standardmäßig nicht gedruckt werden, hier ist das speicherresidente Programm **GRAPHICS** erforderlich. Das Programm unterstützt nur bestimmte Druckertypen, bei Bedarf ist hier das entsprechende Utility des Druckerherstellers zu verwenden.

Grafikbildschirm drucken *GRAPHICS* extern/resident

GRAPHICS ermöglicht bei Verwendung eines Farb-/Grafik-Bildschirmadapters die grafische Ausgabe des Inhalts des Grafikbildschirms auf einem Drucker.

   GRAPHICS [*drucker*] [*profile*] [/**B**] [/**R**] [/**LCD**] [/**Printbox:***id*]

■ *drucker*: Gibt den Druckertyp an. Möglich sind:

COLOR1	IBM-Farbdrucker mit schwarz druckendem Farbband (druckt 19 verschiedene Grautöne).
COLOR4	IBM-Farbdrucker mit rot, grün, blau und schwarz druckendem RGB-Farbband.
COLOR8	IBM-Farbdrucker mit cyanblau, purpur, gelb und schwarz druckendem YMC-Farbband.
DESKJET	Hewlett-Packard (HP) Deskjet.
HPDEFAULT	Beliebiger HP PCL-Drucker.
GRAPHICS	IBM-Grafikdrucker, IBM-ProPrinter, IBM-Thermodrucker oder kompatibler Drucker.
GRAPHICS-	IBM-Thermodrucker, PC-Grafik-
GRAPHICSWIDE	IBM-Grafikdrucker mit 11 Zoll-Wagen
LASERJET	HP Laserjet
LASERJETII	HP Laserjet II
PAINTJET	HP Paintjet
QUIETJET	HP Quietjet
QUIETJETPLUS	HP Quietjet Plus
RUGGEDWRITER	HP RuggedWriter
RUGGEDWRITERWIDE	HP RuggedWriterwide
THERMAL	IBM-PC-konvertible Drucker
THINKJET	HP Thinkjet

6.8

■ *profile*: Gibt eine Datei an, die Angaben zum verwendeten Drucker enthält. Standard ist die Datei GRAPHICS.PRO.

■ /**B**: Erzeugt einen farbigen Hintergrund. Diese Option gilt nur für die Druckerarten COLOR4 und COLOR8.

▨ **/R**: Erzeugt eine invertierte Ausgabe des Bildschirminhalts auf dem Drucker. Standardmäßig wird das, was auf dem Bildschirm hell ist, schwarz gedruckt und umgekehrt.

▨ **/LCD**: Druckt unter Verwendung des LCD-Seitenverhältnisses. Der Parameter hat die gleiche Funktion wie **/PB:LCD**.

▨ **/PrintBox:***id*: Druckt die Bildschirmanzeige nach der mit *id* angegebenen Printboxgröße. Die Angabe muß mit dem ersten Operanden in der Printbox-Anweisung im Druckerprofil übereinstimmen. Anstelle von **PRINTBOX** kann auch **PB** angegeben werden. Mögliche Werte von **PB**:

STD   Standardprintbox für einen Bildschirm mit normaler Größe.
LCD   Printbox für einen LCD-Bildschirm, bei der das Ergebnis wie die LCD-Anzeige aussehen soll.

Anmerkungen

▨   **GRAPHICS** muß nur einmal aufgerufen werden.

▨   Der Bildschirminhalt wird über die Taste [Druck] ausgedruckt.

▨   Es werden die Bildschirmtypen CGA, EGA, VGA unterstützt.

▨   Wenn der Computer im Farbgrafikmodus mit 320 x 200 Bildpunkten arbeitet und die Druckerart COLOR1 oder GRAPHICS gewählt wurde, wird der Bildschirminhalt mit bis zu 4 Graustufen gedruckt.

▨   Arbeitet er dagegen im Grafikmodus mit 640 x 200 Bildpunkten, wird der Bildschirminhalt im Querformat auf das Papier gebracht.

▨   Wenn keine Druckeroption angegeben wird, wählt **GRAPHICS** selbst den standardmäßigen Drucker.

▨   **GRAPHICS** benötigt ca. 6 Kbyte Hauptspeicher und kann mit **LOADHIGH** in den UMA-Bereich geladen werden.

6.8

Aufbau Grafikprofil   GRAPHICS.PRO
                                                Profildatei

Über die Profildatei kann weitestgehend Einfluß auf die Installation von **GRAPHICS** genommen und eine individuelle Druckeranpassung vorgenommen werden.

▨   Für eigene Anpassungen kann eine neue Profildatei angelegt werden. Standardmäßig wird die Datei GRAPHICS.PRO geladen.

▨   Die Profildatei gliedert sich in die Steueranweisungen PRINTER und DISPLAYMODE, die wiederum in Anweisungen zur Druckerbeschreibung sowie zur Funktionsauswahl unterteilt sind.

▨   In den Anweisungen sind Escape-Zeichenfolgen einzutragen, über die die Druckausgabe gesteuert wird. Da diese sehr druckerspezifisch sind, müssen sie dem jeweiligen Druckerhandbuch entnommen werden. Escape-Zeichenfolgen sind dezimale Angaben im Bereich von 0 bis 255. Häufig wird auch der Begriff Steuersequenz verwendet.

PRINTER	Druckertypbeschreibung
COLORSELECT	Farbbandauswahl
COLORPRINT	RGB-Werte für Farbmischung
DARKADJUST	Ausgleich von Helligkeitsunterschieden
DISPLAYMODE	Druckereigenschaften
SETUP	Druckerinitialisierung
RESTORE	Druckerrückschaltung
GRAPHICS	Steuersequenz zum Drucken einer Zeile mit Grafikangaben
PRINTBOX	Festlegung der Druckerbildpunkte

PRINTER

Leitet die Druckertypbeschreibung ein.

PRINTER *typ#1,....,typ#n*

▦ *typ#n*: Definiert den Druckertyp.
▦ Die gesamte Anweisung darf 128 Byte inkl. führender Leerzeichen nicht überschreiten.
▦ Maximal 255 **PRINTER**-Anweisungen sind möglich.

COLORSELECT

Gibt die Escape-Zeichenfolge zum Auswählen eines bestimmten Farbbandes an.

COLORSELECT *bandid,byte#1,...,byte#n*

▦ *bandid*: Gibt einen Code an, mit dem das Band erkannt wird. Sinnvollerweise ist dies der Anfangsbuchstabe der jeweiligen Farbe.
▦ *byte#n*: Gibt die einzelnen Steuerzeichen in dezimaler Form an. Mögliche Werte sind von 0 bis 255.

6.8

COLORPRINT

Hier werden die RGB-Werte für jede mögliche Druckfarbe angegeben.

COLORPRINT *rot,grün,blau,band id1,band id2,...band id#n*

▦ *rot*, *grün* und *blau*: Geben den Anteil an der zu mischenden Gesamtfarbe an. Es kann ein Wert von 0 bis 63 angegeben werden.
▦ *band id#*: Gibt an, welche Farbbänder an der Farbmischung beteiligt sind. Der größte mögliche Wert ist 8.
▦ Maximal 255 **COLORPRINT**-Anweisungen können angegeben werden.
▦ Werden mehrere Anweisungen angegeben, müssen diese unmittelbar nacheinander stehen.

DARKADJUST

Steuert die Helligkeit bei Schwarzweißdruck.

DARKADJUST *wert*

▥ *wert*: Kann von –63 (sehr dunkel) bis +63 (sehr hell) angegeben werden.

▥ Die Anweisung muß vor **DISPLAYMODE** stehen.

▥ Pro Druckertyp darf nur eine Anweisung **DARKADJUST** angegeben werden.

DISPLAYMODE

Definiert den Grafikmodus des Bildschirmadapters.

DISPLAYMODE *modus#1,...,modus#n*

▥ *modus#*: Kann ein Wert von 0 bis 255 sein.

▥ Die gesamte Anweisung darf max. 128 Zeichen umfassen.

▥ Maximal 255 **DISPLAYMODE**-Anweisungen können angegeben werden.

SETUP

Gibt die Steuersequenz an, mit der der Drucker vor Beginn des Ausdrucks initialisiert wird.

6.8

SETUP *esc byte1,...,byte#n*

▥ *esc* ist das Escape-Zeichen 27.

▥ *byte#* sind Steuersequenzen, deren Wert von 0 bis 255 angegeben wird.

▥ Die gesamte Anweisung darf max. 128 Zeichen umfassen.

▥ Die **SETUP**-Anweisung kann in mehrere Zeilen aufgeteilt werden.

RESTORE

Setzt den Drucker nach dem Ausdruck in eine definierte Betriebsart zurück.

RESTORE *esc byte1,...,byte#n*

▥ *esc*: Ist das Escape-Zeichen 27.

▥ *byte#*: Sind Steuersequenzen, deren Wert von 0 bis 255 angegeben wird.

▥ Die gesamte Anweisung darf max. 128 Zeichen umfassen.

▥ Die **RESTORE**-Anweisung kann in mehrere Zeilen aufgeteilt werden.

GRAPHICS

Gibt die Steuersequenz an, die zum Drucken einer Zeile verwendet wird.

GRAPHICS *esc byte1,...,byte#n*

▪ *esc*: Ist das Escape-Zeichen 27.

▪ *byte#*: Sind Steuersequenzen, deren Wert von 0 bis 255 angegeben wird.

▪ Die gesamte Anweisung darf max. 128 Zeichen umfassen.

PRINTBOX

Gibt die Steuersequenz an, mit der die Anzahl der waagerechten und senkrechten Druckbildpunkte dargestellt wird.

PRINTBOX *id,waagrechte größe*, *senkrechte größe*, [**ROTATE**]

▪ *id*: Gibt die Auflösung an. Es muß mindestens die Standardauflösung *id*=**STD** angegeben werden. Mögliche Werte für horizontal sind 2 bis 4, für vertikal 1 bis (horizontal −1).

▪ **ROTATE** gibt den Ausdruck im Querformat aus.

6.8

6.9 Standardeingabegerät ändern

Ein Computer kann alternativ über ein Terminal bedient werden, das an eine serielle Schnittstelle angeschlossen ist.

Standardeingabegerät ändern   CTTY
                                                      intern

Mit **CTTY** kann man von der Standardein- und -ausgabe (Tastatur und Bildschirm, von dem gerade Befehle eingegeben werden) auf ein anderes Gerät umschalten.

   CTTY *gerät*

▨   *gerät*: Ist das Gerät (das Terminal), von dem Befehle an DOS eingegeben werden sollen. **CON** stellt wieder die Standardein- und -ausgabe ein.

Anmerkungen

▨   **CTTY** ist vor allem dann nützlich, wenn das momentan benutzte Terminal gewechselt werden soll.
▨   Das angegebene Gerät muß Ein- und Ausgabeoperationen durchführen können. Deshalb kann ein Drucker nicht angegeben werden.
▨   **CTTY** ist nur für Programme wirksam, die mit DOS-Funktionsaufrufen arbeiten. Ausgaben von Programmen, die direkt in den Bildschirmspeicher schreiben, erscheinen weiterhin auf dem Gerätebildschirm.

6.9

Beispiele

    CTTY AUX
überträgt alle Befehlsein-/ausgaben vom derzeitigen Gerät (Terminal) auf den AUX-Anschluß.
    CTTY CON
macht den Wechsel wieder rückgängig. DOS führt seine Operationen wieder über Bildschirm und Tastatur aus.

Kapitel 7:

SYSTEMVERWALTUNG

7

7.1 Ein- und Ausgabeeinstellungen

In diesem Kapitel werden folgende Funktionen beschrieben:
▧ Löschen des Bildschirms.
▧ Einstellen der DOS-Eingabeaufforderung, die der Benutzer am Bildschirm erhält.
▧ Einstellen der Abbruchmöglichkeit mit der Taste [Strg]+[C] oder [Strg]+[Untbr].

Bildschirm löschen   CLS
                                                         intern

CLS löscht den Bildschirminhalt und zeigt die DOS-Eingabeaufforderung an.

CLS

Anmerkungen

▧ Die DOS-Eingabeaufforderung erscheint normalerweise in der ersten Bildschirmzeile (siehe 1.1).
▧ Falls Bildschirmattribute eingestellt sind, bleiben diese nach dem Löschen des Bildschirms unverändert.

Eingabeaufforderung ändern   PROMPT
                                                         intern

PROMPT ändert die DOS-Eingabeaufforderung, die standardmäßig in der Form A> bzw. C> erscheint. Danach erscheint die Eingabeaufforderung in der neuen Form. Damit können wichtige Informationen automatisch bei der Eingabeaufforderung angezeigt werden.

PROMPT [[*text*][$*zeichen*]...]

▧ *text*: Gibt einen Text an, der als Eingabeaufforderung erscheinen soll.
▧ **$***zeichen*: Gibt ein Zeichen für besondere Eingabeaufforderungen an. Mögliche Zeichen:

Zeichen	Eingabeaufforderung
$$	Das Dollarzeichen
$T	Die Uhrzeit
$D	Das Datum
$P	Das momentane Laufwerk/ Verzeichnis im Standardlaufwerk
$V	Die DOS-Version
$N	Momentanes Standardlaufwerk

7.1

$G	Das Zeichen >
$L	Das Zeichen <
$B	Das Zeichen	
$Q	Das Zeichen =
$_	Wagenrücklauf und Zeilenschaltung (CR/LF)
$E	Der ASCII-Code ESC, Code 27 bzw. 1B hex
$H	Backspace (Rückschritt zum Löschen eines Zeichens, das in die Eingabeaufforderungszeile geschrieben wurde).

Anmerkungen

▣ *text* und *$zeichen* können beliebig gemischt werden. Jedes angegebene Zeichen, außer den in der Liste aufgeführten, erscheint in der eingegebenen Form.

▣ Wird *$P* verwendet, muß beim Umschalten auf ein Diskettenlaufwerk das Laufwerk betriebsbereit sein, sonst wird ein Lesefehler erzeugt.

▣ Bei der Textangabe können ANSI-Steuerzeichen zur Bildschirm- und Cursorsteuerung verwendet werden (siehe 8.4).

PROMPT
(ohne Parameter) ändert die Eingabeaufforderung wieder in ihren Standardwert. Hier wird der Name des Standardlaufwerks angegeben:

```
C>
```

Beispiele

```
PROMPT $P
```
zeigt Laufwerk und momentanes Verzeichnis.
```
PROMPT ZEIT = $T$_DATUM = $D
```
Mit diesem Befehl wird eine zweizeilige Eingabeaufforderung mit folgendem Inhalt eingestellt:
```
ZEIT = (momentane Uhrzeit)
DATUM = (heutiges Datum)
```
```
PROMPT $e[s$e[24A$p $t $v $_$e[u–
```
zeigt in der ersten Bildschirmzeile die Angaben: Laufwerk, Verzeichnis, Zeit, DOS-Version 6.0. In der aktuellen Zeile erscheint als Eingabeaufforderung ein Strich.

```
C:\SU\DOS 16:08:24,08 MS-DOS Version 6.20
-
-_
```

Voraussetzung ist, daß in CONFIG.SYS der Gerätetreiber ANSI.SYS geladen wurde (siehe 8.4).

7.1

Die einzelnen Zeichen haben folgende Bedeutungen:

$e[s	Cursorposition retten.
$e[24A	Cursor um maximal 24 Zeilen nach oben setzen, damit erscheint er in der ersten Zeile.
$p	Laufwerk:Verzeichnis, dahinter Leerstelle.
$t	Zeit, dahinter Leerstelle.
$v	DOS-Version, dahinter Leerstelle.
$_	Zeilenschaltung.
$e[u	Gerettete Cursorposition wiederherstellen.
-	Strich in der aktuellen Zeile.

Strg-C-Prüfung ein-/ausschalten   BREAK
intern

BREAK schaltet die Möglichkeit zum Befehlsabbruch mit der Tastenkombination [Strg]+[C] oder [Strg]+[Untbr] ein oder aus.

BREAK [ON/OFF]

Beschreibung

BREAK OFF
> DOS prüft nur beim Zugriff auf ein zeichenorientiertes Gerät
> (Bildschirm, Drucker, Hilfsport), ob [Strg]+[Untbr] betätigt wurde.

BREAK ON
> DOS prüft zusätzlich bei jedem Schreib- und Lesezugriff, ob die
> Tastenkombination [Strg]+[Untbr] betätigt wurde und unterbricht bei
> Bedarf.

BREAK (ohne Parameter)
> Zeigt den aktuellen Zustand an.

Anmerkungen

■ Es hängt vom gerade ausgeführten Programm ab, welche Vorgänge mit [Strg]+[C] oder [Strg]+[Untbr] abgebrochen werden können
(zum Beispiel das Sortieren einer Datei).

■ Normalerweise reagiert DOS auf die Tastenkombination [Strg]+[C]
nur, wenn es Eingaben über die Tastatur entgegennimmt bzw. Daten an
den Bildschirm oder den Drucker ausgibt. Durch Einschalten der
[Strg]+[C]-Prüfung mit **BREAK ON** können jedoch zum Beispiel auch
Disketten- und Festplatten-Lese- und Schreibvorgänge abgebrochen
werden.

■ Einige Programme reagieren immer auf die Eingabe von [Strg]+[C].
BREAK beeinflußt diese Programme nicht.

Verweis

Gerätetreiber **8.4**.

7.1

7.2 Betriebsmodi von Geräten mit MODE

Übersicht

MODE legt die Betriebsart von Geräten fest. Dazu gehören
- Zeilenlänge und Zeilenabstand für Paralleldrucker einstellen.
- Übertragungsparameter von seriellen Schnittstellen für asynchrone Datenübertragung einstellen.
- Ausgabewege umleiten.
- Betriebsarten der Bildschirmanzeige einstellen und Bildschirmanzeige justieren.
- Betriebsarten für Gerätecodeseiten (Zeichensatztabellen).

Übersicht	*MODE*
	extern/teilweise resident

Betriebsart Paralleldrucker:
    MODE LPTn[:] [*zeichen*][,[*zeilen*][,*retry*]]

    oder
    MODE LPTn [[**cols=***c* **lines=***l* **retry=***r*

Betriebsart für asynchrone Datenübertragung:
    MODE COMm[:]*baudrate* [,[*parität*],[*datenbits*], [*stoppbits*], *retry*]]]]

Neubestimmung des Ausgabeziels für einen Paralleldrucker:
    MODE LPTn[:]=COMm[:]

Betriebsarten der Bildschirmanzeige:
    MODE *bildschirm*

    oder
    MODE [*bildschirm*], *verschieben*[,**T**]

    oder
    MODE CON COLS=*m* **LINES=***n*

Betriebsart für die Tastatur:
    MODE CON RATE=*r* **DELAY=***d*

Betriebsarten für Gerätecodeseiten (Details siehe auch 8.6):
    MODE *Gerät* **CODEPAGE PREPARE=**[[*yyy*]
        [*laufwerk*:][*pfad*]*dateiname*]

    und
    MODE *Gerät* **CODEPAGE SELECT=***yyy*

    MODE *Gerät* **CODEPAGE REFRESH**

7.2

MODE *Gerät* **CODEPAGE** [/**STATUS**]

Statusabfragen
MODE *Gerät* /**Status**

Die Einstellmöglichkeiten sind auf den folgenden Seiten detailliert beschrieben.

Paralleldrucker einstellen   MODE LPTn

MODE LPTn stellt die Betriebsart eines Standarddruckers an einer parallelen Schnittstelle ein.

MODE LPT*n*[:] [*zeichen*][,[*zeilen*],[*retry*]]

oder

MODE LPT*n* [[**cols**=*zeichen*] **lines**=*zeilen*] [**retry**=*retry*]

▪ **LPT***n*: *n* gibt die Nummer des Druckeranschlusses an. Möglich sind 1, 2 und 3. LPT1 ist gleichbedeutend mit PRN.

▪ *zeichen*: Bestimmt die Anzahl der Zeichen pro Zeile: entweder 80 oder 132.

▪ *zeilen*: Legt den Zeilenabstand fest. Eingegeben wird die Anzahl der Zeilen pro Zoll, entweder 6 oder 8.

▪ *retry*: Legt fest, wie sich MODE nach einer Statusprüfung verhalten soll.

▸ **E**: Gibt Fehler nach einer Statusprüfung eines aktiven Anschlusses zurück.

▸ **B**: Gibt Belegt nach einer Statusprüfung eines aktiven Anschlusses zurück.

▸ **R**: Gibt Bereit nach einer Statusprüfung eines aktiven Anschlusses zurück.

▸ **P**: Unendliche Wiederholung, bis der Drucker die Ausgabe annimmt.

▸ **N**, keiner: Kein Wiederholungsvorgang verfügbar (Standard). Standard ist LPT1, 80 Zeichen und 6 Zeilen/Zoll.

Anmerkungen

▪ Ein Standarddrucker ist ein Drucker, der sich bei den Einstellmöglichkeiten für Zeichen pro Zeile und Zeilenabstand wie ein PC-Grafikdrucker oder ein Epson-Drucker verhält.

▪ Falls für *zeichen* und *zeilen* ungültige Werte eingegeben werden, bleiben die bisherigen unverändert.

▪ Mit der Tastenkombination [Strg]+[C] kann eine Zeitüberschreitungsschleife wieder verlassen werden.

7.2

░ Wurde **retry = B** angegeben und soll die laufende Wiederholung bei Zeitüberschreitung abgebrochen werden, muß **MODE** nochmals ohne diesen Zusatz angegeben werden.

░ Bei Druckern im Netzwerk darf **retry = B** nicht angegeben werden.

Asynchrone Datenübertragung   MODE COMn

MODE COMn legt die Übertragungsparameter für eine asynchrone Schnittstelle zur asynchronen Datenübertragung fest.

> **MODE COM**m[:]baudrate],[parität] ,[datenbits], [stoppbits],retry]]]]

> oder

> **MODE COM**m[:] **BAUD**=baudrate **DATA**=datenbits
>   **STOP**=stoppbits **PARITY**=parität **RETRY**=retry

░ *COM*m: m gibt die Nummer der asynchronen Datenübertragungs-schnittstelle (COM) an: 1, 2, 3 oder 4.

░ *baudrate*: Legt die Übertragungsrate fest, die 110, 150, 300, 600, 1200, 2400, 4800, 9600 oder 19200 Baud betragen kann. Mindestens die ersten beiden Ziffern des gewünschten Wertes müssen eingegeben werden (96 = 9600, 19 = 19200).

░ *parität*: Legt die Parität fest:
   ▸ **N**: Für none = keine.
   ▸ **O**: Für odd = ungerade.
   ▸ **E**: Für even = gerade (= Standard).
   ▸ **M**: Für mark = Paritätsbit=1.
   ▸ **S**: Für space = Paritätsbit=0.

░ *datenbits*: Gibt die Zahl der Datenbits an: 5,6,7 oder 8.

░ *stoppbits*: Legt die Zahl der Stoppbits fest: 1, 1,5 oder 2. Für 110 Baud ist der Standardwert 2; ansonsten ist der Standardwert 1.

░ *retry*: Legt fest, wie sich MODE nach einer Statusprüfung verhält.
   ▸ **E**: Gibt Fehler nach einer Statusprüfung eines aktiven Anschlusses zurück.
   ▸ **B**: Gibt Belegt nach einer Statusprüfung eines aktiven Anschlusses zurück. Entspricht dem Parameter **P** früherer DOS-Versionen.
   ▸ **R**: Gibt Bereit nach einer Statusprüfung eines aktiven Anschlusses zurück.
   ▸ **P**: Unendliche Wiederholung, bis der Drucker die Ausgabe annimmt.
   ▸ **N**, keiner: Kein Wiederholungsvorgang verfügbar (Standard).

░ Die Standardeinstellungen sind COM1, gerade Parität, 7 Datenbits, 1 Stoppbit (bzw. 2 Stoppbits bei 110 Baud).

7.2

Anmerkungen

▪ Details zu *retry* siehe bei Paralleldrucker.

▪ Die Baudrate 19200 wird nicht von allen Systemen unterstützt, ebenso die Paritätsangaben **M** und **S**.

Druckerausgabe umleiten   MODE LPTn=COMm

Diese Variante leitet die Ausgabe, die normalerweise zu einem Paralleldrucker gehen würde, zu einer seriellen Schnittstelle um.

MODE LPT*n*[:]=**COM***m*[:]

oder

MODE LPT*n*[:]

▪ **LPT***n*: *n* gibt die Nummer des Druckeranschlusses an, der umgeleitet werden soll. Möglich sind 1, 2 und 3.

▪ **COM***m*: *m* gibt die Nummer der asynchronen Datenübertragungsschnittstelle (COM) an, auf der die Ausgabe erfolgen soll: 1, 2, 3 oder 4.

Anmerkung

▪ Vor der Verwendung dieses Befehls muß der serielle Anschluß mit **MODE COM***m*... konfiguriert werden. Um also die Druckerausgabe an einen seriellen Drucker senden zu können, muß **MODE** zweimal verwendet werden.

MODE LPT*n*

hebt eine Umleitung für diesen Parallelanschluß wieder auf.

Beispiele

MODE COM1:96,E,,,P

stellt auf eine Übertragungsrate von 9600 Baud, gerade Parität und unendliche Wiederholung ein. Der Drucker ist über die Schnittstelle COM1 angeschlossen.

MODE LPT1:=COM1:

konfiguriert die serielle Schnittstelle und leitet dann die Parallelausgabe an diese Schnittstelle um.

MODE LPT1:

macht die Umleitung wieder rückgängig. Danach werden die Ausgaben wieder auf der Parallelschnittstelle ausgegeben.

Betriebsart für den Bildschirm   MODE

Diese Form stellt die Konfiguration der Bildschirmanzeige ein und bietet die Möglichkeit, den Bildschirm zu justieren.

MODE *bildschirm*

oder

7.2

MODE [*bildschirm*], *verschieben*[,**T**]

oder

MODE CON COLS=*m* **LINES=***n*

▨ *bildschirm*: Gibt die Bildschirmkonfiguration an. Möglich sind:
Farb-/Grafikadapter...

40	...40 Zeichen pro Zeile
80	...80 Zeichen pro Zeile
BW40	...40 Zeichen/Zeile und Monochromdarstellung
BW80	...80 Zeichen/Zeile und Monochromdarstellung
CO40	...40 Zeichen/Zeile und Farbdarstellung
CO80	...80 Zeichen/Zeile und Farbdarstellung
MONO	...Monochromadapter (immer 80 Zeichen/Zeile)

▨ *verschieben*: Legt die Richtung fest, in der die Bildschirmanzeige verschoben werden soll. Nicht möglich bei Monochrombildschirmen. **R** (für »rechts«) und **L** (für »links«).

▨ **CON**: Gibt an, daß die nachfolgenden Parameter nur für den Bildschirm gelten.

▨ **COLS=***m*: Gibt die Anzahl der Zeichen pro Zeile an, wobei für *m* die Werte 40 und 80 verwendet werden können.

▨ **LINES=***n*: Gibt die Anzahl der Zeilen auf dem Bildschirm an, wobei für *n* die Werte 25 (Standard), 43 (EGA) und 50 (VGA) möglich sind.

▨ **T**: Gibt ein Prüfmuster zur Kontrolle der Bildschirmeinstellung aus. Dann erscheint die Abfrage, ob die Ausrichtung korrekt ist.

▸ J beendet den Befehl,

▸ N verschiebt und bringt erneut die Abfrage.

▨ Das Verschieben ist nicht auf allen Systemen möglich. Moderne Monitore haben hierfür Einstellmöglichkeiten vorgesehen.

7.2

Anmerkungen

▨ Die Anzeige wird um ein Zeichen (bei 40 Zeichen) bzw. zwei Zeichen (bei 80 Zeichen) verschoben.

▨ Beim Verschieben der Anzeige wird der gesamte residente Code von **MODE** in den Speicher geladen.

▨ DOS prüft nicht, ob der angewählte Bildschirm angeschlossen ist. Wird ein nicht vorhandener Bildschirmtyp gewählt, wird am Bildschirm nichts ausgegeben. Der richtige Befehl muß dann »blind« eingegeben werden.

▨ Die Parameter **COLS** und **LINES** können auch einzeln angegeben werden.

Betriebsart für die Tastatur MODE CON...

Diese Möglichkeit bestimmt die Wiederholungshäufigkeit der Tastatur, wenn diese gedrückt gehalten wird.

MODE CON RATE=*r* DELAY=*d*

■ **CON**: Gibt den Namen der Einheit an, für die die Tastaturparameter gesetzt werden.

■ **RATE=*r***: Angabe des Wiederholungsintervalls, wobei für *r* ein Wert von 1 bis 32 möglich ist.

r = 1 entspricht einer Häufigkeit von 2.

r = 32 entspricht einer Häufigkeit von 30.

■ **DELAY=*d***: Gibt die Zeitverzögerung bis zum Beginn der Dauerfunktion an, wobei für *d* ein Wert von 1 bis 4 möglich ist.

1 entspricht einer Verzögerung von $1/4$ Sekunde, 4 einer Verzögerung von 1 Sekunde.

Gerätecodeseiten MODE ... CODEPAGE ...
extern

MODE wird in dieser Variante dazu verwendet, um Codeseiten für Paralleldrucker oder für den Bildschirm einzustellen oder anzuzeigen. Folgende Formate sind dabei möglich:

MODE *gerät* **CODEPAGE PREPARE=[[*yyy*]**
[*laufwerk:*][*pfad*]*dateiname*]

MODE *gerät* **CODEPAGE SELECT=*yyy***

MODE *gerät* **CODEPAGE REFRESH**

MODE *gerät* **CODEPAGE [/STATUS]**

7.2

Hier werden die Parameter beschrieben, die für alle Formate gelten. Details zu den verschiedenen Funktionen siehe 8.7.

■ *gerät*: Gibt das Ausgabegerät an, für das die Codeseite installiert werden soll. Gültige Geräte sind CON, LPT1, LPT2 und LPT3.

■ *yyy*: Gibt eine Nummer einer Codeseite oder eine Liste mit Codeseiten an. Gültige Codeseiten sind 437, 850, 860, 863 und 865.

■ *dateiname*: Gibt den Namen der Codeseiteninformationsdatei (.CPI) an, die DOS zur Vorbereitung einer Codeseite für das angegebene Gerät verwenden sollte.

■ **CODEPAGE** kann mit **CP**, **SELECT** mit **SEL** abgekürzt werden.

■ **REFRESH** erneuert die Codeseiten auf dem *gerät*, wenn diese durch einen Fehler zerstört wurden.

Gerätestatus abfragen   MODE... /STATUS
extern

Diese Form fragt den Status von angeschlossenen Geräten ab.

MODE *gerät* /STATUS

▢ *gerät*: Der Status des Gerätes wird abgerufen.
▢ **/STATUS**: Gibt die aktuelle Einstellung aus.

Beispiel

Für das Gerät CON: wird eine Statusabfrage durchgeführt.

MODE CON: /Status

```
Status für Gerät CON:

Columns (Spalten)=80
Lines (Zeilen)=50
Es wurde keine Codeseite ausgewählt
Hardware–Codeseiten:
  Codeseite 437
Vorbereitete Codeseiten:
  Codeseite nicht vorbereitet
  Codeseite nicht vorbereitet
MODE Codeseite Status überprüfen: Funktion ausgeführt
```

Verweise

Codeseiten laden und wechseln **8.6**, Gerätecodeseiten behandeln mit Mode **8.7**.

7.2

7.3 Datum, Zeit

DOS führt ein Systemdatum und eine Systemzeit laufend mit. Diese werden unter anderem beim Speichern von Dateien im Verzeichnis abgelegt. Mit den beiden Befehlen **DATE** und **TIME** können Datum und Zeit angezeigt und geändert werden.

Datum anzeigen/eingeben   *DATE* *intern*

DATE ermöglicht die Eingabe und Änderung des vom System geführten Datums.

    DATE [*TT.MM.JJ*]

Beschreibung

▨   Bei der Angabe des Datums sind nur Zahlen zulässig. Die folgenden Zahlen sind möglich:

```
TT = 1 ± 31
MM = 1 ± 12
JJ = 80 ± 79 oder 1980 ± 2079
```

▨   Die einzelnen Einträge können mit Bindestrichen, Schrägstrichen oder Punkten voneinander getrennt werden.

▨   DOS erkennt Monate und Jahre automatisch richtig, außerdem berücksichtigt es Schaltjahre.

DATE (ohne Parameter)

    Fragt das Datum ab:

```
Gegenwärtiges Datum: Mo, 27.03.1993
Neues Datum (TT.MM.JJ):
```

    ⏎ übernimmt das angezeigte Datum ohne Änderung.

    Datum ⏎ gibt ein neues Datum ein.

Anmerkungen

▨   **DATE** kann direkt eingegeben oder über eine Stapelverarbeitungsdatei aufgerufen werden (siehe 9.1).

▨   Bei Verwendung der Datei AUTOEXEC.BAT erscheint die Abfrage nach dem Datum nicht automatisch. Dazu sollte **DATE** eingefügt werden.

▨   Das aktuelle Systemdatum wird in Verzeichnissen bei jeder Anlage oder Änderung einer Datei aktualisiert und ist deshalb sehr hilfreich.

▨   Bei Computern mit eingebauter batteriegepufferter Uhr wird normalerweise das Datum richtig mitgeführt; hier erübrigt sich die Eingabe über die Datei AUTOEXEC.BAT. Änderungen werden automatisch in diesem Bereich übertragen.

7.3

Bei anderen Systemen erscheint nach jedem neuen Einschalten das Datum 1.1.1980.

Das Format für das Datum kann über den Ländercode im Konfigurationsbefehl **COUNTRY** in der Datei CONFIG.SYS geändert werden (siehe 8.3).

Zeit anzeigen/eingeben TIME
intern

TIME dient dazu, die Uhrzeit anzuzeigen und zu ändern.

TIME [*stunden***:***minuten*[**:***sekunden* [**.***hundertstel*]]]

- *stunden*: 0–23
- *minuten*: 0–59
- *sekunden*: 0–59
- *hundertstel*: 0–99

Beschreibung

Die einzelnen Elemente müssen durch ein in der länderabhängigen Informationsdatei definiertes Trennzeichen getrennt werden (siehe 8.5). Für die Bundesrepublik Deutschland kann ein Doppelpunkt oder Punkt verwendet werden.

Sekunden und Hundertstel werden durch Komma oder Punkt voneinander getrennt (je nach Dezimaltrennzeichen).

TIME (ohne Parameter)
Fragt die aktuelle Zeit ab:
```
Gegenwärtige Uhrzeit: 19:06:16,49
Neue Uhrzeit: _
```
⏎ übernimmt die angezeigte Zeit ohne Änderung.
Zeit ⏎ setzt eine neue Zeitangabe.

Anmerkungen

DOS zeigt die Uhrzeit in dem durch den Ländercode angegebenen Format (siehe 8.5).

Die aktuelle Systemzeit wird in Verzeichnissen bei jeder Anlage oder Änderung einer Datei aktualisiert und ist deshalb sehr hilfreich.

Mit **COUNTRY** in der Datei CONFIG.SYS kann das Format, in dem die Zeit angezeigt und eingegeben wird, geändert werden (siehe 8.3).

Änderungen der Uhrzeit mit **TIME** werden in den batterigepufferten Bereich des Computers übertragen.

7.3

Verweise

Die Konfigurationsdatei CONFIG.SYS **8.3**, Landeseinstellungen und Codeseiten **8.5**, Stapelverarbeitung – Übersicht und Aufruf **9.1**.

7.4 Dateizugriffe

Schreibprüfung einstellen   VERIFY
                                               Intern

VERIFY schaltet eine Fehlerprüfung nach jedem Schreiben auf eine
Diskette/Festplatte ein oder aus.

VERIFY [on/OFF]

Beschreibung

VERIFY ON

> DOS überprüft nach jedem Schreibzugriff, ob die aufgezeichneten
> Daten fehlerfrei gelesen werden können. Diese Einstellung bleibt so
> lange aktiv, bis sie mit **VERIFY OFF** oder von einem Programm
> ausgeschaltet wird.

VERIFY OFF (Standardeinstellung)

> Die Prüfung ist ausgeschaltet.

VERIFY

> Zeigt die aktuelle Einstellung an.

Anmerkungen

■ Mit **VERIFY** kann sichergestellt werden, daß Dateien ordnungsgemäß auf eine Diskette/Festplatte geschrieben werden.

■ Ist die Prüffunktion eingeschaltet, erfolgen Schreiboperationen aufgrund der zusätzlichen Prüfung langsamer.

■ **VERIFY** bewirkt nicht, daß die gespeicherten Daten noch mal mit
dem Original verglichen werden, sondern prüft nur die fehlerfreie
Speicherung.

■ Nur wenn eine fehlerfreie Speicherung der Daten auf die Dis-
kette/Festplatte nicht möglich war, erscheint eine Fehlermeldung.

■ **VERIFY** hat den gleichen Zweck wie der Befehlszusatz /**V** im Befehl
COPY (siehe 5.2).

■ **VERIFY** wird nicht unterstützt, wenn Daten auf ein Netzlaufwerk
geschrieben werden.

Dateien gemeinsam nutzen   SHARE
                                            extern/resident

SHARE bewirkt, daß Dateien im Netz gemeinsam benutzt und gesperrt
werden können. Dieser Befehl wird hauptsächlich im Netzbetrieb benötigt. Zusätzlich bewirkt er einige Verbesserungen bei der Dateibehand-

lung durch das Betriebssystem. Deshalb benötigen manche Anwendungsprogramme diesen Befehl.

SHARE [/**F**:*speicherplatz*] [/**L**:*dateisperren*]

▨ /**F**:*speicherplatz*: Weist die Größe (in Bytes) für den DOS-Speicherbereich zu, der zur Aufzeichnung von Daten über gemeinsame Dateibenutzung verwendet wird. Die Standardeinstellung ist 2048. Jede geöffnete Datei benötigt Speicherplatz für den vollen Dateinamen und noch weitere 11 Byte, da Pfadnamen durchschnittlich 20 Byte lang sind.

▨ /**L**:*dateisperren*: Legt die Anzahl der zulässigen Sperren fest. Die Standardeinstellung ist 20.

Anmerkungen

▨ Wenn **SHARE** geladen ist, wird bei allen Schreib- und Leseanforderungen anhand des Codes für gemeinsamen Dateizugriff geprüft, ob diese zulässig sind. Wird z.B. während eines Schreib-/Lesevorgangs die Diskette gewechselt, erscheint die Meldung:

```
Ungültiger Diskettenwechsel Laufwerk X:
Datenträger XXXXXXXXXX mit der Nummer hhhh-hhhh einlegen.
A(bbruch), W(iederholen), U(ebergehen)?
```

▨ Der Befehl **SHARE** kann über den Installationsbefehl **INSTALL** über die CONFIG.SYS geladen werden.

▨ Um Dateien in einem Netz für den gleichzeitigen Zugriff durch mehrere Teilnehmer zur Verfügung zu stellen, sollte **SHARE** in der Datei AUTOEXEC.BAT eingefügt werden.

▨ Ist **SHARE** geladen, wird der Wert des Eintrags **FCBS** in der Datei CONFIG.SYS auf 16,8 angepaßt.

Verweis

Dateien kopieren und verschieben **5.2**.

7.4

7.5 Umgebungsvariablen

In der Umgebung des Befehlsprozessors (Environment) können Zeichenfolgen mit Bezeichnungen abgelegt werden, die DOS selbst oder Programme zur Steuerung auswerten können.

Umgebungsvariable definieren *SET*
intern

SET dient dazu, eine Zeichenfolge unter einem bestimmten Namen in der DOS-Umgebung abzulegen.

    SET [*name*=[*zeichenfolge*]]

  ▩ *name*: Ist die Bezeichnung der Variablen in der Systemumgebung. Der Name wird in Großbuchstaben umgesetzt.

  ▩ *zeichenfolge*: Ist der Inhalt der mit *name* angelegten Variablen. Groß-/Kleinschreibung wird berücksichtigt.

Beschreibung

Sobald DOS auf einen **SET**-Befehl stößt, lädt es die betreffende Zeichenfolge und den zugeordneten Wert in den für die DOS-Umgebung vorgesehenen Bereich des Arbeitsspeichers. Wenn der Zeichenfolge in der Umgebung bereits ein Wert zugeordnet ist, wird dieser durch den neu zugeordneten Wert ersetzt.

  ▩ **SET** *name*= : Löscht die Variable, wenn keine Zeichenfolge angegeben wird.

  ▩ **SET** *(ohne Parameter)*: Zeigt die momentan gültigen Zuordnungen.

Anmerkungen

  ▩ Die Standardgröße der Systemumgebung kann über den Parameter **/E:***xxxx* im Befehl **COMMAND.COM** verändert werden (siehe 7.6) oder muß nach dem Konfigurationsbefehl **SHELL=** in der Datei CONFIG.SYS eingestellt werden (siehe 8.3).

  ▩ In Stapelverarbeitungsdateien können mit Hilfe des Befehls **SET** Variablen über Namen statt über Zahlen festgelegt werden (siehe 9.2).

    Bsp: Eine Stapelverarbeitungsdatei enthält folgende Anweisung:
`TYPE %DATEI%`

Dieser Variablen kann nun ein Name zugeordnet werden, den DOS dann anstelle von %DATEI% benutzen wird.
`SET DATEI=JAHR.93`

ersetzt die Variable %DATEI% durch den Dateinamen JAHR.93.

7.5

▓ Um den Namen eines benannten Parameters zu ändern, müssen bei Verwendung von Umgebungsvariablen nicht alle Stapelverarbeitungsdateien einzeln geändert werden.

▓ **SET**-Variable werden beim Rechnerstart automatisch angelegt, wenn diese in den Dateien CONFIG.SYS oder AUTOEXEC.BAT angegeben wurden.

▓ Wird mit **COMMAND** ein zusätzlicher Kommandoprozessor geladen und hier eine Umgebungsvariable definiert, gilt diese nur, solange dieser Befehlsprozessor aktiv ist. Nach Verlassen mit **EXIT** ist auch die Umgebungsvariable nicht mehr vorhanden.

▓ Manche Anwendungsprogramme benötigen spezielle Umgebungsvariablen, die beim Start oder während des Ablaufs abgefragt werden.

▓ In der Systemumgebung werden auch die Parameter des **PROMPT**- und **PATH**-Befehls abgelegt, dazu wird aber nicht **SET** benötigt (siehe 7.1, 4.7).

▓ DOS selbst verwendet mehrere Variablen zur Steuerung von verschiedenen Befehlen:

▸ **MSDOSDATA**: In dem angegebenen Verzeichnis speichert **MWBACKUP** seine Kataloge. **UNDELETE** legt seine INI-Datei hier ab. Das Verzeichnis muß mit **MD** angelegt werden.

```
SET MSDOSDATA=C:\BACKUP.LOG
```

▸ **TEMP**: In dem angegebenen Verzeichnis werden temporäre Dateien verschiedener Befehle wie **SORT**, **MORE** oder **FIND** abgelegt. Windows verwendet ebenfalls das hier angegebene Verzeichnis. Das Verzeichnis muß mit **MD** angelegt werden.

```
SET TEMP=C:\SCRATCH
```

▸ **DIRCMD**: Der **DIR**-Befehle verwendet die angegebenen Parameter als Standardvorgabe.

```
SET DIRCMD=/P
```

▸ **COPYCMD**: **MOVE**, **COPY** und **XCOPY** werten die Variable für den Parameter /Y aus.

```
SET COPYCMD=/Y
```

▸ **CONFIG**: In der Variablen wird der Abschnittsname des letzten ausgeführten Abschnitts eines Startmenüs abgelegt. Diese kann zur Steuerung der AUTOEXEC für unterschiedliche Konfigurationsanpassungen verwendet werden.

▸ **COMSPEC**: Verweist auf den Pfad des Kommandoprozessors.

7.5

Verweise

Suchpfade **4.7**, Automatische Startdatei AUTOEXEC.BAT **8.2**, Die Konfigurationsdatei CONFIG.SYS **8.3**, Stapelparameter und Umgebungsvariablen **9.2**.

7.6 Der Befehlsprozessor COMMAND

DOS lädt beim Starten seinen Befehlsprozessor, der alle internen Befehle enthält, in den Speicher. Der Befehlsprozessor ist die eigentliche Schnittstelle zwischen dem Anwender und dem Betriebssystem. Oft ist es notwendig, einen Befehlsprozessor zusätzlich zu laden. Dies ermöglicht einen zeitweisen Ausstieg aus dem Programm und das Arbeiten mit DOS. Nach Verlassen des Befehlsprozessors geht die Steuerung wieder an das Anwendungsprogramm zurück.

Befehlsprozessor aufrufen COMMAND
extern

COMMAND startet einen neuen sekundären Befehlsprozessor (das DOS-Programm, das alle internen Befehle enthält).

  COMMAND [*lfw:\pfad*][*gerät*][*/***E:***nnnnn*] [*/***Y**[*/***C**|*/***K** *befehle*]]

▪ *lw*: Ist das Laufwerk mit dem Befehlsprozessor.
▪ *pfad*: Ist der Pfad mit dem Befehlsprozessor. Falls er hier nicht gefunden wird, sucht DOS den durch **PATH** (siehe 4.7) angegebenen Suchpfad durch. Der temporäre Teil wird aus dem Pfad nachgeladen, der durch **COMSPEC=** angegeben ist.
▪ *gerät*: Gibt Gerät für Befehlseingaben und -ausgaben an (siehe 6.9).
▪ */***E:** *nnnnn*: Legt die Größe des Umgebungsbereichs in Bytes fest; möglich sind 160 bis 32768 Byte. DOS rundet diese Zahl auf die nächste logische Paragraphengrenze auf. Die Standardgröße ist 160 Byte.
▪ */***Y** ermöglicht die schrittweise Ausführung einer Batch-Prozedur.
▪ */***C**|*/***K** *befehle*: Weist den Befehlsprozessor an, den oder die Befehle auszuführen. */***C** beendet den Sekundärprozessor, */***K** verbleibt in der Umgebung. Diese muß mit **EXIT** explizit beendet werden.

Anmerkungen

▪ Mit dem Starten eines neuen Befehlsprozessors wird gleichzeitig eine neue Umgebung (Environment) angelegt. Sie ist eine Kopie der ursprünglichen (übergeordneten) Umgebung und kann ohne Auswirkungen auf die alte Umgebung geändert werden.
▪ Der Befehlsprozessor wird in zwei Teilen in den Arbeitsspeicher geladen: einem *temporären* und einem fest gespeicherten, *residenten* Teil. Einige Anwendungsprogramme überschreiben bei ihrer Ausführung den temporären Teil des Befehlsprozessors COMMAND.COM. Wenn dies geschehen ist und das Anwendungsprogramm beendet wird, sucht der residente Teil die Datei COMMAND.COM auf der Diskette/

7.6

Festplatte und lädt den temporären Teil des Befehlsprozessors wieder in den Arbeitsspeicher.

▨ Die Option **CTTY** *gerät* ermöglicht es, ein anderes Gerät (zum Beispiel AUX) für die Ein- und Ausgabe festzulegen. Details siehe 6.9.

▨ Ist *nnnnn* kleiner als 160 Byte, verwendet DOS den Standardwert von 160 Byte und zeigt die Meldung :

`Parameterwert nicht im erlaubten Rahmen`

Ist *nnnnn* dagegen größer als 32768 Byte, reduziert DOS die Größe auf 32768 Byte und zeigt dieselbe Meldung an.

▨ /**Y** muß vor /**C** oder /**K** angegeben werden.

▨ /**C** oder /**K** muß als letzter Parameter angegeben werden.

▨ Bei Aufruf ohne Parameter kehrt **EXIT** zum primären Befehlsprozessor zurück.

▨ Die Umgebungsvariable **COMSPEC** gibt an, wo DOS den temporären Teil von COMMAND.COM finden kann, wenn er nachgeladen werden muß. Falls dies nicht das Stammverzeichnis oder ein Verzeichnis aus dem mit **PATH** eingestellten Suchpfad ist (siehe 4.7), sollte sie in AUTOEXEC.BAT zugewiesen werden (siehe 8.2).

`SET COMSPEC=C:\MSDOS\COMMAND.COM`

gibt an, daß der Befehlsprozessor COMMAND.COM im Verzeichnis \MSDOS zu finden ist.

Beispiel

`COMMAND /E:512 /C CHKDSK B:`

Dieser Befehl bewirkt folgendes:

▨ Der neue Befehlsprozessor wird unter dem momentan ablaufenden Programm gestartet.

▨ Es werden 512 Byte für das Environment zur Verfügung gestellt.

▨ **CHKDSK B:** wird ausgeführt.

▨ DOS kehrt automatisch zum ersten Befehlsprozessor zurück.

`COMMAND /Y /C TEST.BAT`

▨ Führt die Batch-Datei TEST.BAT schrittweise aus. Zuerst erfolgt eine Abfrage, ob die Datei überhaupt ausgeführt werden soll, danach wird vor der Ausführung jeder Zeile abgefragt.

7.6

Befehlsprozessor verlassen EXIT
intern

EXIT dient zum Verlassen des Programms COMMAND.COM (eines sekundären Befehlsprozessors) und zur Rückkehr in die übergeordnete Ebene (falls vorhanden).

EXIT

Anmerkungen

Bei vielen Anwendungsprogrammen ist es möglich, zeitweise mit DOS zu arbeiten. Auch hier wird dann mit **EXIT** anschließend wieder zum Anwendungsprogramm zurückgekehrt.

EXIT hat keine Auswirkung, falls kein zweiter Befehlsprozessor geladen ist oder ein zweiter Befehlsprozessor mit dem Zusatz /**P** geladen wurde.

Verweise

Suchpfade **4.7**, Standardeingabegerät ändern **6.9**, Automatische Startdatei AUTOEXEC.BAT **8.3**, Stapeldateien aufrufen **9.6**.

7.6

7.7 Speicherverwaltung

Speicherbelegung anzeigen   **MEM**
                                                         extern

MEM zeigt an, wieviel Speicherplatz belegt bzw. frei ist. Zusätzlich können alle geladenen Programme angezeigt werden.

   MEM [/**M**odule *modulname*] [/**D**ebug] [/**C**lassify] [/**F**ree] [/**P**age]

▨ **MEM**: Ohne Parameter gibt eine Übersicht über den belegten Systemspeicher aus. Extensionspeicher wird nur angezeigt, wenn Hauptspeicher über 1 Mbyte installiert ist. Expansionspeicher wird nur angezeigt, wenn dafür ein Einheitentreiber installiert ist.
▨ /**M**: Zeigt die Speicherbelegung des angegebenen Moduls an. Der *modulname* kann über **MEM** /**C** angezeigt werden.
▨ /**D**: Gibt eine vollständige Übersicht aller geladenen Programme aus. Zusätzlich werden alle Systemeinheitentreiber und Einheitentreiber ausgegeben.
▨ /**C**: Gibt eine Übersicht über die im konventionellen Speicher und im UMA-Speicher geladenen Programme. Es wird die Speicherbeanspruchung der Programme, sowie der größte freie Block im HMA angezeigt. In einer weiteren Übersicht wird die Speicherbelegung der geladenen Programme und Treiber angezeigt.
▨ /**F**: Listet die freien Speicherbereiche im konventionellen Speicher und im UMA-Bereich auf. Zusätzlich wird eine Übersicht der Gesamtspeicherbelegung ausgegeben.
▨ /**P**: Hält die Bildschirmausgabe an, wenn eine Seite vollgeschrieben ist.

7.7

Anmerkungen

▨ Die Befehlsparameter können auf den Anfangsbuchstaben abgekürzt werden.
▨ Expanded Memory wird nur angezeigt, wenn die Version 4.0 des EMS-Treibers verwendet wird.
▨ XMS-Speicher ist der Teil des Extended Memory, der vom XMS-Treiber (HIMEM.SYS) zur Verfügung gestellt wird.
▨ Der Status des UMA-Bereichs wird nur angezeigt, wenn ein Speichermanager wie EMM386.EXE installiert ist.

Beispiele

Anzeige des Speicherplatzes

MEM ⏎

Speichertyp	Insgesamt	=	Verwendet	+	Frei
Konventioneller	640K		31K		609K
Hoher	75K		61K		14K
Adapter RAM/ROM	309K		309K		0K
Erweiterung (XMS)	7.168K		1.320K		5.848K
Expansion (EMS)	0K		0K		0K
Insg. Speicher	8.192K		1.720K		6.472K
Insg. unter 1 MB	715K		91K		624K

Maximale Größe für ausführbares Programm   609K   (623.648 Byte)
Größter freier Block im oberen Speicherblock   14K   (14.640 Byte)
MS–DOS ist resident im oberen Speicherbereich (High Memory Area).

Anzeige der geladenen Programme im Arbeitsspeicher und im oberen Speicherbereich

MEM /C ⏎

Module, die den Speicher unterhalb 1 Mbyte verwenden:

Name	Insgesamt		=	Konventioneller		+	Hoher Speicher	
MSDOS	15.581	(15K)		15.581	(15K)		0	(0K)
ASPI4DOS	6.672	(7K)		6.672	(7K)		0	(0K)
HIMEM	1.104	(1K)		1.104	(1K)		0	(0K)
EMM386	3.120	(3K)		3.120	(3K)		0	(0K)
COMMAND	5.168	(5K)		5.168	(5K)		0	(0K)
SETVER	672	(1K)		0	(0K)		672	(1K)
ANSI	4.256	(4K)		0	(0K)		4.256	(4K)
SMARTDRV	27.264	(27K)		0	(0K)		27.264	(27K)
KEYB	6.224	(6K)		0	(0K)		6.224	(6K)
DOSKEY	4.672	(5K)		0	(0K)		4.672	(5K)
MODE	480	(0K)		0	(0K)		.480	(0K)
MOUSE	18.384	(18K)		0	(0K)		18.384	(18K)
Frei	638.496	(624K)		623.744	(609K)		14.752	(14K)

Speicher–Zusammenfassung:

Speichertyp	Insgesamt		=	Verwendet		+	Frei	
Konventioneller	655.360	(640K)		31.616	(31K)		623.744	(609K)
Hoher	76.704	(75K)		61.952	(61K)		14.752	(14K)
Adapter RAM/ROM	316.512	(309K)		316.512	(309K)		0	(0K)
Erweiterung (XMS)	7.340.032	(7168K)		1.351.680	(1320K)		5.988.352	(5848K)
Expansion (EMS)	0	(0K)		0	(0K)		0	(0K)
Insg. Speicher	8.388.608	(8192K)		1.761.760	(1720K)		6.626.848	(6472K)
Insg. unter 1 MB	732.064	(715K)		93.568	(91K)		638.496	(624K)

7.7

```
Maximale Größe für ausführbares Programm        623.648   (609K)
Größter freier Block im oberen Speicherblock      14.640    (14K)
MS-DOS ist resident im oberen Speicherbereich (High Memory Area).
```

Anzeige des Speicherbereichs für das Modul SMARTDRV

MEM /M SMARTDRV [⏎]

SMARTDRV verwendet folgenden Speicher:

Segment	Region	Insgesamt		Typ
0CE81	1	27.264	(27K)	Programm

Insgesamte Größe: 27.264 (27K)

Anzeige des Speicherplatzes sowie aller System- und Installationseinheitentreiber

MEM /D [⏎]

Detaillierte Übersicht des konventionellen Speichers:

Segment	Insgesamt		Name	Typ
00000	1.039	(1K)		Interrupt-Vektor
00040	271	(0K)		ROM-Übertragungsbereich
00050	527	(1K)		DOS-Übertragungsbereich
00070	2.752	(3K)	IO	Systemdaten
			CON	System-Gerätetreiber
			AUX	System-Gerätetreiber
			PRN	System-Gerätetreiber
			CLOCK$	System-Gerätetreiber
			A: – D:	System-Gerätetreiber
			COM1	System-Gerätetreiber
			LPT1	System-Gerätetreiber
			LPT2	System-Gerätetreiber
			LPT3	System-Gerätetreiber
			COM2	System-Gerätetreiber
			COM3	System-Gerätetreiber
			COM4	System-Gerätetreiber
0011C	5.104	(5K)	MSDOS	Systemdaten
0025B	16.704	(16K)	IO	Systemdaten
	6.656	(7K)	SCSIMGR$	Instal. Gerät=ASPI4DOS
	1.088	(1K)	XMSXXXX0	Instal. Gerät=HIMEM
	3.104	(3K)	EMMQXXX0	Instal. Gerät=EMM386
	2.672	(3K)		FILES=50
	256	(0K)		FCBS=4
	512	(1K)		BUFFERS=5
	2.288	(2K)		LASTDRIVE=Z
0066F	80	(0K)	MSDOS	Systemprogramm
00674	80	(0K)	COMMAND	Daten
00679	3.024	(3K)	COMMAND	Programm
00736	80	(0K)	MSDOS	— Frei —

7.7

```
0073B              2.064     (2K)    COMMAND    Umgebung
007BC                256     (0K)    MEM        Umgebung
007CC             87.776    (86K)    MEM        Programm
01D3A            535.632   (523K)    MSDOS      — Frei —
```

Detaillierte Übersicht des hohen Speicherbereichs:

Segment	Region	Insgesamt		Name	Typ
0CD48	1	4.896	(5K)	IO	Systemdaten
		.656	(1K)	SETVERXX	Instal. Gerät=SETVER
		4.192	(4K)	CON	Instal. Gerät=ANSI
0CE7A	1	112	(0K)	MSDOS	— Frei —
0CE81	1	27.264	(27K)	SMARTDRV	Programm
0D529	1	6.224	(6K)	KEYB	Programm
0D6AE	1	4.672	(5K)	DOSKEY	Programm
0D7D2	1	480	(0K)	MODE	Programm
0D7F0	1	18.384	(18K)	MOUSE	Programm
0DC6D	1	14.640	(14K)	MSDOS	— Frei —

Speicher-Zusammenfassung:

Speichertyp	Insgesamt		=	Verwendet		+	Frei	
Konventioneller	655.360	(640K)		31.616	(31K)		623.744	(609K)
Hoher	76.704	(75K)		61.952	(61K)		14.752	(14K)
Adapter RAM/ROM	316.512	(309K)		316.512	(309K)		0	(0K)
Erweiterung (XMS)	7.340.032	(7168K)		1.351.680	(1320K)		5.988.352	(5848K)
Expansion (EMS)	0	(0K)		0	(0K)		0	(0K)
Insg. Speicher	8.388.608	(8192K)		1.761.760	(1720K)		6.626.848	(6472K)
Insg. unter 1 MB	732.064	(715K)		93.568	(91K)		638.496	(624K)

```
     Maximale Größe für ausführbares Programm         623.648   (609K)
     Größter freier Block im oberen Speicherblock       14.640    (14K)
     MS-DOS ist resident im oberen Speicherbereich (High Memory Area).
```

XMS-Version 3.00; Treiber Version 3.16

7.7

Unterstützung Expanded Memory   *EMM386*
                                                        extern

Wird der Befehl von der DOS-Ebene aufgerufen, wird damit die Unterstützung für Expanded Memory aktiviert bzw. deaktiviert. Zusätzlich kann auch die Unterstützung für einen WEITEK-Koprozessor aktiviert werden.

EMM386 [ON/OFF/AUTO] [W=ON/W=OFF]

■ **ON**: Aktiviert die Unterstützung für Expanded Memory. Der Treiber ist die ganze Zeit aktiv.

■ **OFF**: Deaktiviert die Unterstützung für Expanded Memory. Jeder Aufruf für eine Speicheranforderung aus einem Anwendungsprogramm mißlingt.

▓ **AUTO**: Der Treiber ist solange inaktiv, bis ein Aufruf für eine Speicheranforderung erfolgt. Nach der Freigabe des Speichers geht der Treiber wieder in den Wartezustand (=Standardeinstellung).

▓ **W=ON**: Aktiviert die WEITEK-Koprozessorunterstützung.

▓ **W=OFF**: Deaktiviert die WEITEK-Koprozessorunterstützung (=Standardeinstellung).

Anmerkung

▓ EMM386 übernimmt auch die Unterstützung des oberen Speicherbereichs (Upper Memory Area, UMA) sowie die Verwaltung der UMB's. Hierfür muß das Programm in der CONFIG.SYS als Einheitentreiber installiert werden.

Verweise

Grundbegriffe **1.1**, Gerätetreiber **8.4**.

7.7

7.8 Programme ausführen

Unter DOS 6.2 gibt es mehrere Möglichkeiten, Programme zu laden. Durch die erweiterte Speicherverwaltung besteht die Möglichkeit, residente Programme wie **DOSKEY** in den oberen Speicherbereich (UMA) zu verlagern.

Übersicht

LH / LOADHIGH
Das Programm wird in den oberen Speicherbereich (UMA) geladen und Speicherblöcken (UMB's) zugewiesen.
LOADFIX
Das Programm wird oberhalb der ersten 64 Kbyte des Arbeitsspeichers geladen.
MEMMAKER
Optimiert die Startdateien selbstständig.

Programm in UMA laden	*LH/LOADHIGH*
	extern

LOADHIGH lädt speicherresidente Programme in den oberen Speicherbereich (UMA). Stehen nicht genügend Speicherblöcke (UMB's) zur Verfügung, wird das Programm in den konventionellen Arbeitsspeicher geladen und ausgeführt.

7.8

> **LH / LOADHIGH** [**/L:**_bereich1,mingröße_][**;**_bereich2,mingröße_] **/S**
> _<programm> <parameter>_

▓ **/L:** Gibt an, daß das Programm in einen mit _bereich_ angegebenen Speicherbereich geladen werden soll. Wird _mingröße_ angegeben, wird das Programm nur dann in den Bereich geladen, wenn der Speicherblock größer als die Ladegröße des Programms bzw. größer als der durch _mingröße_ angegebene Bereich ist.

▓ **/S:** Verkleinert den UMB-Bereich auf seine Minimalgröße. Die Option kann nur in Verbindung mit **/L** verwendet werden.

▓ _programm:_ Ist das Programm, das geladen und ausgeführt werden soll. Die _parameter_ sind programmabhängig.

Anmerkungen

▓ Kann das _programm_ nicht in den UMA-Bereich geladen werden, wird der konventionelle Speicher verwendet. Es wird keine Fehlermeldung ausgegeben.

▓ **MEM /C** zeigt den tatsächlich belegten Speicher und Speicherort.

▓ Um die freien *bereiche* anzuzeigen, **MEM /F** verwenden.

▓ Werden Programme verwendet, die mehr als einen Bereich belegen, können diese mit **MEM /M** angezeigt werden. Für den nächsten Ladebefehl sind dann die erforderlichen Bereiche anzugeben. Die Bereiche werden durch Semikolon »;« getrennt.

▓ **/L** kann für Programme verwendet werden, die aufgrund der Größe zwar in den UMA-Bereich geladen werden könnten, für den Programmstart jedoch mehr Speicher benötigen. Mit dem Parameter kann eine optimale Anpassung erreicht werden.

▓ Eine automatische Konfiguration, kann mit **MEMMAKER** durchgeführt werden. **MEMMAKER** ermittelt die optimale Ladegröße für alle Module.

▓ Die optimale Anpassung kann in der Regel erst durch mehrere Versuche ermittelt werden. Werden neue Treiber und TSR-Programme verwendet, macht dies unter Umständen eine Neukonfiguration erforderlich.

Beispiel

```
LH /L:1 /S \DOS\SMARTDRV 1024 512
```
Lädt SMARTDRV in den Bereich 1 und verkleinert den UMB-Bereich auf einen optimalen Wert.

Speicheroptimierung   *MEMMAKER*
extern

7.8

Ruft das Programm zur Optimierung der Gerätetreiber auf. Die Programme in der CONFIG.SYS werden untersucht und ggf. hinsichtlich des Speicherverbrauchs und der zur Verfügung stehenden Speicherblöcke für die Installation optimiert.

    MEMMAKER [/B] [/BATCH] [/BATCH2] [/SESSION] [(SWAP:*lfw*]
    [/T] [/UNDO] [/W:*größe1,größe2*]

▓ **/B**: Führt **MEMMAKER** im Schwarz-/Weißmodus aus.

▓ **/BATCH**: Führt **MEMMAKER** automatisch aus, ohne Benutzereingaben anzufordern. Wird ein Fehler festgestellt, wird die Ausführung unterbrochen und die ursprünglichen Dateien CONFIG.SYS und AUTOEXEC.BAT wiederhergestellt.

▓ **/BATCH2**: Wie **/BATCH**; jedoch wird **MEMMAKER** nach der Ausführung beendet.

▓ **/SESSION**: Wird intern von **MEMMAKER** während des Optimierungslaufs verwendet.

▓ **/T**: Deaktiviert die Überprüfung von Token-Ring-Netzwerken. Die Option muß verwendet werden, wenn während des Netzbetriebs Schwierigkeiten auftreten.

■   **/UNDO**: Macht die von **MEMMAKER** durchgeführten Änderungen rückgängig.

■   **/W**: Gibt an, wieviel Übersetzungspuffer für Windows reserviert werden sollen. Windows benötigt zwei Bereiche. **MEMMAKER** vergibt standardmäßig zwei 12 Kbyte-Bereiche (/W:12,12).

Anmerkungen

■   In der Datei AWINFO.TXT stehen Informationen, die für die Ausführung von **MEMMAKER** wichtig sind. Dies bezieht sich insbesondere auf die verwendete Hardware und Software.

■   Die von **MEMMAKER** während der Ausführung festgehaltenen Informationen werden in der Datei MEMMAKER.STS gespeichert. Diese kann mit EDIT angezeigt werden.

■   Wird Windows nicht verwendet, kann /W:0,0 angegeben werden.

■   Kann der Computer nach der Optimierung nicht mehr gestartet werden, ist ein Warmstart durchzuführen. Erscheint die Meldung

`MS-DOS wird geladen . . .`

ist die ⎡F8⎤-Taste zu drücken. Hierbei kann bei der Ausführung der CONFIG.SYS das Laden jedes Treibers einzeln veranlaßt werden. Auf diese Weise kann festgestellt werden, wo die aktuelle Konfiguration noch Fehler verursacht. Das Programm sollte dann bei einem weiteren Optimierungslauf von der Untersuchung ausgeschlossen werden.

■   **MEMMAKER** verwendet für die Optimierung die Programme CHKSTATE.SYS und SIZER.EXE.

Ausführung: MEMMAKER anwenden

7.8

Rufen Sie MEMMAKER von der DOS-Eingabeaufforderung auf
   Es wird ein Informationsbildschirm ausgegeben.
In dem Hilfebildschirm erscheint eine Abfrage, ob die Optimierung fortgesetzt oder unterbrochen werden soll
Mit der ⎡Leertaste⎤ **kann die Auswahl geändert werden**
   FORTSETZEN setzt die Ausführung von MEMMAKER fort.
   BEENDEN unterbricht die Ausführung.
Wählen Sie FORTSETZEN um die Optimierung durchzuführen
   Im nachfolgenden Bildschirm kann eine benutzerdefinierte Optimierung oder eine automatische Optimierung ausgewählt werden.

```
Microsoft MemMaker

  Sie können MemMaker auf zwei Arten anwenden:

  Express Setup optimiert den Arbeitsspeicher Ihres Computers
  automatisch.

  Benutzerdefiniertes Setup gibt Ihnen mehr Kontrolle über die
  Änderungen, die MemMaker an Ihren Systemdateien vornimmt. Wählen
  Sie diese Option nur, wenn Sie ein erfahrener Anwender sind.

               Express oder benutzerdefiniert? Express

EINGABETASTE=Auswahl bestätigen  LEERTASTE=Auswahl ändern  F1=Hilfe  F3=Beenden
```

Die nachfolgenden Ausführungen beschreiben die benutzerdefinierte Optimierung
Als nächstes kann festgelegt werden, ob EMS-Speicher verwendet werden soll

Mit ⌈Leertaste⌋ zwischen **JA** und **NEIN** wählen, dann ⌈←⌋.

In dem nun folgenden Auswahlbildschirm kann die Ausführung von MEMMAKER gesteuert werden

Mit ⌈↑⌋, ⌈↓⌋ kann zwischen den Optionen gewechselt werden. Wurden alle Einstellungen getroffen, ⌈←⌋ betätigen.

Nicht auf allen Computern darf die Auswahl auf »Ja« gesetzt werden. Welche Angaben für den eigenen Computer erforderlich sind, läßt sich unter Umständen erst nach mehreren Optimierungsläufen feststellen.

7.8

```
Microsoft MemMaker

                          Weitere Optionen

Angeben der in der Optimierung berücksichtigten Treiber/TSR ?     Ja
Hohen Speicherbereich verstärkt durchsuchen?                      Ja
Optimierung des hohen Speicherbereichs für Windows?              Ja
Verwendung des Monochrombereichs (B000-B7FF) für Anwendungen?    Ja
Vorhandene EMM386-Speicheraus- und einschlüsse verwenden?       Ja
Verlegung des erweiterten BIOS-Datenbereichs in hohen Speicher?  Ja

Drücken Sie die NACH-OBEN oder NACH-UNTEN-TASTE, um eine andere Option
zu wählen. Drücken Sie die EINGABETASTE, um die Einstellungen zu
bestätigen.

EINGABETASTE=Bestätigen  LEERTASTE=Auswahl ändern  F1=Hilfe  F3=Beenden
```

MEMMAKER durchsucht die Festplatte nach einer installierten Windowsversion

```
Microsoft MemMaker

MemMaker hat eine Kopie von Windows in folgendem Verzeichnis gefunden:

   C:\WINDOWS

 • Wenn es sich um die im Augenblick verwendete Windows-Kopie
   handelt, drücken Sie die EINGABETASTE, um fortzusetzen.

 • Befindet sich Ihre aktuelle Windows-Kopie in einem anderen
   Verzeichnis, geben Sie dessen Pfad an, und drücken Sie die
   EINGABETASTE.

EINGABETASTE=Fortsetzen  F1=Hilfe  F3=Beenden
```

Pfadangabe beibehalten oder ändern, dann ⏎.
MEMMAKER durchsucht die CONFIG.SYS nach Einheitentreibern und die AUTOEXEC.BAT nach residenten Programmen
Für jedes gefundene Programm wird abgefragt, ob es in die Optimierung eingeschlossen werden soll

Diese Abfrage erscheint jedoch nur, wenn dies in den Einstellungen der Optionen gewünscht wurde.

```
Microsoft MemMaker

C:\DOS\KEYB.COM GR,437,C:\DOS\KEYBOARD.SYS

Treiber/Programm in Optimierung einschließen? Ja

EINGABETASTE=Auswahl bestätigen  LEERTASTE=Auswahl ändern  F1=Hilfe  F3=Beenden
```

7.8

Nach der Untersuchung wird ein Warmstart durchgeführt, bei dem die optimale Konfiguration der Programme ermittelt wird

```
Microsoft MemMaker

MemMaker wird Ihren Computer jetzt neu starten.

Startet Ihr Computer nicht richtig, schalten Sie ihn aus und wieder
ein. MemMaker wird automatisch das System wiederherstellen.
Wird ein anderes Programm als MemMaker nach dem Start des Computers
aufgerufen, beenden Sie das Programm, so daß MemMaker fortsetzen kann.

 • Entfernen Sie alle Disketten aus Ihren Laufwerken, und
   drücken Sie die EINGABETASTE. Ihr Computer wird neu starten.
EINGABETASTE=Fortsetzen
```

MEMMAKER führt jetzt eine Überprüfung der optimalen System-konfiguration durch

Bei der entsprechenden Meldung wieder `⏎` betätigen, um fortzu-fahren.

Nach der Optimierung wird nochmals ein Warmstart durchgeführt

Bei Fehlern Änderungen rückgängig machen

Dazu wird in einem weiteren Fenster aufgefordert. Wird hier mit der `Leertaste` **NEIN** gewählt, macht MEMMAKER alle vorgenommenen Änderungen rückgängig.

Spezielle Laderoutine   **LOADFIX**
extern

Normalerweise werden Programme zur Ausführung vom DOS-Prompt durch Eingabe des Programmnamens gestartet. Wird hierbei die Feh-lermeldung

`Gepackte Datei ist fehlerhaft`

ausgegeben, muß zum Laden das Programm **LOADFIX** verwendet werden.

    LOADFIX <*programm*>

▨ *programm*: Programm, das geladen und ausgeführt werden soll.

Anmerkung

▨ Das Programm wird oberhalb der ersten 64 Kbyte des Arbeitsspei-chers geladen und ausgeführt.

Verweise

Grundbegriffe **1.1**, Programme ausführen **7.8**, Konfiguration, Länder-einstellungen **8**, Gerätetreiber **8.4**.

7.8

7.9 DOS-Version bestimmen

DOS-Version anzeigen   VER
intern

VER gibt die Versionsnummer der verwendeten DOS-Version am Bildschirm aus.

VER

Beschreibung

Nach der Befehlseingabe erscheint die Versionsnummer auf dem Bildschirm. Diese besteht aus einer einstelligen Hauptversionsnummer sowie einer zweistelligen Unterversionsnummer.

```
MS-DOS Version 6.20
```

Versionstabelle anzeigen/ändern   SETVER
extern

DOS 6.2 kann Programmen eine andere Versionsnummer vorgeben, wenn diese beim Starten eine bestimmte Version voraussetzen und diese auch prüfen.

SETVER [*laufwerk:\verzeichnis*] *dateiname* **x.xx**

SETVER [*laufwerk:\verzeichnis*] *dateiname* /**D**elete /**Q**uiet

SETVER

■ *laufwerk:\verzeichnis*: Laufwerk und Verzeichnis der Datei
SETVER.EXE, wenn sich diese nicht im Zugriffspfad befindet.
■ *dateiname*: Dateiname, dem andere DOS-Version vorgegeben wird.
■ **x.xx**: DOS-Versionsnummer, die für Programm vorgegeben wird.
■ /**D**elete: Vorgegebene Version wird aus Versionstabelle entfernt.
■ /**Q**uit: Es werden keine Meldungen ausgegeben.

Anwendung

Für **NET5.COM** soll Versionsnummer 5.00 vorgegeben werden.

```
SETVER NET5.COM 5.00
```

Die definierte Versionstabelle soll angezeigt werden.

```
SETVER
WIN200.BIN      3.40
WIN100.BIN      3.40
WINWORD.EXE     4.10
EXCEL.EXE       4.10
.
.
```

.
.

```
NET5.COM        5.00
```
Die gesetzte Versionsnummer für NET5.COM soll wieder aus der
Tabelle entfernt werden.
```
SETVER NET5.COM /delete
```

Anmerkungen

▓ **SETVER** wird sowohl als Befehl und als Einheitentreiber verwendet.

▓ **SETVER** ohne Parameter gibt eine Tabelle mit den Programmen
und den Versionsnummern aus, die dem Betriebssystem bis dahin
bekannt sind.

▓ Damit **SETVER** arbeiten kann, muß in der CONFIG.SYS folgender
Eintrag aufgenommen werden: `DEVICE=C:\DOS\SETVER.EXE`

▓ Die Versionstabelle wird direkt in der Datei **SETVER.EXE** gepflegt,
die über die CONFIG.SYS geladen wird. Der Rechner muß daher nach
einer Änderung neu gebootet werden, damit sie wirksam wird.

▓ Es ist möglich, daß Programme, denen eine andere Versionsnummer vorgegeben wird, nicht ordnungsgemäß ausgeführt werden.

▓ In der Versionstabelle sind bei der Installation von DOS 6.2 bereits
verschiedene Dateinamen eingetragen.

▓ Auf Rechnern, die für HMA konfiguriert wurden, kann auch
DEVICEHIGH verwendet werden.

Beendigungscodes

Code	Funktion
0	SETVER wurde erfolgreich ausgeführt.
1	Eine Befehlsoption ist ungültig.
2	Der angegebene Dateiname ist ungültig.
3	Es ist nicht genügend Arbeitsspeicher verfügbar, um SETVER auszuführen.
4	Die Versionsnummer hat ein ungültiges Format.
5	Konnte angegebenen Eintrag in Tabelle nicht finden.
6	SETVER konnte SETVER.EXE nicht finden.
7	Ungültige Laufwerksbezeichnung angegeben.
8	In der Befehlszeile sind zuviele Parameter.
9	In der Befehlszeile fehlen Parameter.
10	Fehler beim Lesen von SETVER.EXE entdeckt.
11	SETVER.EXE ist unbrauchbar oder beschädigt.
12	Die angegebene Datei SETVER.EXE unterstützt keine Versionstabelle.
13	In der Versionstabelle ist kein Platz mehr für neue Einträge.
14	Fehler beim Schreiben von SETVER.EXE.

7.9

7.10 Rechneranalyse

Mit dem Programm **MSD** können Informationen über den Rechner gewonnen werden, die sonst durch andere Programme wie MEM für die Speicheranalyse oder durch Untersuchung der Hardware in Erfahrung gebracht werden müssen. Insbesondere bei der Installation neuer Hardware wie z.B. Netzwerkadapter leistet das Programm wertvolle Hilfe, da freie Speicheradressen ermittelt werden können.

Analyse des Rechners   *MSD*
extern

Ermittelt verschiedene Informationen über den Rechner für Konfigurationshilfen.

    MSD [/B] [/I] [/F *lfw:\verz\dateiname*] **[/P** *lfw:\verz\dateiname*]
    [/S *lfw:\verz\[dateiname]*]

▨ **/B**: Startet **MSD** im Schwarz/Weiß-Modus.
▨ **/I**: Übergeht die Hardwareanalyse beim Starten.
▨ **/F**: Fragt nach Namen und Firmennamen, bevor ein Bericht in die angegebene Datei geschrieben wird.
▨ **/P**: Schreibt den Bericht in die angegebene Datei, ohne Name und Firma abzufragen.
▨ **/S**: Schreibt einen zusammengefaßten Bericht in die angegebene Datei. Wird keine Datei angegeben, werden die Informationen am Bildschirm ausgegeben.

Anmerkungen

▨ **/F** und **/P** schreiben einen sehr ausführlichen Bericht, der je nach Rechnerausstattung bis zu 40 Seiten umfassen kann.
▨ Wird **/I** angegeben, wird die Analyse erst beim Aufruf der entsprechenden Menüpunkte im Programm vorgenommen.
▨ Nach dem Aufruf können über Schaltflächen detaillierte Informationen abgerufen werden.
▨ Ist eine Maus installiert, kann diese für die Auswahl der Menüpunkte und Schaltflächen verwendet werden.
▨ Nach dem Aufruf wird der folgende Bildschirm mit Schaltflächen ausgegeben:

COMPUTER	Typ, Prozessor, Bios, Bas-Typ.
MEMORY	Speicheraufteilung und Belegung durch Programme im Adapter-/Biossegment von 640 Kbyte bis 1024 Kbyte.

7.10

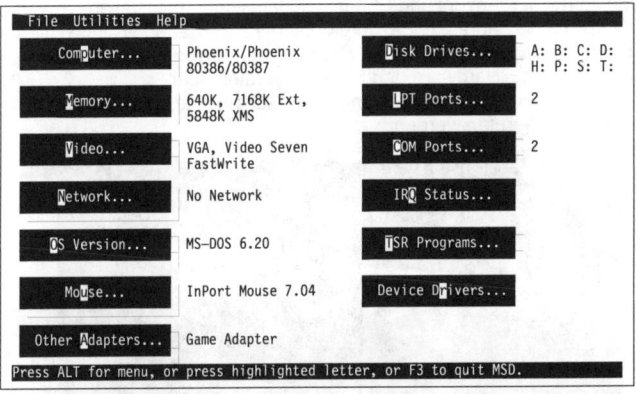

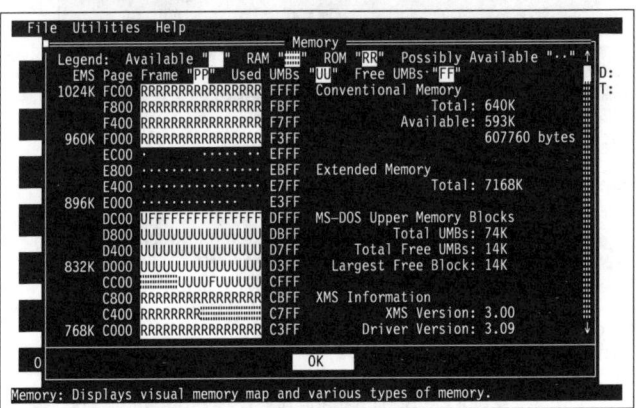

VIDEO	Installierte Grafikkarte, Chipsatz.
NETWORK	Art des Netzwerks, sowie Version der Programme.
OS VERSION	Betriebssystemversion sowie Umgebungsvariable.
MOUSE	Art der Maus sowie Einstellungen z.B. Game-Port.
OTHER ADAPTER	
DISK DRIVES	Art und Kapazität der installierten Laufwerke.
LPT PORTS	Anzahl und Status der Parallelschnittstellen.

7.10

COM PORTS   Anzahl und Status der Seriellen Schnittstellen.
IRQ STATUS   Adresse, Beschreibung der Hardwareinterrupts 0 bis 15.
TSR PROGRAMME Installierte TSR-Programme, Adresse und Größe.
DEVICE DRIVER   Hardware und Softwaregerätetreiber.
   ■ Über die Menüpunkte der ersten Bildschirmzeile können weitere
Angaben abgerufen werden:

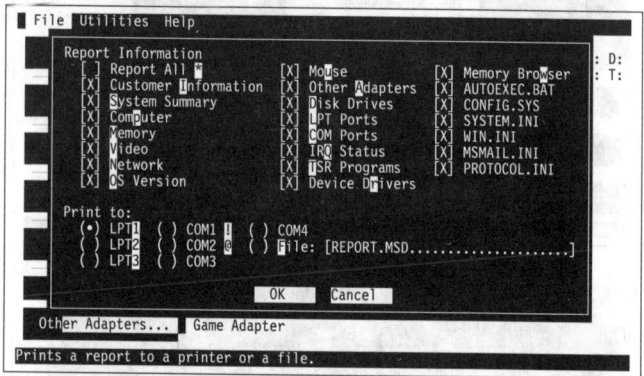

FILE:
FIND FILE   Durchsucht die Festplatte nach angegebenen Dateien.
PRINT REPORT   Gibt einen Gesamt- oder Detailbericht aus.
KONFIGURATIONSDATEIEN

        Zeigt den Inhalt der Startdateien und INI-Dateien an.
        Vorgegeben sind: AUTOEXEC.BAT, CONFIG.SYS,
        SYSTEM.INI, WIN.INI, MSMAIL.INI, PROTOCOL.INI,
        DBLSPACE.INI, MEMMAKER.STS.
EXIT oder `F3`   Beendet das Programm.
UTILITIES:
MEMORY BLOCK DISPLAY

        Zeigt die Speicherlage der TSR-Programme und Gerä-
        tetreiber.
MEMORY BROWSER

        Zeigt die Speicherlage und Inhalte vorhandener ROM-
        Bereiche.
Nach der Auswahl eines ROM-Bereichs und Drücken der ⏎-Taste
wird der Bereich nach lesbaren Zeichen durchsucht und am Bildschirm
ausgegeben.

7.10

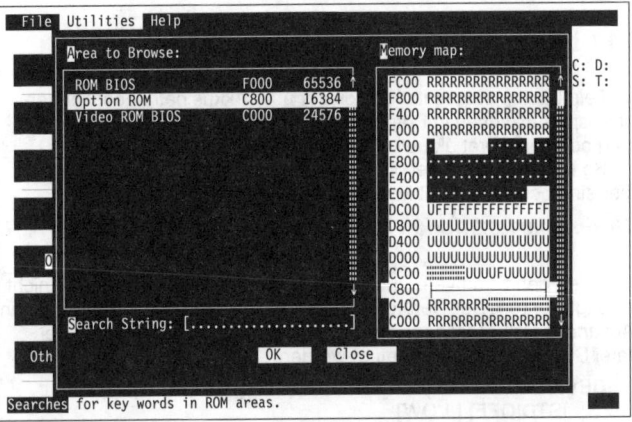

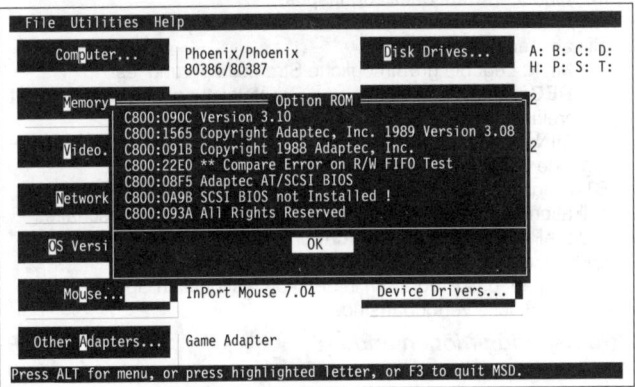

7.10

INSERT COMMAND

Fügt Befehle in CONFIG.SYS und AUTOEXEC.BAT ein.

TEST PRINTER Gibt einen Testausdruck auf dem angeschlossenen Drucker aus.

BLACK & WHITE Schaltet in den Schwarz-/Weißmodus.

HELP Zeigt die Programmversion an.

7.11 Laptop-Batterieüberwachung

Wird ein Laptop eingesetzt und dieser über Akkus betrieben, können Stromsparfunktionen in Betrieb genommen werden, wenn eine Anwendung oder ein Gerät aktuell nicht benötigt wird.

So kann zum Beispiel die Festplatte ausgeschaltet werden, wenn über eine bestimmte Zeit keine Schreib-/Lesevorgänge stattfinden.

Stromsparfunktionen installieren   *POWER*
Konfiguration

Reduziert den Stromverbrauch, wenn Anwendungen oder Geräte nicht benötigt werden. Der Gerätetreiber entspricht den APM-Spezifikationen (*Advanced Power Management*). Die folgende Anweisung muß der Datei CONFIG.SYS hinzugefügt werden.

DEVICE=[*lfw:\pfad***]POWER.EXE [ADV[:MAX|REG|MIN]
|STD|OFF] [/LOW]**

- *lfw:\pfad*: Laufwerk oder Zugriffspfad.
- **ADV**: Legt die Funktionen fest, wenn der Computer nicht die APM-Spezifikationen unterstützt.
  - **MAX**: Legt die größtmögliche Stromeinsparung fest.
  - **REG**: Bringt Anwendung und Geräteleistung ins Gleichgewicht (=Voreinstellung).
  - **MIN**: Sollte angegeben werden, wenn **MAX** und **REG** unbefriedigende Leistung erbringen.
- **STD**: Sollte angewendet werden, wenn der Computer die APM-Spezifikationen unterstützt. Die Stromsteuerung wird ausgeschaltet, wenn die APM-Spezfikationen **nicht** unterstützt werden.
- **OFF**: deaktiviert die Stromsteuerung.
- **/LOW**: Lädt das Programm in den konventionellen Speicher, auch wenn UMB-Blöcke verfügbar sind.

Stromsparfunktionen ändern   *POWER*
extern

Die bei der Installationen vorgegebenen Funktionen zur Stromsparsteuerung können nachträglich geändert werden.

POWER [ADV[:MAX|REG|MIN]|STD|OFF]

- Die Parameter entsprechen denen bei der Gerätetreiberinstallation.

7.11

Kapitel 8:

KONFIGURATION, LÄNDEREINSTELLUNGEN

8

8.1 CONFIG.SYS und AUTOEXEC.BAT

Die Dateien CONFIG.SYS und AUTOEXEC.BAT haben beim Starten und beim Einstellen der Konfiguration sehr wichtige Funktionen. DOS kann zwar auch ohne diese Dateien verwendet werden, jedoch kann man dann viele Funktionen nicht sehr effektiv einsetzen.

Übersicht und Vergleich

Die Datei CONFIG.SYS

■ Beim Start sucht DOS automatisch nach einer Datei mit der Bezeichnung CONFIG.SYS auf der Systemdiskette. Diese Datei enthält Anweisungen, mit denen DOS zur Verwendung von Geräten oder Anwendungsprogrammen vorbereitet (konfiguriert) werden kann.

■ CONFIG.SYS kann mit **EDIT** erstellt werden, falls sie noch nicht vorhanden ist (siehe 10).

■ Falls vorhanden, kann sie mit **TYPE** angezeigt werden (siehe 6.7).

■ Details zu CONFIG.SYS siehe 8.3.

■ Wird beim Start des Systems die Taste [F8] gedrückt, kann ausgewählt werden, ob die einzelnen Befehle ausgeführt werden sollen und ob die AUTOEXEC.BAT überhaupt ausgeführt wird.

Die Datei AUTOEXEC.BAT

■ Nach dem Starten sucht DOS nach einer Datei mit dem Namen AUTOEXEC.BAT. In dieser sollten alle Befehle stehen, die normalerweise beim Starten von DOS benötigt werden. Diese Befehle werden dann automatisch ausgeführt.

■ AUTOEXEC.BAT kann mit **EDIT** erstellt werden, falls sie noch nicht vorhanden ist (siehe 10).

■ Falls vorhanden, kann sie mit **TYPE** angezeigt werden (siehe 6.7).

■ Details zu AUTOEXEC.BAT siehe 9.3.

■ Mit DOS 6.2 lassen sich in der CONFIG.SYS alternative Konfigurationen durchführen. Über ein Startmenü kann die gewünschte Anpassung gewählt werden, es werden dann nur die zur Konfiguration gehörenden Befehle ausgeführt. Dies erleichtert auch die Fehlersuche bei falschen Konfigurationen, da über eine einmal angepaßte Konfiguration der Rechner jederzeit gestartet werden kann und der Umweg über die DOS-Startdiskette entfallen kann.

Unterschiede zwischen beiden Dateien

■ Beide Dateien werden von DOS in verschiedener Weise benutzt, da sie auch verschiedene Aufgaben ausführen.

8.1

▒   CONFIG.SYS kann eine bestimmte Anzahl von Konfigurationsbefehlen enthalten, die DOS beim Starten in bestimmter Weise konfigurieren.

▒   CONFIG.SYS kann nur einmal beim Starten von DOS ausgeführt werden; zum nochmaligen Ausführen (zum Beispiel nach einer Änderung) muß DOS neu gestartet werden.

▒   AUTOEXEC.BAT kann jeden beliebigen Befehl oder Programmaufruf enthalten.

▒   AUTOEXEC.BAT kann jederzeit nach dem DOS-Start wieder aufgerufen werden durch die Eingabe:

    AUTOEXEC ⏎

Anmerkungen

▒   Wird die Taste [F5] gedrückt, während die Meldung Starten von MS–DOS... erscheint, werden die beiden Dateien nicht ausgeführt und sofort die Eingabeaufforderung angezeigt. In diesem Fall steht auch keine nationale Tastaturanpassung zur Verfügung.

Verweise

Dateiinhalte ausgeben **6.7**, Automatische Startdatei AUTOEXEC.BAT **8.2**, Die Konfigurationsdatei CONFIG.SYS **8.3**, Startmenü **8.9**, Stapelverarbeitung **9**, EDITOR **10**.

8.1

8.2 Automatische Startdatei AUTOEXEC.BAT

Übersicht

▓ Beim Start des Computers wird als erstes DOS in den Speicher geladen. Als nächstes durchsucht DOS das Stammverzeichnis des Datenträgers nach der Stapeldatei AUTOEXEC.BAT. Sie enthält alle Befehle, die normalerweise bei jedem Start von DOS eingegeben werden würden.

▓ Die Autostart-Stapeldatei **muß** AUTOEXEC.BAT genannt werden und sich im Stammverzeichnis des Datenträgers, von dem der Rechner gestartet wird, befinden.

▓ Der Inhalt der AUTOEXEC.BAT-Datei muß mit den Regeln für die Erstellung von Stapeldateien übereinstimmen.

▓ Wenn DOS die Datei findet, führt es die Befehle in der Datei aus. Wenn die Datei AUTOEXEC.BAT nicht gefunden wird, fragt DOS nach dem aktuellen Datum und der Zeit, so als ob die Befehle DATE und TIME eingegeben worden wären.

▓ Die Datei AUTOEXEC.BAT kann in vielerlei Hinsicht bei der effizienteren Erledigung von Aufgaben unter DOS helfen. Unter anderem können Zeit- und Datumseingaben, Suchpfad, Tastaturanpassung und andere für die Arbeit notwendigen Optionen automatisch gleich beim Start von DOS festgelegt werden.

▓ Eine Startdiskette sollte für den Notfall vorhanden sein und muß nur die notwendigsten Anpassungen enthalten, um den Rechnerstart möglichst kurz zu halten. (siehe 3.5)

▓ Wird ein Startmenü verwendet, kann mit der ⌷F8⌷-Taste jeder Befehl einzeln ausgeführt werden (siehe 8.9).

8.2

Beispiel

Für einen Computer mit Festplattenlaufwerk könnte die AUTOEXEC.BAT folgende Zeilen enthalten:

Beispiel einer AUTOEXEC.BAT-Datei

Eine typische Startdatei könnte wiefolgt aussehen:

```
@ECHO OFF
SET COMSPEC=C:\DOS\COMMAND.COM
\DOS\SMARTDRV 1024 512
LOADHIGH C:\DOS\KEYB.COM GR,437,C:\DOS\KEYBOARD.SYS
LOADHIGH C:\DOS\MODE LPT1:,,B
LOADHIGH C:\DOS\MODE CON RATE=32 DELAY=2 LINES=50
LOADHIGH C:\DOS\UNDELETE /TC-500
LOADHIGH C:\DOS\DOSKEY /BUFSIZE=1024 /INSERT
```

```
\DOS\DOSKEY FHD=FORMAT A:/Q/F:1440
\DOS\DOSKEY FDD=SF A:/Q/F:720
\DOS\DOSKEY LN=C:\DOS\MODE CON LINES=$1
C:\DOS\SUBST T: C:\DATEN\TEXTE
C:\DOS\SUBST S: C:\DATEN\SU
PATH=C:\ED;C:\BAT;C:\DOS;C:\UTTI;C:\PSFONTS
SET DIRCMD=/P
SET TEMP=C:\PATH
PROMPT $p$g
```

Erläuterungen:

▦ **COMPSPEC**: Zeigt, wo sich COMMAND.COM befindet.

▦ **SMARTDRV**: Lädt den Festplattencache.

▦ **PATH**: Bestimmt, daß DOS nach Befehlen, die nicht im momentanen Verzeichnis stehen, zuerst im Stammverzeichnis der Festplatte C, dann im Unterverzeichnis \DOS auf der Festplatte sucht.

▦ **LOADHIGH**: Lädt die angegebenen Programme in den UMA-Bereich:

▸ **KEYB**: Startet die nationale Tastaturanpassung.

▸ **MODE**: Dient als Unterstützung der Druckerschnittstelle und des Bildschirms.

▸ **FASTOPEN**: Richtet schnelleres Dateiöffnen ein.

▸ **UNDELETE**: Zeichnet gelöschte Dateien auf.

▸ **DOSKEY**: Wird für die Tastatur- und Makrounterstützung geladen.

▦ **DOSKEY**: Definiert die Macros FHD, FDD und LN.

▦ **SUBST**: Richtet zwei virtuelle Laufwerke ein.

▦ **PATH**: Legt den Zugriffspfad für Programmdateien fest.

▦ **SET**: Legt das Verzeichnis für temporäre Dateien (SORT, MORE) und den standardmäßigen **DIR**-Befehl fest.

▦ **PROMPT**: Stellt die Eingabeaufforderung auf Ausgabe von Laufwerk und momentanem Verzeichnis ein.

8.2

Anmerkung

▦ Die Bedeutung der Parameter kann der jeweiligen Beschreibung der Befehle entnommen werden.

8.3 Die Konfigurationsdatei CONFIG.SYS

Übersicht

▨ Die Konfigurationsdatei CONFIG.SYS ist eine Datei, die Befehle enthält, welche für eine erweiterte Konfiguration von DOS verwendet werden. Beim DOS-Start durchsucht das Betriebssystem jedesmal das Stammverzeichnis der Diskette oder Festplatte (kein anderes Verzeichnis), von der es gestartet wurde, nach der Datei mit dem Namen CONFIG.SYS.

▨ Die DOS-Konfigurationsdatei ermöglicht, ein System mit geringstmöglichem Aufwand zu konfigurieren, d.h. an persönliche Bedürfnisse und Hard- und Softwareanforderungen anzupassen. Zum Beispiel können durch Verwendung besonderer Befehle in der Datei CONFIG.SYS installierbare Gerätetreiber in ein System integriert werden (siehe 8.4).

▨ Mit **DIR** kann festgestellt werden, ob die Datei CONFIG.SYS im Stammverzeichnis auf der Diskette/Festplatte vorhanden ist. Ist dies der Fall, kann sie mit **TYPE** angezeigt werden.

▨ Ist die Datei CONFIG.SYS bereits vorhanden, können weitere Befehle in die Datei eingefügt werden. DOS kann mit dieser Datei für ein neues Gerät, wie z.B. eine Maus oder ein externes Laufwerk, konfiguriert werden.

▨ Enthält die DOS-System-Diskette/Festplatte nicht die Datei CONFIG.SYS, kann diese mit **EDIT** oder einem anderen Editorprogramm angelegt und bearbeitet werden (siehe 10.1).

▨ Nach jeder Änderung von CONFIG.SYS muß DOS neu gestartet werden, da diese nur beim Start gelesen und verarbeitet wird.

▨ Wird beim Start des Systems die Taste [F8] gedrückt, kann gewählt werden, ob die einzelnen Befehle ausgeführt werden sollen (siehe 8.9).

8.3

Mögliche Befehle in CONFIG.SYS

BREAK	Schaltet die Unterbrechungsfunktion (Tastenkombination [Strg]+[C] oder [Strg]+[Untbr]) ein bzw. aus.
BUFFERS	Legt die Anzahl der Disketten-/Plattenpufferbereiche fest.
COUNTRY	Ermöglicht die Wahl der für ein bestimmtes Land geltenden Zeit-, Datums- und Währungsformate bzw. -zeichen.
DEVICE	Installiert einen Gerätetreiber.
DEVICEHIGH	Installiert Gerätetreiber im UMA-Bereich.

DOS	Installiert DOS wahlweise in den HMA-Bereich oder in den konventionellen Speicher.
DRIVPARM	Legt Parameter für ein Blockgerät (z.B. ein Diskettenlaufwerk oder eine Festplatte) fest.
FCBS	Legt die Anzahl der Dateisteuerblöcke (FCB) fest, die gleichzeitig geöffnet werden können.
FILES	Legt die Maximalanzahl der geöffneten Dateien fest, auf die mit DOS-Systemaufrufen zugegriffen werden kann.
INCLUDE	Übernimmt einen Konfigurationsblock.
INSTALL	Ermöglicht, daß bestimmte DOS-Befehle bereits bei der Verarbeitung der Datei CONFIG.SYS geladen werden.
LASTDRIVE	Stellt die maximale Anzahl von zugreifbaren Laufwerken ein.
MENUCOLOR	Legt Farben im Startmenü fest.
MENUDEFAULT	Legt den Standardmenüpunkt im Startmenü fest.
MENUITEM	Definiert einen Menüpunkt im Startmenü.
SUBMENU	Weist dem Menüpunkt ein Untermenü zu.
NUMLOCK	Aktiviert/Deaktiviert den numerischen Zahlenblock.
REM	Damit können Kommentarzeilen in CONFIG.SYS eingefügt werden.
SET	Legt Umgebungsvariable an.
SHELL	Verwendet als Hauptbefehlsprozessor bestimmte Datei (gewöhnlich die Datei COMMAND.COM).
STACKS	Definiert die Anzahl von Stacks, die für Hardware-Interrupts von DOS zur Verfügung gehalten werden.
SWITCHES	Ermöglicht die Verwendung einer konventionellen Tastatur, wenn eine MF-Tastatur installiert ist.

Beispiel einer CONFIG.SYS-Datei

Eine typische Konfigurationsdatei auf einem Rechner mit 80386-Prozessor könnte wiefolgt aussehen:

```
DEVICE=C:\DOS\HIMEM.SYS
DOS=HIGH,UMB
DEVICE=C:\DOS\EMM386.EXE RAM 512 FRAME=E000 I=B000-B7FF
DEVICEHIGH=C:\DOS\SMARTDRV.EXE /double_buffer
DEVICEHIGH?=C:\DOS\MOUSE.SYS
DEVICEHIGH=C:\DOS\RAMDRIVE.SYS 1024 512 256 /e
DEVICEHIGH=C:\DOS\SETVER.EXE
COUNTRY=049,437,C:\DOS\COUNTRY.SYS
FILES=40
BUFFERS=10
FCBS=16
```

8.3

```
BREAK=ON
LASTDRIVE=T
SHELL=C:\DOS\COMMAND.COM C:\DOS\ /E:2048 /p
INSTALL=C:\DOS\SHARE.EXE /F:4096 /L:30
```

▨ Vor dem Laden des Maustreibers erfolgt eine Abfrage.

Detaillierte Beschreibungen der einzelnen Befehle finden Sie auf den folgenden Seiten in alphabetischer Anordnung.

Strg-C-Prüfung ein-/ausschalten BREAK
Konfiguration

BREAK schaltet die Möglichkeit zum Befehlsabbruch mit der Tastenkombination [Strg]+[C] oder [Strg]+[Untbr] ein oder aus.

BREAK=[ON/OFF]

Beschreibung

BREAK=OFF (Standardeinstellung)
    DOS prüft nur beim Zugriff auf ein zeichenorientiertes Gerät (Bildschirm, Drucker, Hilfsport), ob [Strg]+[Untbr] betätigt wurde.
BREAK=ON
    DOS prüft zusätzlich bei jedem Schreib- und Lesezugriff, ob die Tastenkombination [Strg]+[Untbr] betätigt wurde und unterbricht bei Bedarf.

Anmerkungen

▨ Es hängt vom gerade ausgeführten Programm ab, welche Vorgänge mit [Strg]+[C] oder [Strg]+[Untbr] abgebrochen werden können (zum Beispiel das Sortieren einer Datei).

▨ Normalerweise reagiert DOS auf die Tastenkombination [Strg]+[C] nur, wenn es Eingaben über die Tastatur entgegennimmt bzw. Daten an den Bildschirm oder den Drucker ausgibt. Durch Einschalten der [Strg]+[C]-Prüfung mit **BREAK=ON** können jedoch zum Beispiel auch Disketten- und Festplatten-Lese- und Schreibvorgänge abgebrochen werden.

▨ Dieser Konfigurationsbefehl hat die gleiche Funktion wie der interne Befehl **BREAK** (siehe 7.1).

8.3

Anzahl Diskettenpuffer einstellen BUFFERS
Konfiguration

BUFFERS dient zum Einstellen der Anzahl von Disketten/Plattenpufferbereichen, die DOS beim Starten im Arbeitsspeicher reserviert.

BUFFERS=$n[,m]$

▨ n: Ist die Anzahl der Puffer (1 bis 99).

Markt&Technik Buch- und
Software-Verlag GmbH&Co.

Customer Service

Hans-Pinsel-Straße 9b

85540 Haar

Absender:

□ Ja, ich will das Update

MS-DOS 6.0 auf 6.2

Best.-Nr. 91449D

□ 3½" / □ 5¼"

Gegen eine Schutzgebühr von 5,– DM
(Ein Verrechnungsscheck liegt bei)

Adresse: _____

_____

_____

Mit der Weitergabe meiner Adresse an Microsoft GmbH erkläre ich mich
einverstanden.

Unterschrift: _____

▓ *m*: Anzahl der Sektoren, die bei Eingabeoperationen im voraus gelesen werden können. Es können Werte zwischen 0 und 8 angegeben werden. Standard ist 0.

▓ Die Standardanzahl hängt vom verwendeten System ab.

▓ Auf Systemen mit 640 Kbyte Hauptspeicher werden standardmäßig 15 Puffer eingerichtet.

Anmerkungen

▓ Ein Puffer ist ein Arbeitsspeicherbereich, den DOS verwendet, um Daten während des Lese- oder Schreibvorgangs zwischenzuspeichern.

▓ Erfahrungsgemäß ist mit 40-50 Puffern ein gutes Zugriffsverhalten zu erreichen.

▓ Jeder Puffer des Parameters *n* beansprucht 532 Byte, bei Parameter *m* 512 Byte Platz im Arbeitsspeicher; je mehr Puffer eingerichtet werden, desto weniger Speicherkapazität bleibt für Anwendungen übrig.

▓ Wird der Parameter *m* verwendet, läßt sich der Zugriff auf sequentielle Daten erhöhen. Dieser Puffer wird auch als Vorgriffspuffer bezeichnet.

▓ Wird das Cache-Programm **SMARTDRV.EXE** verwendet, kann **BUFFERS** auf 10 gesetzt werden. SMARTDRV übernimmt das ganze I/O-Caching zur Festplatte und ist darüberhinaus wesentlich leistungsfähiger (siehe 3.8 und 8.4).

Landesspezifische Werte einstellen   COUNTRY
Konfiguration

COUNTRY ermöglicht die Anwendung von landesspezifischen Angaben hinsichtlich:

▓ Format für Datum und Uhrzeit
▓ Sortierfolge von Zeichen
▓ Großschreibung
▓ Zeichenumsetzung
▓ Währungssymbolen
▓ Dezimaltrennzeichen

COUNTRY=*xxx*[,[*codepage*][,[*laufwerk:*]*dateiname*]]

8.3

▓ *xxx*: Ist ein dreistelliger Ländercode, der der telefonischen Landesvorwahl entspricht (siehe 8.5).

▓ *codepage*: Gibt die Codeseite für das Land an, die DOS verwenden soll.

▓ *dateiname*: Ist der Name einer Datei, die landesspezifische Informationen enthält.

Standardeinstellungen: Einstellungen für die USA (001), Codeseite 437. Wird *dateiname* nicht angegeben, verwendet DOS die Datei COUNTRY.SYS für landesspezifische Informationen.

Anmerkungen

▨ **COUNTRY** bewirkt nicht, daß der Text der DOS-Meldungen in die entsprechende Landessprache übersetzt wird.
▨ Für jedes Land stehen zwei Codeseiten zur Verfügung.
▨ Verfügbare Codeseiten siehe 8.5.

Beispiel

```
COUNTRY=049,437,COUNTRY.SYS
```
bewirkt die Einstellung für Deutschland (Länderkennzahl 49) und die Verwendung der Codeseite 437. Die Informationen werden aus der Datei COUNTRY.SYS gelesen.

Gerätetreiber installieren	DEVICE/DEVICEHIGH
	Konfiguration

DEVICE installiert einen angegebenen Gerätetreiber im konventionellen Speicher. **DEVICEHIGH** versucht, den Gerätetreiber im HMA-Bereich zu installieren. Gerätetreiber sind konfigurierbare Erweiterungen zum DOS-Betriebssystem.

DEVICE[HIGH][?]=[*laufwerk:*][*pfad*]*dateiname* [*parameter*]
oder

DEVICEHIGH=[/**L**:*bereich*[,*mingröße*][;*bereich2*[,*mingröße2*]][/**S**]
[*laufwerk:*][*pfad*]*dateiname* [*parameter*]

▨ Wird nach **DEVICE** das Fragezeichen »**?**« angegeben, so erfolgt eine Abfrage bevor der angegebene Treiber geladen wird.
▨ *laufwerk:* Ist das Laufwerk.
▨ *pfad:* Ist der Pfad.
▨ *dateiname*: Gibt die Gerätetreiberdatei an.
▨ *parameter*: Befehlszusätze des Gerätetreibers.
▨ /**L**: Gibt an, daß das Programm in einen mit *bereich* angegebenen Speicherbereich geladen werden soll. Wird *mingröße* angegeben, wird das Programm nur dann in den Bereich geladen, wenn der Speicherblock größer als die Ladegröße des Programms bzw. größer als der durch *mingröße* angegebene Bereich ist.
▨ /**S**: Verkleinert den UMB-Bereich auf seine Minimalgröße. Die Option kann nur in Verbindung mit /**L** verwendet werden.

Voraussetzungen für DEVICEHIGH

1. In der CONFIG.SYS muß die Anweisung DOS=UMB enthalten sein.
2. Zur Verwaltung der UMB's muß der Gerätetreiber HIMEM.SYS sowie das Programm zur Verwaltung der UMB's EMM386.EXE in der CONFIG.SYS installiert sein. Die eigentliche Verwaltung der UMB's

8.3

erfolgt durch HIMEM.SYS, EMM386.EXE übernimmt die Speicherzuordnung innerhalb der UMA auf 80386/486-Rechnern.
3. Die Treiber müssen vor dem ersten DEVICEHIGH-Befehl stehen.

Anmerkungen

▓ Durch die Verwendung von »**?**« können einzelne Treiber gezielt
gestartet werden. Dies ist eine zusätzliche Alternative zum Startmenü
(siehe 8.9).
▓ **/L** kann angewendet werden, wenn sich der Treiber nicht in den
UMA-Bereich laden läßt, obwohl genügend Speicherblöcke frei sind.
Dies ist dann der Fall, wenn Programme während der Initialisierungs-
phase mehr Speicher benötigen als während der Ausführung. Über
MEM /C und **/F** können die freien Speicherblöcke angezeigt werden.
▓ Für jeden zu installierenden Gerätetreiber muß ein **DEVICE**-Befehl
angegeben werden.
▓ Mit DOS werden verschiedene Gerätetreiber mitgeliefert (siehe 8.4):
 ▶ ANSI.SYS für erweiterte Standardein- und -ausgaben, die
 ANSI-Bildschirmsteuerung.
 ▶ DISPLAY.SYS unterstützt Codeseitenumschaltung auf dem
 Bildschirm.
 ▶ DRIVER.SYS unterstützt externe Diskettenlaufwerke.
 ▶ EMM386.EXE wandelt Extended Memory in Expanded Memory
 um. Unterstützt die Ausführung von Programmen im UMA-Bereich.
 ▶ HIMEM.SYS steuert den Zugriff auf Extended Memory sowie
 den HMA-Bereich.
 ▶ RAMDRIVE.SYS unterstützt eine oder mehrere virtuelle Dis-
 ketten.
 ▶ SMARTDRV.EXE unterstützt »Double-Puffer« für manche
 Festplattencontroller.
▓ Die Gerätetreiber COUNTRY.SYS und KEYBOARD.SYS werden
von DOS automatisch geladen, sofern sich diese im Hauptverzeichnis
befinden. Sie dürfen nicht mit dem Befehl **DEVICE** geladen werden.
Wird es trotzdem versucht, wird sich das System »aufhängen« (d.h.
DOS wird nicht starten).
▓ Beim Kauf eines neuen Gerätes, wie z.B. einer Maus oder einem
Scanner, wird gewöhnlich ein Gerätetreiber mitgeliefert, der mit
DEVICE installiert werden kann. Der Gerätetreiber muß sich in dem
Verzeichnis befinden, das im **DEVICE**-Befehl angegeben ist.
▓ Als UMB-Treiber und EMS-Emulator wird mit MS-DOS 6.2 das Pro-
gramm EMM386.EXE mitgeliefert. Dieses ist allerdings nur auf Syste-
men mit 80386 oder 80486-Prozessor einsetzbar.

8.3

■ Mit **MEMMAKER** kann eine automatische Konfiguration durchgeführt werden. Die in der CONFIG.SYS vorhandenen Treiber werden
analysiert und auf eine optimale Konfiguration angepaßt.

Beispiel

```
DEVICE=ANSI.SYS
```

bewirkt, daß alle Tastatureingabe- und Bildschirmausgabefunktionen
von DOS über diesen Treiber erfolgen und bei der Ausgabe ANSI-
Escapefolgen verwendet werden können.

DOS in HMA laden
DOS
Konfiguration

Die Anweisung legt fest, ob sich DOS in den oberen Speicherbereich
(HMA) laden soll. Weiterhin kann festgelegt werden, ob obere Speicherblöcke (UMB's) zum Laden für speicherresidente Programme eingerichtet werden sollen.

DOS=[HIGH/LOW],[UMB/NOUMB]

■ **HIGH**: DOS wird, soweit möglich, in den HMA-Bereich geladen.
■ **LOW**: DOS wird in den konventionellen Speicher geladen, auch
wenn ein HMA-Bereich zur Verfügung stehen würde.
■ **UMB**: Die Unterstützung für UMB wird eingerichtet.
■ **NOUMB**: Es stehen keine UMB's zur Verfügung. Residente Pro-
gramme werden in den konventionellen Speicher geladen.

Anmerkungen

■ Sollen speicherresidente Programme und DOS in den UMA-Bereich
geladen werden, so sind die folgenden Anweisungen in der
CONFIG.SYS einzutragen.
   1. DEVICE=HIMEM.SYS
   Benötigt EMM386.EXE zur Verwaltung des UMA-Speicherbereichs.
   2. DOS=HIGH,UMB
   Lädt DOS in den HMA-Bereich und legt UMB's an. Setzt
   HIMEM.SYS voraus.
   3. DEVICE=EMM386.EXE
   Emuliert Expanded Memory und regelt die Speicherverwaltung für
   den UMA-Bereich und die Zuordnung der UMB's.
■ Sind die Schritte 1 bis 3 ausgeführt, können über die Befehle:
   DEVICEHIGH=<gerätetreiber> (CONFIG.SYS)
   LOADHIGH=<programmname>(AUTOEXEC.BAT)
Gerätetreiber, TSR-Programme oder sonstige Programme in den UMA-
Bereich geladen werden.

8.3

Laufwerksparameter einstellen   DRIVPARM
Konfiguration

DRIVPARM legt beim Starten von DOS Parameter für Blockgeräte fest, die die ursprünglich eingestellten DOS-Gerätetreiber verändern.

    DRIVPARM=/D:*nummer* [/**C**] [/**F:***faktor*] [/**H:***köpfe*] [/**I**] [/**N**]
[/**S:***sektoren*] [/**T:***spuren*]

▨ /**D:***nummer*: Physische Laufwerksnummer (0 bis 225). Dies bedeutet: Laufwerksnummer 0=A, 1=B, 2=C usw.

▨ /**C**: Zeigt an, daß Laufwerksverriegelungs-Unterstützung erforderlich ist, d.h., daß das Laufwerk feststellen kann, ob die Verriegelung des Laufwerks geöffnet oder geschlossen ist.

▨ /**F:***faktor*: Art des Laufwerks. Standard ist 2. Gültige Werte sind:

    0 = 160/180/320/360 Kbyte
    1 = 1,2 Mbyte
    2 = 720 Kbyte ($3^1/_2$-Zoll-Diskette)
    5 = Festplatte
    6 = Magnetbandlaufwerk
    7 = 1,44 Mbyte ($3^1/_2$-Zoll-Diskette)
    8 = Optische Platten (Lesen/Schreiben)
    9 = 2,88 Mbyte ($3^1/_2$-Zoll-Diskette)

Die Standardwerte der folgenden Parameter hängen vom *faktor* bei /**F:** ab. Wird /**F:** nicht angegeben, wird ein Standardwert von 720 Kbyte ($3^1/_2$-Zoll-Diskette) verwendet.

▨ /**H:***köpfe*: Anzahl Schreib-/Leseköpfe (1 bis 99). Standardwert ist 2.

▨ /**I**: Wird verwendet, wenn ein $3^1/_2$-Zoll-Diskettenlaufwerk installiert ist, das nicht vom BIOS unterstützt wird und am vorhandenen Diskettencontroller als Laufwerk A oder B angesprochen wird.

▨ /**N**: Gibt ein Blockgerät mit nicht austauschbarem Datenträger an.

▨ /**S:***sektoren*: Anzahl der Sektoren pro Spur, (1 bis 99). Der Standardwert ist 9.

▨ /**T:***spuren*: Anzahl der Spuren pro Seite des Datenträgers des Blockgeräts (1 bis 999).

8.3

Anmerkungen

▨ **DRIVPARM** wird nur benötigt, wenn ein Disketten- oder Bandlaufwerk, das nicht dem Standard entspricht, in das System installiert wird.

▨ /**I** muß verwendet werden, wenn das BIOS des Rechners keine $3^1/_2$-Zoll-Diskettenlaufwerke unterstützt.

▨ /**C** unterstützt DOS, indem das Laufwerk selbständig mitteilt, ob die Laufwerksverriegelung geschlossen ist.

Beispiel

Ein Computer verfügt über ein internes Magnetbandlaufwerk als Laufwerk D, das beim Starten von DOS automatisch auf 20 Spuren mit je 40 Sektoren konfiguriert wird. Mit dem folgenden CONFIG.SYS-Befehl können aber 10 Spuren mit je 99 Sektoren geschrieben werden:

```
DRIVPARM=/D:3 /F:6 /H:1 /S:99 /T:10
```

Damit werden die bisherigen Einstellungen außer Kraft gesetzt und ein Magnetbandlaufwerk als Laufwerk D unterstützt (in diesem Fall sind die logischen und physischen Laufwerksbezeichnungen gleich). Das Magnetbandlaufwerk verfügt über einen Schreib-/Lesekopf und unterstützt ein Format mit 10 Spuren und 99 Sektoren pro Spur. (Dies setzt voraus, daß der Gerätetreiber des Magnetbandlaufwerks diese Spuren- und Sektorenkonfiguration unterstützt.) Mit diesem Verfahren kann ein Magnetbandlaufwerk so eingestellt werden, daß die darauf erstellten Bänder von einem anderen Magnetbandlaufwerk, das nur über dieses eine Bandformat verfügt, gelesen werden können.

Anzahl Dateisteuerblöcke einstellen   FCBS
Konfiguration

FCBS legt die Anzahl der Dateisteuerblöcke (File Control Blocks = FCBs) fest, die gleichzeitig geöffnet sein können.

> **FCBS**=x

▨ x: Ist die Anzahl der Dateien, welche die Dateisteuerblöcke gleichzeitig öffnen können. Standardwert ist 4, möglich sind 0 bis 255.

Anmerkungen

▨   Ein Dateisteuerblock ist eine Datenstruktur, die zur Steuerung offener Dateien verwendet wird.

▨   Die bevorzugte Methode, auf Dateien zuzugreifen, besteht darin, anstatt Dateisteuerblöcke Dateinummern (file handles) zu verwenden. Bei manchen älteren Anwendungen ist es jedoch erforderlich, in der Datei CONFIG.SYS den Befehl **FCBS** zu verwenden. **FCBS** sollte deshalb nur verwendet werden, wenn das von einem Anwendungsprogramm gefordert wird.

▨   Die Reaktion von DOS hängt davon ab, ob gemeinsamer Dateizugriff mit dem Programm **SHARE** geladen wurde.

▨   Ist gemeinsamer Dateizugriff geladen, schließt DOS den Dateisteuerblock, der am längsten nicht mehr verwendet wurde, wenn ein Programm versucht, mehr als x Dateien zu öffnen.

▨   Wird der Befehl in CONFIG.SYS aufgenommen, verringert sich der Arbeitsspeicher mit jedem Wert von x um ca. 64 Byte.

8.3

Anzahl zu öffnender Dateien   FILES
Konfiguration

FILES legt die Maximalanzahl von geöffneten Dateien fest, auf die DOS-Systemaufrufe über Dateinummern (file handles) gleichzeitig zugreifen können.

    FILES=x

▓ x: Ist die Anzahl Dateien, die gleichzeitig geöffnet sein können. Standardwert ist 8, möglich sind 8 bis 255.

Anmerkungen

▓   Der Wert x umfaßt alle Dateien, unabhängig davon, ob sie im Vordergrund, von Hintergrundfunktionen oder im Netzwerk geöffnet werden.

▓   Für jede über 8 hinausgehende Datei erhöht sich der residente Teil von DOS um 48 Byte.

▓   Vor allem Datenbankprogramme benötigen oft eine größere Einstellung, denn sie müssen gleichzeitig viele Dateien bearbeiten können.

Programme über CONFIG.SYS laden   INSTALL
Konfiguration

Mit **INSTALL** können Befehle wie **FASTOPEN**, **KEYB**, **NLSFUNC**, **SHARE** u.a. bereits über die Konfigurationsdatei CONFIG.SYS geladen werden.

    INSTALL=[*laufwerk:*][*pfad*]*dateiname* [*argument*]

▓   *laufwerk:* Ist das Laufwerk.
▓   *pfad*: Ist der Pfad.
▓   *dateiname*: Gibt das Programm an, das geladen werden soll.
▓   *argument*: Sind alle Befehlszusätze, die vom Programm, das geladen wird, akzeptiert werden.

8.3

Anmerkungen

▓   Für jeden Dateinamen muß die Dateinamenserweiterung angegeben werden.
    `INSTALL=C:\DOS\KEYB.COM GR,437,C:\DOS\KEYBOARD.SYS`

▓   Da kein Umgebungsspeicher angelegt wird, benötigt das Programm weniger Hauptspeicher als wenn dieses über die AUTOEXEC.BAT gestartet wird.

▓   **INSTALL** sollte nicht verwendet werden, wenn Fehler der Programme über COMMAND.COM behandelt werden, da dies zum Absturz des Computers führen kann.

Anzahl Laufwerke einstellen
LASTDRIVE
Konfiguration

LASTDRIVE legt die Höchstanzahl von Laufwerken fest, auf die zugegriffen werden kann.

LASTDRIVE=x

▨ x: Gibt das letzte gültige Laufwerk an, das DOS als Laufwerksbuchstaben akzeptieren wird. Möglich sind Buchstaben von A bis Z. Standardwert ist E.

Anmerkungen

▨ Die Mindestanzahl von x entspricht der Anzahl von Laufwerken, die auf dem entsprechenden Computer installiert sind. Falls ein kleinerer Wert angegeben wird, ignoriert DOS den **LASTDRIVE**-Befehl.

▨ Beim Systemstart ist DOS auf maximal fünf Laufwerke eingestellt (E:). DOS weist jedem angegebenen Laufwerk eine Datenstruktur zu, die einen Speicherplatz von ca. 80 Byte benötigt; daher sollten nicht mehr Laufwerke als nötig angegeben werden.

▨ Wird Gebrauch von dem **SUBST**-Befehl gemacht, muß hier ein ausreichender Bereich an Laufwerksbuchstaben angegeben werden.

▨ Netzwerke wie NetWare verwalten die Laufwerksbuchstaben selbst. Durch **LASTDRIVE** belegte Buchstaben können dann nicht mehr als Netzwerklaufwerke verwendet werden.

Kommentarzeilen einfügen
REM
Konfiguration

Mit **REM** können Kommentarzeilen in CONFIG.SYS eingefügt werden.

REM *kommentar*

▨ *kommentar*: Ist eine beliebige Zeichenkette.

8.3

Umgebungsvariable setzen
SET
Konfiguration

SET legt eine Variable im Umgebungsspeicher an und weist dieser einen angegebenen Wert zu.

SET *variable=zeichenfolge*

▨ Die Anweisung ist in der Funktion identisch zum **SET**-Befehl in der AUTOEXEC.BAT bzw. von der DOS-Eingabeaufforderung (siehe 7.5).

Befehlsprozessor angeben   *SHELL*
Konfiguration

SHELL bewirkt, daß der Hauptbefehlsprozessor aus der angegebenen Datei geladen wird. Anstatt den Standardbefehlsprozessor COMMAND.COM zu lesen, startet DOS den angegebenen Prozessor.

   SHELL=[*lfw:*][*pfad*]*dateiname* [**/P**] [**/E:***xxxx*] [**/MSG**]

▨ *lfw:* Ist das Laufwerk.

▨ *pfad*: Ist der Pfad.

▨ *dateiname*: Ist eine Datei mit einem Befehlsprozessor. Der Standardbefehlsprozessor für DOS ist COMMAND.COM.

▨ **/P**: Der Befehlsprozessor bleibt geladen und die Datei AUTOEXEC.BAT wird ausgeführt.

▨ **/E:***xxxx*: Setzt die Systemumgebung auf *xxxx* Bytes. Der Wert muß zwischen 160 und 32768 liegen.

▨ **/MSG**: Bei Verwendung dieses Parameters werden alle Fehlernachrichten im Hauptspeicher gespeichert. Ohne diesen Parameter werden diese vom Datenträger nachgeladen. Der Parameter kann nur in Verbindung mit dem Parameter **/P** angegeben werden.

Anmerkungen

▨ Systemprogrammierer, die sich ihre Befehlsprozessoren selbst schreiben (und nicht mit COMMAND.COM von DOS arbeiten), können mit **SHELL** den Namen ihres eigenen Programms angeben.

▨ **SHELL** hat keine Auswirkung auf die Umgebungsvariable COMSPEC. Um sicherzustellen, daß beim Neuladen derselbe Befehlsprozessor verwendet wird, muß mit

   COMSPEC= ...

dieser Pfad angegeben werden (siehe 7.6).

▨ Das Betriebssystem bedient sich der Umgebungsvariablen COMSPEC, um festzustellen, welche Datei beim Neuladen des temporären Teils des Befehlsprozessors zu verwenden ist.

▨ **SHELL** hat keine Auswirkungen auf den Basic-Befehl **SHELL**.

▨ Der **SHELL**-Befehl erwartet keine Befehlszusätze. Sind jedoch mit dem neuen Befehlsprozessor Befehlszusätze möglich, können diese Zusätze in dieser Syntax eingeschlossen werden. Beispiel:

   SHELL=NEUCMDP.COM

NEUCMDP.COM kann mit den Zusätzen /C, /P und /E verwendet werden. Jeder dieser Zusätze kann in der Befehlszeile SHELL eingeschlossen werden.

   SHELL=NEUCMDP.COM /C/P/E

stellt dann einen gültigen Befehl dar.

8.3

Anzahl und Größe der Stapel einstellen STACKS
Konfiguration

STACKS dient der Einstellung der Größe und Anzahl von Stacks
(Stapelspeicher) zur Verarbeitung von Hardwareinterrupts.

> **STACKS=**n,s

▨ n: Anzahl der Stapelspeicher. Möglich sind 0, sowie 8 bis 64.
▨ s: Größe jedes Stapelspeichers. Möglich sind 0, sowie 32 bis 512.
Die Standardwerte hängen vom verwendeten System ab:

Stapelspeicher	Computertyp
0,0	für PC-PC, PC-XT, IBM Portable
9,128	für andere Computer

Beschreibung

▨ Bei einer Hardwareunterbrechung weist DOS einen Stapelspeicher
aus der Anzahl der angegebenen Stapelspeicher zu.
▨ Ist **STACKS**=0,0, dann wird während einer Unterbrechung kein
anderer Stapel verwendet.
▨ Die Standardeinstellung sollte nur verändert werden, wenn während
des Betriebs Fehler auftreten oder Programme eine bestimmte Einstellung erfordern.

Tastaturfunktion einstellen SWITCHES
Konfiguration

Mit **SWITCHES** kann die Anwendung von herkömmlichen Tastaturfunktionen festgelegt werden, wenn eine Text-/ Datentastatur (MF) installiert
ist.

> **SWITCHES=**/K /W /N /F

▨ **/K**: Erweiterte Tastaturfunktionen werden nicht unterstützt.
▨ **/W**: Die Datei WINA20.386 kann in ein anderes Verzeichnis als das
Stammverzeichnis installiert werden.
▨ **/N**: Ein Startmenü kann nicht mit den Tasten [F5] und [F8] umgangen
werden (siehe 8.9).
▨ **/F**: Übergeht die Verzögerung beim Rechnerstart nach dem An-
zeigen der Meldung "Starten von MS-DOS..." und führt sofort die
CONFIG.SYS aus.

Anmerkungen

▨ Beim Einsatz von Windows 3.x darf der Parameter **/K** nicht einge-
setzt werden.
▨ Wird mit Windows 3.0 gearbeitet, installiert das MS-DOS Setup-
Programm die Datei WINA20.286 im Stammverzeichnis. Soll diese

8.3

Datei in ein anderes Verzeichnis verschoben werden, müssen folgende
Schritte durchgeführt werden:

1.   In der CONFIG.SYS muß nachfolgende Zeile eingefügt werden.
`SWITCHES=/W`

2.   In der SYSTEM.INI-Datei im Windows-Verzeichnis muß folgende Zeile im Bereich [386Enh] eingefügt werden.
`DEVICE=[laufwerk:][pfad]WINA20.386`

Laufwerk/Pfad gibt die neue Position der Datei WINA20.286 an.
Die Schritte sind nur erforderlich, wenn Windows im erweiterten
386-Modus betrieben wird.

8.3

8.4 Gerätetreiber

Gerätetreiber sind Programme, welche dem Betriebssystem erlauben, Geräte zu erkennen, die nicht Teile des Computers sind. Beispiele dafür sind Modems, Drucker, Mäuse und externe Diskettenlaufwerke.

■ Einige Gerätetreiber sind bereits fest in DOS installiert (Tastatur, Bildschirm, Drucker).

■ Andere Treiber, sogenannte *installierbare Gerätetreiber*, sind optional und müssen nach Bedarf installiert werden.

Übersicht: Gerätetreiber

■ **ANSI.SYS** lädt die Unterstützung für die ANSI-Bildschirmsteuerung.

■ **DISPLAY.SYS** unterstützt Codeseitenumschaltung auf dem Bildschirm.

■ **DRIVER.SYS** unterstützt externe Diskettenlaufwerke.

■ **DBLSPACE.SYS** legt fest, in welchen Speicherbereich DBLSPACE.BIN geladen wird.

■ **EGA.SYS** unterstützt die Programmumschaltung der DOS-Shell auf EGA-Monitoren.

■ **EMM386.EXE** installiert Expanded Memory auf Systemen mit 80386-Prozessoren und übernimmt die Speicherzuordnung für das Laden und Ausführen von TSR-Programmen im UMA-Bereich.

■ **HIMEM.SYS** verwaltet den Zugriff auf das Extended Memory und den UMA-Bereich.

■ **INTERLNK.EXE** und **INTERSRV.EXE** ermöglichen die Verbindung zweier Computer über serielle oder parallele Schnittstelle (siehe 10.7).

■ **POWER.EXE** ist ein Gerätetreiber zur Reduzierung des Stromverbrauchs auf Laptops (siehe 7.11).

■ **RAMDRIVE.SYS** unterstützt eine oder mehrere virtuelle Disketten, sog. RAM-Disks (ab MS-DOS 3.2).

■ **SETVER.EXE** lädt die Versionstabelle in den Arbeitsspeicher.

■ **SMARTDRV.EXE** installiert ein Festplatten-Cache-Programm.

Zusätzliche installierbare Gerätetreiber werden mit **DEVICE** oder **DEVICEHIGH** in der Datei CONFIG.SYS installiert (siehe 8.3).

ANSI-Bildschirmsteuerung   *ANSI.SYS*
Gerätetreiber

Mit dem Gerätetreiber **ANSI.SYS** können ANSI-Escapefolgen zur Bildschirmsteuerung (ANSI-Norm 3.64-1979) verwendet werden. Eine ANSI-Escapefolge ist eine Reihe von Zeichen, die mit dem Steuercode Escape eingeleitet wird und mit der in DOS der Bildschirm angesteuert werden kann, zum Beispiel um den Cursor zu bewegen oder an bestimmte Stellen zu setzen.

DEVICE=[*laufwerk:***][***pfad***]ANSI.SYS /X /K**

▓ *laufwerk:\pfad*: Ist das Laufwerk/Pfad, in dem die Datei mit dem Gerätetreiber ANSI.SYS gespeichert ist.

▓ **/X**: Tasten können mit erweiterten Tastenwerten (niederwertiges Byte 00h) neu definiert werden.

▓ **/K**: Erweiterte Tastaturfunktionen werden aufgehoben (siehe **SWITCHES**).

Anmerkungen

▓ Programme, die den Bildschirm über ANSI-Escapesequenzen ansteuern, laufen auf jedem MS-DOS-Rechner (nicht nur auf PC-kompatiblen).

▓ Nur sehr wenige Programme verwenden die ANSI-Steuermöglichkeiten, da die Bildschirmausgabe auf PCs damit sehr langsam ist, sondern schreiben direkt in den Bildschirmspeicher. Dies ergibt einen sehr schnellen Bildschirmaufbau.

▓ **ANSI.SYS** untersucht alle Bildschirmausgaben, die über DOS erfolgen, und wird aktiv, wenn es den Code Escape (27, 1Bhex) entdeckt.

▓ Wenn das darauffolgende Zeichen eine eckige Klammer ([) ist, handelt es sich um eine Bildschirmsteuersequenz. Es folgen dann die für die jeweilige Escapesequenz notwendigen Parameter in ASCII- oder String-Schreibweise (in " oder ').

▓ Mehrere Parameter werden durch Semikolon getrennt. Nach den Parametern folgt ein klein oder groß geschriebener Buchstabe, der die Steuersequenz kennzeichnet.

▓ Escapesequenzen können nicht direkt über die Tastatur eingegeben werden, da die Taste ⎡Esc⎤ eine andere Funktion hat.

▓ Es gibt drei Möglichkeiten, um Escapesequenzen auszugeben, ohne ein Programm zu schreiben:

▷ Verwendung des Befehls **PROMPT** (siehe 7.1).

▷ Eingabe der Sequenzen in eine Datei (z.B. mit einem Editor) und anschließende Ausgabe mit

TYPE *dateiname* (siehe 6.7) oder

COPY *dateiname* **CON** (siehe 5.2).

▷ Ausgabe der Escapesequenz mit dem Stapelverarbeitungsbefehl **ECHO** (siehe 9.6).

▓ Escape wird bei **PROMPT** als $e angegeben. Bei Eingabe mit einem Editor muß meistens die Tastenkombination ⎡Alt⎤+⎡2⎤⎡7⎤ verwendet werden.

8.4

▦ Das Escapezeichen erscheint auf dem Bildschirm entweder als ← oder als die Zeichenkombination ^[. Wenn ^[erscheint, muß die darauffolgende eckige Klammer aber trotzdem noch eingegeben werden (^[[).

▦ Wird der Befehl **MODE CON LINES=xx** verwendet, muß ANSI.SYS geladen werden.

Die ANSI-Escapesequenzen

Im folgenden werden gruppenweise alle verfügbaren ANSI-Escapesequenzen erläutert. Parameter sind durch das Zeichen # gekennzeichnet. Wird ein Parameter weggelassen, wird dafür 0 angenommen. Buchstaben in einer Escapesequenz müssen, wie angegeben, groß oder klein geschrieben werden.

Cursorpositionierung und -bewegung

Esc [#A	Cursor nach oben (CUU, cursor up)
	Der Cursor bewegt sich um die Zeilenanzahl nach oben (1–24); in Zeile 1 erfolgt keine Bewegung. Wird keine Zahl oder 0 angegeben, wird 1 angenommen.
Esc [#B	Cursor nach unten (CUD, cursor down)
	Der Cursor bewegt sich um die Zeilenanzahl nach unten (1–24); in Zeile 25 erfolgt keine Bewegung. Wird keine Zahl oder 0 angegeben, wird 1 angenommen.
Esc [#C	Cursor nach rechts (CUF, cursor forward)
	Der Cursor bewegt sich um die Anzahl Positionen nach rechts (1–79). Es wird nicht über das Zeilenende hinaus positioniert.
Esc [#D	Cursor nach links (CUB, cursor backward)
	Der Cursor bewegt sich um die Anzahl Positionen nach links (1–79). Es wird nicht über den Zeilenbeginn hinaus positioniert.
Esc [#;#H	Cursor positionieren (CUP, cursor position)
	oder
Esc [#;#f	Cursor positionieren (HVP, hor./vert. position)
	Der Cursor wird auf die angegebene Position bewegt. Erster Parameter: Zeilennummer (1–25). Zweiter Parameter: Spaltennummer (1–80).
Esc [s	Cursorposition merken (SCP, save cursor position)
	ANSI.SYS merkt sich die Cursorposition.
Esc [u	Cursor auf gemerkte Position setzen (RCP, restore cursor position) Der Cursor wird auf die mit Esc [s gemerkte Position gesetzt.

Statusabfrage

Esc [6n	Einheiten-Statusbericht (DSR, device status report)

8.4

Der Treiber gibt eine Escapefolge in folgender Form aus:
Esc [#;#R (CPR, cursor position report). Die Parameter
geben die aktuelle Cursorposition an (Zeile/Spalte).

Bildschirmbereiche löschen

Esc [2J   Bildschirm löschen (ED, erase display)
Der ganze Bildschirm wird gelöscht und der Cursor in die
Home-Position (1,1) gebracht.

Esc [K   Zeilenende löschen (EL, erase line)
Die Zeile wird von der aktuellen Position bis zum Zeilenende gelöscht.

Bildschirmattribute

Esc [#;#;...m Bildschirmattribute einstellen (SGR, set graphics rendition)
Stellt das (die) von dem (den) Parameter(n) angegebe-
ne(n) Zeichenattribut(e) ein. Mehrere Attribute werden
durch Semikolon getrennt. Mögliche Attribute:

Parameter	Bedeutung
0	Normal, alle Attribute aus
1	Fettanzeige ein
4	Unterstreichen ein
5	Blinken ein
7	Revers ein
8	Unsichtbar ein

Bildschirm-	**Parameter**	**Bedeutung**
farben	30	Vordergrund schwarz
	31	Vordergrund rot
	32	Vordergrund grün
	33	Vordergrund gelb
	34	Vordergrund blau
	35	Vordergrund violett
	36	Vordergrund kobaltblau
	37	Vordergrund weiß
	40	Hintergrund schwarz
	41	Hintergrund rot
	42	Hintergrund grün
	43	Hintergrund gelb
	44	Hintergrund blau
	45	Hintergrund violett
	46	Hintergrund kobaltblau
	47	Hintergrund weiß

8.4

Die Werte 30 bis 47 entsprechen der ISO-Norm 6429. Nicht alle Werte
werden von jedem Computer unterstützt.

Modus einstellen/rücksetzen

Esc [=#h   Modus einstellen (SM, set mode) oder
Esc [=h   oder
Esc [=0h   oder
Esc [=7h   Stellt den vom Parameter angegebenen Bildschirmmodus
              oder die Ausgabeart ein.
              Mögliche Parameter:

Parameter	Bedeutung
0	40 x 25 S/W, Text
1	40 x 25 Farbe, Text
2	80 x 25 S/W, Text
3	80 x 25 Farbe, Text
4	320 x 200 Farbe, Grafik
5	320 x 200 S/W, Grafik
6	640 x 200 S/W, Grafik
7	Zeilenüberlauf einschalten: Zeichen am Zeilenende werden in der folgenden Zeile ausgegeben.
13	320 x 200 Farbgrafik
14	640 x 200 Farbe (16 Farben)
15	640 x 350 Monochrom (2-farbig)
16	640 x 350 Farbe (16 Farben)
17	640 x 480 Farbe (2-farbig)
18	640 x 480 Farbe (16 Farben)
19	320 x 200 Farbe (256 Farben)

Esc [=#l   Modus rücksetzen (RM, reset mode) oder
Esc [=l   oder
Esc [=0l   oder
Esc [=7l   Stellt den vom Parameter angegebenen Bildschirmmodus
              oder die Ausgabeart ein. Die Parameter sind außer 7
              identisch mit denen von Esc [?#h (Modus einstellen):

Parameter	Bedeutung
7	Zeilenüberlauf ausschalten: Zeichen am Zeilenende werden ignoriert.

              Es gelten die gleichen Parameter wie bei der Definition
              des Bildschirmmodus.

Neuzuordnung der erweiterten Tastenwerte aktivieren/deaktivieren (nur PC-DOS)

Esc [0q   Neuzuordnung wird deaktiviert
Esc [1q   Neuzuordnung wird aktiviert.
              Die gleiche Wirkung wird durch den Parameter /X bei der
              Installation von ANSI.SYS erreicht.

8.4

Neuzuweisung der Tastatur

Esc [#;#;...p	Tastatur umbelegen oder
Esc [#;"Folge"p	oder
Esc [#;"Folge";#;P	Der erste Parameter oder bei zweistelligem Tastencode die beiden ersten Parameter definieren, welche Taste neu belegt werden soll. Die restlichen Parameter sind die Zeichen, die bei Betätigung dieser Taste ausgegeben werden sollen. Die Parameter können auch Strings sein (in " oder '). Tastaturcodes siehe in der folgenden Tabelle:

Die Tastaturcodes

Taste	Code Allein	mit ⇧	mit Strg	mit Alt
F1	0;59	0;84	0;94	0;104
F2	0;60	0;85	0;95	0;105
F3	0;61	0;86	0;96	0;106
F4	0;62	0;87	0;97	0;107
F5	0;63	0;88	0;98	0;108
F6	0;64	0;89	0;99	0;109
F7	0;65	0;90	0;100	0;110
F8	0;66	0;91	0;101	0;111
F9	0;67	0;92	0;102	0;112
F10	0;68	0;93	0;103	0;113
F11	0;133	0;135	0;137	0;139
F12	0;134	0;136	0;138	0;140
<	60	62 (">")	28	–
1	49	33 ("!")	–	0;120
2	50	34 (""")	0;3	0;121
3	51	21 ("§")	–	0;122
4	52	36 ("$")	–	0;123
5	53	37 ("%")	–	0;124
6	54	38 ("&")	–	0;125
7	55	47 ("/")	–	0;126
8	56	40 ("(")	–	0;127
9	57	41 (")")	–	0;128
0	58	61 ("=")	–	0;129
ß	225	63 ("?")	–	–
'	39	96 ("`")	–	–
#	35	94 ("^")	–	–
←	8	8	127	–

8.4

Taste	Code			
	Allein	mit ⇧	mit Strg	mit Alt
⟶⏐	9	0;15	–	–
A	97	65	1	0;30
B	98	66	2	0;48
C	99	67	3	0;46
D	100	68	4	0;32
E	101	69	5	0;18
F	102	70	6	0;33
G	103	71	7	0;34
H	104	72	8	0;35
I	105	73	9	0;23
J	106	74	10	0;36
K	107	75	11	0;37
L	108	76	12	0;38
M	109	77	13	0;50
N	110	78	14	0;49
O	111	79	15	0;24
P	112	80	16	0;25
Q	113	81	17	0;16
R	114	82	18	0;19
S	115	83	19	0;31
T	116	84	20	0;20
U	117	85	21	0;22
V	118	86	22	0;47
W	119	87	23	0;17
X	120	88	24	0;45
Y	121	89	25	0;21
Z	122	90	26	0;44
Ä	132	142	–	–
Ö	148	153	–	–
Ü	129	154	(27)	–
+	43	42 ("*")	29	–
–	45	95 ("_")	31	0;130
.	46	58 (":")	–	–
,	44	59 (";")	–	–
Esc	(27)	(27)	(27)	–
Eing Lösch				
Pos1	0;71	55 ("7")	0;119	–
↑	0;72	56 ("8")	–	–
Bild↑	0;73	57 ("9")	0;132	–

8.4

Taste	Code Allein	mit ⇧	mit Strg	mit Alt
←	0;75	52 ("4")	0;115	–
→	0;77	54 ("6")	0;116	–
Ende	0;79	49 ("1")	0;117	–
↓	0;80	50 ("2")	–	–
Bild↓	0;81	51 ("3")	0;118	–
Einfg	0;82	48 ("0")	–	–
Entf	0;83	46 (".")	–	–
Druck	–	–	0;114	–

Beispiele

```
PROMPT $e[33;44m
PROMPT $p$g
```

Bei einem Farbmonitor ist anschließend der Hintergrund blau (44) und die Schrift (Vordergrund) gelb (33).

```
PROMPT $e[37;40m
PROMPT $p$g
```

Auf normale Farben (weiß auf schwarz) zurückschalten.

```
PROMPT $e[0;68;"CLS";13p
PROMPT $p$g
```

Die Funktionstaste F10 (0;68) erhält die Belegung CLS ↵. Wird F10 betätigt, wird **CLS** ausgeführt.

```
PROMPT $E[s$e[1;69H$t$e[u$p$g
```

Die aktuelle Cursorposition wird gesichert ($e[s) und anschließend der Cursor in die Zeile 1 auf Position 69 positioniert ($e[1;69H). Dort wird die Zeit ausgegeben ($t) und dann die alte Cursorposition wiederhergestellt ($e[u). Darauf wird die Eingabeaufforderung mit Pfadangabe angezeigt (pg).

```
Esc[7;50HEsc[K
```

Der Cursor wird zur Zeile 7, Spalte 50 bewegt und der Rest der Zeile gelöscht.

```
Esc["$";"£"p
```

Die Taste $ wird so umbelegt, daß sie ein Pfundzeichen liefert.

```
Esc["$";"$"p
```

Die Umbelegung des Dollarzeichens wird wieder rückgängig gemacht.

```
Esc[".";","pEsc[",";"."p
```

Die Belegung der Tasten . und , wird vertauscht.

```
Esc[".";","pEsc[",";"."p
```

Die Vertauschung der Tasten . und , wird wieder rückgängig gemacht.

8.4

```
Esc[0;113;"CLS";13;"DIR | SORT /+14";13p
```
Die Funktionstaste [Alt]+[F10] (0;113) wird mit der Zeichenfolge CLS mit anschließendem [↵] und dem angegebenen Befehl, ebenfalls gefolgt von [↵], belegt. Betätigen der Taste [Alt]+[F10] führt nun sofort diese Befehle aus und zeigt ein sortiertes Verzeichnis an.

```
Esc[0;113;0;113p
```
Die Umbelegung der Funktionstaste [Alt]+[F10] wird wieder rückgängig gemacht.

Codeseitenumschaltung für den Bildschirm	*DISPLAY.SYS Gerätetreiber*

DISPLAY.SYS ist ein installierbarer Gerätetreiber, der Codeseitenumschaltung für den Bildschirm unterstützt.

DEVICE = [*lw:*][*pfad*]**DISPLAY.SYS CON**[:]=[*typ*[,*hwcp*][,*n,m*]]

▪ *lw:* Ist das Laufwerk.

▪ *pfad*: Ist der Pfad, in dem die Datei mit dem Gerätetreiber DISPLAY.SYS gespeichert ist.

▪ *typ*: Ist der verwendete Bildschirmadapter. Gültige Werte sind MONO, CGA, EGA und LCD.

▪ *hwcp*: Ist die von der Hardware unterstützte Codeseite. Die folgenden Werte sind zulässig:

    437 USA
    850 Mehrsprachig (Lateinisch I)
    852 Slawisch (Lateinisch II)
    860 Portugal
    863 Franko-kanadisch
    865 Norwegen

▪ *n*: Ist die Anzahl der zusätzlichen Codeseiten, die unterstützt werden können. Die Anzahl hängt von der Hardware ab. Die zulässige Anzahl reicht von 0 bis 12.

MONO und CGA unterstützen keine weiteren Codeseiten, daher muß *n* den Wert 0 haben. EGA kann den Wert 2 haben. LCD kann den Wert 1 haben.

▪ *m*: Ist die Anzahl untergeordneter Schriftarten, die für jede Codeseite unterstützt werden. Diese sind für jeden Bildschirmadapter verschieden. Wird *m* nicht angegeben, gilt als Standard die maximal mögliche Anzahl von Schriftarten.

Anmerkungen

▪ Wird **ANSI.SYS** zusammen mit **DISPLAY.SYS** verwendet, muß folgende Reihenfolge eingehalten werden:
```
DEVICE=ANSI.SYS
```

8.4

```
DEVICE=DISPLAY.SYS
```
▨ Weitere Informationen zu Codeseiten siehe 8.5.

Blockgeräte installieren   *DRIVER.SYS*
Gerätetreiber

DRIVER.SYS ist ein installierbarer Gerätetreiber, der externe Laufwerke unterstützt.

DEVICE = [*laufwerk:*][*pfad*]**DRIVER.SYS** /**D**:*nummer* [/**C**] [/**F**:*faktor*]
[/**H**:*köpfe*] [/**S**:*sektoren*] [/**T**:*spuren*]

▨ *laufwerk:* Ist das Laufwerk.

▨ *pfad*: Ist der Pfad, in dem die Datei mit dem Gerätetreiber DRIVER.SYS gespeichert ist.

▨ /**D**:*nummer*. Ist die physische Laufwerksnummer. Möglich ist 0 bis 127. Die Numerierung von Diskettenlaufwerken beginnt bei 0, das von der DOS-Befehlszeile als Laufwerk A bezeichnet wird. Laufwerksnummer 1 ist das zweite physische Diskettenlaufwerk. Laufwerk 2 ist das dritte und muß ein externes Laufwerk sein.

▨ /**C**: Gibt an, daß das Laufwerk selbständig auf die Laufwerksverriegelung reagiert und diese Information an DOS weitergibt.

▨ /**F**:*faktor*. Gibt den Einheitentyp an. Der Standardwert ist 2. Die folgenden Werte sind gültig:

0 = 160/180 oder 320/360 Kbyte
1 = 1,2 Mbyte
2 = 720 Kbyte ($3^1/_2$-Zoll-Diskette)
7 = 1,44 Mbyte ($3^1/_2$-Zoll-Diskette)
8 = 2,88 Mbyte ($3^1/_2$-Zoll-Diskette)

▨ /**H**:*köpfe*: Ist die maximale Anzahl von Schreib-/ Leseköpfen (1 bis 99). Der Standardwert ist 2.

▨ /**S**:*sektoren*: Legt die Anzahl der Sektoren pro Spur fest (1 bis 99). Der Standardwert hängt von /**F**:*faktor* ab.

Faktor	Sektoren
/F:0	/S:9
/F:1	/S:15
/F:2	/S:9
/F:7	/S:18
/F:9	/S:36

▨ /**T**:*spuren*: Legt die Anzahl der Spuren pro Seite des Datenträgers im Blockgerät fest (1 bis 999). Der Standardwert ist 80. Bei /**F**:0 ist der Standardwert 40.

8.4

Anmerkungen

▨ Ein logisches Gerät wird mit dem Befehl **DRIVPARM** konfiguriert (siehe 8.3).

▨ Festplatten werden von DRIVER.SYS nicht unterstützt. Für logische Laufwerksbezeichnungen ist der Befehl **SUBST** zu verwenden.

▨ Werden die Parameter **/H**, **/S** und **/T** verwendet, kann der Parameter **/F** entfallen.

Beispiel

Um ein externes Diskettenlaufwerk D: mit 720 Kbyte Speicherkapazität in Betrieb zu nehmen, wird die folgende Befehlszeile in die Konfigurationsdatei CONFIG.SYS eingetragen:

```
DEVICE=DRIVER.SYS /D:3 /F:2
```

Speicherverwaltung für DBLSPACE.BIN
DBLSPACE.SYS Gerätertreiber

Über den Gerätetreiber wird festgelegt, in welchem Speicherbereich der Betriebssystemteil DBLSPACE.BIN geladen und ausgeführt wird.

DEVICE=[*lw:***][***pfad***]DBLSPACE.SYS [/MOVE]**

▨ **/MOVE** verschiebt **DBLSPACE.BIN** in den hohen Speicher.

▨ Der Gerätetreiber wird normalerweise bei der Erstinstallation eines komprimierten Laufwerks über **DBLSPACE** angelegt.

Programmumschaltung
EGA.SYS Gerätetreiber

EGA.SYS stellt die Anzeige wieder her, wenn die Funktion Programmumschaltung der DOS-Shell auf EGA-Monitoren verwendet wird.

DEVICE=[*lw:***][***pfad***]EGA.SYS**

▨ *lw*: Ist das Laufwerk.

▨ *pfad*: Ist das Verzeichnis, in dem die Datei mit dem Gerätetreiber PRINTER.SYS gespeichert ist.

Anmerkungen

▨ Wird eine Maus verwendet, kann Speicherplatz gespart werden, wenn EGA.SYS vor dem Maustreiber installiert wird.

▨ Der Treiber muß installiert werden, wenn die Programmumschaltung der DOS-Shell auf einem System mit EGA-Bildschirm verwendet wird.

8.4

Speicherverwaltung für Expanded Memory und UMB's

EMM386.EXE
Gerätetreiber

Der Gerätetreiber hat eigentlich 3 Aufgaben:
1. Füllt die Lücken im UMA-Bereich mit RAM oberhalb 1 Mbyte.
2. Erweitert den DOS-Lader, damit Programme und Treiber im UMA und HMA laufen.
3. Emuliert Expanded Memory nach LIM 4.0 aus dem XMS-Bereich auf 80386/486-Rechnern.

DEVICE=[*lw:*][*pfad*]**EMM386.EXE** [**NOEMS**] [*speicher*]
[**RAM**[=*mmmm-nnnn*]] [**MIN**=*größe*] [**FRAME**=*xxxx* /**M***x* /**P***xxxx*
/**FRAME=NONE**] [**P***n*=*mmmm*] [**I**=*mmmm-nnnn*] [**X**=*mmmm-nnnn*]
[**B**=*mmmm*] [**L**=*minXMS*] [**A**=*n*] [**H**=*nnn*] [**D**=*nnn*] [**NOVCPI**]
[**HIGHSCAN**] [**V***erbose*] [**WIN**=*mmmm-nnnn*] [**NOHI**]
[**ROM**=*mmmm-nnnn*] [**NOMOVEXDBA**][**ALTBOOT**]

■ *lw*: Ist das Laufwerk.
■ *pfad*: Verzeichnis, in dem die Datei EMM386.EXE gespeichert ist.
■ **NOEMS**: Die EMS-Emulation wird abgeschaltet, der durch die Page Frame belegte Speicherplatz wird für die UMB's verwendet.
■ *speicher*: Gibt die Größe des Speichers an, den EMM386 für Expanded Memory zur Verfügung stellen soll. Möglich ist ein Wert von 64 bis 32786 Kbyte. Der angegebene Wert wird auf ein Vielfaches von 16 abgerundet.
■ **RAM**: Gibt den Segmentbereich *mmmm-nnnn* an, der für UMB's verwendet werden kann. Ohne Angabe eines Adressbereichs verwendet EMM386 den gesamten verfügbaren Speicher.
■ **MIN**: Gibt Größe des EMS-Speichers *größe* in Kbyte an, die immer bereitgestellt werden soll. Standard ist 256, wenn *speicher* angegeben ist. Mögliche Werte sind von 0 bis zum durch *speicher* angegebenen Wert.
■ **FRAME**=*xxxx*, **M***x* oder /**P***xxxx*: Der Parameter bestimmt die Anfangssegment-Adresse des EMS-Fensters. Es muß gewährleistet sein, daß vier zusammenhängende Seiten angelegt werden können (=64 Kbyte). Die Adresse muß hexadezimal angegeben werden. EMM386 sucht von E000h bis C000h nach einer geeigneten Adresse. Die Parameter **FRAME=**, **M***x* oder /**P***xxxx* sind gleichbedeutend und können alternativ verwendet werden.
■ **M***x*: Verwendet vordefinierte Adressen:

M1 = C000h	M8 = DC00h
M2 = C400h	M9 = E000h
M3 = C800h	M10= 8000h
M4 = CC00h	M11= 8400h

8.4

M5 = D000h

M6 = D400h

M7 = CD80h

M12= 8800h

M13= 8C00h

M14= 9000h

Die Werte von 10-14 sollten nur auf Rechnern mit 512 Kbyte Hauptspeicher eingesetzt werden.

■ *xxxx*: Gibt bei /**P** die gleichen Adressen an, wie bei M. Die möglichen Adressen können in Schritten zu 400h Bytes verwendet werden.

■ **P***n=mmmm*: Bestimmt, daß eine bestimmte Seite *n* auf die angegebene Adresse *mmmm* gelegt wird. Die Seiten 0 bis 3 müssen zusammenhängend sein, um mit LIM 3.2 kompatibel zu sein.

■ **I**=*mmmm-nnnn*: Gibt einen Speicherbereich an, der für UMB's verwendet werden kann. Gültige Werte sind von A000h bis FFFFh.

■ **X**=*mmmm-nnnn*: Verhindert, daß ein Speicherbereich für UMB's oder EMS-Seitenrahmen verwendet wird. Gültige Werte sind von A000h bis FFFFx.

■ **B**=*mmmm*: Gibt die unterste Segmentadresse an, die genutzt werden kann. Gültige Werte sind von 1000h bis 4000h. Standard ist 4000h.

■ **L**=*n*: Reserviert die angegebene Größe *n* für Expanded Memory. Dieser Bereich steht immer zur Verfügung.

■ **A**=*n*: Gibt die Anzahl von Wechselregistersätzen an, die für Multitasking verwendet werden. Erlaubt sind Werte von 0 bis 254. Standard ist 7. Jeder Wert erhöht den beanspruchten Speicherplatz von EMM386 um 200 Byte.

■ **H**=*nnn*: Gibt die Anzahl der Zugriffsnummern (Handles) an, die EMM386 zur Verfügung stehen. Erlaubt sind Werte von 2 bis 255. Standard ist 64.

■ **D**=*nnn*: Gibt den Speicherplatz an, der für gepufferten Direktspeicherzugriff (DMA) zur Verfügung steht. Mögliche Werte sind 16 bis 256. Standard ist 16.

8.4

■ **NOVCPI**: Deaktiviert die VCPI-Unterstützung. Die Option kann nur verwendet werden, wenn **NOEMS** angegeben wurde.

■ **HIGHSCAN**: EMM386 durchsucht automatisch den Speicher nach verfügbaren Speicherbereichen für UMB oder Windows-EMS.

■ **V***erbose*: Gibt zusätzliche Statusmeldungen beim Laden am Bildschirm aus.

■ **WIN**: Reserviert den Segmentadressbereich *mmmm-nnnn* für Windows. Gültige Werte sind von A000h bis FFFFh. Die Option **X** hat Vorrang von **WIN**. Überschneiden sich die Optionen **RAM**, **ROM** oder **I**, hat **WIN** Vorrang vor diesen Optionen.

■ **NOHI**: Lädt EMM386 in den konventionellen Speicher. Der für UMB's verfügbare Speicher wird dadurch größer.

▓ **ROM**: Gibt den Segmentadressbereich *mmmm-nnnn* an, der für Shadow-RAM reserviert werden soll. Gültige Bereiche sind von A000h bis FFFFh.

▓ **NOMOVEXBDA**: Stellt sicher, daß die erweiterten BIOS-Daten nicht in den hohen Speicherbereich verschoben werden.

▓ **ALTBOOT**: Treten beim Neustart mit [Alt]+[Strg]+[Entf] Probleme auf, so kann mit diesem Parameter versucht werden, den Computer auf eine andere Art zu starten.

Anmerkungen

▓ Soll **EMM386** für UMB's eingerichtet werden, muß HIMEM.SYS in die CONFIG.SYS aufgenommen werden.

▓ Wird die Installation von EMM386 so vorgenommen, daß sowohl UMB's als auch LIM 4.0 genutzt werden kann, steht für speicherresidente Programme 64 Kbyte weniger zur Verfügung.

▓ **EMM386** kann nur auf Rechnern mit den Prozessoren 80386 oder 80486 eingesetzt werden.

▓ **EMM386** wandelt Extended Memory durch Softwareemulation in Expanded Memory nach LIM 4.0 um.

▓ **EMM386** nimmt als Anfangssegment die Startadresse, die einen zusammenhängenden Page Frame (Seitenrahmen) von 64 Kbyte ergibt. Es ist möglich, daß unterhalb dieser Adresse noch Speicher zur Verfügung steht. Dieser kann mit dem **I**-Parameter ggf. verfügbar gemacht werden.

▓ Werden zusätzliche Adapter (Netzwerk-, Fax-/Modem-/ Streamer-Karten etc.) verwendet, müssen deren Speicherbereiche über den **X**-Parameter ausgeblendet werden.

▓ Die Angabe des Seitenrahmens kann über 3 unterschiedliche Parameter vorgenommen werden. Die folgenden Angaben sind daher gleichbedeutend:

```
FRAME=D000
```
oder
```
/M5
```
oder
```
/PD000
```

▓ Ob die in den Beispielen aufgeführten Parameter funktionieren, muß bei jedem Rechner individuell festgestellt werden. Insbesondere bei der Verwendung von Netzwerkadaptern, FAX-Karten u.a. kann es hier zu Abweichungen kommen.

▓ Die Option **ALTBOOT** sollte nur verwendet werden, wenn der Computer nach einem Warmstart nicht mehr reagiert.

▓ Wird EMM386 zusammen mit Windows 3.1 verwendet, haben die Optionen **I**, **X**, **NOEMS**, **Mx**, **Pnnnn** und **FRAME** Vorrang vor den Ein-

8.4

stellungen **EMMINCLUDE**, **EMMEXCLUDE** und **EMMPAGEFRAME**
der Windows-Datei SYSTEM.INI.

Beispiele

Vom vorhandenen Speicher sollen 1024 Kbyte für Expanded Memory
zur Verfügung gestellt werden. Als Seitenrahmen wird die Adresse
D000h verwendet. Es soll sowohl LIM 3.2 als auch LIM 4.0 möglich
sein.

```
DEVICE=EMM386.EXE 1024 RAM FRAME=D000
```

Der gesamte verfügbare Speicher soll für UMB's verwendet werden.

```
DEVICE=EMM386.EXE NOEMS
```

Der Bereich des Mono-Bildschirmspeichers, der unterhalb des Seg-
ments D000h liegt, soll ebenfalls zur Verfügung gestellt werden.

```
DEVICE=EMM386.EXE 1024 RAM FRAME=D000 I=B000-B7FF
```

Es werden mehrere Speicherblöcke des Adaptersegments zur Verfügung gestellt. Sowohl UMA als auch EMS nach LIM 4.0 soll möglich
sein.

```
DEVICE=C:\DOS\EMM386.EXE RAM 512 FRAME=D000 I=B000-B7FF I=C800-CBFF
I=D000-EFFF
```

Beim Starten des Rechners werden vom EMM386-Treiber folgende
Nachrichten ausgegeben:

```
MICROSOFT Expansionspeicher-Manager 386 Version 4.48
(C) Copyright Microsoft Corporation 1986,1993

EMM 386 erfolgreich installiert
    Verfügbarer Expansionsspeicher . . . . . . . . . 512 KB
    LIM/EMS Version . . . . . . . . . . . . . .     4.0
    Gesamtanzahl Expansionsspeicher-Seiten . . . . .  56
    Verfügbare Espansionsspeicher-Seiten . . . . . .  32
    Gesamtanzahl Zugriffsnummern . . . . . . . . . .  64
    Aktive Zugriffsnummer . . . . . . . . . . . . .    1
    Seitenrahmensegment . . . . . . . . . . . . . . D000 H
    Verfügbarer hoher Speicherbereich (Upper Memory) 111 KB
    Größter, verfügbarer Block im hohen Speicher . . 63 KB
    Startadresse des hohen Speicherbereich . . . . . B000 H
EMM386 aktiv
```

Über MEM /C kann die aktuelle Speicherbelegung angezeigt werden.

Module, die den Speicher unterhalb 1 MB verwenden:

Name	Insgesamt		= Konventioneller	+	Hoher Speicher	
MSDOS	15.581	(15K)	15.581	(15K)	0	(0K)
ASPI4DOS	6.672	(7K)	6.672	(7K)	0	(0K)
HIMEM	1.104	(1K)	1.104	(1K)	0	(0K)
EMM386	3.120	(3K)	3.120	(3K)	0	(0K)
COMMAND	5.152	(5K)	5.152	(5K)	0	(0K)

8.4

```
SETVER        672   (1K)         0    (0K)       672    (1K)
ANSI        4.256   (4K)         0    (0K)     4.256    (4K)
SMARTDRV   27.264  (27K)         0    (0K)    27.264   (27K)
KEYB        6.224   (6K)         0    (0K)     6.224    (6K)
DOSKEY      4.672   (5K)         0    (0K)     4.672    (5K)
MODE          480   (0K)         0    (0K)       480    (0K)
MOUSE      18.384  (18K)         0    (0K)    18.384   (18K)
Frei      638.512 (624K)   623.760 (609K)    14.752   (14K)
```

Speicher–Zusammenfassung:

Speichertyp	Insgesamt		=	Verwendet		+	Frei	
Konventioneller	655.360	(640K)		31.600	(31K)		623.760	(609K)
Hoher	76.704	(75K)		61.952	(61K)		14.752	(14K)
Adapter RAM/ROM	316.512	(309K)		316.512	(309K)		0	(0K)
Erweiterung (XMS)	7.340.032	(7168K)		1.622.016	(1584K)		5.718.016	(5584K)
Insg. Speicher	8.388.608	(8192K)		2.032.080	(1984K)		6.356.528	(6208K)
Insg. unter 1 MB	732.064	(715K)		93.552	(91K)		638.512	(624K)

```
EMS ist aktiv.
Maximale Größe für ausführbares Programm            623.664   (609K)
Größter freier Block im oberen Speicherblock         14.640    (14K)
MS–DOS ist resident im oberen Speicherbereich (High Memory Area).
```

XMS-Verwaltung   *HIMEM.SYS*
Gerätetreiber

Der Treiber regelt den Zugriff und die Verwaltung des Extended Memory (Erweiterungsspeicher) und des UMA-Bereichs. Zwei Anwendungen können nicht gleichzeitig den gleichen Speicherbereich nutzen.

DEVICE=[*lw:*][*pfad*]**HIMEM.SYS** [**/NOTEST**] [**/HMAMIN=***m*]
[**/NUMHANDLES=***n*] [**/SHADOWRAM:***on/***OFF**]
[**/MACHINE:***name*] [**/INT15=***n*] [**A20CONTROL:=***ON/off*]
[**/CPUCLOCK:***ON/***OFF**] [**/EISA**] [**/V***erbose*] [**/NOTEST**]

▪ *lw:* Ist das Laufwerk.
▪ *pfad*: Verzeichnis, in dem die Datei HIMEM.SYS gespeichert ist.
▪ **/NOTEST**: Unterdrückt die Speicherprüfung beim Laden von HIMEM.SYS. Bei diesem Test werden Speicherbereiche erkannt, die nicht mehr zuverlässig arbeiten.
▪ **/HMAMIN=***m*: *m* gibt an, wieviel Kbyte Speicher eine Anwendung im HMA-Bereich belegen muß, damit HIMEM die Benutzung ermöglicht. Gültige Werte sind von 0 bis 63, Standard ist 0.

Die nachfolgenden Parameter haben nur in Verbindung mit Windows 3.0 eine Bedeutung.

8.4

/NUMHANDLES=*n*: *n* legt die maximale Anzahl von Anwendungen fest, die auf Extended Memory zugreifen können. Gültige Werte sind von 1 bis 128, Standard ist 32. Jeder zusätzliche Wert belegt 6 Byte.

/SHADOWRAM:*on/OFF*: Gibt an, ob der Bereich, der durch Shadowram belegt wird, als zusätzlicher Speicher eingesetzt wird. Der Parameter ist nicht auf allen Systemen verfügbar.

/MACHINE:*name*: Klassifiziert den verwendeten Computertyp. Der Parameter ist nur nötig, wenn HIMEM.SYS den Computer nicht identifizieren kann, oder bei Systemen, die nicht zu 100% zum Standard kompatibel sind. Standard ist *at* oder *1*. Folgende Einträge sind möglich:

Code	Zahl	A20-Behandlungsroutine
at	1	IBM PC/AT
ps2	2	IBM PS/2
pt1cascade	3	Phoenix Cascade BIOS
hpvectra	4	HP Vectra (A und A+)
att6300plus	5	AT & T 6300 Plus
acer1100	6	Acer 1100
toshiba	7	Toshiba T1600 und T1200XE
wyse	8	Wyse 12,5 MHz 286
tulip	9	Tulip SX
zenith	10	Zenith ZBIOS
at1	11	IBM PC/AT
at2	12	IBM PC/AT (alternative Verzögerung)
ess	12	CSS Labs
at3	13	IBM PC/AT (alternative Verzögerung)
philips	13	Philips
fasthp	14	HP Vectra
IBM7552	15	IBM 7522 Industriecomputer
bullmicral	16	Bull Micral 60
dell	17	Dell XBios

8.4

/INT15=*n*: Reserviert Extended Memory, der dann über den Int15 Programmen zugewiesen werden kann. Der Parameter ist nur erforderlich, wenn Programme sogenannte VDISK-Köpfe erkennen können. Mögliche Werte sind 64 bis 65535. Standard ist 0.

/A20CONTROL:=*ON/off*: *ON* gibt an, daß HIMEM.SYS die Kontrolle über die A20-Adressleitung immer übernehmen soll, bei *OFF* wird die Kontrolle nur übernommen, wenn die Leitung beim Laden von HIMEM.SYS nicht aktiv ist.

/CPUCLOCK:*on/OFF*: Zeigt HIMEM.SYS an, daß die Taktrate des Rechners während des Betriebs geändert werden kann. Ist *ON* gesetzt, kann HIMEM.SYS entsprechend reagieren, allerdings verlangsamt das die Ausführung von HIMEM.SYS.

▓ **/EISA**: Weist HIMEM an, den gesamten Erweiterungsspeicher zu nutzen. Der Parameter ist nur auf EISA-Computern mit mehr als 16 Mbyte Hauptspeicher erforderlich.

▓ /V*erbose*: Zeigt Status-/Fehlermeldungen beim Programmstart an.

Anmerkungen

▓ Der Treiber sollte als erste Zeile in der CONFIG.SYS stehen. Er muß vor allen anderen Eintragungen stehen, die auf die Speicherverwaltung zugreifen. (SMARTDRV.EXE, EMM386.EXE u.a.)

▓ Unter Windows 3.x hat der Parameter **/HMAMIN** keine Bedeutung.

RAM-Disk	*RAMDRIVE.SYS*
	Gerätetreiber

RAMDRIVE.SYS ist ein Gerätetreiber, der es ermöglicht, einen Teil des Arbeitsspeichers wie ein Diskettenlaufwerk zu verwenden. Dieser umfunktionierte Teil des Arbeitsspeichers wird als *RAM-Disk* oder *virtuelle Diskette* bezeichnet.

DEVICE=RAMDRIVE.SYS [*diskgröße*] [*sektorgröße*] [*einträge*] [/**E**|/**A**]

▓ *diskgröße*: Gibt die RAM-Diskgröße in Kbyte an. Die Standardgröße ist 64 Kbyte, möglich sind Werte von 16 bis 4096 Kbyte.

▓ *sektorgröße*: Legt Sektorengröße in Byte fest. Die Standardsektorengröße ist 512 Byte. Folgende Größen sind zulässig: 128, 256, 512.

▓ *einträge*: Legt die Anzahl der Stammverzeichniseinträge fest. Standardmäßig sind 64 Einträge vorgesehen. Möglich sind 2 bis 1024. Der Treiber paßt den Wert von *einträge* der nächsten Sektorengrenze an. Beispiel: Bei Angabe von 25 und einer Sektorengröße von 512 Byte wird der Wert 25 zu 32 aufgerundet, da 32 das nächste Mehrfache von 16 ist (die 512 Byte enthalten 16 Verzeichniseinträge mit 32 Byte Umfang).

▓ **/E**: Verwendet Extended Memory, **/A** Epanded Memory für die RAM-Disk. HIMEM.SYS und EMM386.EXE müssen geladen sein.

8.4

Anmerkungen

▓ **/E** und **/A** schließen sich gegenseitig aus.

▓ Bei Verwendung von **/E** oder **/A** bleibt der maximale Speicherumfang für Programme unverändert.

▓ Eine RAM-Disk ist sehr viel schneller als ein Disketten- oder Plattenspeicher, da Ein-/Ausgabeoperationen im Hauptspeicher schneller ablaufen.

▓ Falls der Computer über Extended Memory (Erweiterungsspeicher) oder über eine Speichererweiterungskarte verfügt, die der von Lotus, Intel und Microsoft festgelegten Spezifikation für Expanded Memory

(erweiterter Arbeitsspeicher nach LIM 4.0) entspricht oder software-
mäßig emuliert wird, können eine oder mehrere virtuelle Disketten in
diesem Speicher eingerichtet werden. Wenn nicht, legt der Gerätetreiber die virtuelle Diskette im normalen Arbeitsspeicher an.

■ **Achtung!** Sobald der Computer zurückgesetzt oder abgeschaltet
wird, werden alle auf einer RAM-Disk gespeicherten Daten gelöscht.

Beispiele

```
DEVICE = RAMDRIVE.SYS 360 512 112 /A
```
legt eine virtuelle Diskette im Extended Memory an mit 360 Kbyte
Kapazität, 512-Byte-Sektoren und 112 Verzeichniseinträgen.

Versionstabelle laden   SETVER.EXE
Gerätetreiber

Mit diesem Einheitentreiber wird die DOS-Versionstabelle geladen. Die
Datei enthält eine Liste von Programmnamen mit zugehörigen DOS-
Versionsnummern.

DEVICE=SETVER.EXE

Anmerkungen

■ Damit können Programme ausgeführt werden, die nicht gestartet
werden können, wenn die vorgegebene DOS-Version nicht vorhanden
ist.

■ Die korrekte Ausführung wird nicht kontrolliert, da nur die Versions-
abfrage verändert wird.

Doppelpufferung aktivieren   SMARTDRV.EXE
Gerätetreiber

Mit diesem Einheitentreiber wird die Doppelpufferung für das Platten-
cacheprogramm **SMARTDRV** aktiviert.

DEVICE=SMARTDRV.EXE /double_puffer

■ double_puffer: Ist die einzige Option um die Funktion zu aktivieren.

Anmerkungen

■ Das eigentliche Cache-Programm **SMARTDRV.EXE** wird über die
AUTOEXEC.BAT geladen.

■ Die Funktion sollte nur dann aktiviert werden, wenn nach dem Auf-
rufen von **SMARTDRV.EXE** über die AUTOEXEC.BAT oder von der
Eingabeaufforderung in der Spalte »Pufferung« für die Laufwerke der
Wert »ja« angezeigt wird.

8.4

8.5 Landeseinstellungen und Codeseiten

DOS bietet seit der Version 3.3 durch die Verwendung von sprachen-
spezifischen Codeseiten nationalsprachliche Unterstützung. Damit wird
die Arbeit mit DOS in verschiedenen Ländern unterstützt. Beim Wechsel von einem Land in ein anderes kann durch Umschalten von Codeseiten ein anderer Zeichensatz eingestellt werden; damit stehen landesspezifischen Sonderzeichen für dieses Land zur Verfügung.

Allgemeines und Begriffe

Codeseite
Eine Codeseite ist eine Tabelle, die den auf einem System verwendeten Zeichensatz definiert. Diese Bezeichnung wird in Dokumentationen und Meldungen von DOS verwendet.

Verfügbare Codeseiten
DOS unterstützt verschiedene Codeseiten:

437	USA
850	Mehrsprachig. Diese Codeseite enthält alle Zeichen für die meisten Länder Europas, Nordamerikas und Südamerikas.
852	Slawisch
857	Türkisch
860	Portugiesisch
861	Isländisch
863	Franko-Kanadisch
865	Nordisch. Diese Codeseite enthält alle Zeichen für die nor- wegische und dänische Sprache.
869	Griechisch

Zeichensatztabelle
Codeseiten werden in Dokumentationen und Meldungen von DOS
als Zeichensatztabellen bezeichnet.

Zeichensatz
Ein Zeichensatz ist eine landes- oder sprachenspezifische Zeichen-
gruppe, die von der Codeseitentabelle übersetzt und auf dem Bildschirm oder Drucker angezeigt wird. Jede Codeseite enthält 256
Zeichen.

Weitere Codes zur nationalsprachlichen Unterstützung
Außer den Codeseiten bietet DOS nationalsprachliche Unterstützung durch die Verwendung des Ländercodes und des Tastaturcodes.

8.5

Ländercode

Ein Ländercode (COUNTRY) definiert das gewünschte Land. DOS verwendet diesen Code zur Vorbereitung und Zuweisung von standardmäßigen Codeseiten für ein System. DOS kennt 24 verschiedene Ländercodes (siehe folgende Tabelle).

Tastaturcode

Ein Tastaturcode definiert die Art der verwendeten Tastatur. DOS kennt 21 verschiedene Tastaturcodes (siehe folgende Tabelle).

Codes für nationalsprachliche Unterstützung

In der folgenden Liste wird jedes von dieser DOS-Version unterstützte Land (bzw. die Sprache) aufgeführt. Die Liste zeigt ebenfalls verwandte Ländercodes, standardmäßige Codeseitenzuweisungen und dazugehörige Tastaturcodes an.

Land/Sprache	Ländercode	Codeseiten	Tastaturcode
USA	001	437,850	US
Franko-Kanadisch	002	863,850	CF
Lateinamerika	003	437,850	LA
Niederlande	031	437,850	NL
Belgien	032	437,850	BE
Frankreich	033	437,850	FR
Spanien	034	437,850	SP
Ungarn	036	850,852	HU
Jugoslawien	038	850,852	YU
Italien	039	437,850	IT
Schweiz	041	437,850	SF, SG
Tschechoslowakei	042	850,852	SL, CZ
Großbritannien	044	437,850	UK
Dänemark	045	865,850	DK
Schweden	046	437,850	SV
Norwegen	047	865,850	NO
Polen	048	850,852	PL
Deutschland	049	437,850	GR
Brasilien	055	437,850	BR
International (Englisch)	061	437,850	—
Portugal	351	860,850	PO
Finnland	358	437,850	SU
Griechenland			GK
Island			IS
Rumänien			RO
Türkei			TK

8.5

Land/Sprache	Ländercode	Codeseiten	Tastaturcode
Arabische Länder	785	437	—
Israel	972	437	—
Japan	081	932,850,437	
Korea	082	934,850,437	
China	086	936,850,437	
Taiwan	088	938,850,437	

Anmerkungen

■ Die angegebenen Codeseiten werden automatisch von DOS beim Laden des entsprechenden Ländercodes durch den Konfigurationsbefehl **COUNTRY** vorbereitet (siehe 8.3).

■ Wird kein Ländercode angegeben, lädt DOS die standardmäßige Codeseite 437 für die USA.

■ In der französischen wie in der deutschen Schweiz wird der Ländercode 041 angewandt.

■ Codeseiten für arabische und hebräische Sprachen sind nicht verfügbar. Die Ländercodes 785 und 972 nehmen den Code für die Vereinigten Staaten, Codeseite 437, an. Sie enthalten jedoch landesspezifisches Datum und Uhrzeit.

■ Die Zeichensatztabellen für Japan, Korea, China und Taiwan werden nur von der asiatischen Version von DOS, auf asiatischer Hardware unterstützt.

Befehle, die nationale Sprachen unterstützen

NLSFUNC	Lädt die Datei mit der länderspezifischen Information (siehe 8.6).
CHCP	Zeigt oder ändert die gegenwärtige Codeseite für das System und alle vorbereiteten Geräte (siehe 8.6).
KEYB	Ermöglicht die Auswahl eines landesspezifischen Tastaturcodes für die verwendete Tastatur und einer Codeseite für den bevorzugten Zeichensatz (siehe 8.8). Ebenso kann eine alternative Tastaturdefinitionsdatei (unterschiedlich von der standardmäßigen KEYBOARD.SYS-Datei), falls eine solche vorhanden ist, mit diesem Befehl ausgewählt werden.
MODE	Enthält einige Optionen für Codeseiten (siehe 7.2, 8.7):

▶ Vorbereitung einer Codeseite für ein Gerät.

▶ Auswahl einer Codeseite für ein Gerät.

▶ Anzeige der für ein Gerät vorbereiteten ausgewählten Codeseiten.

8.5

▶ Wiederherstellung von Codeseiten, die aufgrund eines Hardwarefehlers verlorengegangen sind.

Konfigurationsbefehle für nationale Sprachen

COUNTRY Identifiziert das Land, in dem gearbeitet wird. Dieser Befehl definiert auch die zu verwendenden landesspezifischen Schreibweisen, wie z.B. Datum- und Zeitformate und die Sortierfolge für den Zeichensatz.

DEVICE Installiert Gerätetreiber im System, einschließlich eines installierbaren Gerätetreibers, der die Codeseitenumstellung unterstützt, wie z.B. DISPLAY.SYS zur Installierung eines standardmäßigen Bildschirmgeräts mit Codeseitenunterstützung.

Datum- und Zeitformate

Weitere DOS-Befehle (**DATE**, **BACKUP**, **RESTORE**, **TIME** und **XCOPY**) verwenden landesspezifische Datums- und Zeitschreibweisen, welche auf den gewählten Codeseiten beruhen.

In der folgenden Liste sind die Datums- und Zeitformate für jedes Land (oder Sprachgruppe) aufgeführt:

Land/Ländercode/Sprache	Datumsformat	Zeitformat
USA (001)	1-03-1993	5:35:00.00pm
Franko-Kanadisch (002)	1993-01-03	17:35:00,00
Lateinamerika (003)	03/01/1993	5:35:00.00pm
Niederlande (031)	03-01-1993	17:35:00,00
Belgien (032)	03/01/1993	17:35:00,00
Frankreich (033)	03/01/1993	17:35:00,00
Spanien (034)	03/01/1993	17:35:00,00
Ungarn (036)	1993-01-03	17:35:00,00
Jugoslawien (038)	1993-01-03	17:35:00,00
Italien (039)	03/01/1993	17:35:00,00
Schweiz (041)	03.01.1993	17,35,00,00
Tschechoslowakei (042)	1993-01-03	17:35:00,00
Großbritannien (044)	03-01-1993	17:35:00,00
Dänemark (045)	03/01/1993	17.35.00,00
Schweden (046)	1993-01-03	17.35.00,00
Norwegen (047)	03/01/1993	17.35.00,00
Polen (048)	1993-01-03	17:35:00,00
Deutschland (049)	03.01.1993	17.35.00,00
International (061)	03-01-1993	5:35:00.00pm
Portugal (351)	03/01/1993	17:35:00,00
Finnland (358)	03.01.1993	17.35.00,00

8.5

Land/Ländercode/Sprache	Datumsformat	Zeitformat
Arabische Länder (785)	03/01/1993	17:35:00,00
Israel (972)	03 01 1993	17:35:00.00
Japan (081)	1993-01-03	17:35:00.00
Korea (082)	1993-01-03	17:35:00.00
China (086)	1993-01-03	17:35:00.00
Taiwan (088)	01-03-1993	17:35:00.00

Anmerkungen

▒ Diese Formate werden durch den in der CONFIG.SYS-Datei einge-stellten **COUNTRY**-Code bestimmt (siehe 8.3).

▒ Für jedes Land zeigt die Spalte »Datumsformat«, wie DOS das Datum 3. Januar 1993 anzeigen würde. Die Zeitformatspalte zeigt, wie DOS die amerikanische Zeit »5:35 p.m.(nachmittags)«, mit null Sekun-den und null Hundertstel Sekunden, anzeigen würde.

Übersicht: Zeichensatz und Codeseite einstellen

Wenn nicht anders angegeben, nimmt DOS an, daß der Ländercode (Zeichensatz) für die Vereinigten Staaten (001) verwendet werden soll. Um ein System für die Unterstützung eines anderen Landes einzustel-len, ist folgendes Vorgehen erforderlich:

Ländercode in CONFIG.SYS mit COUNTRY einstellen
Dieser Code gibt das Land an, in dem gearbeitet wird.

COUNTRY.SYS-Datei mit NLSFUNC laden
Diese Datei enthält die landesspezifischen Informationen für das gewünschte Land.

Systemcodeseite mit CHCP einstellen
Für die meisten Ländercodes bereitet DOS automatisch zwei Systemcodeseiten und wählt automatisch die primäre Codeseite. Eine andere Codeseite kann mit **CHCP** gewählt werden (siehe 8.6).

Tastaturcode mit KEYB einstellen
Siehe 8.8.
Nach einer Änderung von CONFIG.SYS muß DOS neu gestartet werden, damit die neuen Einstellungen wirksam werden.

8.5

Beispiel

Ein Computer soll in Quebec, Kanada, eingesetzt werden. Um den franko-kanadischen Zeichensatz für die Arbeit in Quebec, Kanada, mit einem System zu verwenden, müssen folgende Schritte durchgeführt werden:

1. In der CONFIG.SYS-Datei hinzufügen:
```
COUNTRY=002
```

2. DOS neu starten, damit die überarbeitete CONFIG.SYS-Datei verwendet wird.

3. Die in der COUNTRY.SYS-Datei enthaltenen landesspezifischen Informationen auf das System laden:

```
NLSFUNC
```

Hinweis: Ohne diesen Befehl **NLSFUNC** wird DOS die Angabe von Codeseiten oder Tastaturcodes nicht zulassen.

DOS wählt automatisch die Codeseite Franko-Kanadisch aus. Da der Ländercode 002 ist, hat DOS auch die Codeseite *Mehrsprachig* für das System vorbereitet.

5. Um den Systemcode zu ändern:

```
CHCP 850
```

6. Franko-Kanadischen-Tastaturcode CF wählen:

```
KEYB CF
```

Diese Befehle sollten in der Datei AUTOEXEC.BAT abgelegt werden. Dann werden sie automatisch bei jedem neuen Start ausgeführt (siehe 9.3).

```
NLSFUNC
CHCP 850
KEYB CF
```

Der Computer ist nun für Verwendung mit dem franko-kanadischen Zeichensatz vorbereitet. Da Konsol-Bildschirm und Drucker voneinander unabhängige Geräte sind, müssen sie auch für nationalsprachliche Unterstützung vorbereitet werden. Dies ist im nächsten Absatz erklärt.

Codeseiten für Geräte einstellen

Mit DOS-Version 6.0 können Codeseiten für Bildschirmgeräte und Drucker, die Codeseitenumstellung unterstützen, definiert werden. Falls nicht die Codeseite für die Vereinigten Staaten, Codeseite 437, verwendet werden soll, sollte das Bildschirmgerät und der Drucker so eingerichtet werden, daß sie dieselbe Codeseite wie das restliche System verwenden.

8.5

Ausführung: Bildschirm einstellen

Mit DEVICE in CONFIG.SYS den Gerätetreiber DISPLAY.SYS laden (siehe 8.4)

Beispiel: EGA-Bildschirmadapter und es soll der Mehrsprachencode, Seite 850, verwendet werden.

Befehl in CONFIG.SYS:

```
DEVICE=DISPLAY.SYS CON=(EGA,850,2)
```

Die letzte Option, die Ziffer 2 in der obigen Zeile, erlaubt es, bis zu zwei Codeseiten für dieses Gerät vorzubereiten. Dies kann sich als nützlich erweisen, wenn zwischen diesen beiden Codeseiten hin und her gewechselt werden soll.

DOS neu starten
Nur dann werden die Änderungen in der Datei CONFIG.SYS wirksam.

Ausführung: Zwischen Codeseiten wechseln

Falls man in einer Umgebung arbeitet, in der mehr als eine Sprache verwendet wird, könnte es erforderlich sein, zwischen den Codeseiten zu wechseln. Das Beispiel wechselt auf die nordische Codeseite 865, um Informationen aus Oslo zu verarbeiten.

NLSFUNC muß eingegeben sein (siehe 8.6)
Dieser Befehl muß nur einmal eingegeben werden, um die landes- spezifische Information aus der Datei **COUNTRY.SYS** zu laden.

Codeseite für jedes Gerät vorbereiten mit MODE (siehe 7.2)
Beispiel: Vorbereitung von Codeseite 865 für den an LPT2 ange- schlossenen parallelen Drucker von Typ 5202:
```
MODE LPT2 CODEPAGE PREPARE=((865)C:\DOS\5202.CPI)
```
DOS bringt die Meldung:
```
MODE Codeseiten Vorbereiten: Funktion ausgeführt.
```
Codeseite 865 für das Konsolbildschirmgerät (CON) mit EGA/VGA- Monitor vorbereiten:
```
MODE CON CODEPAGE PREPARE=((865)C:\DOS\EGA.CPI)
```

Codeseite für das System und alle vorbereiteten Geräte ändern mit CHCP (siehe 8.6)
```
CHCP 865
```
Die Bildschirmanzeige kann etwas flimmern, während DOS eine neue Codeseite für dieses Gerät lädt.

Mit SELECT in MODE kann für ein einzelnes vorbereitetes Gerät eine andere Codeseite geladen werden
Beispiel: Codeseite 850 für Drucker laden:
```
MODE LPT2 CODESEITE SELECT=865
```
DOS bringt die Meldung:
```
MODE Codeseiten Vorbereiten: Funktion ausgeführt.
```

8.5

Anmerkung

■ Für das Beispiel wird angenommen, daß eine internationale Firma Büros in New York, London, Stockholm und Oslo unterhält. Hier sind zwei oder drei Codeseiten notwendig, um die Korrespondenz der ande- ren Büros zu lesen und zu bearbeiten.

8.6 Codeseiten laden und wechseln

In diesem Kapitel sind die Befehle zum Laden (**NLSFUNC**) und Wechseln (**CHCP**) von Codeseiten beschrieben. Eine Übersicht zur Arbeit mit Codeseiten siehe vorherlges Kapitel.

Landesspezifische Daten laden NLSFUNC
extern

NLSFUNC lädt landesspezifische Informationen.

NLSFUNC [[*laufwerk:*][*pfad*]*dateiname*] [*Länderdateiname*]

▨ *laufwerk*: Ist das Laufwerk.
▨ *pfad*: Ist der Pfad.
▨ *dateiname*: Ist die Datei mit den landesspezifischen Informationen. Der Standardwert wird durch den Befehl **COUNTRY** in CONFIG.SYS bestimmt (siehe 8.3).
▨ *länderdateiname*: Andere Datei, sofern nicht COUNTRY.SYS verwendet wird. Die Angabe ist optional.

Anmerkungen

▨ **NLSFUNC** unterstützt den Gebrauch der erweiterten landesspezifischen Informationen und die Codeseitenumstellung (siehe 8.5).
▨ Wird kein Dateiname angegeben, verwendet DOS für landesspezifische Informationen die Datei COUNTRY.SYS im Stammverzeichnis.
▨ **NLSFUNC** kann über den Konfigurationsbefehl **INSTALL=** über die Datei CONFIG.SYS gestartet werden. Hierbei muß dann die Dateinamenserweiterung .EXE angegeben werden.
▨ Wird beim Starten des Rechners die Datei COUNTRY.SYS nicht geladen, wird keine Fehlermeldung beim Laden von **NLSFUNC** ausgegeben. Soll jedoch über **CHCP** eine Codeseite gewechselt werden, wird eine Fehlermeldung angezeigt.
▨ **NLSFUNC** sollte nicht zusammen mit Windows 3.x eingesetzt werden.

Beispiele

```
NLSFUNC NEUDOK.SYS
```
nimmt die landesspezifischen Informationen aus der Datei NEUDOK.SYS und nicht mehr aus COUNTRY.SYS.
```
NLSFUNC
```
verwendet wieder die standardmäßigen landesspezifischen Informationen der Datei COUNTRY.SYS.

8.6

Codeseite ändern

CHCP
intern

CHCP (**CH**ange **C**ode**P**age) zeigt oder ändert die gegenwärtige Codeseite. Die Codeseiten müssen vorher mit **NLSFUNC** geladen worden sein.

    CHCP [*nnn*]

▒ *nnn*: Ist die gewünschte Codeseite. Möglich ist eine der vorbereiteten Codeseiten des Systems.

Anmerkungen

▒ **CHCP** (ohne Parameter) zeigt die aktive Codeseite an.
```
Aktive Codeseite: 850
```
▒ Es kann eine beliebige der vorbereiteten Systemcodeseiten, die vom Befehl **COUNTRY** in CONFIG.SYS definiert wurden, verwendet werden.

▒ Werte für gültige Codeseiten siehe 8.5.

Verweise

Die Konfigurationsdatei CONFIG.SYS **8.3**, Landeseinstellungen und Codeseiten **8.5**.

8.6

8.7 Gerätecodeseiten behandeln mit MODE

In diesem Kapitel werden die Funktionen des Befehls **MODE** zur Code-seitenbehandlung erläutert. Die sonstigen Funktionen zum Einstellen von Druckern, Schnittstellen und Bildschirm siehe 7.2.

Gerätecodeseiten	*MODE ... CODEPAGE ...*
	extern

MODE wird in dieser Variante dazu verwendet, um Codeseiten für Par-alleldrucker oder für den Bildschirm einzustellen oder anzuzeigen. Fol-gende Formate sind dabei möglich:

MODE *gerät* **CODEPAGE PREPARE**=[[*yyy*]
[*laufwerk*:][*pfad*]*dateiname*]

MODE *gerät* **CODEPAGE SELECT**=*yyy*

MODE *gerät* **CODEPAGE REFRESH**

MODE *gerät* **CODEPAGE** [/**STATUS**]

Hier werden die Parameter beschrieben, die für alle Formate gelten. Details zu den verschiedenen Funktionen siehe auf den folgenden Sei-ten.

▨ *gerät*: Gibt das Ausgabegerät an, für das die Codeseite installiert werden soll. Gültige Geräte sind CON, LPT1, LPT2 und LPT3.

▨ *yyy*: Gibt eine Codeseite an. Gültige Codeseiten sind 437, 850, 852, 860, 863 und 865 (siehe 8.5).

▨ *dateiname*: Gibt den Namen der Codeseiteninformationsdatei (.CPI) an, die DOS zur Vorbereitung einer Codeseite für das angegebene Gerät verwenden sollte.

8.7

Beschreibung

Es gibt vier Schlüsselwörter, die mit **MODE** *gerät* **CODEPAGE** verwen-det werden können. Jedes Schlüsselwort veranlaßt den Befehl **MODE** zur Durchführung einer bestimmten Funktion. Hier eine Übersicht über die einzelnen Schlüsselwörter. Details siehe auf den folgenden Seiten.

PREPARE

Weist DOS an, Codeseiten für ein bestimmtes Gerät vorzubereiten. Vor der Verwendung einer Codeseite für ein Gerät (**SELECT**=...) muß die Codeseite für dieses Gerät vorbereitet werden.

SELECT

    Gibt an, welche Codeseite für ein bestimmtes Gerät verwendet werden soll. Eine Codeseite muß vor ihrer Auswahl vorbereitet werden (**PREPARE=**...).

REFRESH

    Wenn die vorbereiteten Codeseiten für ein Gerät aufgrund eines Hardware- oder anderen Fehlers verlorengehen, setzt dieses Schlüsselwort die vorbereiteten Codeseiten wieder in Kraft.

/STATUS

    Zeigt die derzeitigen vorbereiteten und/oder ausgewählten Codeseiten für ein Gerät.

Anmerkung

▨   Folgende Abkürzungen für Codeseiten-Betriebsarten können verwendet werden:

Eingabe	statt
CP	CODEPAGE
/STA	/STATUS
PREP	PREPARE
SEL	SELECT
REF	REFRESH

Gerätecodeseiten vorbereiten   MODE ... PREPARE=...
                                                          extern

Diese Form weist DOS an, bestimmte Codeseiten für ein angegebenes Gerät vorzubereiten. Dies muß vor der Verwendung einer Codeseite mit **SELECT=** veranlaßt werden.

    MODE *gerät* **CODEPAGE PREPARE=**[[*yyy*]
    [*laufwerk:*][*pfad*]*dateiname*]

▨   *gerät*: Gibt das Ausgabegerät an, für das die Codeseite installiert werden soll. Gültige Geräte sind CON, LPT1, LPT2 und LPT3.

▨   *yyy*: Gibt eine oder mehrere Codeseiten an; mehrere werden durch Komma oder Leerzeichen getrennt. Gültige Codeseiten sind 437, 850, 852, 860, 863 und 865 (siehe 8.5).

▨   *laufwerk*: Ist das Laufwerk.

▨   *pfad*: Ist der Pfad mit der Codeseiteninformationsdatei.

▨   *dateiname*: Gibt den Namen der Codeseiteninformationsdatei (.CPI) an, die DOS zur Vorbereitung einer Codeseite für das angegebene Gerät verwenden sollte.

    Folgende CPI-Dateien sind auf der DOS-Diskette vorhanden:

4201.CPI	IBM-PC-Grafikdrucker II 4201
4208.CPI	IBM-Matrixdrucker 4207-001 und 4208-001

8.7

5202.CPI	IBM-Thermodrucker 5202-001
EGA.CPI	für EGA/VGA-Grafikadapter
EGA2.CPI	Erweiterte Unterstützung für EGA/VGA-Adapter
LCD.CPI	für LCD-Bildschirm eines IBM Konvertible

Anmerkungen

■ Werden steckbare Schriftelemente beim Thermodrucker 5202-001 verwendet, darf bei CODEPAGE PREPARE kein Dateiname angegeben werden.

■ Wurde für den Thermodrucker IBM 5202-001 in CONFIG.SYS bereits eine Zeichensatztabelle definiert, muß diese nicht nochmals vorbereitet werden.

Beispiel

```
MODE CON CODEPAGE PREPARE=((437 850) C:\DOS\EGA.CPI)
MODE CON CP PREP=((437 850) C:\DOS\EGA.CPI)
```

bereitet die Codeseiten 437 und 850 für die Verwendung mit einem EGA-Bildschirm vor.

```
MODE LPT1 CP PREP=((437 850) C:\DOS\4201.CPI)
```

bereitet den Drucker IBM 4201 auf der ersten Druckerschnittstelle für die beiden Codeseiten 437 und 850 vor.

Gerätecodeseiten auswählen   **MODE ... SELECT=...**
extern

Diese Form gibt an, welche Codeseite für eine bestimmte Einheit verwendet werden soll. Eine Codeseite muß vor ihrer Auswahl mit **PREPARE=** vorbereitet werden.

MODE *gerät* **CODEPAGE SELECT=***yyy*

■ *gerät*: Gibt das Ausgabegerät an, für das die Codeseite installiert werden soll. Gültige Geräte sind CON, LPT1, LPT2 und LPT3.

■ *yyy*: Gibt die auszuwählende Codeseite an. Möglich sind 437, 850, 860, 863, 865 oder eine andere unterstützte Zeichentabelle, für die eine Datei mit entsprechenden Daten vorhanden ist (siehe 8.5).

8.7

Anmerkungen

■ Ist die angegebene Zeichensatztabelle sowohl als vorbereitete und als Hardware-Zeichensatztabelle vorhanden, ist die vorbereitete Tabelle auszuwählen.

■ Bei einem IBM-PC-Grafikdrucker 4201 wird beim Einschalten ein Puffer erstellt, in dem die Zeichendaten gespeichert werden, wenn im Befehl PRINTER.SYS der angegebene Wert für die Anzahl der unterstützten Codeseiten nicht gleich null ist.

▓ Ertönt bei IBM-Thermodruckern 5202-001 nach Auswählen der Tabelle ein Signal, ist zu prüfen, ob das steckbare Schriftelement für die ausgewählte Tabelle verfügbar ist.

Beispiel

```
MODE CON CODEPAGE SELECT=850
```
wählt die Codeseite 850 für den Bildschirm aus.

Gerätecodeseiten reaktivieren   MODE ... REFRESH
extern

Wenn die vorbereiteten Codeseiten für ein Gerät aufgrund eines Hardware- oder anderen Fehlers verlorengehen, setzt dieses Schlüsselwort die vorbereiteten Codeseiten wieder in Kraft.

MODE *gerät* **CODEPAGE REFRESH**

▓ *gerät*: Gibt das Ausgabegerät an, für das die Codeseite installiert werden soll. Gültige Geräte sind CON, LPT1, LPT2 und LPT3.

Anmerkungen

▓ Oft kann dieser Befehl notwendig werden, wenn ein Drucker zwischenzeitlich ausgeschaltet wurde. Nach Einschalten muß die Codeseite wieder in dessen Speicher geladen werden.

▓ Bei einem IBM-Grafikdrucker 4201 werden die Zeichendaten in den Drucker geladen, wenn ein Puffer zum Speichern der Tabellen erstellt wurde.

Beispiel

```
MODE LPT1: CODEPAGE REFRESH
```
lädt die zuletzt ausgewählte Codeseite für den Drucker an der Schnittstelle LPT1 wieder in dessen Speicher.

Gerätecodeseiten abfragen   MODE ... /STATUS
extern

8.7

Diese Form zeigt die derzeitigen vorbereiteten und/oder ausgewählten Codeseiten für ein Gerät.

MODE *gerät* **CODEPAGE [/STATUS]**

▓ *gerät*: Gibt das Ausgabegerät an, für das die Codeseite installiert werden soll. Gültige Geräte sind CON, LPT1, LPT2 und LPT3.

Anmerkungen

▓ Die beiden folgenden Befehle bewirken das gleiche Ergebnis:
```
MODE CON CODEPAGE
MODE CON CODEPAGE /STATUS
```

▓ Hardware-Zeichensätze werden über die Befehle
DEVICE=DISPLAY.SYS bzw. DEVICE=PRINTER.SYS über
CONFIG.SYS definiert.
▓ Vorbereitete Zeichensatztabellen werden über den MODE-Befehl
vorbereitet.

Beispiel

Der Bildschirm wird für die Codeseiten 437 und 850 vorbereitet.

```
MODE CON CP PREP=((850,437) C:\DOS\EGA.CPI)
```

Der Status des Bildschirms wird abgerufen

```
MODE CON /STATUS

Status für Gerät CON:

Columns (Spalten)=80
Lines (Zeilen)=50

Aktive Codeseite für Gerät CON ist 865
Hardware-Codeseiten:
  Codeseite 437
Vorbereitete Codeseiten:
  Codeseite 865
  Codeseite nicht vorbereitet

MODE Codeseite Status überprüfen: Funktion ausgeführt
```

Verweis

Landeseinstellungen und Codeseiten **8.5**.

8.7

8.8 Tastaturunterstützung

Tastaturbelegung laden	*KEYB*
	extern

KEYB lädt eine neue Tastaturbelegung.

KEYB [*xx*[,[*yyy*],[[*laufwerk*:][*pfad*]*dateiname*]]][/**ID:***zzz*]

▓ *xx*: Ist ein Zweibuchstaben-Ländercode. Mögliche Codes siehe Liste unten.

▓ *yyy*: Ist die Codeseite, die den Zeichensatz definiert.

▓ *laufwerk:* Ist das Laufwerk.

▓ *pfad*: Ist der Pfad.

▓ *dateiname*: Ist der Name der Tastaturdefinitionsdatei. Wird nichts angegeben, nimmt **KEYB** die Datei KEYBOARD.SYS im Stammverzeichnis des aktuellen Laufwerks.

▓ /**ID:***zzz*: Über den Code *zzz* kann eine spezifische Tastaturbelegung ausgewählt werden. Wird der Parameter nicht angegeben, setzt DOS automatisch den Standardwert ein.

xx ist einer der folgenden aus zwei Buchstaben bestehenden Codes, *zzz* einer der numerischen Tastaturkenncodes (ID).

Code	ID	Zeichensatz	Befehl
BE	120	Belgien	**KEYB BE**
BR		Brasilien	**KEYB BR**
DK	159	Dänemark	**KEYB DK**
GR	129	Deutschland	**KEYB GR**
SU	153	Finnland	**KEYB SU**
FR	120,189	Frankreich	**KEYB FR**
IT	141,142	Italien	**KEYB IT**
YU		Jugoslawien	**KEYB YU**
CF	058	Kanada (franz.)	**KEYB CF**
LA	171	Lateinamerika	**KEYB LA**
NL	143	Niederlande	**KEYB NL**
NO	155	Norwegen	**KEYB NO**
PL		Polen	**KEYB PL**
PO	163	Portugal	**KEYB PO**
SV	153	Schweden	**KEYB SV**
SG	000	Schweiz-Deutsch	**KEYB SG**
SF	150	Schweiz-Franz.	**KEYB SF**
SP	172	Spanien	**KEYB SP**
SL		Tschechoslowakei (Slawisch)	**KEYB SL**

8.8

Code	ID	Zeichensatz	Befehl
CZ		Tschechoslowakei (Tschechisch)	**KEYB CZ**
HU		Ungarn	**KEYB HU**
US	103	USA	**KEYB US** (Standard)
UK	168,166	Großbritannien	**KEYB UK**

■ In der Datei KEYBRD2.SYS stehen weitere Tastaturbelegungen zur Verfügung

Code	ID	Zeichensatz	Befehl
CF	243.200-92	Kanada	**KEYB CF**
BR	274, 275	Brasilien	**KEYB BR**
GK	319	Griechenland	**KEYB GK**
IS	161	Island	**KEYB IS**
RO	333	Rumänien	**KEYB RO**
TK	440, 179	Türkei	**KEYB TK**

■ Die Unterstützung für die deutsche und französiche Schweiz, sowie Japan steht in KEYBRD2.SYS nicht zur Verfügung.

■ Die deutsche Anpassung wurde in KEYBRD2.SYS geändert. Während in KEYBOARD.SYS mit der Umschaltarretierung bei der Zahlenreihe die Sonderzeichen aktiviert wurden, werden bei KEYBRD2.SYS die Zahlen neben den Großbuchstaben ausgegeben. Sonderzeichen müssen über ⟨⇧⟩ ausgewählt werden.

Beschreibung

KEYB (ohne Parameter)

Zeigt eine Nachricht mit dem momentanen Zeichensatz und der damit verbundenen Codeseite sowie die derzeit vom Bildschirm verwendete Codeseite:

```
Aktueller Tastaturcode: GR  Codeseite: 437
Aktuelles Tastaturkennzeichen: 129
Aktuelle Codeseite für CON: 865
```

Der Status wird nur angezeigt, wenn der Einheitentreiber DISPLAY.SYS über die Datei CONFIG.SYS geladen wurde.
Das Tastaturkennzeichen wird nur angezeigt, wenn mit /**ID:***zzz* ein Tastaturkenncode beim Laden angegeben wurde.

Anmerkungen

■ Folgende Tastenkombinationen schalten die Tastaturbelegung um:
⟨Strg⟩+⟨Alt⟩+⟨F1⟩ Schaltet von dem mit **KEYB** geladenen Zeichensatz zur US-Tastaturbelegung um.
⟨Strg⟩+⟨Alt⟩+⟨F2⟩ Schaltet wieder in die speicherresidente Tastaturbelegung um.

8.8

▓ Die auf dem Bildschirm erscheinenden Zeichen, die mit einer Standard-Tastatur eingegeben wurden, stimmen nicht unbedingt mit der Tastenbezeichnung überein.

▓ Einige Zeichen können mit der nicht amerikanischen Tastatur durch Betätigen von [Strg]+[Alt] gemeinsam mit der entsprechenden Zeichentaste erreicht werden.

▓ Um Zeichen mit Akzenten (und Umlauten) zu schreiben, werden die sogenannten »toten Tasten« betätigt. Diese Tasten ergeben – allein betätigt – keine Anzeige; wenn danach jedoch ein sinnvoller Buchstabe eingetippt wird, wird dieser Buchstabe mit dem Akzent angezeigt. Um nur dieses Zeichen zu erhalten, wird danach die Leertaste betätigt.

▓ **KEYB** kann mit dem Konfigurationsbefehl **INSTALL**= auch über CONFIG.SYS installiert werden. Es muß dann die Dateinamenserweiterung .COM angegeben werden.

```
INSTALL=C:\DOS\KEYB GR,437,C:\DOS\KEYBOARD.SYS /ID:129
```

▓ **KEYB** kann auch wahlweise in der Datei AUTOEXEC.BAT eingefügt werden (siehe 9.3), um die Tastatur beim Systemstart automatisch anzupassen.

▓ Die Tastaturbelegung kann ohne Warmstart mit **KEYB** mehrmals durchgeführt werden.

▓ Zum Wechseln auf eine andere Zeichensatztabelle muß die neue Tastatur mindestens eine der für den Bildschirm vorbereiteten Zeichensatztabellen unterstützen.

▓ Bei Abweichungen in der Anpassung zwischen Bildschirm und Tastatur werden unter Umständen andere Zeichen am Bildschirm angezeigt, als von der Tastatur eingegeben wurden.

▓ Wurde vor dem Laden von **KEYB** eine Zeichensatztabelle ausgewählt und bei **KEYB** keine angegeben, wird versucht, die zuvor gewählte Tabelle zu aktivieren.

Beendigungscodes

8.8

Code	Funktion
0	Befehl erfolgreich abgeschlossen
1	Ungültige Sprache, Codeseite oder Syntax
2	Falsche oder fehlende Datei zur Tastaturdefinition
4	Fehler bei der Kommunikation mit CON
5	Angeforderte Codeseite ist nicht vorbereitet

Der von **KEYB** übergebene Beendigungscode kann als Eingabe für den Stapelverarbeitungsbefehl **IF ERRORLEVEL...** verwendet werden (siehe 9.8).

▓ **/ID**: Wird nur benötigt, wenn für ein Land mehr als eine Tastaturbelegung vorhanden ist (Frankreich, Italien, Großbritannien).

Beispiel

```
KEYB GR
```
stellt die deutsche Tastaturbelegung ein. Dieser Befehl entspricht
```
KEYB GR,,KEYBOARD.SYS
```

Erweiterte Tastaturunterstützung · DOSKEY
extern

DOSKEY lädt eine erweiterte Tastaturunterstützung. Die eingegebenen Befehle werden gespeichert und können wiederholt und bearbeitet werden. Weiterhin besteht die Möglichkeit, Tastaturmakros zu erstellen.

DOSKEY [/REINSTALL] [/BUFSIZE:*nnn*] [/M[ACROS]]
[/H[ISTORY]] [/INSERT | /OVERSTRIKE]

DOSKEY macro=*anweisung*

▨ **/REINSTALL**: Installiert eine neue Kopie von DOSKEY. Zusätzlich wird der Puffer geleert.

▨ **/BUFSIZE=*nnn***: *nnn* gibt die Puffergröße für die gespeicherten Befehle und Makros an. Standard ist 512 Byte. Die Mindestgröße muß 265 Byte betragen.

▨ **/M[ACROS]**: Zeigt die definierten Makros an.

▨ **/H[ISTORY]**: Zeigt eine Liste der bisher gespeicherten Befehle.

▨ **/INSERT**: Legt fest, daß bei der Bearbeitung in den Einfügemodus geschaltet wird.

▨ **/OVERSTRIKE**: Legt fest, daß bei der Bearbeitung in den Überschreibmodus geschaltet wird.

▨ **macro=*anweisung***: **macro** ist der Name, unter dem die *anweisungen* aufgerufen werden können.

Anmerkungen

▨ Der Puffer wird als Ringpuffer verwaltet. Sobald ein Befehl eingegeben wurde, wird dieser an letzter Stelle gespeichert.

▨ Die Anzahl der gespeicherten Befehle und definierten Makros hängt von der Puffergröße ab.

8.8

Tastaturdefinitionen

Wiederholen von Befehlen

↑	Holt den vorletzten Befehl in die Befehlszeile.
↓	Holt den Befehl, der nach dem zuletzt angezeigten Befehl aufgerufen wurde.
Bild↑	Ruft den zuerst eingegebenen Befehl zurück.
Bild↓	Ruft den zuletzt eingegebenen Befehl zurück.

Bearbeiten von Befehlen

`←`	Bewegt den Cursor zeichenweise nach links.
`→`	Bewegt den Cursor zeichenweise nach rechts.
`Strg`+`←`	Bewegt den Cursor wortweise nach links.
`Strg`+`→`	Bewegt den Cursor wortweise nach rechts.
`Pos1`	Geht an den Anfang der Befehlszeile.
`Ende`	Geht an das Ende der Befehlszeile.
`Esc`	Löscht den Befehl in der Befehlszeile.
`F1`	Kopiert ein Zeichen aus dem Zeilenspeicher in die Befehlszeile.
`F2`	Sucht im Zeilenspeicher vorwärts nach dem nächsten Auftreten des Zeichens, das nach `F2` eingegeben wurde. Die aufgetretenen Zeichen werden in die Befehlszeile kopiert.
`F3`	Kopiert den Rest aus dem Zeilenspeicher in die Befehlszeile.
`F4`	Löscht Zeichen aus dem Zeilenspeicher ab der Position, bei der `F4` und ein nachfolgendes Zeichen eingegeben wurde.
`F5`	Kopiert die aktuelle Zeile in den Zeilenspeicher und löscht die Befehlszeile.
`F6`	Setzt das Dateiendekennzeichen an das Ende der Befehlszeile.
`F7`	Zeigt alle gespeicherten Befehle an. Vor die Zeile wird eine Zeilennummer vorangestellt.
`Alt`+`F7`	Löscht alle gespeicherten Befehle.
`F8`	Sucht nach einem Befehl, der angezeigt werden soll. Dazu werden die ersten Zeichen eingegeben, die gesucht werden sollen. Anschließend wird die `F8`-Taste gedrückt. Wird `F8` wiederholt gedrückt, werden alle Befehle angezeigt, die dem Suchmuster entsprechen.
`F9`	Zeigt nach Aufforderung eine bestimmte Befehlsnummer an. Die Nummern können über `F7` angezeigt werden.
`Alt`+`F10`	Löscht alle Makrodefinitionen.

8.8

Makrofunktionen

Innerhalb von Makroanweisungen können verschiedene Funktionen eingesetzt werden.

Funktion	Beschreibung
\$G	Ausgabe umleiten (entspricht >).
\$G\$G	Ausgabe anhängen (entspricht >>).

$L	Eingabe umleiten (entspricht <).
$B	Pipe-Zeichen (entspricht |).
$T	Dient zur Trennung von Befehlen.
$$	Zeichen für gültigen Dateinamen.
$*	Wird durch alle Zeichen ersetzt, die nach dem Makronamen eingegeben werden.
$1-$9	1. bis 9. Parameter (entspricht %1 bis %9 in Batch-Prozeduren).

Anwendung Makro erstellen

Zur schnellen Formatierung wird ein Makro QF eingerichtet.

```
DOSKEY QF=FORMAT $1 /Q /F:$2
```

Eine Diskette soll im Laufwerk B: mit 720 Kbyte formatiert werden. Folgende Anweisung ist erforderlich:

```
QF B: 720
```

Um eine Datei auf einem Datenträger über alle Verzeichnisse hinweg zu suchen, wird ein Makro WOIST eingerichtet.

```
DOSKEY WOIST=DIR $1 /S
```

Eine Datei DATEN89.WK1 wird gesucht.

```
WOIST DATEN89.WK1
```

Um den Bildschirm zwischen dem 25- und 50-Zeilenmodus umzuschalten, wird das Makro LN eingerichtet.

```
DOSKEY LN=MODE CON LINES=$1
```

Die Anzahl der Bildschirmzeilen kann mit

```
LN 25
```

und

```
LN 50
```

gewechselt werden.

Es wird ein Makro MC zum Einrichten und anschließendem Wechsel in ein Verzeichnis benötigt.

```
DOSKEY MC=MD $1$TCD $1
```

Anmerkungen

▨ Das Makro wird aufgerufen, indem vor der DOS-Eingabeaufforderung der Makroname eingegeben wird.

▨ Makros können nicht innerhalb von Batch-Prozeduren verwendet werden.

▨ Einzelne Makros werden gelöscht, indem der Makroname ohne Anweisungstext eingegeben wird.

```
DOSKEY makroname=
```

▨ Makros lassen sich nicht schachteln.

8.8

Verweise

Grundbegriffe **1.1**, Tastatur und Eingaben unter DOS **1.3**,
AUTOEXEC.BAT **8.2**.

8.8

8.9 Startmenü

Mit DOS 6.2 können alternative Konfigurationen in der CONFIG.SYS vorgenommen werden. Dies erlaubt, bestimmte Treiber und Einstellungen nur für ganz bestimmte Zwecke zu laden, ohne daß hierfür jedesmal Änderungen an der CONFIG.SYS erforderlich sind.

Sehr praktisch ist dies, wenn bestimmte Konfigurationen getestet werden müssen. Ein Rechnerstart ist immer gewährleistet, wenn von den angegebenen Konfigurationen eine davon fehlerfrei ausgeführt werden kann. Am Ende des Kapitels ist ein Beispiel für ein Startmenü mit unterschiedlichen Anpassungen aufgeführt.

Übersicht: Konfigurationsbefehle

MENUITEM	Definiert einen Menüeintrag.
MENUDEFAULT	Legt den Standardmenüeintrag fest.
MENUCOLOR	Definiert Hintergrund- und Vordergrundfarbe.
SUBMENU	Bezeichnet ein Untermenü.
INCLUDE	Übernimmt einen Konfigurationsblock.
NUMLOCK	Aktiviert/Deaktiviert den Zahlenblock.

▨ Im Startmenü stehen folgende Möglichkeiten zur Auswahl:
   ▸ Auswahl einer Konfiguration
   ▸ Umgehen der Startdateien CONFIG.SYS und AUTOEXEC.BAT
   ▸ Taste ⌨F8 führt die Anweisungen der CONFIG.SYS schrittweise aus. Jeder Befehl muß vor der Ausführung bestätigt werden.

▨ Wird bei **SWITCHES** der Parameter **/N** angegeben, wird die Funktion der Tasten ⌨F5 und ⌨F8 deaktiviert.

▨ Ein Konfigurationsblock wird in eckigen Klammern »[ ]« angegeben. Der Name des Blocks wird innerhalb der Klammern geschrieben. Alle nachfolgenden Anweisungen gehören zu diesem Konfigurationsblock.

▨ Der erste Konfigurationsblock hat die Bezeichung **[menu]**, der letzte die Bezeichung **[common]**. Alle Anweisungen, die nach diesem Teil stehen, werden immer ausgeführt.

▨ MS-DOS setzt die DOS-Variable **CONFIG**, wenn ein Startmenü verwendet wird. Die Variable kann in der AUTOEXEC.BAT ausgewertet werden, um optionale Befehle auszuführen und enthält den Namen des letzten Konfigurationsblocks, der in der CONFIG.SYS ausgeführt wurde (**nicht** COMMON). So können zum Beispiel Netzwerkbefehle dann ausgeführt werden, wenn auch die entsprechenden Treiber über die CONFIG.SYS geladen wurden.

8.9

Standardmenüeintrag

Die Anweisung bezeichnet den Standardmenüeintrag, der ausgeführt wird, wenn nichts anderes im Menü ausgewählt wird. Alternativ kann eine Wartezeit angegeben werden.

MENUDEFAULT=konfig_block[,wartezeit]

▨ konfig_block: Verweist auf den Konfigurationsblock, der bei Auswahl des Menüpunkts ausgeführt werden soll.

▨ wartezeit: Gibt an, nach wieviel Sekunden der Rechnerstart fortgesetzt wird, wenn kein Menüpunkt ausgewählt wurde. Die Angabe 0 erzwingt die automatische Auswahl des Standardmenüeintrags ohne Anzeige eines Menüs. Es können Werte von 0 bis 90 angegeben werden.

Anmerkungen

▨ Ist keine Wartezeit angegeben, wird der Rechnerstart nach Auswahl eines Menüpunkts und dem Drücken der ⏎-Taste fortgesetzt.

▨ Wird **MENUDEFAULT** nicht angegeben, wird das erste Menü als Standardmenüpunkt verwendet.

▨ Es ist sinnvoll eine Wartezeit anzugeben, damit der Rechner ggf. auch allein starten kann.

Menüfarbe definieren

Mit der Anweisung können die Text- und Hintergrundfarbe der Menüs eingestellt werden. Für jeden Menüblock können andere Farben gewählt werden.

MENUCOLOR=textfarbe[,hintergrundfarbe]

▨ Es kann jeweils eine Farbe aus einer Farbpalette von 0 bis 15 ausgewählt werden. Die Farben sollten unterschiedlich sein, damit der Text lesbar bleibt.

▨ Folgende Farbwerte sind möglich:

0	Schwarz	8	Grau
1	Blau	9	Hellblau
2	Grün	10	Hellgrün
3	Cyanblau	11	Helles Cyanblau
4	Rot	12	Hellrot
5	Karmesinrot	13	Helles Karmesinrot
6	Braun	14	Gelb
7	Weiß	15	Strahlend Weiß

8.9

Menüeintrag   MENUITEM
Konfiguration

Mit der Anweisung werden die Menüeinträge für einen Menüblock des
Startmenüs festgelegt. Maximal 9 Menüeinträge pro Menü sind möglich.

   MENUITEM=*konfig_block*[*,menütext*]

■   *konfig_block*: Verweist auf den Konfigurationsblock, der bei Auswahl des Menüpunkts ausgeführt werden soll.
■   *menütext*: Beschreibt den Menüeintrag und wird am Bildschirm ausgegeben. Ist nichts angegeben, wird der Name des *konfig_blocks* ausgegeben.

Anmerkungen

■   Der Blockname kann bis zu 70 Zeichen lang sein.
■   Die Zeichen »\ / , ; = [ ]« sind nicht erlaubt.
■   Jeder Menüblock beginnt mit einem Blocknamen.
■   Das Startmenü hat den vorgegebenen Blocknamen **[menu]**.

Beispiel

Startmenü mit 3 Einträgen.
```
[menu]
menuitem=basis_konfig, Basis-Rechnerkonfiguration
menuitem=netz_konfig, Netzwerkkonfiguration
menuitem=scan_konfig, Scannerkonfiguration
```

Untermenüeintrag   SUBMENU
Konfiguration

Über die Anweisung wird ein Menüeintrag als Untermenüeintrag definiert. Der Blockname zeigt auf einen weiteren Menüblock.

   SUBMENU=*sub_konfig*[*,menütext*]

■   Die Angaben für *sub_konfig* und *menütext* entsprechen denen von
MENUITEM.

Konfigurationsteil übernehmen   INCLUDE
Konfiguration

Innerhalb eines Konfigurationsblocks können die Anweisungsteile anderer Konfigurationsblöcke übernommen werden.

   INCLUDE=*blockname*

■   *blockname*: Bezeichnet den Konfigurationsblock.

8.9

Zahlenblock deaktivieren

NUMLOCK
Konfiguration

Um die Zahleneingabe auch über den Zehnerblock der Tastatur sicherzustellen, kann dieser im Menüblock je nach verwendeter Tastatur aktiviert bzw. deaktiviert werden.

NUMLOCK=ON|off

▨ **ON/off**: Aktiviert/deaktiviert den Zehnerblock.

▨ **NUMLOCK** muß in den mit [menu] bezeichneten Menüblock aufgenommen werden.

Beispiel

Das nachfolgende Beispiel zeigt eine Konfiguration, bei der in der
CONFIG.SYS unterschiedliche Konfigurationsblöcke definiert sind, die
beim Rechnerstart je nach Auswahl ausgeführt werden.

```
[menu]
menucolor=7,1
menuitem=Basis_konfig,Nur Grundkonfiguration
menuitem=Volle_Konfig,Normale Konfiguration
menuitem=Ohne_konfig,Keine Speicherverwaltung
submenu=Speicher,Verschiedene Speicherverwaltungsfunktionen
menudefault=Speicher,10

[Speicher]
menucolor=7,1
menuitem=UMB_EMS,UMB-Speicherverwaltung mit EMS
menuitem=UMB_NOEMS,UMB-Speicherverwaltung ohne EMS
menuitem=Test,Test-Konfiguration für Speicherverwaltung
menudefault=UMB_NOEMS,15

[Basis_konfig]
DOS=HIGH,UMB
DEVICE=C:\DOS\ASPI4DOS.SYS /D
DEVICE=C:\DOS\HIMEM.SYS

[Volle_konfig]
rem DEVICE=C:\DOS\SMARTDRV.EXE /double_buffer
DEVICEHIGH=C:\DOS\SETVER.EXE
DEVICEHIGH=C:\DOS\ANSI.SYS
rem DEVICEHIGH=C:\DOS\MOUSE.SYS
COUNTRY=049,437,C:\DOS\COUNTRY.SYS
FILES=50
BUFFERS=5
STACKS=0,0
BREAK=ON
LASTDRIVE=Z
```

8.9

```
[UMB_EMS]
DEVICE=C:\DOS\EMM386.EXE 512 FRAME=D000 X=C000-CBFF I=CC00-EFFF
I=B000-B7FF
include=Basis_konfig
[UMB_NOEMS]
include=Basis_konfig
DEVICE=C:\DOS\EMM386.EXE NOEMS X=C000-CBFF X=E000-EFFF
include=Volle_konfig

[Test]
include Basis_konfig
DEVICE=C:\DOS\EMM386.EXE 1024 RAM FRAME=E000 X=C000-CBFF I=E000-EFFF
include=Volle_konfig

[Ohne_Konfig]
DEVICE=C:\DOS\ASPI4DOS.SYS /D
COUNTRY=049,437,C:\DOS\COUNTRY.SYS
FILES=50
BUFFERS=50
STACKS=0,0
BREAK=ON
LASTDRIVE=Z
[common]
SET MSDOSDATA=C:\BACKUP.LOG
SHELL=C:\DOS\COMMAND.COM C:\DOS\ /E:2048 /p
```

Nach dem Rechnerstart wird folgendes Bildschirmbild für das erste
Menü ausgegeben.

```
Startmenü für MS-DOS 6.2


   1. Nur Grundkonfiguration
   2. Normale Konfiguration
   3. Keine Speicherverwaltung
   4. Verschiedene Speicherverwaltungsfunktionen

Wählen Sie die gewünschte Option: 4      Verbleibende Zeit: 15



F5=Startdateien umgehen   F8=Jede CONFIG.SYS/AUTOEXEC.BAT-Zeile bestätigen [N]
```

8.9

▪ [F5] übergeht die Befehle der Dateien CONFIG.SYS und
AUTOEXEC.BAT, [F8] führt die Zeilen schrittweise aus.

Verweise

Der Befehlsinterpreter COMMAND.COM **7.6**, Konfiguration **8.1**, **8.2**, **8.3**,
Tastaturunterstützung **8.8**, Stapelverarbeitung **9**.

Kapitel 9:

STAPELVERARBEITUNG

9.1 Stapelverarbeitung – Übersicht und Aufruf

DOS bietet die Möglichkeit, Befehlsfolgen in Form einer Stapeldatei (Batch-Datei) zu speichern. Dies können zum Beispiel Befehle sein, die für häufig wiederkehrende Aufgaben immer wieder ausgeführt werden müssen.

Später wird diese Datei dann einfach durch Eingabe des Dateinamens aufgerufen. DOS führt dann diesen »Befehlsstapel« genauso aus, als ob er über die Tastatur eingegeben worden wäre.

Stapeldateien können jede beliebige Kombination aus internen (z.B. **DIR**, **COPY**) und externen DOS-Befehlen (z.B. **CHKDSK**), die Namen von Anwendungsprogrammen und Stapelbefehle (siehe 9.3) enthalten.

Möglichkeiten zum Erstellen

▨ Eine Stapeldatei enthält ASCII-Text.
▨ Stapeldateien können erstellt werden:
 ▷ Mit dem DOS-Kommando **COPY** (siehe 5.2).
 ▷ Mit dem DOS-Editor **EDIT** (siehe 10.1).
 ▷ Mit einem anderen Texteditor, der Texte im ASCII-Format speichern kann (z.B. Microsoft Word).

Stapeldateinamen
▨ Der Name einer Stapeldatei muß mit den DOS-Regeln für Dateinamen übereinstimmen und die Erweiterung .BAT haben.
▨ Der Name der Stapeldatei sollte nicht mit dem Namen einer Programmdatei (eine Datei mit der Erweiterung .COM oder .EXE im aktuellen Verzeichnis identisch sein. Ansonsten ist beim Aufruf auch die Dateinamenserweiterung anzugeben.
▨ Er sollte auch nicht mit der Bezeichnung eines internen DOS-Befehls, wie etwa **COPY** oder **DATE**, übereinstimmen.

Stapeldatei aufrufen

Eine Stapeldatei wirkt für den Benutzer bei der Befehlseingabe wie ein DOS-Befehl und wird wiefolgt aufgerufen:

stapeldateiname [parameter1 [parameter2 [...]]]

▨ *stapeldateiname*: Ist der Name der Stapeldatei, die ausgeführt werden soll; die Namenserweiterung .BAT muß nicht eingegeben werden. Auf diesen Dateinamen selbst kann bei der Abarbeitung mit **%0** (siehe 9.2) zugegriffen werden.
▨ *parameter1*: Ist der Dateiname oder Parameter, auf den mit **%1** zugegriffen werden kann.

9.1

▨ *parameter2*: Ist der Dateiname oder Parameter, auf den mit **%2** zugegriffen werden kann.

▨ [...]: Es können so viele Parameter angegeben werden, wie in eine Befehlszeile passen.

Anmerkungen

▨ Um eine Stapeldatei aufzurufen, wird einfach der Name ohne Erweiterung angegeben.

OFT ⏎

ruft die Stapeldatei OFT.BAT auf.

▨ Wenn sich die Stapeldatei nicht im aktuellen Verzeichnis des aktuellen Laufwerks befindet, durchsucht DOS das/die mit **PATH** (siehe 4.7) angegebene(n) Verzeichnis(se) nach der Stapeldatei bzw. nach einem entsprechenden Programm.

▨ DOS sucht in der Reihenfolge .COM, .EXE, .BAT nach einem Programm oder einer Stapeldatei mit diesem Namen. Wenn eine COM- oder EXE-Datei gefunden wird, wird sie geladen und ausgeführt.

▨ Ist eine Stapeldatei mit gleichem Namen vorhanden, muß beim Aufruf die Dateinamenserweiterung angegeben werden.

▨ Aus praktischen Gründen sollte für Batch-Dateien ein eigenes Verzeichnis eingerichtet und alle Batch-Dateien in diesem Verzeichnis gespeichert werden. Das Verzeichnis sollte über die AUTOEXEC.BAT in den Zugriffspfad **PATH** aufgenommen werden.

Ablauf einer Stapeldatei

▨ Wenn die Bildschirmausgabe nicht mit **ECHO OFF** ausgeschaltet wird (siehe 9.5), wird jeder Befehl bei der Ausführung angezeigt.

▨ Wenn **ECHO** ausgeschaltet ist (**OFF**), wird bis zum Ende der Stapeldatei kein Befehl mehr angezeigt. Mit **ECHO ON** wird die Ausgabe wieder eingeschaltet. Die Anzeige jedes Befehls (auch **ECHO OFF**) kann unterdrückt werden, indem vor den Befehl ein »Klammeraffe« (das Zeichen »@«) geschrieben wird.

Laufwerk und Verzeichnis

▨ Wenn in einer Stapeldatei das Verzeichnis oder das Laufwerk gewechselt werden, sind alle nachfolgenden Befehle in der Stapeldatei davon betroffen. Auch die Zuweisung von Umgebungsvariablen wirkt sich auf jeden nachfolgenden Befehl in der Stapeldatei aus.

▨ DOS merkt sich die Diskette und das Verzeichnis mit der Stapeldatei. Wird diese Diskette entfernt, reagiert DOS mit der Aufforderung:

Stapeldatei fehlt!

9.1

Schrittweise ausführen

■ Um eine Stapeldatei für die Ablaufuntersuchung schrittweise auszuführen, kann diese mit **COMMAND** **/Y** gestartet werden. Vor der
Ausführung jeder Zeile erfolgt eine Abfrage.

```
COMMAND /Y /C TEST.BAT
```

■ Kann die Prozedur nicht ausgeführt werden, weil z.B. ein falscher
Name angegeben wurde, bleibt der Sekundärprozeß aktiv und muß mit
EXIT beendet werden.

■ Zuerst erfolgt eine Abfrage, ob die Datei ausgeführt werden soll,
wird diese mit ⒥ beantwortet, wird jede Zeile der Prozedur schrittweise
ausgeführt und muß explizit mit ⒥ bestätigt werden.

Stapeldatei unterbrechen

■ Wird beim Ablauf einer Stapeldatei die Tastenkombination ⌜Strg⌟+⌜C⌟
oder ⌜Strg⌟+⌜Untbr⌟ betätigt, erscheint die Frage:

```
Stapelverarbeitung beenden? (J/N)
```

bzw.

```
Stapeljob beenden (J/N)?
```

⒥: Die restlichen Befehle werden ignoriert und die DOS-Eingabeaufforderung erscheint wieder.

Ⓝ: DOS fährt mit der Abarbeitung der weiteren Befehle in der Stapeldatei fort.

Weitere Stapeldatei aufrufen

■ Über den Befehl **CALL** können andere Stapeldateien auch als Unterroutinen verwendet werden. DOS kehrt nach der Abarbeitung der
aufgerufenen Stapeldatei in die aufrufende Datei zurück und führt den
nächsten Befehl, der nach **CALL** in der Stapeldatei steht, aus.

Verweise

Suchpfade **4.7**, Dateien kopieren und verschieben **5.2**, Der Befehlsprozessor COMMAND **7.3**, Stapelparameter und Umgebungsvariablen
9.2, Stapelbefehle – Übersicht **9.3**, Textausgaben **9.5**, Stapeldateien
aufrufen **9.6**, Editor, Anwendungen und Funktionen **10.1**.

9.1

9.2 Stapelparameter und Umgebungsvariablen

Mit Hilfe von Parametern und Variablen können Stapelverarbeitungsdateien allgemein erstellt und beim Aufruf individuell angepaßt werden.

Stapelparameter

▓ Stapeldateien können genau wie Programme, beim Aufruf mit Befehlszusätzen aufgerufen werden.

▓ Jedes Wort der Befehlszeile, das durch eine Leerstelle, ein Komma, einen Strichpunkt oder ein anderes Trennsymbol unterbrochen wird, ist ein Parameter. Der Name der aufgerufenen Stapeldatei ist dabei eingeschlossen.

▓ Der erste Parameter in der Befehlszeile ist der Name der Stapeldatei selbst. Es handelt sich um den Parameter 0. Das zweite Wort der Befehlszeile ist Parameter 1, das dritte Wort ist Parameter 2, usw.

▓ Die Stapelparameter in einer Stapeldatei sind Stellvertreter – oder Platzhalter – für die Parameter, die beim Aufruf einer Stapeldatei hinter dem Dateinamen angegeben wurden.

▓ Wenn in einer Stapeldatei ein Parameter angesprochen wird, der nicht eingegeben wurde, wird nichts an den Befehl übergeben.

▓ DOS erkennt höchstens zehn Parameter (0–9). Diese Einschränkung kann jedoch mit dem Stapelbefehl **SHIFT** umgangen werden (siehe 9.9).

▓ Die Stapelparameter werden in einer Stapeldatei mit den Namen **%0** bis **%9** gekennzeichnet. Auf den Dateinamen der Stapeldatei selbst kann mit **%0** zugegriffen werden.

▓ Prozentzeichen in Stapeldateien werden geschrieben, indem sie zweimal eingegeben werden:

```
ABC%.EXE
```

wird eingegeben als

```
ABC%%.EXE
```

Beispiel

Stapeldateien werden durch Stapelparameter flexibler. Zum Beispiel kann die folgende Stapeldatei SORTIERE.BAT bestimmte Zeilen aus einer Datei herausfiltern und sie dann sortieren.

```
FIND "%1" <%2 >%3
SORT <%3 >PRN
DEL %3
```

9.2

Jedesmal beim Aufruf der Stapeldatei wird angegeben:
- die zu suchende Zeichenfolge (%1),
- in welcher Datei sie gesucht werden soll (%2),
- welche Zwischendatei zum Sortieren angelegt werden soll.

Die so entstehende Liste soll anschließend auf dem Drucker ausgegeben werden (>PRN).

Bei der Ausführung der Datei ersetzt DOS die Platzhalter %1, %2 und %3 durch die in der Befehlszeile angegebenen Werte.

```
SORTIERE München ADRESSEN.TXT TEMP.TXT
```

sucht die Zeichenfolge »München« in der Datei ADRESSEN.TXT und führt die Zwischensortierung in der Datei TEMP.TXT aus.

Umgebungsvariablen in Stapeldateien

- Die Umgebungsvariablen, die mit dem **SET**-Befehl eingerichtet wurden (siehe 7.5), können als besondere Art von Stapelparametern verwendet werden, indem ihr Name in der Form

    %*name*%

in einer Stapeldatei verwendet wird. Der Name der Umgebungsvariablen muß in Prozentzeichen eingeschlossen angegeben werden.
- Mit den Umgebungsvariablen können Stapelparameter mit Namen und nicht über eine Zahl definiert werden.
- Umgebungsvariablen unterscheiden sich von Stapelparametern dadurch, daß ihre Werte nicht in der Befehlszeile festgelegt werden. Statt dessen ruft DOS den Wert aus der DOS-Umgebung ab.
- Der Wert einer Umgebungsvariablen kann mit dem Befehl **SET** (siehe 7.5) vor dem Ablauf einer Stapeldatei eingestellt werden, der Befehl **SET** kann aber auch in der Stapeldatei verwendet werden.
- Die Verwendung von Umgebungsvariablen kann oft sinnvoller sein, als die von Stapelparametern, da in der Befehlszeile nicht so viele Informationen berücksichtigt werden müssen. Bei der Beispieldatei LOESCHE.BAT muß z.B. der Verzeichnisname nicht in die Befehlszeile geschrieben werden. Trotzdem kann der Verzeichnisname geändert werden, ohne die Stapeldatei bearbeiten zu müssen.
- Die Umgebungsvariable **CONFIG** kann zur Auswertung alternativer Konfigurationen in der AUTOEXEC verwendet werden. Die Variable wird über das Startmenü gesetzt und enthält den Blocknamen des zuletzt ausgeführten Abschnitts (**nicht** COMMON) (siehe 8.9).

9.2

Beispiel

Eine Stapeldatei mit dem Namen LOESCHE.BAT soll eine zu
löschende Datei vorher in ein anderes Verzeichnis kopieren, damit sie
nicht ganz verlorengeht. Die Datei LOESCHE.BAT enthält die folgenden Zeilen:

```
@ECHO Vor Verwendung der Stapeldatei müssen Sie durch Eingabe
@ECHO des folgenden Befehls das Verzeichnis festlegen:
@ECHO SET DELDIR=Verzeichnis
@ECHO Zum Beenden [Strg][C] drücken, falls DELDIR
@ECHO nicht eingestellt ist oder wenn der Pfad
@ECHO %DELDIR% nicht existiert.
@PAUSE
@COPY %1 %DELDIR%
@DEL %1
@DIR /W %DELDIR%
@ECHO Befehle ausgeführt.
```

Damit die Datei LOESCHE.BAT ausgeführt werden kann, muß ein Verzeichnis erstellt werden, zum Beispiel mit dem Namen GELOESCH. Die
folgende Befehlszeile stellt den Verzeichnisnamen auf GELOESCH um:

```
SET DELDIR=\GELOESCH
```

Um die Datei BERICH23.JUN zum Verzeichnis GELOESCH zu kopieren und sie dann zu löschen, wird eingegeben:

```
LOESCHE BERICH23.JUN
```

Die Stapeldatei ersetzt automatisch den Parameter %DELDIR% durch
den Verzeichnisnamen \GELOESCH.

Verweise

Umgebungsvariablen **7.5**, Startmenü **8.9**, Parameterbehandlung **9.9**.

9.2

9.3 Stapelbefehle – Übersicht

Mit Hilfe von Stapelbefehlen kann der Ablauf in einer Stapeldatei gesteuert werden. Abhängig von Bedingungen, die aufgrund vorher abgelaufener Befehle auftreten, können verschiedene Aktionen ausgeführt werden.

Übersicht

CALL	Ermöglicht es, andere Stapeldateien als Unterroutinen aufzurufen. Nach Beendigung der aufgerufenen Stapeldatei wird die Verarbeitung mit dem nächsten, nach **CALL** folgenden Befehl, fortgesetzt (siehe 9.6).
CHOICE	Erlaubt Benutzerabfragen und die Ablaufsteuerung aufgrund der Eingaben (siehe 9.4).
ECHO	Schaltet die Bildschirmausgabe der Stapelbefehle ein oder aus und kann eine Meldung auf dem Bildschirm ausgeben (siehe 9.5).
FOR	Erlaubt die wiederholte Verwendung des gleichen Befehls für mehrere Dateien (siehe 9.8).
GOTO	Setzt die Abarbeitung der Stapeldatei an einer anderen Stelle fort (siehe 9.7).
IF	Führt einen Befehl aus, wenn eine angegebene Bedingung erfüllt ist (siehe 9.7).
PAUSE	Unterbricht die Ausführung einer Stapeldatei vorübergehend und gibt auf Wunsch eine Meldung aus. Nach Betätigen einer Taste wird die Ausführung fortgesetzt (siehe 9.4).
REM	Erlaubt das Einfügen von Kommentaren in Stapeldateien (siehe 9.5).
SHIFT	Verschiebt die Parameter in der Befehlszeile um einen Parameter nach links und ermöglicht so den Zugriff auf mehr als 10 Parameter (siehe 9.9).

9.3

Anmerkung

◾ Mit Ausnahme von **CHOICE** sind alle anderen Stapelbefehle interne Befehle des Kommandoprozessors **COMMAND.COM**.

9.4 Ablaufsteuerung

Stapelverarbeitung anhalten *PAUSE*
intern

PAUSE unterbricht die Abarbeitung einer Stapeldatei, bis eine Taste betätigt wird. Zusätzlich kann eine Meldung auf dem Bildschirm ausgegeben werden.

PAUSE

Beschreibung

░ **PAUSE** hält die Ausführung der Stapeldatei an und bringt die Meldung:

`Eine beliebige Taste drücken, um fortzusetzen`

Eine beliebige Taste setzt die Ausführung fort.

░ Mit den Tastenkombinationen `Strg`+`C` oder `Strg`+`Untbr` kann die Ausführung der Stapeldatei beendet werden. Dann erscheint die Meldung:

`Stapelverarbeitung abbrechen? (J/N):`

`J` bricht die Ausführung der Stapeldatei ab und geht zurück zum Betriebssystem.

`N` setzt die Ausführung fort.

░ Meldungen können mit **ECHO** auf dem Bildschirm ausgegeben werden.

Benutzereingaben *CHOICE*
extern

Innerhalb einer Batchdatei können während der Ausführung Eingaben vom Benutzer abgefragt werden. In Abhängigkeit von der Eingabe kann der weitere Ablauf über die **IF ERRORLEVEL**-Funktion gesteuert werden.

CHOICE [/C:*tasten*] [/N] [/S] [/T:*t,nn*] [*text*]

░ **/C** bezeichnet die *tasten*, die bei der Eingabe erlaubt sind.

░ **/N** bewirkt, daß die Eingabeaufforderung nicht angezeigt wird, der **text** davor jedoch ausgegeben wird.

░ **/T** wartet die mit *nn* angegebene Zeit in Sekunden, bevor die Ausführung mit der durch *t* angegebenen Taste fortgesetzt wird. Für *nn* können Werte von 0 bis 99 angegeben werden.

9.4

Anmerkungen

▪ Die mit *t* angegebene Taste muß zu den bei /**C** angegebenen Tasten gehören.

▪ Ist /**C** nicht angegeben, wird die Standardabfrage J/N verwendet.

▪ Wird bei /**T** für *nn* die Zeit 0 angegeben, wird keine Pause eingelegt und die Ausführung sofort mit der bei *t* angegebenen Standardtaste fortgesetzt.

▪ Der erste bei /**C** angegebene Tastenwert gibt für ERRORLEVEL den Wert 1, der nächste 2, usw. zurück.

▪ Wird eine nicht bei /**C** festgelegte Taste gedrückt, wird ein Tonsignal ausgegeben.

▪ Entdeckt **CHOICE** einen Fehler, wird ERRORLEVEL 255 gesetzt.

▪ Wird ⎡Strg⎤+⎡Untbr⎤ gedrückt, ist ERRORLEVEL = 0.

Beispiel

Im nachfolgenden Beispiel wird CHOICE für ein einfaches Menüprogramm verwendet.

```
@ECHO 1 = Textverarbeitung
@ECHO 2 = Kalkulationsprogramm
@ECHO 3 = Grafikprogramm
@ECHO.
@ECHO X = Beenden
@ECHO.
@CHOICE /C:123X /T:X,10 /N Bitte eine Auswahl treffen:
@IF ERRORLEVEL==4 GOTO EXIT
@IF ERRORLEVEL==3 GOTO GRAF
@IF ERRORLEVEL==2 GOTO KALK
@IF ERRORLEVEL==1 GOTO TEXT
@IF ERRORLEVEL==0 GOTO BREK
:TEXT
@ECHO Textverarbeitung wird aufgerufen
@GOTO EXIT
:GRAF
@ECHO Grafikverarbeitung wird aufgerufen
@GOTO EXIT
:KALK
@ECHO Kalkulationsprogramm wird aufgerufen
@GOTO EXIT
:BREK
@ECHO Die Ausführung wurde unterbrochen
:EXIT
```

9.4

Verweise

Textausgaben **9.5**, Bedingungen und Sprünge **9.7**.

9.5 Textausgaben

Zur Steuerung von Textausgaben in Stapeldateien stehen folgende Befehle zur Verfügung: Mit **ECHO** können eine Textzeile oder können die Befehle selbst angezeigt werden. Mit @ werden die Ausgaben des nachfolgenden Befehls in einer Stapeldatei unterdrückt. **REM** ist ein Befehl zur Kommentierung von Stapeldateien, er kann auch Textzeilen ausgeben.

Text anzeigen	*ECHO*
	intern

ECHO bestimmt, ob beim Ablaufen einer Stapeldatei die Stapelbefehle selbst auf dem Bildschirm angezeigt werden oder zeigt eine einzelne Meldung an.

> **ECHO [ON | OFF |** *meldung*]

▨ **OFF**: Unterdrückt die Anzeige von Befehlen und Meldungen beim weiteren Ablauf der Stapeldatei.
▨ **ON**: Schaltet die Anzeige von Befehlen und Meldungen beim weiteren Ablauf der Stapeldatei ein. Standardeinstellung beim Start einer Stapeldatei.
▨ *meldung*: Ist der Text einer auszugebenden Meldung.

Beschreibung

ECHO ON (Standardeinstellung beim Start)
▨ Alle Befehle in der Stapeldatei werden während der Ausführung der einzelnen Zeilen auf dem Bildschirm ausgegeben.
▨ Sämtliche Meldungen von Stapelbefehlen werden angezeigt.
▨ Alle Befehle **ECHO** *meldung* werden doppelt ausgegeben, zuerst beim Befehlsaufruf mit **ECHO** und dann nur die Meldung ohne **ECHO**.
ECHO OFF
▨ Die Befehle in der Stapeldatei werden nicht angezeigt, während sie von DOS ausgeführt werden. Die Meldungen von Stapelbefehlen (**REM**, **PAUSE**) werden ebenfalls nicht angezeigt.
▨ Ausnahmen von dieser Regel sind die »Weiter«-Meldung des Befehls **PAUSE** und Befehle der Art **ECHO** *meldung*.
ECHO *meldung*
Gibt Text aus, auch wenn **ECHO** ausgeschaltet ist.
ECHO (ohne Parameter)
Zeigt die aktuelle Einstellung an.

9.5

Anmerkungen

▢ Die Länge eines **ECHO**-Textes ist auf 122 Zeichen beschränkt.

▢ Ein **ECHO OFF**-Befehl wirkt nur während der Abarbeitung einer Stapeldatei. Wenn eine Stapeldatei eine andere aufruft, schaltet DOS die Bildschirmanzeige wieder ein (**ECHO ON**), sobald die zweite Stapeldatei aufgerufen wird.

▢ Wenn mit **ECHO** *meldung* mehrere Zeilen ausgegeben werden sollen, muß am Anfang jeder Zeile der Befehl **ECHO** wiederholt werden.

▢ **ECHO** *meldung* ist nicht mit **REM** *meldung* identisch (siehe weiter hinten). **REM** wird von einem **ECHO-OFF**-Befehl beeinflußt. Die Meldung des **REM**-Befehls wird nicht angezeigt, wenn **ECHO** ausgeschaltet ist. Die Meldung von **ECHO** wird immer angezeigt.

▢ **ECHO** beeinflußt nur Ausgaben, die von Stapelbefehlen oder dem Befehlsaufruf bei der Stapelverarbeitung bewirkt werden. Es beeinflußt nicht die Meldungen anderer DOS-Befehle oder Programme.

▢ Leerzeilen können mit **ECHO** ausgegeben werden, indem unmittelbar nach **ECHO** ein Punkt ».« gesetzt wird.

▢ Die Anzeige von Stapelbefehlen kann durch Voranstellen des Zeichens »@« vor die Befehlszeile verhindert werden (siehe weiter hinten).

▢ Sollen die Umleitungsbefehle »>«, »>>« und »|« Bestandteil eines **ECHO**-Textes sein, müssen diese in Anführungszeichen »"« gesetzt werden.

Ausführung: Textausgabe in eine Datei

ECHO kann auch dazu verwendet werden, Text in eine Datei zu schreiben, indem die Meldung mit Hilfe der Ausgabeumleitung in eine Datei umgeleitet wird (siehe 6.2). Damit kann zum Beispiel eine weitere Stapeldatei aufgebaut werden.

```
ECHO Der Text steht hinterher in der Datei TEXT.TXT. >TEXT.TXT
ECHO Dies wird an die Datei angefügt. >> TEXT.TXT
```

Die Datei enthält dann folgenden Text:

```
Der Text steht hinterher in der Datei TEXT.TXT.
Dies wird an die Datei angefügt.
```

Wird in der **ECHO**-Meldung das Verkettungssymbol »|« verwendet, wird der zwischen diesem Zeichen und einem Umleitungssymbol »>« oder »>>« stehende Text nicht angezeigt.

```
ECHO DIR | SORT > WEITER.BAT
```

schreibt den Text »DIR« in die Datei, der Text »| SORT« wird ignoriert.

Ausgabe einer Befehlszeile unterdrücken @
intern

9.5

▢ Meldungen von Befehlen werden ausgegeben, unabhängig von der **ECHO**-Einstellung.

▓ **@** als erstes Zeichen in einer Zeile unterdrückt die Ausgabe der
Befehlszeile, auch wenn **ECHO ON** eingestellt ist. Somit kann auch die
Ausgabe von **ECHO OFF** unterdrückt werden.

Beispiele

```
@ECHO OFF
```
Soll **ECHO** ausgeschaltet werden, dabei aber die Meldung selbst nicht
angezeigt werden, verwendet man das Zeichen »@« vor der Befehlszeile.
```
ECHO Diskette in Laufwerk A einlegen
```
zeigt die Meldung
```
Diskette in Laufwerk A einlegen
```
an, selbst wenn **ECHO** ausgeschaltet ist.
```
ECHO DIR/W >WEITER.BAT
ECHO CHKDSK >>WEITER.BAT
ECHO PROMPT $p$g >>WEITER.BAT
WEITER.BAT
```
Hier wird mit drei Befehlen die Stapeldatei WEITER.BAT aufgebaut und
anschließend aufgerufen.

Anmerkungen und Textanzeige

REM
intern

REM dient dazu, Kommentare in Stapeldateien einzufügen oder während der Ausführung einer Stapeldatei den Text anzuzeigen, der in der
REM-Zeile steht.

REM [_kommentar_]

▓ _kommentar_: Ist ein beliebiger Text.

Anmerkungen

▓ Der _kommentar_ kann eine Zeichenfolge von max. 123 Zeichen sein.
▓ Mit **REM** können Informationen als Hinweise für den Benutzer in
eine Stapeldatei eingefügt werden.
▓ Als Trennzeichen sind im Kommentar nur Leerzeichen, Tabulatorzeichen und Kommas erlaubt. Ist **ECHO** ausgeschaltet, wird der Kommentar nicht gezeigt.

9.5

Beispiel

```
REM Diese Datei formatiert und prüft neue Disketten
REM Sie trägt den Namen NEU.BAT
PAUSE Bitte neue Diskette in Laufwerk B einlegen!
FORMAT B: /V
CHKDSK B:
```
In diesem Beispiel wurden mit **REM** sowohl Erläuterungen als auch
Leerräume in eine Stapeldatei eingebaut.

9.6 Stapeldateien aufrufen

Stapeldateien können andere Stapeldateien aufrufen. Abhängig von der Art des Aufrufs, geht die Steuerung nach der Ausführung wieder an die aufrufende Stapeldatei zurück oder nicht.

Andere Stapeldatei aufrufen   DATEINAME

Ein Befehl in einer Stapeldatei, der den Namen einer anderen Stapeldatei angibt, bewirkt, daß diese weitere Datei aufgerufen und ausgeführt wird.

   stapeldateiname

Anmerkungen

▨   Die Stapeldatei wird aufgerufen und ausgeführt.
▨   Nach der Ausführung der aufgerufenen Datei geht die Steuerung **nicht** an die aufrufende Datei zurück, sondern wird beendet.

Stapeldatei als Unterroutine   CALL
                                                   intern

Mit **CALL** können innerhalb einer Stapeldatei andere Stapeldateien als Unterroutinen aufgerufen und ausgeführt werden, ohne daß die aufrufende Stapeldatei beendet wird.

   CALL [*laufwerk:*][*pfad*]*stapeldatei* [*argumente*]

▨   *laufwerk*: Ist das Laufwerk.
▨   *pfad*: Ist der Pfad.
▨   *stapeldatei*: Ist die Stapeldatei, die aufgerufen werden soll. (Der Dateiname kann ohne .BAT-Erweiterung angegeben werden.)
▨   *argumente*: Sind die Argumente, die von der aufgerufenen Stapeldatei benötigt werden.

Beschreibung

9.6

▨   **CALL** ermöglicht es, andere Stapeldateien als Unterroutinen aufzurufen. Wenn die aufgerufene Stapeldatei beendet ist, wird die Verarbeitung in der aufrufenden Stapeldatei hinter dem **CALL**-Befehl fortgesetzt.
▨   Ein weiteres Einsatzgebiet ergibt sich in Verbindung mit **FOR** (siehe 9.8). Hier können dann in einer Schleife komplette Befehlsfolgen ausgeführt werden.

Anmerkungen

▨   Wie auch sonst beim Aufrufen von Stapeldateien, dürfen bei **CALL** keine Befehlsverkettungs- und Umleitungssymbole verwendet werden (siehe 6.2).

▨   **Achtung!** Eine Stapeldatei, die mit **CALL** aufgerufen wurde, kann wiederum andere Stapeldateien mit **CALL** aufrufen. Sie kann sogar die Stapeldatei ausführen, von der sie selbst aufgerufen wurde. Dabei ist jedoch auf korrekte Endebedingungen zu achten, damit keine Endlosschleife entsteht.

Beispiele

```
CALL NEU
```
Dieser Befehl kann in der ersten Stapeldatei zur Ausführung der Datei NEU.BAT verwendet werden.

In den folgenden Stapeldateien KOPIERE2.BAT und KOPIE2.BAT wird **CALL** dazu verwendet, alle Dateien mit der Erweiterung .TXT im aktuellen Verzeichnis bis auf die Dateien KOPF.TXT und FUSS.TXT sowohl auf Laufwerk A als auch auf Laufwerk B zu kopieren.

KOPIERE2.BAT:
```
FOR %%a IN (*.TXT) DO CALL KOPIE2 %%a
```

KOPIE2.BAT:
```
IF "%1" == "KOPF.TXT" GOTO ENDE
IF "%1" == "FUSS.TXT" GOTO ENDE
ECHO Die Datei %1 wird nach A und B kopiert.
COPY %1 A:
COPY %1 B:
:ENDE
```

Von der folgenden Stapeldatei wird für jeden Parameter, der in der Befehlszeile eingegeben wurde, die Stapeldatei UNTER.BAT aufgerufen.

```
:START
IF "%1" == "" GOTO ENDE
IF NOT EXIST %1 GOTO SHIFT
CALL UNTER
:SHIFT
GOTO START
:ENDE
```

9.6

9.7 Bedingungen und Sprünge

Der Stapelbefehl **IF** ermöglicht die bedingte Ausführung von weiteren
Befehlen, mit **GOTO** kann die Ausführung an einer anderen Stelle in der
Stapeldatei ausgeführt werden.

Befehle bedingt ausführen	**IF**
	intern

IF führt einen bestimmten Befehl aus, wenn die angegebene Bedingung
erfüllt ist.

> **IF [NOT] ERRORLEVEL** *nummer befehl*

oder

> **IF [NOT]** *zeichenfolge1 == zeichenfolge2 befehl*

oder

> **IF [NOT] EXIST** *dateiname befehl*

Beschreibung

▨   **IF** ermöglicht die von einer Bedingung abhängige Ausführung eines
Befehls.

▨   Der *befehl* wird ausgeführt, wenn die vorhergehende Bedingung
erfüllt ist, und übergangen, wenn die Bedingung nicht erfüllt ist.

Bedingungen

ERRORLEVEL *nummer*
> prüft den Beendigungscode eines zuvor ausgeführten Programms.
> Die Beendigungscodes von DOS-Befehlen sind bei den Befehlsbe-
> schreibungen angegeben.
> Diese Bedingung ist nur dann wahr, wenn das zuvor ausgeführte
> Programm einen Beendigungscode mit dem angegebenen oder
> einem höheren Wert zurückgegeben hat. So können in Abhängig-
> keit vom Beendigungscode des vorher ausgeführten Programms,
> andere Aufgaben gesteuert werden.

zeichenfolge1 == zeichenfolge2
> Diese Bedingung ist nur dann wahr, wenn die *zeichenfolge1* und die
> *zeichenfolge2* gleich sind.
> Zu beachten ist:
> ▸   In den Zeichenfolgen sind keine Trennzeichen, wie zum Bei-
> spiel Kommas, Strichpunkte, Gleichheitszeichen oder Leerzeichen
> zulässig.

9.7

▷ Die Groß-/Kleinschreibung wird beim Vergleich berücksichtigt.

▷ Um zu vermeiden, daß eine Fehlermeldung ausgegeben wird, wenn eine Zeichenfolge nichts enthält, sollte bei beiden Zeichenfolgen das gleiche Zeichen zusätzlich vor oder hinter der Zeichenfolge angegeben werden.

`IF %1==*.* DIR`	*Fehler: Syntaxfehler*
`IF .%1==.*.* DIR`	*korrekte Ausführung*

EXIST *dateiname*

Diese Bedingung ist nur dann wahr, wenn die Datei mit dem angegebenen Namen existiert.

NOT

Überprüft das Gegenteil der Bedingung. Der Befehl wird also ausgeführt, wenn die Bedingung nicht erfüllt ist.

Anmerkungen

▨ Die Werte der Beendigungscodes sind bei den Befehlen angegeben, die Beendigungscodes liefern. Wichtige Befehle, die Beendigungscodes übergeben, sind

MSBACKUP (siehe 5.9)	**FORMAT** (siehe 3.2)
REPLACE (siehe 5.9)	**RESTORE** (siehe 5.9)
XCOPY (siehe 5.2)	**CHOICE** (siehe 9.4)

▨ **IF** kann in einer Stapeldatei und auch interaktiv verwendet werden.

▨ Die Anwendung von **IF** ist vor allem zusammen mit Stapelparametern (siehe 9.2) sehr leistungsfähig.

▨ Die Funktionen zur Ein-/Ausgabeumleitung »<« »>« und »|« sollten im **IF**-Befehl nicht verwendet werden.

Beispiele

```
IF NOT EXIST PRODUKT.DAT ECHO Datei nicht gefunden!
```
zeigt die Meldung »Datei nicht gefunden!«, wenn sich die Datei PRODUKT.DAT nicht auf der Diskette befindet.

```
IF EXIST C:\TMP\TMPDATEI.TXT DEL C:\TMP\TMPDATEI.TXT
```
löscht die Datei TMPDATEI.TXT im Verzeichnis TMP in Laufwerk C, falls sie existiert.

```
IF "%2" == "" GOTO NUREINER
```
prüft, ob beim Aufruf der Stapeldatei mehr als ein Parameter angegeben wurde. Ist dies nicht der Fall, wird zum Sprungziel :NUREINER verzweigt.

```
IF NOT EXIST A:%1 COPY %1 A:
```
prüft, ob die als Parameter 1 (%1) (siehe 9.2) angegebene Datei im Laufwerk A bereits vorhanden ist. Nur wenn sie noch nicht vorhanden ist, wird sie aus dem aktuellen Verzeichnis dorthin kopiert.

9.7

Verzweigen in Stapeldateien

GOTO
intern

Mit **GOTO** wird zu einem angegebenen Sprungziel in der Stapeldatei verzweigt und die Befehlsausführung mit dem Befehl hinter dem Namen fortgesetzt.

GOTO [:]*marke*

▨ *marke*: Ist ein Sprungziel in der Stapeldatei in der Form *:marke*. Die Sprungmarke muß am Anfang einer Zeile stehen und mit einem Doppelpunkt (:) beginnen.

Beschreibung

▨ Bei der Ausführung des **GOTO**-Sprungbefehls springt DOS in die Zeile hinter der angegebenen Sprungmarke und setzt die Abarbeitung der Stapeldatei dort fort.

▨ Die Sprungmarke selbst wird nicht ausgeführt, DOS benutzt den Namen nur als Sprungziel für die **GOTO**-Anweisung.

Anmerkungen

▨ **GOTO** wird häufig zusammen mit dem Befehl **IF** benutzt, um den Ablauf einer Stapeldatei zu steuern.

▨ Zeilen einer Stapeldatei, die mit einem Doppelpunkt beginnen, werden als Sprungmarken interpretiert und bei der Ausführung der Datei übergangen.

▨ Bei den Sprungmarken wird nicht zwischen Groß-/ Kleinschreibung unterschieden.

▨ Es werden nur acht Zeichen des Namens der Sprungmarke verwendet. Der Name kann auch Leerzeichen enthalten, aber keine anderen Trennzeichen, wie zum Beispiel Strichpunkte oder Gleichheitszeichen. Die Leerzeichen werden für die maximale Länge von acht Zeichen nicht mitgezählt.

▨ **GOTO** kann nur innerhalb einer Stapeldatei verwendet werden.

Fehler

9.7

Name nicht gefunden
Es wurde versucht, mit einer **GOTO**-Anweisung zu einem nicht vorhandenen Sprungziel zu verzweigen. Die Abarbeitung der Stapeldatei wird unterbrochen.

Beispiele

In diesem Beispiel wird zur Marke ENDE verzweigt, falls bei der Formatierung der Diskette im Laufwerk A keine Fehler aufgetreten sind.

```
ECHO OFF
FORMAT A: /S
IF NOT ERRORLEVEL 1 GOTO ENDE
ECHO Bei der Formatierung ist ein Fehler aufgetreten.
:ENDE
ECHO Ende der Stapeldatei.
```

Folgende Stapeldatei prüft, ob die als Parameter beim Aufruf angegebene Datei (%1) vorhanden ist oder nicht.

Es wird mit **GOTO** entsprechend verzweigt und mit **ECHO** eine Meldung ausgegeben.

```
IF NOT EXIST %1 GOTO NICHTDA
ECHO Die Datei %1 ist vorhanden.
GOTO ENDE
:NICHTDA
ECHO Die Datei %1 ist nicht vorhanden.
:ENDE
```

9.7

9.8 Wiederholungen

Befehl wiederholt ausführen   **FOR**
intern

FOR bewirkt, daß ein Befehl auf eine Reihe von Dateien oder Parametern angewendet wird. Damit kann ein Befehl oder ein Programm automatisch mehr als einmal ausgeführt werden.
In einer Stapeldatei:

    FOR %%*variable* **IN (***liste***) DO** *befehl*

oder interaktiv von der DOS-Eingabeaufforderung

    FOR %*variable* **IN (***liste***) DO** *befehl*

▨   *variable*: Ist der Name einer Variablen, der aus einem einzelnen Zeichen besteht (außer den Ziffern 0–9, die für Stapelparameter benötigt werden und den Sonderzeichen <, >, >> und |). Einheitliche Groß-/Kleinschreibung muß beachtet werden.
▨   : *variable* wird mit Prozentzeichen gekennzeichnet: bei Stapelverarbeitung mit zwei (**%%**), bei interaktiver Verarbeitung mit einem (**%**).
▨   *liste*: Gibt eine oder mehrere Dateien an, Pfadangaben und Stellvertreterzeichen sind erlaubt. Mehrere Namen werden durch Leerzeichen voneinander getrennt.
▨   *befehl*: Ist der DOS-Befehl, der für jede Datei in der Liste ausgeführt wird. Der Variablenname (z.B. %%c bzw. %c) kann in dem Befehl verwendet werden.

Anmerkungen

▨   Bei der Abarbeitung von **FOR** wird die *%%variable* der Reihe nach durch jede sich aus der Liste ergebende Dateispezifikation ersetzt.
▨   Die Eingabe eines doppelten Prozentzeichens (**%%**) bei der Stapelverarbeitung ist erforderlich, damit nach der Verarbeitung der Stapelparameter (%0 bis %9) ein Prozentzeichen (%) erhalten bleibt. Wenn nur ein Prozentzeichen (%) eingegeben würde (%F), würde der Stapelverarbeitungsprozessor das Prozentzeichen erkennen, das danach stehende Zeichen (F) prüfen und feststellen, daß F an dieser Stelle ein ungültiges Zeichen ist.
▨   Steht **FOR** jedoch nicht in einer Stapeldatei, dann darf nur ein Prozentzeichen (%) verwendet werden.
▨   *liste* kann auch Stapelparameter (%0 – %9) oder Umgebungsvariablen (z.B. %PATH%) enthalten.

9.8

▓ Wenn ein Element der *liste* ein Stellvertreterzeichen (*, ?) enthält, dann werden der *variablen* nacheinander alle mit dem Muster übereinstimmenden Dateinamen auf der Diskette/Festplatte zugeordnet.

▓ **FOR**-Befehle können nicht verschachtelt werden, d.h. zwei dieser Kommandos können nicht in der gleichen Zeile stehen. In Verbindung mit **FOR** können jedoch andere Stapelbefehle (z.B. **ECHO**) verwendet werden.

Beispiele

```
FOR %%c IN (*.PRT) DO find "Meier" %%c >prn
```
In einer Stapeldatei: Für jede Datei im aktuellen Verzeichnis, die mit .PRT endet, wird der Befehl **FIND** zur Suche nach dem Wort »Meier« durchgeführt (siehe 6.4). Der Buchstabe c wird als Variable verwendet. Die Ausgabe wird zum Drucker umgeleitet.

```
FOR %%c IN (*.TXT) DO echo %%c >>LISTE.TXT
```
In einer Stapeldatei: Für jede Datei im aktuellen Verzeichnis, die mit .TXT endet, wird der Dateiname an die Datei LISTE.TXT angehängt (siehe 6.2).

```
FOR %%f IN (%1 %2 %3) DO dir %%f
```
In einer Stapeldatei: Für jede der drei Dateinamen, die beim Aufruf der Stapeldatei als Parameter übergeben werden, wird ein Verzeichnis angezeigt.

```
FOR %c IN (BERICHT MEMO ADRESSE) DO del %c
```
Interaktiv: Weist der Variablen %%c nacheinander die Dateinamen BERICHT, MEMO und ADRESSE zu und löscht sie.

```
FOR %z IN (CONFIG.SYS AUTOEXEC.BAT) DO type %z
```
Interaktiv: Der Inhalt der Dateien CONFIG.SYS und AUTOEXEC.BAT wird nacheinander auf dem Bildschirm angezeigt.

```
FOR %%f IN (%INCLUDE% %LIB% %TMP%) DO dir %%f
```
In einer Stapeldatei: Es werden nacheinander die Verzeichnisse angezeigt, die durch die Umgebungsvariablen INCLUDE, LIB und TMP definiert sind.

Verweise

Datenumleitung **6.2**, Daten suchen **6.4**.

9.8

9.9 Parameterbehandlung

Beim Aufruf einer Stapeldatei können Parameter angegeben werden, die beim Ablauf Platzhalter in der Datei ersetzen (siehe 9.2).

Parameter zugänglich machen   *SHIFT*
intern

SHIFT dient dazu, die Werte von Stapelparametern in einer Stapeldatei um eine Stelle nach links zu verschieben und dadurch mehr als 10 Parameter (%0 – %9) zugänglich zu machen.

    SHIFT

Anmerkungen

▪ Normalerweise sind in Stapeldateien nur zehn Stapelparameter, also %0 bis %9, zulässig.

▪ Wenn eine Befehlszeile mehr als zehn Parameter enthält, werden die hinter dem zehnten (%9) stehenden Parameter nacheinander in die Position %9 (und die anderen entsprechend nach vorn) verschoben.

▪ Der erste Parameter (%0), der vor der Verschiebung noch existierte, kann nach der Ausführung von **SHIFT** nicht mehr wiederhergestellt werden.

▪ **SHIFT** kann jedoch auch verwendet werden, wenn weniger als zehn Parameter vorliegen.

▪ **SHIFT** ist nur in Stapeldateien sinnvoll.

▪ Die Wirkung von **SHIFT** kann nicht wieder rückgängig gemacht werden.

Beispiel

```
REM KOPIERE.BAT kopiert eine beliebige
REM Anzahl von Dateien in ein Verzeichnis.
REM Der Befehl lautet:
REM KOPIERE Verzeichnis Datei Datei ...
SET ZUVER = %1
:Eins
SHIFT
IF "%1"=="" GOTO Zwei
COPY %1 %ZUVER%
GOTO Eins
:Zwei
SET ZUVER=
ECHO Erledigt!
```

9.9

Diese Stapeldatei kann mit einer beliebigen Anzahl Dateinamen als Parameter aufgerufen werden. Jede Datei wird mit **COPY** in das angegebene Verzeichnis kopiert, indem der Name mit **SHIFT** in den Stapelparameter %1 gebracht wird.

Beispiel Stapelverarbeitung

In dem Beispiel wird eine Verzeichnisliste sortiert ausgegeben. Wahlweise kann die Sortierung angegeben und die Ausgabe auf den Bildschirm oder Drucker umgeleitet werden.

Innerhalb der Stapeldatei werden die Möglichkeiten der SET-Variablen sowie der Ein-/Ausgabeumleitung verwendet.

Werden fehlende oder falsche Parameter angegeben, wird eine Fehlermeldung ausgegeben. Die Datei wird unter dem Namen KATALOG.BAT gespeichert und kann mit

```
KATALOG \DOS\*.* SIZE CON:
```

aufgerufen werden, um z.B. ein nach der Größe der Dateien sortiertes Verzeichnis \DOS auszugeben.

■ Eine mögliche Erweiterung kann mit **CHOICE** vorgenommen werden, bei der der Benutzer interaktiv die verschiedenen Kriterien auswählt.

```
:MAIN
  @CLS
  @SET AUSGABE=CON:
  @IF "==%2" GOTO MSG1
  @IF "==%1" GOTO MSG1
  @IF "==%3" GOTO START
  @SET AUSGABE=%3
  @IF %AUSGABE%==con: SET AUSGABE=CON:
  @IF %AUSGABE%==lst: SET AUSGABE=PRN:
  @IF %AUSGABE%==LST: SET AUSGABE=PRN:
  @IF %AUSGABE%==prn: SET AUSGABE=PRN:
:START
  @ECHO ┌──────────────────────────────────┐
  @ECHO │    Sortiertes Inhaltsverzeichnis │
  @ECHO └──────────────────────────────────┘
  @ECHO Verzeichnis.......: %1
  @ECHO Sortierkriterium..: %2
  @ECHO Ausgabe...........: %AUSGABE%
  @IF %AUSGABE%==CON: GOTO SORTCRIT
  @ECHO ┌──────────────────────────────────┐ > %AUSGABE%
  @ECHO │    Sortiertes Inhaltsverzeichnis │ >> %AUSGABE%
  @ECHO └──────────────────────────────────┘ >> %AUSGABE%
  @ECHO Verzeichnis.......: %1 >> %AUSGABE%
  @ECHO Sortierkriterium..: %2 >> %AUSGABE%
  @ECHO Ausgabe...........: %AUSGABE% >> %AUSGABE%
```

9.9

```
:SORTCRIT
  @IF %2==file SET CRIT=1
  @IF %2==ext  SET CRIT=10
  @IF %2==size SET CRIT=13
  @IF %2==date SET CRIT=27
  @IF %2==FILE SET CRIT=1
  @IF %2==EXT  SET CRIT=10
  @IF %2==SIZE SET CRIT=13
  @IF %2==DATE SET CRIT=27
  @IF %AUSGABE%==CON: GOTO TRM
  @DIR %1|\DOS\SORT/+%CRIT% >> %AUSGABE%
  @GOTO PURGE
:TRM
  @DIR %1|\DOS\SORT/+%CRIT%|\DOS\MORE >> %AUSGABE%
  @PAUSE
:PURGE
  @SET CRIT=
  @SET AUSGABE=
  @GOTO EXIT
:MSG1
  @ECHO.
  @ECHO
  @ECHO ┌─────────────────────────────────────────────────────┐
  @ECHO │ FEHLER: Parameter 1 = Verzeichnis                    │
  @ECHO │         Parameter 2 = Sortierkriterium               │
  @ECHO │                FILE = Dateiname                      │
  @ECHO │                 EXT = Extension                      │
  @ECHO │                SIZE = Dateigröße                     │
  @ECHO │                DATE = Datum (MM.JJ)                   │
  @ECHO │         Parameter 3 = Ausgabeeinheit                 │
  @ECHO │                CON: = Bildschirm                     │
  @ECHO │                PRN: = Standarddrucker                │
  @ECHO │                                                      │
  @ECHO │ BEISPIEL: KATALOG \WORD\TEXTE FILE PRN:              │
  @ECHO │ ───────── Sortiertes Verzeichnis nach Dateiname      │
  @ECHO └─────────────────────────────────────────────────────┘
:EXIT
```

Verweis

Stapelparameter und Umgebungsvariablen **9.2**.

Kapitel 10:

EDITOR/INTERLINK

10.1 Anwendungen und Funktionen

Mit DOS wird ein Editor mitgeliefert, mit dem komfortabel ASCII-Dateien bearbeitet werden können. **EDIT** ist ein seitenorientierter Editor, der von der Bedienung her den SAA-Richtlinien entspricht. Das eingebaute Hilfesystem kann problembezogen aufgerufen werden.

Anwendungen des Editors

▨ Neue Textdateien anlegen und auf Diskette/Festplatte speichern.

▨ Vorhandene Textdateien bearbeiten und verändern und diese veränderten sowie die ursprünglichen Versionen wieder auf Diskette/Festplatte speichern.

▨ Textelemente in Dateien suchen, löschen oder durch andere ersetzen.

▨ **EDIT** ist zwar kein Textverarbeitungsprogramm, jedoch können damit auch Briefe, Berichte, Mitteilungen, Programme oder ähnliches erstellt und verändert werden.

Möglichkeiten von EDIT

▨ Die geladene Datei kann gesamtheitlich verarbeitet werden.

▨ Bei installierter Maus bietet **EDIT** die volle Mausunterstützung.

▨ Mit den Cursortasten oder der Maus kann Text gezielt ausgewählt und markiert werden.

▨ Die Menübedienung wird entsprechend der SAA-Richtlinien über Zeilen- und PullDown-Menüs vorgenommen.

▨ Die aktuelle Datei kann aus dem Editor heraus gedruckt werden.

▨ **EDIT** eignet sich zur Bearbeitung größerer Dateien.

▨ Der Editor ist der gleiche, der innerhalb der Entwicklungsumgebung **QBASIC** verwendet wird.

▨ Die Bedienung ist menüorientiert.

▨ Text kann markiert, kopiert und versetzt werden.

▨ Zur leichten Bedienung ist ein umfassendes Hilfesystem eingebaut, mit dem sowohl eine Übersicht über den Editor angezeigt werden kann, als auch eine problemorientierte Hilfestellung angeboten wird.

Verweise

Dateien kopieren und zusammenfügen **5.2**, Dateiinhalte ausgeben **6.7**.

10.1

10.2 Starten und Bedienung von EDIT

EDIT starten und beenden   EDIT

EDIT kann sowohl vom DOS-Prompt als auch von der DOS-Shell
gestartet werden.

  EDIT [[*lw:*][*pfad*]*dateiname*] [/**B**][/**G**][/**H**][/**NOHI**]

▩ *lw:* Ist das Laufwerk.
▩ *pfad*: Ist das Verzeichnis, in dem sich die Datei befindet.
▩ *dateiname*: Zu bearbeitende Datei.
▩ /**B**: Anzeige in S/W-Darstellung.
▩ /**G**: Unterdrückt »Schnee« bei älteren CGA-Grafikkarten.
▩ /**H**: Stellt die maximal mögliche Anzahl von Zeilen dar.
▩ /**NOHI**: Bei Verwendung eines Bildschirms, der nicht die stärkere
Intensität der Farben darstellt.
Es werden nur 8 statt 16 Farben angezeigt.

Anmerkungen

▩ Die Datei EDIT.COM muß sich im gleichen Verzeichnis wie
QBASIC.EXE befinden. Wurde QBASIC.EXE gelöscht, kann **EDIT** nicht
verwendet werden.
▩ **EDIT** ist bereits in der DOS-Shell vorinstalliert.
▩ Die Programmumschaltung der DOS-Shell wird unterstützt.
Bildschirm nach dem Starten von EDIT mit Dateiname

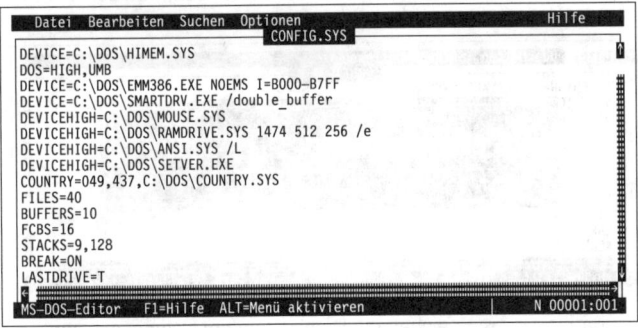

10.2

Die geladene Datei wird, soweit möglich, angezeigt und kann bearbeitet werden.

Bildschirm nach dem Starten ohne Dateiname

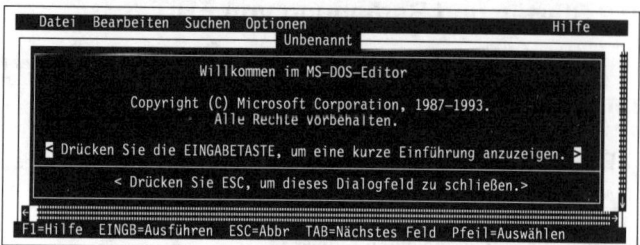

| ⏎ | Ruft einen Hilfebildschirm mit Einführungshinweisen auf. |
| Esc | Schließt den Startbildschirm. Anschließend kann eine Datei bearbeitet werden. |

Ausführung: EDIT beenden

Mit Alt **das Menü aufrufen**
Das Dateimenü wird als erste Menüoption automatisch ausgewählt.

Mit ⏎ **das PullDown-Menü der Option DATEI öffnen**

Mit ↓ **die Option BEENDEN auswählen**
Es kann auch ersatzweise die Taste B gedrückt werden.

Mit ⏎ **die Option bestätigen**
Wurde B gedrückt, entfällt diese Aktion, der Editor wird sofort verlassen.

▓ Wurde eine Datei bearbeitet und diese verändert, wird der Anwender aufgefordert, diese abzuspeichern.

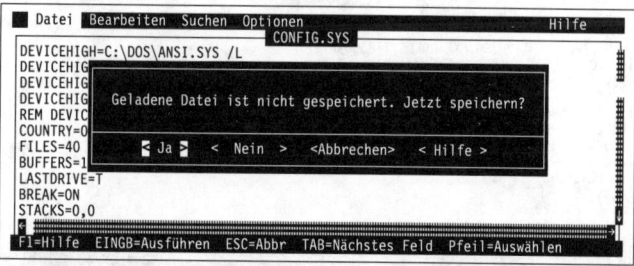

10.2

| Ja | Speichert die Datei unter dem Namen, mit dem sie geöffnet wurde. |

$\boxed{\text{N}}$ein	Speichert die Datei nicht ab. Der Editor wird verlassen.
$\boxed{\text{A}}$bbrechen	Bricht die Aktion ab, die Datei kann weiter bearbeitet werden.
$\boxed{\text{H}}$ilfe	Ruft einen Hilfebildschirm auf.

Ausführung: Hilfe einblenden

Die Hilfe kann auf unterschiedliche Weise angefordert werden. Je nachdem, von wo die Hilfe aufgerufen wurde, werden unterschiedliche Informationen angezeigt.

Aufruf vom Bearbeitungsmodus

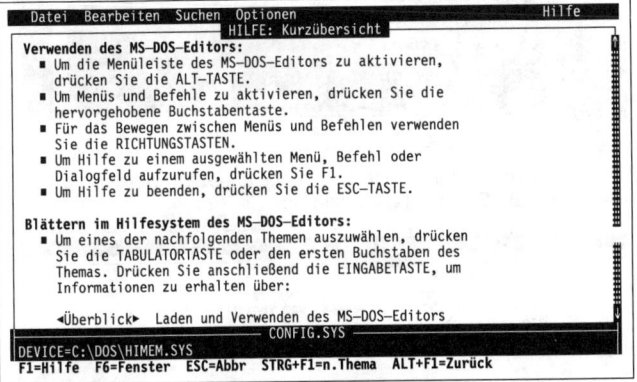

Wurde die Hilfe vom Bearbeitungsmodus aufgerufen, werden allgemeine Hinweise zum Hilfesystem selber gegeben. Über dieses können weitere Hilfeinformationen angefordert werden.

Werden Optionen ausgewählt, die zwischen den Zeichen »◄ ►« stehen, werden weitere Hilfebildschirme eingeblendet.

Aufruf aus einer Menüoption

In diesem Beispiel wurde die Option **SUCHEN/SUCHEN ...** ausgewählt und dann mit $\boxed{\text{F1}}$ Hilfestellung angefordert.

Der angezeigte Hilfebildschirm beschreibt den Aufbau des ausgewählten Dialogfeldes, sowie die Funktion der Menüoption.

10.2

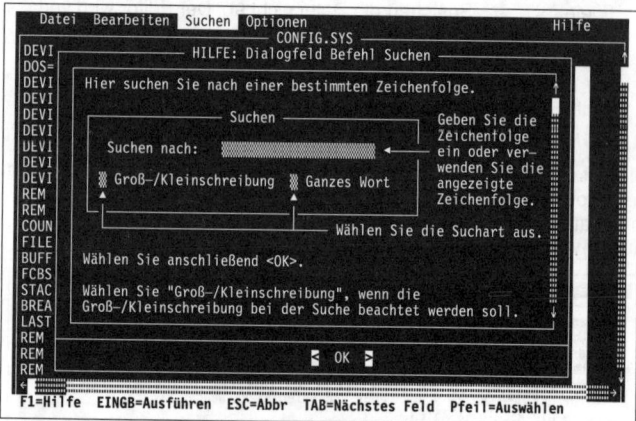

Es können keine weiteren Hilfebildschirme angezeigt werden.
Aufruf über die Option HILFE/ÜBERBLICK

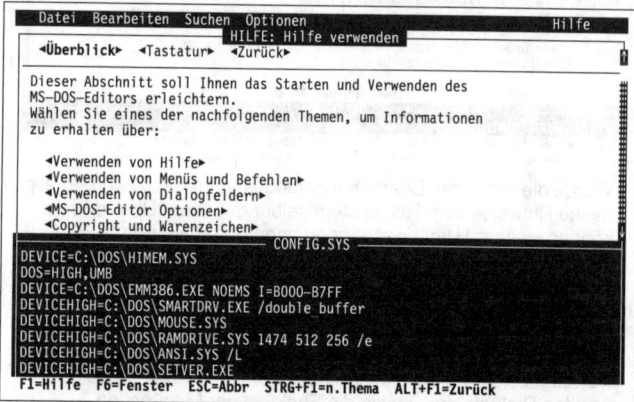

Im Hilfebildschirm werden weitere Optionen angeboten, über die
eine detaillierte Hilfe angefordert werden kann.
Es handelt sich hierbei um Hinweise zu den Gruppen:

▶ Hilfe über das Hilfesystem

10.2

▷   Menüs und Kommandos
▷   Verwendung der Dialogfelder
▷   Die Optionen des Editors
▷   Copyright und Warenzeichen

Aufruf über die Option HILFE/TASTATUR

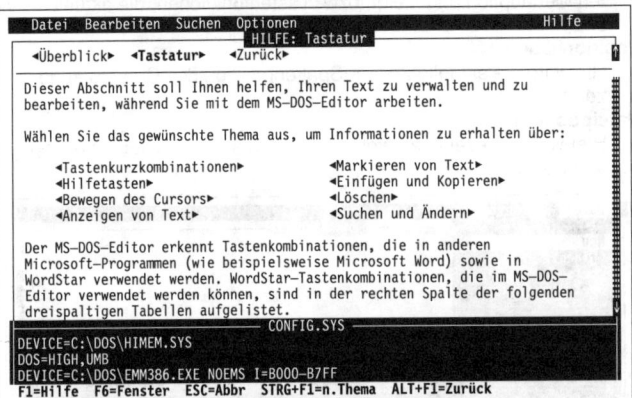

```
   Datei  Bearbeiten  Suchen  Optionen                              Hilfe
                              HILFE: Tastatur
  ◄Überblick►  ◄Tastatur►  ◄Zurück►                                     ↕

   Dieser Abschnitt soll Ihnen helfen, Ihren Text zu verwalten und zu
   bearbeiten, während Sie mit dem MS-DOS-Editor arbeiten.

   Wählen Sie das gewünschte Thema aus, um Informationen zu erhalten über:

      ◄Tastenkurzkombinationen►            ◄Markieren von Text►
      ◄Hilfetasten►                        ◄Einfügen und Kopieren►
      ◄Bewegen des Cursors►                ◄Löschen►
      ◄Anzeigen von Text►                  ◄Suchen und Ändern►

   Der MS-DOS-Editor erkennt Tastenkombinationen, die in anderen
   Microsoft-Programmen (wie beispielsweise Microsoft Word) sowie in
   WordStar verwendet werden. WordStar-Tastenkombinationen, die im MS-DOS-
   Editor verwendet werden können, sind in der rechten Spalte der folgenden
   dreispaltigen Tabellen aufgelistet.
                              CONFIG.SYS
   DEVICE=C:\DOS\HIMEM.SYS
   DOS=HIGH,UMB
   DEVICE=C:\DOS\EMM386.EXE NOEMS I=B000-B7FF
   F1=Hilfe  F6=Fenster  ESC=Abbr  STRG+F1=n.Thema  ALT+F1=Zurück
```

Im angebotenen Hilfebildschirm werden weitere Optionen angeboten, mit denen eine detaillierte Hilfe zum Umgang mit der Tastatur und Bearbeitungsfunktionen angeboten wird.

Es handelt sich hierbei um Hinweise zu:

▷   Tastenbelegung
▷   Hilfetasten
▷   Cursorbewegung im Text und in den Menüs
▷   Textsteuerung
▷   Bearbeitungsfunktionen wie Markieren, Ändern, Löschen,
Suchen u.a.

Bildschirmaufteilung

Menüzeile
Anzeige der zur Verfügung stehenden Menüoptionen.

Markierungsbalken
Zeigt auf die aktuell ausgewählte Menüoption.

Pull-Down-Menü
Wird nur angezeigt, wenn eines der Menüoptionen aus der Menüzeile ausgewählt wird.

10.2

Bildlaufleisten

Werden zur Bewegung im Text benötigt, wenn die Maus verwendet wird.

Tastenanzeige/Hilfszeile

In dieser Zeile wird eine Kurzbeschreibung der aktuell ausgewählten Menüoption angezeigt, bzw. Tastenfunktionen, die aktuell aktiv sind.

Position Cursor

Hier wird die aktuelle Zeilen-/Spaltenposition des Cursors angezeigt.

Dateiposition

Hier wird angezeigt, an welcher Stelle man sich in der Datei ungefähr befindet.

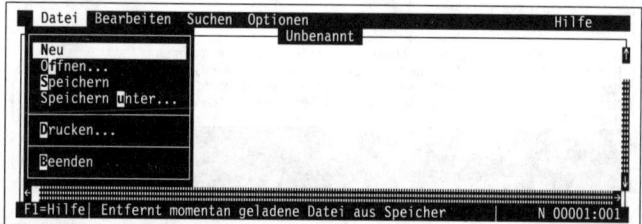

Ausführung: Menüauswahl über Tastatur

⟨Alt⟩ aktiviert das Zeilenmenü

Nach der Aktivierung steht der Markierungsbalken auf der ersten Menüoption **DATEI**.

⟨→⟩, ⟨←⟩ wird zur Auswahl einer anderen Menüoption verwendet

Wird ⟨←⟩ von der ersten Option betätigt, springt der Markierungsbalken auf die letzte Option im Menü.

Wird ⟨→⟩ von der letzten Option betätigt, springt der Markierungsbalken auf die erste Option im Menü.

Wahlweise kann auch der Buchstabe der Menüoption verwendet werden, der hell bzw. in einer anderen Farbe dargestellt wird.

- ▷ **D**: Menüoption **DATEI**
- ▷ **B**: Menüoption **BEARBEITEN**

usw.

Ist das PullDown-Menü bereits aktiviert, wird bei der Auswahl einer anderen Option sofort das jeweilige PullDown-Menü angezeigt.

10.2

⏎ **wählt die Option aus, auf der sich der Markierungsbalken befindet**

Anschließend wird das PullDown-Menü angezeigt, das zur Menüoption gehört.

↓, ↑ **wird zur Auswahl einer Option aus dem PullDown-Menü verwendet**

Wird ↑ von der ersten Option betätigt, springt der Markierungsbalken auf die letzte Option im Menü.

Wird ↓ von der letzten Option betätigt, springt der Markierungsbalken auf die erste Option im Menü.

Wahlweise kann auch der Buchstabe der Menüoption verwendet werden, der hell bzw. in einer anderen Farbe dargestellt wird.

Tastenübersicht

Im Text bewegen

←, →, ↑, ↓	Bewegt den Cursor in die angegebene Richtung.
Strg+←, →	Bewegt Cursor wortweise nach links oder rechts.
Strg+Pos1	Bewegt den Cursor zum Dateianfang.
Strg+Ende	Bewegt den Cursor zum Dateiende.

Einfügen

Einfg	Schaltet zwischen Einfüge-/Überschreibmodus um.
Pos1 Strg+N	Fügt eine Leerzeile vor der aktuellen Zeile ein.
Ende ⏎	Fügt eine Leerzeilen nach der aktuellen Zeile ein.
⇧+Einfg	Fügt den Text der Zwischenablage an der aktuellen Cursorposition ein.

Markieren

⇧+←, →	Markiert Text von Cursorposition nach links, rechts.
⇧+Strg+←, →	Markiert den Text wortweise nach links bzw. rechts.
⇧+↓, ↑	Markiert den Text zeilenweise nach unten bzw. nach oben, ausgehend von der aktuellen Zeile.

Kopieren

Strg+Einfg	Markierter Text wird in die Zwischenablage kopiert.

Löschen

Strg+Y	Die aktuelle Zeile wird gelöscht.
Strg+Q Y	Der Text wird ab der Cursorposition bis zum Ende der Zeile gelöscht.
⇧+Entf	Der markierte Text wird ausgeschnitten und in die Zwischenablage übertragen.
Entf	Der markierte Text wird gelöscht.

10.2

Suchen/Ersetzen

`Strg`+`Q` `F`	Ruft das Dialogfeld auf, in dem der Suchtext eingegeben werden kann.
`F3`	Sucht ab der aktuellen Position in Richtung Ende der Datei nach dem Suchbegriff.
`Strg`+`Q` `A`	Ruft das Dialogfeld auf, in dem der Suchtext und der Text, der ersetzt werden soll, eingegeben wird.

Hilfe aufrufen

`F1`	Ruft den Hilfebildschirm zu Menüs und Befehlen auf.
`⇧`+`F1`	Ruft den Hilfebildschirm für Übersicht auf.

Mausbedienung

Falls eine Maus installiert ist, erscheint automatisch der Mauszeiger beim Starten des Editors.

Mit der Maus können alle Funktionen alternativ zur Tastenbedienung aufgerufen und ausgeführt werden. Die Anwendung der Maus ist durchgehend gleich. Deshalb wird hier das Konzept der Mausbedienung beschrieben. Bei den einzelnen Funktionen ist die Ausführung mit der Maus nicht mehr im Detail beschrieben.

Maustasten

Die meisten verwendeten Mäuse haben zwei oder drei Tasten. Für die Bedienung des Editors wird nur die linke benötigt.

Menüauswahl

Mit dem Mauszeiger auf die gewünschte Menüoption zeigen und die rechte Maustaste klicken. Je nach Menü wird die Aktion sofort ausgeführt, oder ein weiteres Dialogfeld geöffnet.

Dialogfeldauswahl

Mit dem Mauszeiger auf das gewünschte Aktionsfeld zeigen und die rechte Maustaste klicken.

Bildlaufleisten

Mit Hilfe von Bildlaufleisten kann Text mit der Maus nach unten und oben bzw. nach links und rechts gerollt werden.

Mausaktionen

Klicken	Auswahl durch kurzes Drücken der linken Maustaste.
Doppelklick	Auswahl und Aufruf durch kurz hintereinander zweimaliges Drücken der linken Maustaste.
Ziehen	Der linke Mauskopf bleibt gedrückt, solange die Maus bewegt wird.

10.2

10.3 Menüoptionen von EDIT

Menüoption Datei

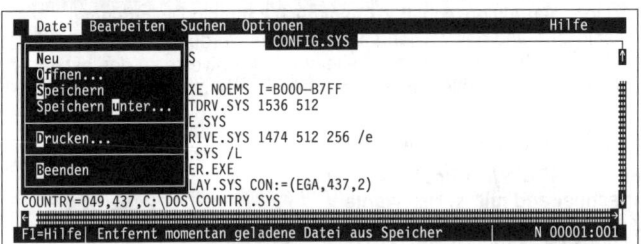

Menüoption DATEI/NEU
Der aktuelle Inhalt des Edit-Fensters wird gelöscht und zur Bearbeitung einer neuen Datei freigemacht. Wurde die bestehende Datei verändert, muß diese vorher noch gespeichert werden. Hierfür wird ein Dialogfenster angezeigt.

Menüoption DATEI/ÖFFNEN
Über dieses Menü kann eine neue Datei zur Bearbeitung geöffnet werden (siehe Ausführung Datei laden). Wurde die aktuelle Datei verändert, muß diese zunächst gespeichert werden. Hierfür wird ein Dialogfenster angezeigt.

Menüoption DATEI/SPEICHERN
Bei Auswahl dieser Menüoption wird der aktuelle Inhalt der Datei gespeichert.

Menüoption DATEI/SPEICHERN UNTER
Die aktuelle Datei kann unter einem neuen Namen gespeichert werden. Hierfür wird ein Dialogfenster angezeigt (siehe Ausführung Datei unter neuem Namen speichern).

Menüoption DRUCKEN
Über diese Menüoption kann wahlweise die gesamte Datei oder der markierte Text ausgedruckt werden.

Menüoption BEENDEN
Beendet den Editor. Eine veränderte Datei muß vor dem Verlassen gespeichert werden. Hierfür wird ein Dialogfensfer angezeigt.

10.3

Hinweise zur Bedienung

▪ Mit `[→]` kann zwischen den Feldern in einem Dialogfenster gewechselt werden.

▪ `[↓]`, `[↑]` wählt eine Datei oder im Feld Verz./Laufw. ein anderes Verzeichnis/Laufwerk aus.

▪ Über den Aktionsschalter **ABBRECHEN** kann ein Dialogfenster geschlossen und der Vorgang abgebrochen werden.

▪ In der untersten Bildschirmzeile werden Hinweise zu den aktuell gültigen Tastenbefehlen angezeigt. Diese variieren je nach Dialogfeld bzw. geöffnetem Fenster.

Ausführung: Neue Datei erstellen

Mit `[Alt]`+`[D]` die Menüoption DATEI wählen
Anschließend mit `[N]` NEU wählen

EDIT stellt einen leeren Bildschirm zur Verfügung. Das Fenster erhält den Titel UNBENANNT.

Bearbeitete Dateien müssen zuvor gespeichert werden. Zum Speichern siehe weiter hinten.

Ausführung: Datei laden

Mit `[Alt]`+`[D]` die Menüoption DATEI wählen
Anschließend mit `[F]` ÖFFNEN wählen

Das nachfolgende Dialogfenster wird angezeigt.

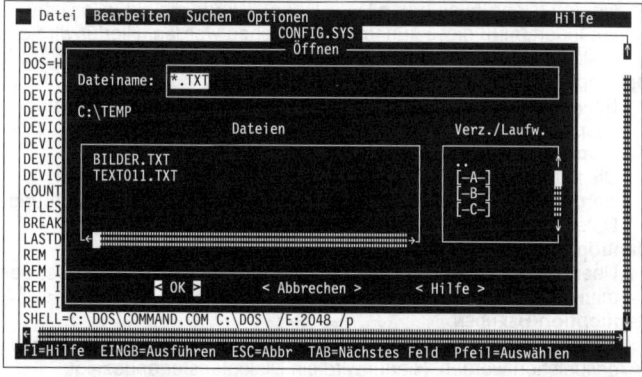

10.3

Im Feld Dateiname ist *.TXT vorgegeben. Im Feld Dateien werden alle Dateien des aktuellen Verzeichnisses angezeigt, die dem

Dateityp entsprechen. Soll ein anderer Dateityp geladen werden, muß TXT durch den neuen Typ ersetzt werden. Anschließend werden alle Dateien im Verzeichnis angezeigt, die dem Dateityp entsprechen.

Mit ⟶⟩ in das Feld Dateien wechseln
Mit ⟨↓⟩, ⟨↑⟩ die gewünschte Datei anwählen
Mit ⟨↵⟩ die gewählte Datei laden

Ausführung: Datei unter neuem Namen speichern

Mit ⟨Alt⟩+⟨D⟩ die Menüoption DATEI wählen
Anschließend mit ⟨U⟩ SPEICHERN UNTER wählen
Das nachfolgende Dialogfenster wird angezeigt.

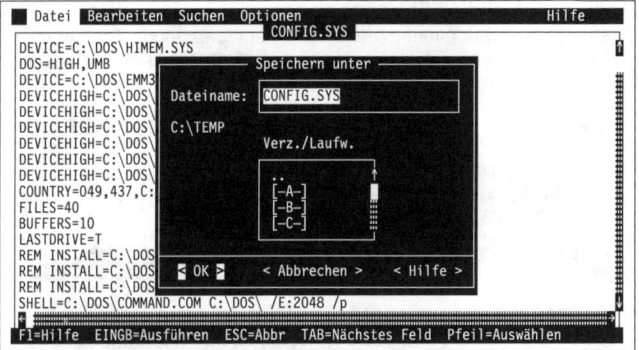

Im Feld Dateiname den neuen Dateinamen eingeben
Das aktuelle Verzeichnis wird unter Dateiname angezeigt. Soll die Datei in einem anderen Verzeichnis gespeichert werden, ist das Laufwerk/Verzeichnis entweder vor dem Dateinamen anzugeben oder über das Feld Verz./Laufw. auszuwählen.

Ausführung: Datei drucken

Mit ⟨Alt⟩+⟨D⟩ die Menüoption DATEI wählen
Anschließend mit ⟨D⟩ DRUCKEN wählen
Das nachfolgende Dialogfenster wird angezeigt.
⟨↵⟩ druckt den gesamten Dateiinhalt aus
Wurde die Option »Markierter Text« gewählt, wird nur der markierte Teil der Datei ausgedruckt.

10.3

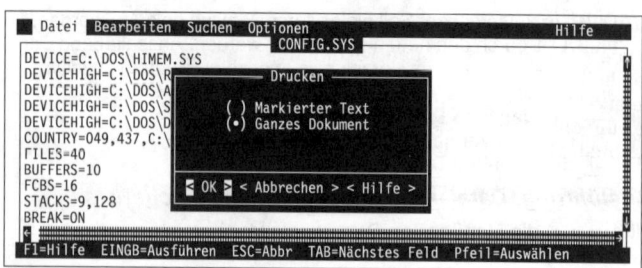

Menüoption Bearbeiten

Für sämtliche Menüoptionen stehen auch entsprechende Tastenfunktionen zur Verfügung. Bei der Arbeit in einer Datei ist es oft einfacher, diese zu verwenden.

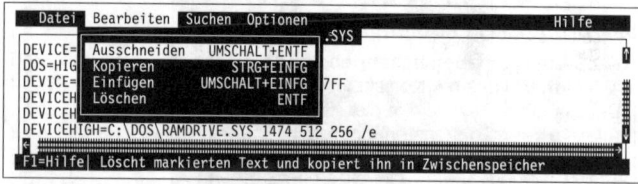

Menüoption AUSSCHNEIDEN oder ⟨⇧⟩ + ⟨Entf⟩
Der markierte Text wird in die Zwischenablage übertragen.
Menüoption KOPIEREN oder ⟨Strg⟩ + ⟨Einfg⟩
Der markierte Text wird in die Zwischenablage kopiert.
Menüoption EINFÜGEN oder ⟨⇧⟩ + ⟨Einfg⟩
Der in der Zwischenablage befindliche Text wird an der aktuellen Cursorposition eingefügt.
Menüoption LÖSCHEN oder ⟨Entf⟩
Der markierte Text wird gelöscht.

Ausführung: Text markieren mit Tastatur

Cursor mit ⟨↓⟩, ⟨↑⟩, ⟨←⟩, ⟨→⟩ **auf den Textanfang stellen, der markiert werden soll**
⟨⇧⟩ + ⟨←⟩, ⟨→⟩, ⟨↓⟩, ⟨↑⟩ **zur Markierung**

10.3

Ausführung: Text markieren mit der Maus

Mit dem Mauszeiger auf den Textanfang zeigen, der markiert werden soll

Rechte Maustaste drücken und über den Text ziehen, bis der gewünschte Teil markiert ist

Rechte Maustaste loslassen

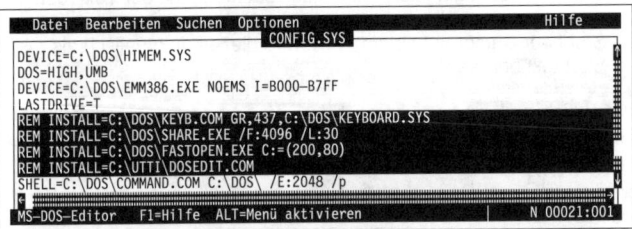

Ausführung: Text kopieren und einfügen

Text kopieren wie oben beschrieben

Menüoption BEARBEITEN/KOPIEREN wählen

    Der markierte Text wird in die Zwischenablage kopiert.

    Alternativ kann die Tastenkombination ⌷Strg⌷+⌷Einfg⌷ verwendet werden.

Cursor an die gewünschte Position im Text setzen

Menüoption BEARBEITEN/EINFÜGEN wählen

    Alternativ kann die Tastenkombination ⌷⇧⌷+⌷Einfg⌷ gewählt werden.

Ausführung: Text versetzen

Text kopieren wie oben beschrieben

Menüoption BEARBEITEN/AUSSCHNEIDEN wählen

    Der markierte Text wird in die Zwischenablage übertragen.

    Alternativ kann die Tastenkombination ⌷⇧⌷+⌷Entf⌷ verwendet werden.

Cursor an die gewünschte Position im Text setzen

Menüoption BEARBEITEN/EINFÜGEN wählen

    Alternativ kann die Tastenkombination ⌷⇧⌷+⌷Einfg⌷ gewählt werden.

Menüoption Suchen

10.3

Menüoption SUCHEN

    Öffnet ein Dialogfenster, in dem der Text eingegeben werden kann, nach dem gesucht werden soll.

Steht der Cursor auf einem Wort, wird dieses automatisch als Suchtext übernommen.

Menüoption WEITERSUCHEN oder [F3]

Startet einen weiteren Suchlauf bis zum nächsten Auftreten des Suchbegriffs.

Menüoption ÄNDERN

Öffnet ein Dialogfenster, in dem der Suchtext und der Text, der ersetzt werden soll, eingegeben werden kann.

Steht der Cursor auf einem Wort, wird dieses automatisch als Suchtext übernommen.

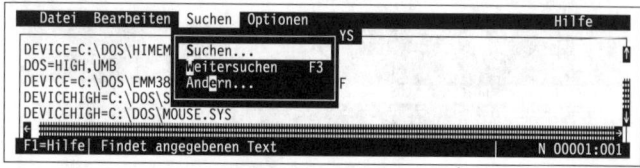

Ausführung: Text suchen

Menüoption SUCHEN/SUCHEN... auswählen

Das nachfolgende Dialogfenster wird geöffnet.

Alternativ kann das Fenster mit [Strg]+[Q][F] geöffnet werden.

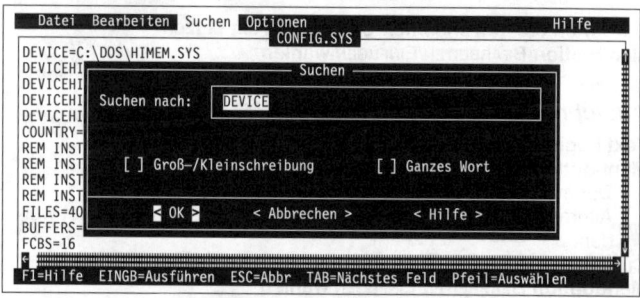

Im Feld »Suchen nach:« den Suchbegriff eingeben

Groß-/Kleinschreibung berücksichtigt beim Suchen die unterschiedliche Schreibweise.

Ganzes Wort sucht nur nach dem Suchtext, wenn dieser ein Wort darstellt. Nach dem Suchtext muß ein Leerzeichen oder ein Interpunktionszeichen stehen.

10.3

⏎ **startet die Suche**

Die Suche wird beendet, wenn der Suchtext gefunden wurde. Dieser wird invers angezeigt.

F3 **startet weiteren Suchlauf**

Die Suche wird von der aktuellen Cursorpositon in Richtung Dateiende fortgesetzt.

Ausführung: Text suchen und ersetzen

Menüoption SUCHEN/ÄNDERN... auswählen

Das nachfolgende Dialogfenster wird geöffnet.

Alternativ kann das Fenster mit Strg+QA geöffnet werden.

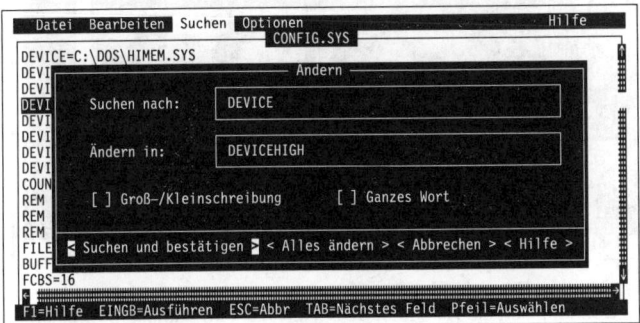

Im Feld »Suchen nach:« den Suchbegriff eingeben
Im Feld »Ändern in:« den Ersatztext eingeben
Änderungslauf starten

Mit ⟶ können die Aktionsschalter ausgewählt werden.
Über den Aktionsschalter <Suchen und bestätigen> muß jede gefundene Stelle für die Änderung bestätigt werden.
Über den Aktionsschalter <Alles ändern> werden alle Stellen im Text automatisch mit dem Ersatztext ausgetauscht.

Menüoption Optionen

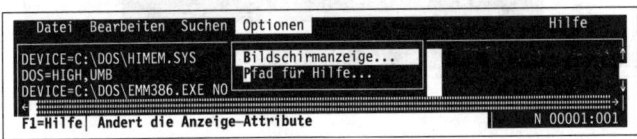

10.3

Menüoption BILDSCHIRMANZEIGE

Öffnet ein Dialogfenster, in dem die Farben für Vorder- und Hintergrund eingestellt werden können.

Über ein Optionsfenster kann ausgewählt werden, ob Bildlaufleisten dargestellt werden sollen. Diese können ausgeschaltet werden, wenn keine Maus verwendet wird.

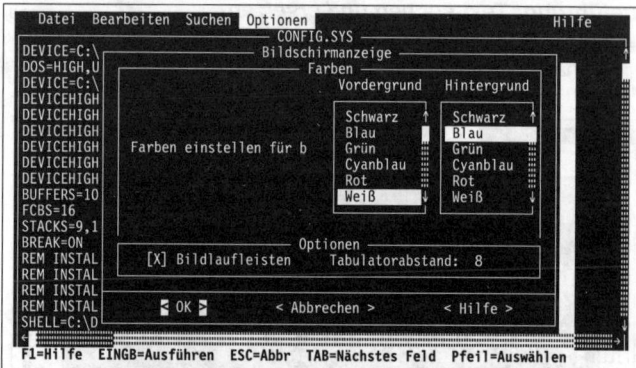

Menüoption PFAD FÜR HILFE

Befindet sich die Hilfedatei EDIT.HLP nicht im aktuellen Verzeichnis/ Zugriffspfad, kann hier angegeben werden, in welchem Laufwerk/Verzeichnis sich die Datei befindet.

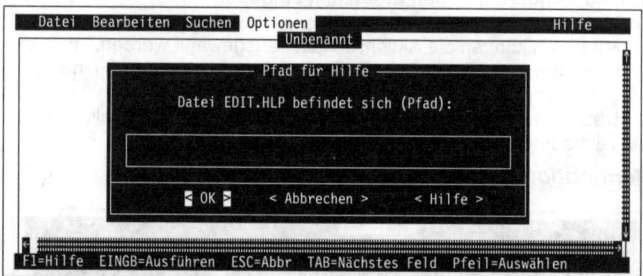

10.3

10.4 Computer miteinander verbinden

Mit DOS 6.2 besteht die Möglichkeit, zwei Computer über die serielle oder parallele Schnittstelle so zu verbinden, daß die Festplatten und Drucker eines Computers gemeinsam benutzt werden können. Einer der beiden Computer ist der Server, der andere der Client.

Server ist der Computer, der sein System (d.h. Festplatte, Drucker usw.) für den anderen (Client) zur Verfügung stellt. Während seiner Arbeitszeit als Server ist der Computer nicht für etwas anderes einsetzbar.

INTERLNK	leitet die Laufwerksanfragen der Client-Laufwerke oder Druckeranschlüsse um.
INTERSVR	startet die Server-Unterstützung für Laufwerke und Druckeranschlüsse.

Steckerbelegung der Verbindungskabel

Je nach verwendeter Verbindungsart benötigt man Kabel mit geeigneter Steckerbelegung.

Serielle Verbindung

Computer1			Computer2	
9 Pins	25 Pins		9 Pins	25 Pins
5	7	<->	7	5
3	2	<->	3	2
2	3	<->	2	3
7	4	<->	5	8
6	6	<->	20	4
8	5	<->	4	7
4	20	<->	6	6

Parallele Verbindung

Computer1		Computer2
25 Pins		25 Pins
2	<->	15
3	<->	13
4	<->	12
5	<->	10
6	<->	11
15	<->	2
13	<->	3
12	<->	4
10	<->	5
11	<->	6
25	<->	25

10.4

Anmerkungen

▨ In der CONFIG.SYS sind mit **LASTDRIVE** genügend Laufwerks-
buchstaben für die Umleitung freizuhalten.
▨ Vor der Anwendung von **INTERLNK** muß der Gerätetreiber
INTERLNK.EXE in der CONFIG.SYS installiert werden.
▨ Auf dem Server muß **INTERSVR** gestartet werden, wenn auf die
Laufwerke zugegriffen werden soll.

Client-Unterstützung laden   INTERLNK.EXE
                                                  extern/Konfiguration

Wird die Client-Unterstützung geladen, können die Laufwerke und
Druckeranschlüsse eines Server-Computers gemeinsam verwendet
werden.

DEVICE=[*lfw:\pfad***]INTERLNK.EXE [/DRIVES:***n***] [/NOPRINTER]
[/COM[:][***n***|***adresse***]] [/LPT[:][***n***|***adresse***]] [/AUTO]
[/NOSCAN] [/LOW] [/BAUD:***rate***] [/V]**

▨ *lfw:\pfad*: Gibt an, wo die Interlnk-Dateien gespeichert sind. Übli-
cherweise ist dies das \DOS-Verzeichnis.
▨ **/DRIVES**: Gibt mit *n* die Anzahl der umgeleiteten Laufwerke an.
Standard ist 3. Wird 0 angegeben, werden nur Druckeranfragen weiter-
geleitet.
▨ **/NOPRINTER**: Deaktiviert die Umleitung der Druckerschnittstelle.
▨ **/COM**: Bezeichnet die serielle Schnittstelle für die Datenübertra-
gung. *n* ist die Nummer der Schnittstelle. Mit *adresse* kann die I/O-
Adresse einer seriellen Schnittstelle angegeben werden, wenn es sich
nicht um eine Standardbelegung handelt.
▨ **/LPT**: Bezeichnet die parallele Schnittstelle für die Datenübertra-
gung. *n* ist die Nummer der Schnittstelle. Mit *adresse* kann die I/O-
Adresse einer parallelen Schnittstelle angegeben werden, wenn es sich
nicht um eine Standardbelegung handelt.
▨ **/AUTO**: Installiert **INTERLNK** nur dann, wenn beim Starten eine
Verbindung mit dem Server hergestellt werden kann. Standardmäßig
wird **INTERLNK**: Immer installiert.
▨ **/NOSCAN**: Installiert **INTERLNK**, ohne eine Verbindung zum
Server herzustellen. Standardmäßig wird immer versucht, die Verbin-
dung herzustellen.
▨ **/LOW**: Lädt **INTERLNK** in den konventionellen Speicher. Standard-
mäßig wird versucht, **INTERLNK** in die UMA zuladen.
▨ **/BAUD**: Stellt die Übertragungsgeschwindigkeit für die serielle
Schnittstelle ein. Gültige Werte sind 9600, 19200, 38400, 57600 und
115200. Standard ist 115200.

10.4

▓ **/V**: Verhindert Probleme mit dem Taktgeber des Computers. Die Option sollte nur angegeben werden, wenn während des Betriebs Probleme auftreten.

Anmerkungen

▓ Wird bei **/COM** oder **/LPT** keine Schnittstellennummer oder Adresse angegeben, verwendet **INTERLNK** die erste vorkommende Schnittstelle.

▓ Wird weder **/COM** noch **/LPT** angegeben, sucht **INTERLNK** alle vorkommenden Schnittstellen ab.

▓ **INTERLNK** sollte in der CONFIG.SYS nach RAMDRIVE geladen werden, damit immer die letzten verfügbaren Laufwerksbuchstaben für die Umleitung verwendet werden.

▓ Es kann Speicher gespart werden, wenn bei der **INTERLNK**-Unterstützung **/NOPRINTER**, **/COM** oder **/LPT** angegeben wird. Es wird dann nur der tatsächlich benötigte Programmcode geladen.

▓ Wird die Maus an der seriellen Schnittstelle betrieben, sollte **/LPT** angegeben werden, damit nicht die seriellen Schnittstellen abgesucht werden.

▓ Werden die parallelen Schnittstellen LPT1 oder LPT2 umgeleitet, müssen unter Windows die Druckeranschlüsse LPT1.DOS oder LPT2.DOS verwendet werden.

▓ Die nachfolgenden Befehle können nicht auf **INTERLNK**-Laufwerke angewendet werden:

CHKDSK	DEFRAG	DISKCOMP
DISKCOPY	FDISK	FORMAT
SYS	UNDELETE	UNFORMAT

Beispiel

Die Client-Unterstützung für die serielle Schnittstelle wird gestartet. Es wird keine Druckerunterstützung eingerichtet.

```
DEVICE=INTERLNK.EXE /COM /NOPRINTER
```

Es wird nur die Druckerunterstützung gestartet.

```
DEVICE=INTERLNK.EXE /COM /DRIVES:0
```

Server laden
INTERSVR
extern

Startet den Server auf einem verbundenen Computer.

INTERSVR [/*lfw*:[...]] [/**X=lfw:**] [/**LPT:**[*n*|*adresse*]]
[/**COM:**[*n*|*adresse*]] [/**BAUD:***rate*] [/**B**] [/**V**] [/**RCOPY**]

10.4

▓ *lfw:* Gibt an, welche Laufwerke umgeleitet werden. Standardmäßig sind dies alle Laufwerke.

- ▓ **/X**: Bezeichnet ein Laufwerk, das von der Umleitung ausgeschlossen wird.
- ▓ **/LPT, /COM**: Bezeichnet die Schnittstellen, über die der Computer verbunden wird. Die Parameter sind identisch mit **INTERLNK**.
- ▓ **/BAUD**: Stellt die Übertragungsgeschwindigkeit für die serielle Schnittstelle ein. Gültige Werte sind 9600, 19200, 38400, 57600 und 115200. Standard ist 115200.
- ▓ **/B**: Zeigt den **INTERLNK**-Server im Schwarz-Weiß-Modus an.
- ▓ **/V**: Verhindert Probleme mit dem Taktgeber des Computers. Die Option sollte nur angegeben werden, wenn während des Betriebs Probleme auftreten.
- ▓ **/RCOPY**: Kopiert Dateien, die notwendig sind, um **INTERLNK** zu benutzen, auf einen anderen Computer. Beide Computer müssen miteinander verbunden sein.

Anmerkungen

- ▓ Sollen mit **/RCOPY** die Dateien zu einem verbundenen Computer geschickt werden, ist auf diesem noch die nach dem Befehlsaufruf angezeigte Befehlssequenz am Zielcomputer einzugeben. Solange wartet der Coputer, von dem aus **INTERSVR /RCOPY** aufgerufen wurde, bis eine Verbindung zustande kommt.
- ▓ Nach dem Start von **INTERSVR** erscheint ein Status-Bildschirm, der anzeigt, welche Aktionen beide Computer miteinander ausführen. [Alt]+[F4] beendet die Verbindung; auf dem Server-Computer kann weitergearbeitet werden.
- ▓ Die Laufwerke werden in der angegebenen Reihenfolge umgeleitet. Das erste Server-Laufwerk wird auf das erste Client-Laufwerk umgeleitet usw.
- ▓ Laufwerke wie Netzwerklaufwerke, CD-ROM-Laufwerke etc. werden nicht umgeleitet.
- ▓ Wird die Programmumschaltung der **DOSSHELL** verwendet, kann während der Ausführung von **INTERSVR** nicht auf eine andere Session geschaltet werden. Die Tastaturfunktionen zum Umschalten sind deaktiviert.

Beispiel

INTERSVR wird auf der parallelen Schnittstelle ausgeführt und die Laufwerke A B C umgeleitet.

10.4

```
INTERSVR C: A: B: /LPT1
```

Laufwerke zuordnen/aufheben **INTERLNK**
extern

Die Laufwerkszuordnungen können durchgeführt, bzw. wieder aufgehoben werden.

INTERLNK [*client-lfw*[**:**]=[*server-lfw*[**:**]]

■ **INTERLNK**: Ohne Parameter zeigt den aktuellen Status der Laufwerkszuordnungen an.

■ *client-lfw*: Ist die Laufwerksbezeichnung, die beim Zugriff auf das *server-lfw*: Verwendet werden soll.

■ Wird nur das *client-lfw* mit dem »=«-Zeichen angegeben, wird die Laufwerkszuordnung aufgehoben.

Beispiel

Vom Client soll über das Laufwerk S auf das Serverlaufwerk C zugegriffen werden.

```
INTERLNK S=C
```

10.4

Zeichen	Code	Zeichen	Code	Zeichen	Code	Zeichen	Code
	000D 000O 00H 00000000B ^@	▶	016D 020O 10H 00010000B ^P		032D 040O 20H 00100000B	0	048D 060O 30H 00110000B
☺	001D 001O 01H 00000001B ^A	◀	017D 021O 11H 00010001B ^Q	!	033D 041O 21H 00100001B	1	049D 061O 31H 00110001B
☻	002D 002O 02H 00000010B ^B	↕	018D 022O 12H 00010010B ^R	"	034D 042O 22H 00100010B	2	050D 062O 32H 00110010B
♥	003D 003O 03H 00000011B ^C	‼	019D 023O 13H 00010011B ^S	#	035D 043O 23H 00100011B	3	051D 063O 33H 00110011B
♦	004D 004O 04H 00000100B ^D	¶	020D 024O 14H 00010100B ^T	$	036D 044O 24H 00100100B	4	052D 064O 34H 00110100B
♣	005D 005O 05H 00000101B ^E	§	021D 025O 15H 00010101B ^U	%	037D 045O 25H 00100101B	5	053D 065O 35H 00110101B
♠	006D 006O 06H 00000110B ^F	■	022D 026O 16H 00010110B ^V	&	038D 046O 26H 00100110B	6	054D 066O 36H 00110110B
•	007D 007O 07H 00000111B ^G	↨	023D 027O 17H 00010111B ^W	'	039D 047O 27H 00100111B	7	055D 067O 37H 00110111B
◗	008D 010O 08H 00001000B ^H	↑	024D 030O 18H 00011000B ^X	(	040D 050O 28H 00101000B	8	056D 070O 38H 00111000B
○	009D 011O 09H 00001001B ^I	↓	025D 031O 19H 00011001B ^Y	)	041D 051O 29H 00101001B	9	057D 071O 39H 00111001B
◖	010D 012O 0AH 00001010B ^J	→	026D 032O 1AH 00011010B ^Z	*	042D 052O 2AH 00101010B	:	058D 072O 3AH 00111010B
♂	011D 013O 0BH 00001011B ^K	←	027D 033O 1BH 00011011B ^[	+	043D 053O 2BH 00101011B	;	059D 073O 3BH 00111011B
♀	012D 014O 0CH 00001100B ^L	∟	028D 034O 1CH 00011100B ^\	,	044D 054O 2CH 00101100B	<	060D 074O 3CH 00111100B
♪	013D 015O 0DH 00001101B ^M	↔	029D 035O 1DH 00011101B ^]	-	045D 055O 2DH 00101101B	=	061D 075O 3DH 00111101B
♫	014D 016O 0EH 00001110B ^N	▲	030D 036O 1EH 00011110B ^^	.	046D 056O 2EH 00101110B	>	062D 076O 3EH 00111110B
☼	015D 017O 0FH 00001111B ^O	▼	031D 037O 1FH 00011111B ^_	/	047D 057O 2FH 00101111B	?	063D 077O 3FH 00111111B

Zeichen	Dez/Okt/Hex/Bin	Zeichen	Dez/Okt/Hex/Bin	Zeichen	Dez/Okt/Hex/Bin	Zeichen	Dez/Okt/Hex/Bin
@	064_D @ 100_O 40_H 01000000_B	P	080_D P 120_O 50_H 01010000_B	`	096_D ` 140_O 60_H 01100000_B	p	112_D p 160_O 70_H 01110000_B
A	065_D A 101_O 41_H 01000001_B	Q	081_D Q 121_O 51_H 01010001_B	a	097_D a 141_O 61_H 01100001_B	q	113_D q 161_O 71_H 01110001_B
B	066_D B 102_O 42_H 01000010_B	R	082_D R 122_O 52_H 01010010_B	b	098_D b 142_O 62_H 01100010_B	r	114_D r 162_O 72_H 01110010_B
C	067_D C 103_O 43_H 01000011_B	S	083_D S 123_O 53_H 01010011_B	c	099_D c 143_O 63_H 01100011_B	s	115_D s 163_O 73_H 01110011_B
D	068_D D 104_O 44_H 01000100_B	T	084_D T 124_O 54_H 01010100_B	d	100_D d 144_O 64_H 01100100_B	t	116_D t 164_O 74_H 01110100_B
E	069_D E 105_O 45_H 01000101_B	U	085_D U 125_O 55_H 01010101_B	e	101_D e 145_O 65_H 01100101_B	u	117_D u 165_O 75_H 01110101_B
F	070_D F 106_O 46_H 01000110_B	V	086_D V 126_O 56_H 01010110_B	f	102_D f 146_O 66_H 01100110_B	v	118_D v 166_O 76_H 01110110_B
G	071_D G 107_O 47_H 01000111_B	W	087_D W 127_O 57_H 01010111_B	g	103_D g 147_O 67_H 01100111_B	w	119_D w 167_O 77_H 01110111_B
H	072_D H 110_O 48_H 01001000_B	X	088_D X 130_O 58_H 01011000_B	h	104_D h 150_O 68_H 01101000_B	x	120_D x 170_O 78_H 01111000_B
I	073_D I 111_O 49_H 01001001_B	Y	089_D Y 131_O 59_H 01011001_B	i	105_D i 151_O 69_H 01101001_B	y	121_D y 171_O 79_H 01111001_B
J	074_D J 112_O $4A_H$ 01001010_B	Z	090_D Z 132_O $5A_H$ 01011010_B	j	106_D j 152_O $6A_H$ 01101010_B	z	122_D z 172_O $7A_H$ 01111010_B
K	075_D K 113_O $4B_H$ 01001011_B	[	091_D [133_O $5B_H$ 01011011_B	k	107_D k 153_O $6B_H$ 01101011_B	{	123_D { 173_O $7B_H$ 01111011_B
L	076_D L 114_O $4C_H$ 01001100_B	\	092_D \ 134_O $5C_H$ 01011100_B	l	108_D l 154_O $6C_H$ 01101100_B	|	124_D | 174_O $7C_H$ 01111100_B
M	077_D M 115_O $4D_H$ 01001101_B	]	093_D] 135_O $5D_H$ 01011101_B	m	109_D m 155_O $6D_H$ 01101101_B	}	125_D } 175_O $7D_H$ 01111101_B
N	078_D N 116_O $4E_H$ 01001110_B	^	094_D ^ 136_O $5E_H$ 01011110_B	n	110_D n 156_O $6E_H$ 01101110_B	~	126_D ~ 176_O $7E_H$ 01111110_B
O	079_D O 117_O $4F_H$ 01001111_B	_	095_D _ 137_O $5F_H$ 01011111_B	o	111_D o 157_O $6F_H$ 01101111_B	■	127_D ■ 177_O $7F_H$ 01111111_B

Char	Dec	Oct	Hex	Bin
Ç	128D	200o	80H	10000000B
ü	129D	201o	81H	10000001B
é	130D	202o	82H	10000010B
â	131D	203o	83H	10000011B
ä	132D	204o	84H	10000100B
à	133D	205o	85H	10000101B
å	134D	206o	86H	10000110B
ç	135D	207o	87H	10000111B
ê	136D	210o	88H	10001000B
ë	137D	211o	89H	10001001B
è	138D	212o	8AH	10001010B
ï	139D	213o	8BH	10001011B
î	140D	214o	8CH	10001100B
ì	141D	215o	8DH	10001101B
Ä	142D	216o	8EH	10001110B
Å	143D	217o	8FH	10001111B
É	144D	220o	90H	10010000B
æ	145D	221o	91H	10010001B
Æ	146D	222o	92H	10010010B
ô	147D	223o	93H	10010011B
ö	148D	224o	94H	10010100B
ò	149D	225o	95H	10010101B
û	150D	226o	96H	10010110B
ù	151D	227o	97H	10010111B
ÿ	152D	230o	98H	10011000B
Ö	153D	231o	99H	10011001B
Ü	154D	232o	9AH	10011010B
¢	155D	233o	9BH	10011011B
£	156D	234o	9CH	10011100B
¥	157D	235o	9DH	10011101B
Pt	158D	236o	9EH	10011110B
f	159D	237o	9FH	10011111B
á	160D	240o	A0H	10100000B
í	161D	241o	A1H	10100001B
ó	162D	242o	A2H	10100010B
ú	163D	243o	A3H	10100011B
ñ	164D	244o	A4H	10100100B
Ñ	165D	245o	A5H	10100101B
ª	166D	246o	A6H	10100110B
º	167D	247o	A7H	10100111B
¿	168D	250o	A8H	10101000B
⌐	169D	251o	A9H	10101001B
¬	170D	252o	AAH	10101010B
½	171D	253o	ABH	10101011B
¼	172D	254o	ACH	10101100B
¡	173D	255o	ADH	10101101B
«	174D	256o	AEH	10101110B
»	175D	257o	AFH	10101111B
▓	176D	260o	B0H	10110000B
▒	177D	261o	B1H	10110001B
▓	178D	262o	B2H	10110010B
│	179D	263o	B3H	10110011B
┤	180D	264o	B4H	10110100B
╡	181D	265o	B5H	10110101B
╢	182D	266o	B6H	10110110B
╖	183D	267o	B7H	10110111B
╕	184D	270o	B8H	10111000B
╣	185D	271o	B9H	10111001B
║	186D	272o	BAH	10111010B
╗	187D	273o	BBH	10111011B
╝	188D	274o	BCH	10111100B
╜	189D	275o	BDH	10111101B
╛	190D	276o	BEH	10111110B
┐	191D	277o	BFH	10111111B

Glyph	Dez	Zeichen	Oktal	Hex	Binär
└	192D	Ã	300o	C0H	11000000B
┴	193D	Á	301o	C1H	11000001B
┬	194D	Â	302o	C2H	11000010B
├	195D	Ã	303o	C3H	11000011B
─	196D	Ä	304o	C4H	11000100B
┼	197D	Å	305o	C5H	11000101B
╞	198D	Æ	306o	C6H	11000110B
╟	199D	Ç	307o	C7H	11000111B
╚	200D	È	310o	C8H	11001000B
╔	201D	É	311o	C9H	11001001B
╩	202D	Ê	312o	CAH	11001010B
╦	203D	Ë	313o	CBH	11001011B
╠	204D	Ì	314o	CCH	11001100B
═	205D	Í	315o	CDH	11001101B
╬	206D	Î	316o	CEH	11001110B
┴	207D	Ï	317o	CFH	11001111B

Glyph	Dez	Zeichen	Oktal	Hex	Binär
╨	208D	Ð	320o	D0H	11010000B
╤	209D	Ñ	321o	D1H	11010001B
╥	210D	Ò	322o	D2H	11010010B
╙	211D	Ó	323o	D3H	11010011B
╘	212D	Ô	324o	D4H	11010100B
╒	213D	Õ	325o	D5H	11010101B
╓	214D	Ö	326o	D6H	11010110B
╫	215D	·	327o	D7H	11010111B
╪	216D	Ø	330o	D8H	11011000B
┘	217D	Ù	331o	D9H	11011001B
┌	218D	Ú	332o	DAH	11011010B
█	219D	Û	333o	DBH	11011011B
▄	220D	Ü	334o	DCH	11011100B
▌	221D	Ý	335o	DDH	11011101B
▐	222D	Þ	336o	DEH	11011110B
▀	223D	ß	337o	DFH	11011111B

Glyph	Dez	Zeichen	Oktal	Hex	Binär
α	224D	à	340o	E0H	11100000B
β	225D	á	341o	E1H	11100001B
Γ	226D	â	342o	E2H	11100010B
π	227D	ã	343o	E3H	11100011B
Σ	228D	ä	344o	E4H	11100100B
σ	229D	å	345o	E5H	11100101B
μ	230D	æ	346o	E6H	11100110B
τ	231D	ç	347o	E7H	11100111B
Φ	232D	è	350o	E8H	11101000B
θ	233D	é	351o	E9H	11101001B
Ω	234D	ê	352o	EAH	11101010B
δ	235D	ë	353o	EBH	11101011B
∞	236D	ì	354o	ECH	11101100B
ϕ	237D	í	355o	EDH	11101101B
$\in$	238D	î	356o	EEH	11101110B
$\cap$	239D	ï	357o	EFH	11101111B

Glyph	Dez	Zeichen	Oktal	Hex	Binär
$\equiv$	240D	ð	360o	F0H	11110000B
$\pm$	241D	ñ	361o	F1H	11110001B
$\geq$	242D	ò	362o	F2H	11110010B
$\leq$	243D	ó	363o	F3H	11110011B
$\int$	244D	ô	364o	F4H	11110100B
$\int$	245D	õ	365o	F5H	11110101B
$\div$	246D	ö	366o	F6H	11110110B
$\approx$	247D	·	367o	F7H	11110111B
$\circ$	248D	ø	370o	F8H	11111000B
$\bullet$	249D	ù	371o	F9H	11111001B
·	250D	ú	372o	FAH	11111010B
$\sqrt{\ }$	251D	û	373o	FBH	11111011B
n	252D	ü	374o	FCH	11111100B
2	253D	ý	375o	FDH	11111101B
■	254D	þ	376o	FEH	11111110B
	255D	ÿ	377o	FFH	11111111B

Stichwortverzeichnis